新闻出版改革发展项目库入库项目

“十二五”国家重点图书

西藏大学博士学位授权立项建设项目

藏文信息处理技术

བོད་སྐད་སྐད་ཆའི་རིག་པ།

藏语计算语言学

欧 珠　扎西加　编著

西南交通大学出版社

·成 都·

内容简介

本书是国内第一本全面系统地介绍藏语计算语言学的著书，由浅入深地讲解了藏语计算语言学的基本理论和知识框架。全书在汉语、英语等自然语言计算机处理的相关基本知识和方法的基础上，结合藏语特点，介绍了基于规则的藏语自然语言分析方法，也介绍了基于统计的分析方法。全书共分四个部分，分别为藏文及藏文信息处理的基础知识、藏文词法分析、藏文句法分析和藏文语义分析。第一部分介绍了计算语言学的基本理论知识、藏文及藏文信息处理的基本知识；第二部分针对藏文信息处理中特有的分词问题，介绍了藏文自动分词及分词规范、分词中歧义的消解、未登录词识别、藏文词性标注及标注标准，以及藏文语料库的相关知识；第三部分从藏语语法的表示入手，将藏语自然语言处理形式化，再给出藏语语法分析的算法；第四部分介绍了藏语语义的表示及分析算法。

本书可作为高等学校和科研院所计算机专业高年级本科生、藏文信息处理方向研究生的教材，也可以作为从事藏语自然语言处理应用领域的研究人员和技术人员的参考资料。

图书在版编目（CIP）数据

藏语计算语言学 / 欧珠，扎西加编著. —成都：西南交通大学出版社，2015.1
（藏文信息处理技术）
ISBN 978-7-5643-2206-9

Ⅰ. ①藏… Ⅱ. ①欧… ②扎… Ⅲ. ①藏语－计算语言学 Ⅳ. ①H214

中国版本图书馆 CIP 数据核字（2013）第 035109 号

藏文信息处理技术
藏语计算语言学
Zangyu Jisuan Yuyanxue
欧 珠 扎西加 编著
*
责任编辑 张 雪 黄庆斌 宋彦博
封面设计 墨创文化
西南交通大学出版社出版发行
成都市金牛区交大路 146 号 邮政编码：610031 发行部电话：028-87600564
http: //www.xnjdcbs.com
四川森林印务有限责任公司印刷
*
成品尺寸：210 mm × 285 mm 印张：15.25
字数：381 千字
2015 年 1 月第 1 版 2015 年 1 月第 1 次印刷
ISBN 978-7-5643-2206-9
定价：38.00 元

前 言

计算语言学（Computational Linguistics）是一门集语言学、计算机科学、数学与逻辑学、认知科学等多种学科于一身的交叉性学科。它以自然语言为处理对象，以计算机科学为研究工具，以数学为自然语言的建模工具，旨在通过建立形式化的数学模型来分析、处理自然语言。其内容涉及语言学、信息科学、人工智能、认知科学、数学（数理逻辑、自动机和形式语言、图论、统计学等）等多个领域。例如，用计算机对自然语言的音、形、义等信息进行处理即对字、词、句、篇章进行输入、识别、分析、理解、生成等。

纵观藏文信息处理技术 20 多年来的发展，在国家强有力的支持下，我国藏语文也跟其他语言文字一样，大步跨上了信息高速公路。如今藏文字符有了自己的国际标准和国家标准，众多科研人员不仅研发出了藏文信息处理的基础和共性软件，实现了藏文字的信息处理，而且在藏文信息处理的知识获取和应用开发方面进行了不懈努力和有益探索，取得了不少成绩，为开展藏语计算语言学研究奠定了坚实的基础。藏语计算语言学学科形成时间虽短，但发展速度很快，是在我国长期从事藏语语法研究基础上开展的藏文信息技术研究，是积极探索学科增长点的结果，是多学科优势互补、相互融合的结晶。

无论是在校计算机和藏文信息技术专业的学生，还是工作在藏语自然语言处理领域的工程技术人才，都需要夯实自然语言处理的基础。为此，我们根据近年来承担的国家有关项目，参考了大量计算语言学方面的书籍，在汉语自然语言处理方法的基础上，根据藏语特点和用户的需求，第一次系统地介绍了藏语计算语言学的基本理论和知识框架，内容包括藏语自然语言处理中词法、语法和语义处理的理论与技术，并结合相关的科研项目，利用其科研成果，实现了自然语言处理的藏语本地化。

作为中文信息处理研究的一个分支，藏语计算语言学所进行的研究在中文信息处理的范畴之内。这门学科的出现，是中文信息处理研究的纵深发展，也是中文信息处理研究领域的拓展。在计算语言学这门学科内容中引入藏语知识描述与处理，无疑给我国计算语言学学科的发展注入了新鲜的血液，从不同语言和思维模式中探索新的方法与技术，可使之日臻完善。

本书是在西藏大学博士学位授权学科“藏语计算语言学”立项建设项目、藏文信息技术教育部创新团队（编号：IRT0975，名称：藏文信息技术“长江学者和创新团队发展计划”创新团队）、国家自然科学基金项目“藏语依存树库的构建”（批准号：61163043）、“计算机及藏文信息技术”国家级教学团队、西藏大学珠峰学者等项目的资助下所完成的项目成果之一。

本书由西藏大学藏文信息技术国家地方联合工程中心策划，由欧珠、扎西加编著。本书在编写过程中得到了北京大学计算语言学研究所俞士汶教授、王厚锋教授、常宝宝副教授、詹卫东副教授，中国科学院计算技术研究所宗成庆研究员，中国标准化研究院基础标准化研究所陈玉忠研究员，西北民族大学多拉教授，西藏大学藏文信息技术国家地方联合工程研究中心大罗桑朗杰教授等专家的关键性指导和支持。特别是多拉教授和常宝宝副教授审阅了本书的初稿，并提出了许多宝贵的意见。我们谨在此一并表示衷心的感谢。

本书作为“藏文信息处理技术”丛书之一，被列入 2013 年度新闻出版改革发展项目库入库项目（项目序号：OO20130845）、《“十二五”国家重点图书、音像、电子出版物出版规划》项目（新广出办发〔2014〕75 号-294）、国家出版基金项目（项目编号：2014T_2-001）。

如果本书对读者有所帮助，我们将感到万分荣幸。由于作者水平所限，书中难免存在不妥之处，恳请广大读者批评指正。

作　者

2013 年 1 月

目 录

第 1 章

计算语言学概论

1.1 计算语言学的定义

计算语言学（Computational Linguistics）是一门集语言学、计算机科学、数学与逻辑学、认知科学等多种学科于一身的交叉性学科。它以自然语言为处理对象，以计算机科学为研究工具，以数学为自然语言的建模工具，旨在通过建立形式化的数学模型来分析、处理自然语言。其内容涉及语言学、信息科学、人工智能、认知科学、数学（数理逻辑、自动机和形式语言、图论、统计学等）等多个领域。例如，用计算机对自然语言的音、形、义等信息进行处理即对字、词、句、篇章进行输入、识别、分析、理解、生成等。

计算语言学是伴随着计算机的诞生而产生的，最早是由应用性研究促发而来的。在 1946 年第一台计算机诞生后不久，就有人想到用它来进行语言之间的翻译，这就是机器翻译的起源，也是计算语言学的发端。机器翻译是计算机与自然语言的第一个结合点。1966 年在美国科学院语言自动处理咨询委员会（Automatic Language Processing Advisory Committee，ALPAC）的一份对机器翻译译文质量的评估报告中首次提出了“计算语言学”的概念。

英国《大不列颠百科全书》中对计算语言学的定义：计算语言学是利用电子数字计算机进行的语言分析。虽然许多其他类型的语言分析也可以运用计算机，但计算机分析最常用于处理基本的语言数据，例如建立语音、词、词元素的搭配以及统计它们的频率。

《现代语言学词典》（戴维·克里斯特尔，1997）中对计算语言学的定义为：语言学的一个分支，用计算技术和概念来阐述语言学和语音学问题。已开发的领域包括自然语言处理、言语合成、言语识别、自动翻译、编制词语索引、语法的检测，以及许多需要统计分析的领域。

语言学家刘涌泉在我国的《大百科全书》（2002）中的解释是：计算语言学是语言学的一个分支，专指利用电子计算机进行语言学习。

综合以上定义，计算语言学实际上包括以语音为主要研究对象的语音学基础及其语音处理技术研究，以及以词汇、句子、话语或语篇及其词法、句法、语义和语用等相关信息为主要研究对象的处理理论与技术研究。

1.2 计算语言学的发展历程

在“计算语言学”这个术语出现之前，就有一些具有远见卓识的学者研究过语言的计算问题，他们从计算的角度来研究语言现象，揭示语言的数学面貌。关于语言计算的思想和研究是源远流长的，其中有四项基础性的研究特别值得注意：

（1）马尔可夫（A.Markov）关于马尔可夫模型的研究；

（2）图灵（A.M.Turing）关于算法计算模型的研究；

（3）香农（C.E.Shannon）关于概率和信息论模型的研究；

（4）乔姆斯基（N.Chomsky）关于形式语言理论的研究。

早在 1913 年，俄罗斯著名数学家马尔可夫就注意到俄罗斯诗人普希金的叙事长诗《欧根·奥涅金》中语言符号出现概率之间的相互影响。他试图以语言符号的出现概率为实例，来研究随机过程的数学理论，由此提出了“马尔可夫链”（Markov chain）思想。他的这个开创性的成果用法文发表在俄罗斯皇家科学院的通报上。后来马尔可夫的这一思想发展成为在计算语言学中广泛使用的马尔可夫模型（Markov model），是当代计算语言学最重要的理论支柱之一。

在计算机出现以前，英国数学家图灵就预见到未来的计算机将会对自然语言研究提出新的问题。1936 年，图灵向伦敦权威的数学杂志投了一篇论文，题为《论可计算数及其在判定问题中的应用》。在这篇开创性的论文中，图灵给“可计算性”下了一个严格的数学定义，并提出了著名的“图灵机”（Turing machine）数学模型。“图灵机”不是一种具体的机器，而是一种抽象的数学模型，据此可制造一种十分简单但运算能力极强的计算装置，用来计算所有能想象得到的可计算函数。1950 年 10 月，图灵在《机器能思维吗？》一文中指出：“我们可以期待，总有一天机器会同人在一切的智能领域里竞争起来。但是，以哪一点作为竞争的出发点呢？这是一个很难决定的问题。许多人以为可以把下棋之类的极为抽象的活动作为最好的出发点，不过，我更倾向于支持另一种主张，这种主张认为，最好的出发点是制造出一种具有智能的、可用钱买到的机器，然后，教这种机器理解英语并且说英语。这个过程可以仿效小孩子说话的那种办法来进行。”[①]

图灵提出，检验计算机智能高低的最好办法是让计算机来讲英语和理解英语，进行“图灵测试”。他天才地预见到计算机和自然语言将会结下不解之缘。

20 世纪 50 年代提出的自动机理论来源于图灵在 1936 年提出的可计算性理论和图灵机模型。图灵划时代的研究工作被认为是现代计算机科学的基础。图灵的工作首先催生了麦库洛克·皮特（McCulloch-Pitts）的神经元（neuron）理论，即一个简单的神经元模型就是一个计算的单元，它可以用命题逻辑来描述。其次，图灵的工作还引导了克林（Kleene）关于有限自动机和正则表达式的研究。

1948 年，美国学者香农使用离散马尔可夫过程的概率模型来描述语言的自动机。他的另一个贡献是创立了“信息论”（information theory），将通过诸如通信信道或声学语音这样的媒介传输语言的行为比喻为“噪声信道”（noisy channel）或者“解码”（decoding）。香农还借用热力学的术语“熵”（entropy）来作为测量信道的信息能力或者语言的信息量的一种方法，并且用概率技术首次测定了英语的熵。

1956 年，美国语言学家乔姆斯基从香农的工作中吸取了有限状态马尔可夫过程的思想，首先把有限状态自动机作为一种工具来刻画语言的语法，并且把有限状态语言定义为由有限状态语法生成的语言。这些早期的研究工作促使了“形式语言理论”（formal language theory）

① 冯志伟. The Oxford Handbook of Computational Linguistics（牛津计算语言学手册）[M]. 北京：外语教学与研究出版社，牛津：牛津大学出版社，2009.

这样的研究领域的产生，即采用代数和集合论把形式语言定义为符号的序列。乔姆斯基在研究自然语言的时候首先提出了“上下文无关语法”（Context-Free Grammar，CFG）。后来，计算机科学家巴库斯、瑙尔等在描述 ALGOL 程序语言的工作中，分别于 1959 年和 1960 年也独立地发现了这种上下文无关语法。这些研究都把数学、计算机科学与语言学巧妙地结合了起来。

乔姆斯基在计算机出现的初期把计算机程序设计语言与自然语言置于相同的平面上，用统一的观点进行研究和定义。他在《自然语言形式分析导论》一文中，从数学的角度给语言提出了新的定义，指出：“这个定义既适用于自然语言，又适用于逻辑和计算机程序设计理论中的人造语言”。在《语法的形式特性》一文中，他专门用了一节的篇幅来论述程序设计语言，讨论了有关程序设计语言的编译程序问题。这些问题是作为“组成成分结构的语法的形式研究”，从数学的角度提出来，并从计算机科学理论的角度来探讨的。他在《上下文无关语言的代数理论》一文中提出：“我们这里要考虑的是各种生成句子的装置，它们又以各种各样的方式，同自然语言的语法和各种人造语言的语法两者都有着密切的联系。我们将把语言直接地看成在符号的某一有限集合 V 中的符号串的集合，而 V 就叫作该语言的词汇……我们把语法看成是对程序设计语言的详细说明，而把符号串看成是程序。”在这里乔姆斯基把自然语言和程序设计语言放在同一平面上，从数学和计算机科学的角度，用统一的观点来加以考察，对“语言”“词汇”等语言学中的基本概念，获得了高度抽象化的认识。

马尔可夫、图灵、香农和乔姆斯基这四位著名学者对于语言与计算关系的探讨，是早期计算语言学研究的最重要的成果，为计算语言学的理论和技术奠定了坚实基础。

机器翻译是计算语言学最重要的应用领域。1949 年，美国洛克菲勒基金会副主席韦弗（W. Weaver）在一篇以《翻译》为题目的备忘录中，认为翻译类似于解读密码的过程。他说：“当我阅读一篇用汉语写的文章的时候，我可以说，这篇文章实际上是用英语写的，只不过它是用另外一种奇怪的符号编了码而已，当我在阅读时，我是在进行解码。”

早期机器翻译系统的研制受到了韦弗这种思想的很大影响，许多机器翻译研究者都把机器翻译的过程与解读密码的过程相类比，试图通过查询词典的方法来实现词对词的机器翻译，因而译文的可读性很差，难于付诸实用。

由于学者的热心倡导以及业界的大力支持，美国的机器翻译研究一时兴盛起来。1954 年，美国乔治敦大学在国际商用机器公司（IBM 公司）的协同下，用 IBM-701 计算机，进行了世界上第一次机器翻译试验，把几个简单的俄语句子翻译成英语。接着，苏联、英国、日本也进行了机器翻译试验，机器翻译出现热潮。

1952 年，在美国的麻省理工学院（MIT）召开了第一次机器翻译会议。1954 年，出版了第一本机器翻译的杂志，这个杂志的名称就叫作 *Machine Translation*（《机器翻译》）。尽管人们在自然语言的计算方面进行了很多的研究工作，但是直到 20 世纪 60 年代中期，才出现了 computational linguistics（计算语言学）这个术语，而且，在刚开始的时候，这个术语是偷偷摸摸地、羞羞涩涩地出现的。

1965 年，*Machine Translation* 杂志改名为 *Machine Translation and Computational Linguistics*（《机器翻译和计算语言学》）。在杂志的封面上，首次出现了“Computational Linguistics”这样的字眼，但是，“and Computational Linguistics”这三个单词是用特别小号的字母排印的。这说明，当时学者们对于“计算语言学”是否能够算为一门真正的独立的学科还没有把握。计算语言学在刚刚登上学术这个庄严殿堂的时候，还带有“千呼万唤始出来，犹抱琵琶半遮面”那样的羞涩，以至于学者们不敢用与“Machine Translation”同样大小的字母来排印。当时 *Machine Translation* 杂志之所以改名，是因为在 1962 年美国成立了“机器翻译和计算语言学学会”（Association for Machine Translation and Computational Linguistics），通过改名可以使杂志的名称与学会的名称保持一致。

根据这些史料，我们认为，远在 1962 年，就出现了“计算语言学”这个学科。尽管它在刚出现的时候还是偷偷摸摸的，显示出少女般的羞涩，但是最后，计算语言学这个新兴的学科终于萌芽了，它破土而出，悄悄地登上了学术的殿堂。

经过将近 60 年的发展，计算语言学的研究出现了空前繁荣的局面。这主要表现在如下三个方面：

第一，概率和数据驱动的方法几乎成为了计算语言学的标准方法。在句法剖析、词类标注、参照消解、话语处理、机器翻译的算法中都开始引入概率，并且采用从语音识别和信息检索中借过来的基于概率和数据驱动的评测方法。

第二，计算机速度的加快和存储量的增大，使得在计算语言学的一些应用领域，特别是在语音合成、语音识别、文字识别、拼写检查、语法检查这些应用领域，已经进行了卓有成效的商品化开发。自然语言处理的算法开始被应用于“增强交替通信”中，语音合成、语音识别和文字识别的技术也已经应用于“移动通信”中。

第三，随着网络技术的发展，互联网逐渐变成一个多语言的网络世界。互联网上多语言的机器翻译、跨语言信息检索正在迅猛发展，计算语言学的各种应用技术事实上已经成为互联网技术的重要支柱。

1.3 计算语言学的研究范畴

计算语言学的研究内容十分广泛，根据其应用领域的不同，大致可以分为以下几个方面：

（1）机器翻译（machine translation）：实现从一种语言到另一种语言的自动翻译。

（2）文语转换（text to speech）/语音合成（speech synthesis）：计算机自动地把给定的文本信息转换成语音的过程。

（3）语音识别（speech recognition）：计算机通过识别和理解过程把语音信号转变为相应的文本或命令。

（4）文本分类（text categorization）：计算机对文本集（或其他实体或物件）按照一定的分类体系或标准进行自动分类标记。

（5）信息检索（information retrieval）：或称情报检索，就是利用计算机从海量文档中找到符合用户需要的相关文档。

（6）信息抽取（information extraction）：从海量的信息中抽取出用户所需要的（结构化）信息。

（7）文字校对（text-proofing）：对文字的拼写、用词，甚至语法、文档格式等进行自动检查、校对和编排。

（8）问答系统（question answering）：信息检索系统的一种高级形式，它能用准确、简洁的自然语言回答用户用自然语言提出的问题。

（9）自动摘要（automatic summarization）：将原文档的主要内容或某方面的信息自动提取出来，并形成原文档的摘要或缩写。

（10）语言教学（language teaching）：借助计算机辅助教学工具，进行语言教学、操练和辅导等。

实际上，在语言学的很多领域需要研究解决的问题，都会是计算语言学的研究内容。

1.4　计算语言学的研究方法

在计算语言学的发展过程中，提出了很多方法。这些方法，在理论上有一定的深度，在实践上也有实用价值。对于计算语言学方法的研究，可以从方法论的角度来论述，也可以从语音、词汇、形态、句法、语义、语用研究中使用的方法来论述。从方法论的角度，计算语言学方法可以分为基于规则的方法（rule-based approach）和基于统计的方法（statistics-based approach）两个方面。基于规则的方法是理性主义（rationalism）的方法，基于统计的方法是经验主义（empiricism）的方法。这两种方法实际上并不是完全对立的，它们各有利弊，而且目前这两种方法有合流的倾向，它们正在相互结合起来，取长补短，相得益彰。

多年来，在计算语言学和自然语言处理的研究中，理解和生成语句的必经之路是句法分析和语义分析。因此在很长一段时间里，许多语言处理系统都是基于规则的。建立这样的系统，从整体构架到具体的处理技术，语言学的研究都是必不可少的基础。基于规则的方法最早应用在机器翻译当中，被证明在一定范围内是相当有效的。随着研究的深入和应用目标的发展，人们逐渐发现，实际上很难用规则的形式把各种语言事实和理解语言所需要的背景知识充分地表达出来。因此，基于规则的自然语言处理系统往往只能在极其受限的某些语言环境中获得一定的成功。

经验主义者认为基于规则的方法存在以下缺陷：一是通过内省方式得到的语言规则往往有脱离言语实际的可能；二是规则的灵活性较差，易忽略语言中那些经验性的、小粒度的知识，难以覆盖各种复杂纷繁的语言现象；三是当需要添加新的规则时，又必须注意协调与已有规则的关系，避免规则之间产生矛盾。为了克服这些局限，他们用统计学方法从大规模语料中分析和归纳语言现象和规律，再用得到的统计规律或语言模型来处理自然语言。他们认为这些统计规律或语言模型体现了从真实语料中直接获取的语言知识，不但可以用于语言信息处理系统，而且能用来检验语言学研究中依靠手工搜集材料的方法所得出的结论。基于语料库的方法自 20 世纪 90 年代初从国外引入以后，在自然语言处理的许多分支领域得到了应用。其中最有成效的当数语音识别与合成，在书面语处理的各个层面上（词语、句法、语义），这种方法几乎都有用武之地。其中有代表性的应用是汉语自动分词和词性标注，文本信息检索，信息抽取，信息过滤和文本自动分类。与基于语料库方法有关的研究工作包括：各种语言成分的对齐（alignment），语言知识的学习和获取，各种语言统计模型的建立，语言成分相似度的计算等。语料库方法的优点是可以使语言现象数量化，这非常适合计算。目前的研究大致可以分为两类：一是基于简单相关统计的方法，也可以称为语言资源性分析；二是在统计意义下的建模方法，这涉及机器学习的算法问题。经过几年的研究和实践，人们也开始对统计语言模型本身进行分析和再认识，提出了适用的统计模型及其适用范围、统计量的繁与简、统计对象的升华、多统计量的结合等问题。

基于语料库的方法当然也有自己的局限性。在人们对语言的机制还缺乏系统了解，还没有一种适合信息处理的语言理论可以应用的时候，经验主义实际上是一种依靠“量”来获取“质”的策略。也就是说，大量语言现象的统计规律能够确切地反映语言的结构规律和言语过程的认知规律，而实际上这还是有待证明的观点。我们还不能从语言学的角度解释所采用的统计方法和语言模型，说明统计数据的语言学意义。统计语言模型需要建立在语言学知识的基础上，一个语言模型能否达到比较好的处理效果，很大程度上取决于我们能为它提供什么样的语言学知识作为参数。目前统计语言模型在机器翻译系统中效果不佳，其主要原因应该不是模型本身的计算能力有限，而是能够提供给模型的关于机器翻译的知识太少。我们目前的基础研究还没有发掘出足够的语言学知识，或者是还没有把这些知识系统地、结构化地组织起来。这一点对基于规则的方法来说，同样也是亟待解决的问题。

把两种方法结合起来，取长补短，互为补充，也许是更好的办法。目前已有不少语言信息处理系统采用了这种混合策略。譬如在机器翻译中用规则分析句子的句法结构（有些语言现象用规则处理比较方便），用基于语料库的方法处理词语的搭配问题。经验主义者也认识到，即使算法的主要基调是基于统计形式的（例如向量空间模型），规则形式仍然能够找到合适的位置，例如那些概率接近 1 的规则，即几乎无例外的规则。

1.5 计算语言学与藏语研究

计算语言学是以语言学为研究基础，其内容涉及计算机科学、逻辑学和心理学等多种学科的一门典型的交叉学科。语言是思维的载体，是人际交流的重要工具。在人类历史上以语言文字形式记载和流传的知识占到知识总量的 80%以上，就计算机的应用而言，85%左右是用于语言文字的信息处理。在这样的社会需求下，计算语言学作为语言信息处理技术的一个重要方向，在推动人类文明的进程中发挥着重要的作用。

藏文作为有着 1 300 多年历史的古老文字，承载了藏民族光辉灿烂的文化，并表达着独具特色的民族意识和思维方式。用藏文记载的经典文献、古籍著述和译作浩如烟海，在我国境内仅次于汉文文献。然而，“自从人类进入以计算机和网络为主体的信息时代，古老的藏文字正面临着一场‘生死存亡’的考验——即能否跨入信息时代。藏文字一旦不能跨入信息时代，它必将失去语言文化载体的基本功能和作用，就会被这个时代无情地抛弃。纵观国内外语言文字信息处理技术的发展历史和现状，我们可以清楚地看到，古老的藏文字能否跨入信息时代的关键就是能不能解决好藏文信息处理技术问题。”[①]因此，藏文信息处理是直接关系着藏文命运的一件大事，其重要意义是不言而喻的。

计算语言学作为文本信息处理的一般原理与方法、技术，越来越受到重视并正在成为一个具有战略性特点的学科。随着我国综合国力的增强，计算技术水平的提高和互联网应用的迅猛发展，计算语言学与藏文信息处理迎来了一个非常好的发展环境。藏文信息处理的研究

① 陈玉忠，俞士汶．藏文信息处理技术的研究现状与展望[J]．中国藏学，2003（64）：97-107.

内容总体上可以用三个方面来概括：藏语知识表示、藏语知识获取、藏语知识应用。三者互为因果，相辅相成。

计算机根据给定的形式化的语言知识模型，将自然语言文本中的词语单元、句法结构、语义关系、语篇框架等信息转换为特定的计算机机内表示，运用自然语言分析技术对自然语言文本加以分析，是进一步做信息检索、信息提取、文本摘要、机器翻译等各种自然语言处理的基础。通常可根据分析的自然语言单位大小不同以及分析目标不同，把自然语言分析任务分为词法分析、句法分析、语义分析、语篇分析等子任务[①]。

藏语词法分析包括连续字符流中词语识别、词语内部结构分析和形态分析、词类标注等具体分析任务。显然，词法分析与所处理的具体语言有关。藏语言不仅是拼音文字，还属于有词形曲折变化的语言，需要进行形态分析，同时还要做特殊的词法分析，如藏文的一个音节由多个字符构成，在书写时词和词之间没有空格等。对藏语书面文本进行信息处理，首先需要将藏语文本中的词逐个识别出来，在词和词之间加上分界标记。这个过程通常被称作藏语音节识别与分词。在词法分析中，词类标注任务是确定文本中词的词类信息，这可以为后续的词义分析及句子结构分析提供帮助。藏语自然语言中一词多类的现象比较常见，虚词的功能也很丰富。当兼类词出现在文本中时，需要根据虚词和词汇的语法功能来动态确定其词类。

藏语句法分析的基本单位是句子，主要目标是判断输入句子是否是自然语言中合乎语法的表达式。如果是合乎语法的，则应分析得到能够反映句子组成情况的结构，通常用树形图表示，常见的有短语结构树和依存结构树两种形式。除对整句的句法结构进行完全句法分析外，也有浅层句法分析，即对句子特定的语言单位进行识别，比如识别出句中的命名实体、时间、处所表达式等。因为这种分析只给出句子中的部分成分分析作为结果，所以又称部分句法分析。

藏语语义分析主要有两类任务：一是词义分析，处理的单位是词；二是句义分析，处理的单位是句子。词义分析又称作词义标注。自然语言中的多义词现象比较常见，这些词在不同的语境中可以解释为不同的义项，词义分析的目的就是确定文本中的多义词在当前语境中所表现的义项。句义分析的目的是得到藏语句子意义的形式化表示，通常在句法分析之后进行，按照一定的语义规则在句法分析的基础上推导出句子的意义表示。一般可以表示为谓词逻辑表达式、特征结构、语义网络等形式。除对整句的完全语义分析外，也有所谓的浅层句义分析，一般又称作语义角色标注，分析目标是识别句子中心谓词的论元成分所充当的不同语义角色。在藏语中，可以通过格的形态变化来识别典型的语义角色，如施事、受事、与事、工具、材料、时间、处所等。

藏语语篇分析的对象是由句子组成的段落和完整的篇章，分析任务主要有两类：一类是微观层次上的篇章分析，即确定篇章实体成分之间的指代关系，主要是代词与其所指代的语言成分之间的共指关系；二是宏观层次上的篇章分析，即分析篇章的整体结构以及句间逻辑语义关系，如因果、假设、条件、让步、转折等。

综上所述，计算语言学在藏语研究中才刚刚起步，需要探索的领域广、任务重，但由于藏语具有结构性语言特点，其语法体系相对完整，适合进行自然语言描写和信息抽取，加上

---

① 詹卫东．计算机科学技术百科全书．3版．北京：清华大学出版社，2011．

对这种体系或对同一领域的上千年研究积累，因此其发展相当迅速。

纵观 20 多年的藏文信息处理技术的发展，无论是在藏文信息处理基础研究、相关标准制定方面，还是在藏文信息处理的知识获取和应用开发方面，众多科研人员都进行了不懈的努力和有益的探索，并取得了不少成绩。与其他语言文字一样，这些成绩为开展藏语自然语言处理或计算语言学研究奠定了坚实基础。

因此，虽然以研究藏语知识描写与应用为主的计算语言学学科形成时间短，但是发展速度很快，它是在我国长期从事藏语语法研究基础上开展的藏文信息技术研究，是积极探索学科增长点的结果，是多学科优势互补、相互融合的结晶。作为中文信息处理研究的一个分支，其所进行的研究在中文信息处理的范畴之内，这门学科的出现，是中文信息处理研究的纵深发展，也是中文信息处理研究领域的拓展。在计算语言学这门学科内容中引入藏语知识描述与处理，无疑给我国计算语言学学科的发展注入了新鲜的血液，从不同语言和思维模式中探索新的方法与技术，可使之日臻完善。

1.6 计算语言学的发展趋势

经过多年的探索，加之人工智能方法的应用和激励，计算语言学在很多国家都已发展成为一门正式的学科。在世界自然语言处理领域，各国政府和学者已形成一个基本共识，即语言文字信息处理技术的水平已成为衡量一个民族和一个国家现代化水平的重要标志。为此，目前国际上各发达国家都把本民族语言文字的信息处理作为发展的重点方向，把自然语言信息处理提到空前的高度，并且投入了大量的人力和物力，推动了语言文字信息处理计算机技术的发展和信息产业的兴起。自然语言处理首先是一门学术研究，但由于它的应用性质，特别是对国家经济实力乃至国力的连带推动性质，故而相当多的国家，特别是美国、日本与欧洲诸发达国家往往采取政府行为来推动语言文字信息处理技术的发展。从“信息时代”这个概念的角度看，语言文字信息处理水平和状况甚至关乎社区、民族和国家的生存问题。

目前普通计算机用户可以使用的计算资源正以惊人的速度迅速增长，互联网兴起并且成为了无比丰富的信息资源，移动通信逐渐普及并且日益增长起来，这些都使得计算语言学成为了当前科学技术的热门话题，有着无限广阔的应用前景。

许多专家提出了自然语言处理研究方法的发展方向，归纳起来有以下几点：

第一，传统的基于句法-语义规则的理性主义，即主张语法结构与意义表达一一对应的方法受到质疑。随着语料库建设和语料库语言学的发展，大规模真实文本的处理在自然语言处理研究中迅速崛起，即如何将规则视为能被统计方法操作的对象。随着人们对高质量和高精度信息的需求越来越大，必须采用深层语言处理去提炼概率方法所得到的粗糙结果，即将规则引导的深层分析和具有稳健性的基于概率的浅层分析结合起来。因此，将基于规则和基于统计的研究方法结合起来，寻找一种融合的解决问题的办法，甚至建立一种新的理论方法才是自然语言处理研究的真正出路。

第二，自然语言理解在语义网中的广泛应用。

随着计算机网络和各种通信技术的迅速发展，许多新的应用需求对自然语言处理技术提出了更高的要求，例如，网络内容管理、舆情分析、有害信息过滤和概念搜索等。这些任务不仅与自然语言处理技术有关，而且涉及图像理解、情感计算和网络技术等多种相关技术。而语音自动翻译则是涉及语音识别、机器翻译、语音合成、表情识别与理解以及通信等多种技术的综合集成技术。面对这些新的任务，研究才刚刚开始，距问题解决的最终目标仍很遥远。

自 Tim Berners Lee 在 2001 年 5 月出版的《科学美国人》中提出"语义网将成为下一代的新网络"这一大胆预测以来，人们将无结构的基于网络的数字信息转化为带有语义结构的知识库，这样的动机十分符合计算语言学研究。语义网为语言技术带来了新的发展技术，具体表现在：

（1）语言技术（LT）在建设有用的本体知识中的应用；

（2）语义网本体知识在 LT 应用中的开发和利用，如用于信息提取等；

（3）概念的自动或半自动发现和注释的挑战；

（4）语义网作为一项资源在 NLP 中机器学习的应用；

（5）语义网和多语言的关系；

（6）语义网和语言变异。

这些问题也正是自然语言理解领域需要不断探索和解决的问题。

第三，从共享资源到渐渐形成国家/国际标准。

语言资源的可用性和可复用性在计算语言学的新进展中扮演着核心角色。致力于构建共享语言资源的工作是 21 世纪计算语言学研究的一个前沿领域。

在语言资源库建设方面，至今仍缺乏基本的国家/国际规范和标准，语料库和知识库开发仍呈现"百家争鸣"的局面，许多成果难以共享和整合。尽管许多理论模型和方法已经得到实际应用，如上下无关文法、HMM、噪声信道模型等，但是，在理论模型和方法研究方面仍处于探索阶段，许多重要的问题仍未得到彻底、有效地解决，包括自动分词、命名实体识别等经典问题。综观整个自然语言处理领域，尚未建立起一套完整、系统的理论框架体系，许多理论研究甚至处于盲目的摸索阶段,如尝试一些新的机器学习方法或未曾使用的数学模型，这些尝试和实验带有很强的主观性和盲目性。在技术实现上，许多改进往往仅限于对一些边角问题的修修补补，或者只是针对特定条件下一些具体问题的处理，未能从根本上建立一套广泛适用的、鲁棒的处理策略。

信息社会催生了计算语言学，开展面向计算机的语言学研究已成为一个紧迫的时代课题。这个领域天地广阔，大有可为。就藏文信息处理研究未来的发展而言，除要解决计算语言学遇到的共性问题和藏语处理中的个性问题以外，还需要在发展中注意以下几个方面：

（1）要社会效益和经济效益并举，但应以社会效益为主，经济效益为辅；

（2）藏文信息处理各项工作应统筹考虑、综合兼顾；

（3）藏文信息处理要基础研究和应用研究并举，现阶段重点扶持操作系统和各类标准的研制。

我们坚信，信息时代需要藏文，藏文在信息时代也必将发挥更大的作用，毕竟它承载着中华民族文化悠久的历史传承和灿烂的文化遗产，将伴随着人类共同进入一个更加注重多元文化并存、世界文化共同繁荣发展的崭新时代。

第 2 章

计算语言学基础知识

计算语言学是一门交叉学科，它不仅涉及语言学、计算机科学，还应用到了大量数学知识。尤其是近年来，随着语料库语言学的兴起，统计等数学方法和技术在计算语言学中更是得到了越来越广泛的应用。本章主要介绍概率统计基础、信息论基础、隐马尔可夫模型等计算语言学相关知识。

2.1 概率统计基础[①]

2.1.1 事件和概率

定义 1. 随机事件：在一定条件下，可能发生也可能不发生的试验结果称为随机事件，简称事件，一般用大写拉丁字母 A，B，C，…表示。

随机事件有两种特殊情况，即必然事件（在一定条件下，每次试验都必定发生的事件）和不可能事件（在一定条件下，每次试验都一定不发生的事件），分别记为 Ω 和 Φ。

随机事件在一次试验中是否发生，固然是无法确定的偶然现象，但当进行多次重复试验，就可以发现其发生的可能性大小的统计规律性。具体地说，如果在相同条件下进行了 n 次重复试验，事件 A 出现了 v 次，那么事件 A 在 n 次实验中出现的频率为 $\frac{v}{n}$。当 n 无限增大时，$\frac{v}{n}$ 呈现稳定性。这一统计规律性表明了事件发生的可能性大小是事件本身所固有的，不因人们主观意志而改变的一种客观属性。

事件之间的关系和运算：

（1）**包含**　当事件 B 发生时，如果事件 A 也一定发生，则称 A 包含 B 或 B 包含于 A 中，记作 $A \supset B$ 或 $B \subset A$。

（2）**等价**　如果 $A \supset B$ 且 $B \supset A$，即事件 A 包含事件 B 且事件 B 包含事件 A，则称 A 和 B 等价，记作 $A=B$。

（3）**积**　表示事件 A 和 B 同时发生的事件，称为 A 与 B 的积，记作 $A \cap B$ 或 AB。

（4）**和**　表示事件 A 或事件 B 发生的事件，称为 A 与 B 的和，记作 $A \cup B$ 或 $A+B$。

---

① 本节撰写过程中，得到了北京大学计算语言学研究所常宝宝老师的大力支持，以其提供的“计算语言学工作者需要了解的数学知识”为主要参考资料，在此特别说明。

（5）**差**　表示事件 A 发生而事件 B 不发生的事件，称为 A 与 B 的差，记作 $A-B$。

（6）**互斥**　如果事件 A 与 B 不可能同时发生，即 $AB=\Phi$，则称 A 与 B 是互斥的。

（7）**对立**　如果事件 A 与 B 互斥，且在每次试验中不是出现 A 就是出现 B，即 $AB=\Phi$ 且 $A+B=\Omega$，则称 B 为 A 的对立事件，记作 $B=\overline{A}$。

定义 2. 概率：事件 A 发生的可能性大小称为事件 A 的概率，记作 $P(A)$。

当试验的次数 n 足够大，可以用事件的频率近似地表示该事件的概率，即

$$P(A)\approx\frac{v}{n}$$

概率的基本性质：

（1）$0\leqslant P(A)\leqslant 1$。

（2）$P(\Omega)=P$（必然事件）$=1$。

（3）$P(\Phi)=P$（不可能事件）$=0$。

（4）$P(A+B)=P(A)+P(B)-P(AB)$。若 A，B 互斥，则 $P(A+B)=P(A)+P(B)$；若 A_1，A_2，…，A_n 两两互斥，则 $P(A_1+A_2+\cdots+A_n)=P(A_1)+P(A_2)+\cdots+P(A_n)$。

（5）若 $A\supset B$，则 $P(A)\geqslant P(B)$。

（6）若 A_1，A_2，…，A_n 两两互斥，且 $A_1+A_2+\cdots+A_n=\Omega$，则

$$P(A_1+A_2+\cdots+A_n)=P(A_1)+P(A_2)+\cdots+P(A_n)=\sum_{i=1}^{n}P(A_i)=1。$$

（7）对于任意事件 A，$P(\overline{A})=1-P(A)$。

定义 3. 条件概率：在事件 B 发生的条件下，事件 A 发生的概率称为事件 A 在事件 B 已发生的条件下的条件概率，记作 $P(A|B)$。当 $P(B)>0$ 时，规定

$$P(A|B)=\frac{P(AB)}{P(B)}$$

当 $P(B)=0$ 时，规定 $P(A|B)=0$。

由条件概率的定义，可得到乘法公式：

$$P(AB)=P(A)P(B|A)$$

$$\begin{aligned}P(A_1A_2\cdots A_n)&=P(A_1)P(A_2|A_1)P(A_3|A_2A_1)\cdots P(A_n|A_{n-1}A_{n-2}\cdots A_1)\\&=\prod_{i=1}^{n}P(A_i|A_{i-1}A_{i-2}\cdots A_1)\end{aligned}$$

一般而言，条件概率 $P(A|B)$ 与概率 $P(A)$ 是不等的。但在某些情况下，它们是相等的，则根据条件概率的定义和乘法公式有

$$P(AB)=P(A)P(B)$$

这时，称事件 A 与 B 是相互独立的。

根据乘法公式，可以得到下面的重要公式，该公式称为贝叶斯（Bayes）公式。

$$P(A|B)=\frac{P(B|A)P(A)}{P(B)}$$

一般地，若事件 A_1，A_2，…，A_n 两两互斥，事件 B 满足 $B\subset A_1+A_2+\cdots+A_n$，且 $P(A_i)>0$

（i=1，2，…，n），P（B）>0，则贝叶斯公式可以推广为：

$$P(A_j \mid B)=\frac{P(A_j)P(B \mid A_j)}{P(A_1)(B \mid A_1)+\ldots+P(A_n)P(B \mid A_n)}=\frac{P(A_j)P(B \mid A_j)}{\sum_{i=1}^{n}P(A_i)P(B \mid A_i)}$$

实际应用中，称 $P(A_1)$，$P(A_2)$，…，$P(A_n)$的值为验前概率，称 $P(A_1|B)$，$P(A_2|B)$，…，$P(A_n|B)$的值为验后概率，贝叶斯公式便是从验前概率推算验后概率的公式。

2.1.2 随机变量与分布函数

定义 4. 随机变量：每次试验的结果可以用一个变量 X 的数值来表示，这个变量称为随机变量。随机变量的取值随试验的结果变化，但又遵从一定的概率分布规律。它是随机现象的数量化。

定义 5. 分布函数：给定随机变量 X，它的取值不超过实数 x 的事件的概率 $P\{X \leqslant x\}$是 x 的函数，称为 X 的概率分布函数，简称为分布函数，记作 $F(x)$，即

$$F(x)=P\{X \leqslant x\} \qquad (-\infty<x<+\infty)$$

分布函数的基本性质：

（1）$\lim_{x \to -\infty} F(x)=0$，$\lim_{x \to \infty} F(x)=1$。

（2）单调性，若 $x_1<x_2$，则 $F(x_1) \leqslant F(x_2)$。

（3）$P\{a<X \leqslant b\}=F(b)-F(a)$。

定义 6. 离散型随机变量：如果随机变量 X 只能取有限个或可列个（若数列 x_1，x_2，…，x_n，…可以和自然数建立一种映射关系，则称数列中含有可列个元素）数值 x_1，x_2，…，x_n，…，就称 X 为离散型随机变量。在语言的统计处理中，一般仅用到离散型随机变量。

定义 7. 分布密度：设 X 是一个离散型随机变量，它所有可能取的值为 x_1，x_2，…，x_n，…，$P\{X=x_k\}=p_k(k=1, 2, \cdots, n, \cdots)$，则可以用表 2.1 来表达 X 取值的规律。

表 2.1

X	x_1 x_2 … x_n…
概率	p_1 p_2 … p_n…

其中，$1 \geqslant x_k \geqslant 0$ 且 $\sum_k p_k=1$，则称这个表格所表示的函数为离散型随机变量的分布密度或概率函数。本书中，分布密度记作 $p(x)$。

定义 8. n 维随机变量：如果 X_1，X_2，…，X_n 是联系于同一组条件下的 n 个随机变量，则称（X_1，X_2，…，X_n）为 n 维随机变量。

2.1.3 随机变量的数字特征

随机变量是按照一定的规律（即分布）来取值的。在使用时，有时并不需要了解这个规律的全貌，而只需要知道它的某个侧面，这时，往往可以用一个或几个数字来描述这个侧面。这种数字部分地描述了随机变量的特性，被称为随机变量的数字特征。

定义 9. 数学期望：随机变量 X 的数学期望 $E(X)$ 是该变量取值的概率加权平均。数学

期望简称期望，描述了随机变量概率的加权平均值。

若 X 为离散型随机变量，其可能的取值为 x_k（k=1，2，…）且 $P\{X=x_k\}=p_k$，则

$$E(X)=\sum_k x_k p_k$$

定义 10. 方差：随机变量 $(X-E(X))^2$ 的数学期望称为随机变量 X 的方差，记作 $D(X)$。方差描述了随机变量的取值距离其平均值（即期望值）的分散程度。即

$$D(X)=E(X-E(X))^2$$

方差定义中取平方的目的是避免正负偏差相互抵消，因为无论是正偏差大还是负偏差大，都表示分散程度大。

方差描述了随机变量的取值距离其期望值的分散程度，但是它的单位是随机变量的单位的平方。有时，为了使单位一致，还经常使用方差的算术平方根来描述随机变量的取值距离其期望值的分散程度，这个数字特征称为随机变量的标准差。

定义 11. 标准差：随机变量 X 的标准差定义为随机变量 X 的方差的算术平方根，记作 $\sigma(X)$。即

$$\sigma(X)=\sqrt{D(X)}$$

数学期望和方差的性质：

（1）当 c 为常数时，$E(cX)=cE(X)$。

（2）$E(X\pm Y)=E(X)\pm E(Y)$。

（3）当 X，Y 相互独立时，$E(XY)=E(X)E(Y)$。

（4）当 c 为常数时，$D(cX)=c^2D(X)$。

（5）当 X，Y 相互独立时，$D(X\pm Y)=D(X)+D(Y)$。

（6）当 a 为常数时，$E(a)=a$。

（7）当 a 为常数时，$D(a)=0$。

（8）$D(X)=E(X^2)-(E(X))^2$。

2.1.4 最大似然估计

定义 12. 总体：研究对象的所有可能的观察结果称为总体。

定义 13. 样本：从总体中抽取一部分样品，称为总体的一个样本。

要了解总体的统计规律，就应该对研究对象的所有观察结果进行研究，一一加以测定，这在实际中常常是不可能或者不必要的。例如，某个灯泡厂需要了解灯泡的平均寿命，要实际测定它所生产的每一个灯泡的寿命是不可能的，而往往是从所有灯泡中随机选取一些灯泡进行测定。数理统计方法就是通过研究样本来了解和判断总体的统计特性的科学方法。

设 X 为一个随机变量，并且 $P\{X=x\}=f(x, \theta_1, \theta_2, \cdots, \theta_k)$，参数 $\theta_1, \theta_2, \cdots, \theta_k$ 未知，x_1，x_2，…，x_n 是随机变量取值的一个样本，则使函数

$$\prod_{i=1}^{n} f(x_i, \theta_1, \theta_2, \cdots, \theta_k)$$

达到最大值的参数取值 $\hat{\theta}_1, \hat{\theta}_2, \cdots, \hat{\theta}_k$ 可以被用作随机变量未知参数 $\hat{\theta}_1, \hat{\theta}_2, \cdots, \hat{\theta}_k$ 的估计值。这种参数估计方法一般称为最大似然估计方法。

2.2 信息论基础

2.2.1 信息的最优编码设计

首先来看一个编码问题。假定有一个房间中有时没有人，有时甲在房间中，有时乙在房间中，有时甲、乙都在房间中，房间状态服从如表 2.2 所示的概率分布。

表 2.2

房间状态	房间没有人	甲在房间	乙在房间	甲、乙均在房间
概率	0.5	0.125	0.125	0.25

某人受命监视房间，每 5 分钟记录一次房间状态，并经一个通信设备将房间状态发送出去。大家知道，要把消息通过通信设备发送出去，首先的问题是对消息进行编码。如果采用二进制进行编码，消息的编码将由 0 和 1 组成。一种可行的定长编码方案是：用 00 表示没有人在房间中，01 表示甲在房间中，10 表示乙在房间中，11 表示甲、乙两人均在房间中。按照这样的编码，发送一个消息所需要的码的长度为 2，平均发送一个消息需要 $0.5\times2+0.125\times2+0.125\times2+0.25\times2=2$ 个二进制位。

现在的问题是，房间的四种状态出现的概率并不相同，是否可以改进编码的方式，使得连续发送消息时，编码的长度最短，从而提高通信设备的效率？可以根据下面的原则进行编码，给小概率消息赋以较长的编码，而给大概率消息赋以较短的编码。这样的话，连续发送多个消息时，可以保证发送的编码长度最短。然而这种编码方式，对于单个消息而言，编码长度是变化的，因而是一种变长编码。表 2.3 表示符合上述原则的编码。

表 2.3

消　息	编　码
房间没有人	0
甲在房间	110
乙在房间	111
甲乙均在房间	10

利用这种方式编码，发送大概率消息（如房间没有人）仅仅需要 1 个二进制位，而发送小概率消息（如甲在房间）则需要 3 个二进制位。平均发送一个消息则需要 $0.5\times1+0.125\times3+0.125\times3+\times0.25\times2=1.75$ 个二进制位。可见第二种编码优于第一种编码。

一般而言，可以把消息看作一个取有限个值（如房间中没有人、甲在房间、乙在房间、甲和乙均在房间）的随机变量 X，随机变量服从概率分布 P，如果消息 x 的分布密度为 $p(x)$，则给其分配一个长度为 $\lceil -\log_2 p(x) \rceil$ 个二进制位的编码，这里 $\lceil x \rceil$ 表示大于或等于 x 的最小整数。按照这样的编码方式，概率较大的消息的编码长度较小，概率较小的消息的编码长度较大，发送一个消息平均需要 $-\sum p(x)\log_2 p(x)$ 个二进制位。在信息论中，按照上述编码原则，如果发送一个消息所需要的编码的长度较大，则可以理解为消息所蕴涵的信息量较大，如果发送一个消息所需要的编码长度较小，则该消息所蕴涵的信息量较小。平均信息量即为发送一个消息的平均编码长度，可以用熵的概念来描述。

2.2.2　信息熵

定义 14. 熵： 设 X 是取有限个值的随机变量，它的分布密度为

$$p(x)=P\{X=x\},\ x\in X$$

则 X 的熵定义为

$$H(X)=-\sum_{x\in X} p(x)\log_a p(x) \tag{2.1}$$

熵描述了随机变量的不确定性。一般来说，熵给出了随机变量信息量的一种度量。在式（2.1）中，对数底 a 可以是任何正数，对数底 a 决定了熵的单位。若 $a=2$，则熵的单位称为比特（bit）。在没有特别指明的情况下，本书均用比特作为熵的单位。为使上述定义在任何情况下都有意义，规定 $0\log_a 0=0$。

熵的基本性质：

（1）$H(X)\leqslant \log_a|X|$。其中等号成立当且仅当 $p(x)=\dfrac{1}{|X|}$，这里 $|X|$ 表示集合 X 中的元素个数。该性质表明等概场具有最大熵。

（2）$H(X)\geqslant 0$，其中等号成立当且仅当对某个 i，$p(x_i)=1$，其余的 $p(x_k)=0$（$k\neq i$）。这表明确定场（无随机性）的熵最小。

例 1　假定有一种语言 P 有 6 个字母 p，t，k，a，i，u，字母的分布密度如表 2.4 所示。

表 2.4

P	p	t	k	a	i	u
概率	1/8	1/4	1/8	1/4	1/8	1/8

则随机变量 P 的熵为

$$\begin{aligned}H(P)&=-\sum_{i\in\{p,t,k,a,i,u\}} p(i)\log p(i)\\&=-\left[4\times\frac{1}{8}\log_2\frac{1}{8}+2\times\frac{1}{4}\log_2\frac{1}{4}\right]\\&=2\frac{1}{2}\ \text{bit}\end{aligned}$$

定义 15. 联合熵： 设 X，Y 是两个离散型随机变量，它们的联合分布密度为 $p(x, y)$，则 X，Y 的联合熵定义为

$$H(X,Y)=-\sum_{x\in X}\sum_{y\in Y} p(x,y)\log_a p(x,y) \tag{2.2}$$

定义 16. 条件熵： 设 X，Y 是两个离散型随机变量，它们的联合分布密度为 $p(x, y)$，则给定 X 时 Y 的条件熵定义为

$$\begin{aligned} H(Y \mid X) &= -\sum_{x \in X} p(x) H(Y \mid X = x) \\ &= \sum_{x \in X} p(x)\left[-\sum_{y \in Y} p(y \mid x) \log_a p(y \mid x)\right] \\ &= -\sum_{x \in X} \sum_{y \in Y} p(x, y) \log_a p(y \mid x) \end{aligned} \tag{2.3}$$

联合熵和条件熵的关系可以用式（2.4）来描述，该关系一般也称为链式规则。

$$H(X, Y) = H(X) + H(Y|X) \tag{2.4}$$

信息量的大小是随着消息长度的增加而增加的，为了便于比较，一般使用熵率的概念。熵率一般也称为字符熵（per-letter entropy）或词熵（per-word entropy）。

定义 17. 熵率（entropy rate）：对于长度为 n 的消息，熵率定义为

$$H_{\text{rate}} = \frac{1}{n} H(X_{1n}) = -\frac{1}{n} \sum_{x_{1n}} p(x_{1n}) \log_a p(x_{1n}) \tag{2.5}$$

这里 X_{1n} 表示随机变量序列 $X_1X_2\cdots X_n$，$p(x_{1n})$ 表示分布密度 $p(x_1 x_2\cdots x_n)$。

可以把语言看作一系列语言单位构成的一个随机变量序列 $L = (X_1X_2\cdots X_n)$，则 L 的熵可以定义为这个随机变量序列的熵率

$$H_{\text{rate}}(L) = \lim_{n \to \infty} \frac{1}{n} H(X_1, X_2, \cdots, X_n) \tag{2.6}$$

根据链式规则，有

$$H(X, Y) = H(X) + H(Y|X) = H(Y) + H(X|Y)$$

可以推导出

$$H(X) - H(X|Y) = H(Y) - H(Y|X)$$

$H(X)$ 和 $H(X|Y)$ 的差称为互信息，一般记作 $I(X; Y)$。$I(X; Y)$ 描述了包含在 X 中的有关 Y 的信息量，或包含在 Y 中的有关 X 的信息量。图 2.1 描述了互信息和熵之间的关系。

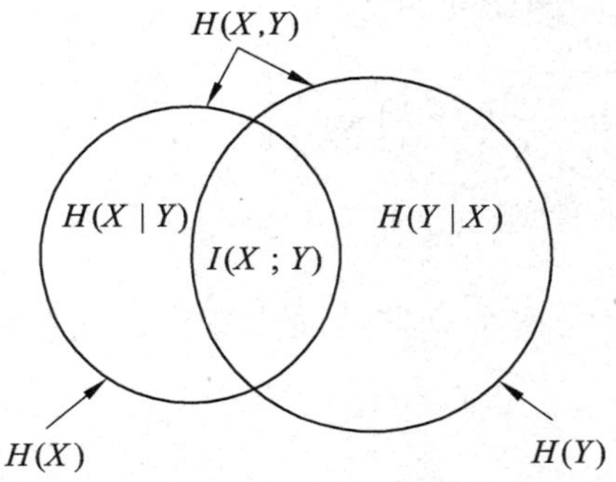

图 2.1 互信息和熵的关系

$$
\begin{aligned}
I(X;Y) &= H(X) - H(X \mid Y) \\
&= H(X) + H(Y) - H(X,Y) \\
&= \sum_{x} p(x)\log_a \frac{1}{p(x)} + \sum_{x} p(y)\log_a \frac{1}{p(y)} + \sum_{x,y} p(x,y)\log_a p(x,y) \\
&= \sum_{x,y} p(x,y)\log_a \frac{p(x,y)}{p(x)p(y)}
\end{aligned}
$$

故互信息定义如下：

定义 18. 互信息（mutual information）：随机变量 X，Y 之间的互信息定义为

$$I(X;Y) = \sum_{x,y} p(x,y)\log_a \frac{p(x,y)}{p(x)p(y)} \tag{2.7}$$

互信息的性质：

（1）$I(X;Y) \geqslant 0$，等号成立当且仅当 X 和 Y 相互独立。

（2）$I(X;Y) = I(Y;X)$，说明互信息是对称的。

式（2.7）给出了两个随机变量之间的互信息，在计算语言学中，更为常用的是两个具体事件之间的互信息，一般称之为点间互信息。

定义 19. 点间互信息（pointwise mutual information）：事件 x，y 之间的互信息定义为

$$I(x,y) = \log_a \frac{p(x,y)}{p(x)p(y)} \tag{2.8}$$

一般而言，点间互信息为两个具体事件之间的相关程度提供了一种度量，即

当 $I(x,y) >> 0$ 时，x 和 y 高度相关；

当 $I(x,y) = 0$ 时，x 和 y 高度相互独立；

当 $I(x,y) << 0$ 时，x 和 y 呈互补分布。

定义 20. 相对熵（relative entropy）：设 $p(x)$，$q(x)$ 是随机变量 X 的两个不同的分布密度，则它们的相对熵定义为

$$D(p\|q) = \sum_{x \in X} p(x)\log_a \frac{p(x)}{q(x)} \tag{2.9}$$

规定 $0\log_a \frac{0}{q} = 0$，$p\log_a \frac{p}{0} = \infty$。

相对熵一般也称为 Kullback-Leibler 发散度或 Kullback-Leibler 距离。它提供了一种度量同一个随机变量的不同分布的差异的方法。从信息论的角度看，如果一个随机变量 X 的分布密度是 $p(x)$，而人们却错误地使用了分布密度 $q(x)$，则相对熵描述了因为错用分布密度而增加的信息量。

定义 21. 交叉熵（cross entropy）：设随机变量 X 的分布密度为 $p(x)$，在很多情况下 $p(x)$ 是未知的，人们通常使用通过统计手段得到的 X 的近似分布 $q(x)$，则随机变量 X 的交叉熵定义为

$$H(X,q) = \sum_{x \in X} p(x)\log_a q(x) \tag{2.10}$$

$$H(L,m) = -\lim_{n\to\infty}\frac{1}{n}\sum_{x_{1n}} p(x_{1n})\log_a m(x_{1n})$$

$$H(L,m) = -\lim_{n\to\infty}\frac{1}{n}\log_a m(x_{1n})$$

$$H(L,m) \approx -\frac{1}{n}\log_a m(x_{1n})$$

$$p(T) = \prod_{i=1}^{n} p(t_i)$$

$$H_p(T) = -\frac{1}{W_T}\log_2 p(T)$$

$$PP_p(T) = 2^{H_p(T)}$$

2.2.3 噪声信道模型

利用信息论的基本概念，香农曾经给出了一个通信系统的抽象模型，该模型可以用图 2.2 来表示。

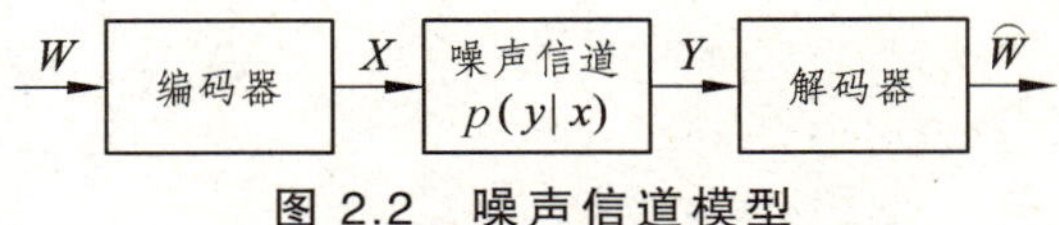

图 2.2 噪声信道模型

W 是欲经信道传输的消息，在传输之前，首先进行编码使其适于信道传输。编码后的消息为 X。由于信道噪声的存在，在信道末端，人们并不能精确接收到 X，而是接收到有噪声在内的编码 Y。信道概率 $p(y|x)$ 描述了编码 X 因噪声而变成 Y 的概率。当接收方接到含有噪声的编码后，其任务就变为将 Y 解码，得到最为可能的消息 $\hat{W}$。就通信系统而言，人们最为关心的是在有噪声存在的情况下，如何将消息编码有效可靠地发送到接收方。噪音信道模型在通信以及编码领域得到了广泛的应用。

从 20 世纪 50 年代起，就有人试图利用这一模型解决语言问题，试图用一种量化的手段对待语言，但由于种种原因，最初的努力并未获得成功。20 世纪 70 年代，人们又一次将噪声信道模型引入语言处理领域。目前，噪声信道模型已经在一系列语言问题的处理中获得了比较成功的应用。

在利用噪声信道模型处理语言问题时，人们并不关心编码问题，而更关心的是，在有噪声存在的情况下，如何解码将输出还原为信道输入。因此，人们常常面对的是图 2.3 所示的信道模型。

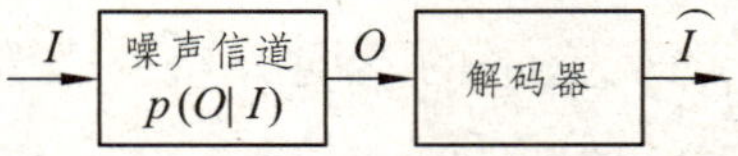

I → 噪声信道 $p(O|I)$ → O → 解码器 → $\hat{I}$

图 2.3 语言处理应用中的噪声信道模型

这个问题可以用公式（2.11）来描述。即在观察到 O 的情况下，人们可以通过计算找到一个最可能产生 O 的输入 $\hat{I}$ 来作为原信道输入 I 的估值。

$$\hat{I} = \arg\max_{I} p(O|I) \qquad (2.11)$$

利用 Bayes 定理，可以得到如下公式

$$\hat{I} = \arg\max_{I} \frac{p(I)p(O \mid I)}{p(O)} \tag{2.12}$$

由于 $p(O)$ 是一个常数，故有

$$\hat{I} = \arg\max_{I} p(I)p(O \mid I) \tag{2.13}$$

在式（2.13）中出现了两个概率分布：$p(I)$，一般称为语言模型；$p(O|I)$，一般称为信道模型。

下面举例说明如何把噪声信道模型应用于语言的翻译问题。假定人们希望把一篇文本翻译成藏文文本。对于这个任务，人们可以假定信道的输入是藏文文本，由于噪声的干扰，在信道末端人们看到的是汉文文本，翻译问题就变成如何将信道输出的汉文文本恢复为信道输入端的藏文文本的问题。利用信道模型，人们为翻译问题找出了一个整齐的数学描述。除了翻译问题外，信道模型在一系列其他语言处理问题上也得到了较好的应用，例如光学字符识别（OCR），词性自动标注和语音识别，等等。

$$\hat{T} = \arg\max_{T} p(T)p(S \mid T)$$

2.3　隐马尔可夫模型

隐马尔可夫过程（Hidden Markov Process）是一种十分重要的随机过程，从目前计算语言学的研究来看，基于隐马尔可夫过程的语言模型在语言信息处理领域中有着十分广泛的用途。隐马尔可夫模型（Hidden Markov Model，HMM）的基本理论形成于 20 世纪 60 年代末期和 70 年代初期，最早由 L. E. Baum 及其同事提出；70 年代中期，CMU 的 J. K. Baker 以及 IBM 的 F. Jelinek 等人把该模型应用于语音识别问题。语音识别的研究和开发表明，基于隐马尔可夫模型的方法是一种成功的方法。后来，借鉴隐马尔可夫模型在语音识别领域中的成功经验，人们也在语言信息处理的其他领域采用了这种模型，目前比较成功的例子包括词类的自动标注、文本的音字转换等。

隐马尔可夫过程可以看作是马尔可夫过程的一种扩充。为了引入隐马尔可夫模型，对马尔可夫过程有所了解是必要的。

2.3.1　马尔可夫过程

在日常生活中，我们会碰到很多系统，这些系统的运作与时间有关。随着时间的推移，系统表现为一组状态的变化，在某个具体的时刻对这个系统进行观察，会发现这个系统处在某个状态。例如，天气的变化，假如可以用阴天（雨雪天气）、晴天和多云来概括天气所有可能的变化，那么，随着时间的推移，天气总是在这三种情况之间进行变化，但在某个时刻进行观察，天气又只能是晴天、阴天和多云中的一种情况。而晴天、阴天和多云正是天气这个系统的三种状态。天气的这种变化可以用图 2.4 来描述。

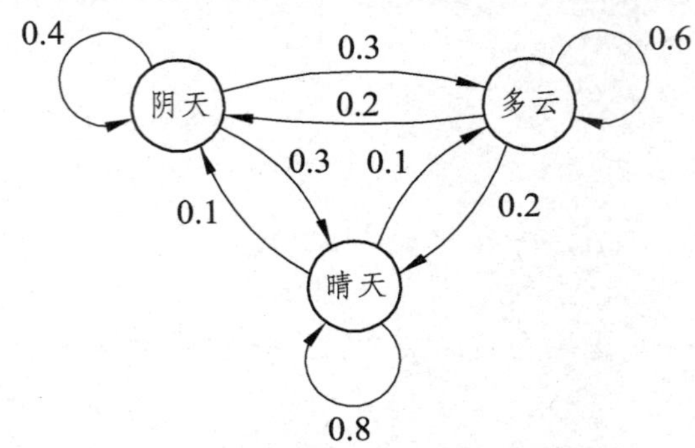

图 2.4 天气变化的马尔可夫模型

在某个具体时刻（例如今天），无法准确预测下一个时刻（例如明天）的天气情况，今天如果是晴天，并不能保证明天一定也是晴天，也可能是阴天或多云。如果对大量的历史数据进行分析，找出历史上所有的晴天，再观察其后的一天的天气情况，就能得到后一天天气情况的概率。应用前面介绍的条件概率的定义，可以表示为：

P（晴天|晴天），P（阴天|晴天），P（多云|晴天）

图 2.4 中的数字正是天气状态转换的概率，从中可以知道 P（晴天|晴天）=0.8，即某天是晴天，其后一天是晴天的概率是 0.8。

天气随着时间的变化从一个状态按照一定概率转换到另外一个状态，恰恰就是马尔可夫过程的一个具体的例子。完整的马尔可夫模型可用下面的数学描述进行定义。

假设 S 是一个由有限个状态组成的集合$\{1, 2, 3, \cdots, n-1, n\}$，$q_t$表示在 t 时刻系统所处的状态。严格来说，q_t的情况将会依赖于它的所有历史情况 q_{t-1}，q_{t-2}，…，q_1，但一般只考虑一种比较特殊的情况，即一阶马尔可夫过程，q_t的取值只与 q_{t-1}的取值有关，即下面的等式满足时的情况：

$$P(q_t = j \mid q_{t-1} = i, q_{t-2} = k, \cdots) = P(q_t = j \mid q_{t-1} = i)$$

稳态（stationary）的马尔可夫过程状态转移和观察的时间无关，即

$$P(q_t = j \mid q_{t-1} = i) = P(q_s = j \mid q_{s-1} = i)$$

令

$$a_{ij} = P(q_t = j \mid q_{t-1} = i), \qquad 1 \leqslant i, j \leqslant n$$

则对于所有的 i，j，有下面的关系成立：

$$a_{ij} \geqslant 0$$

$$\sum_{j=1}^{n} a_{ij} = 1$$

则一阶马尔可夫过程可以用一个二元组（S，$\boldsymbol{A}$）来描述。S 是状态的集合，而 $\boldsymbol{A}$ 是所有状态转移概率组成的一个 n 行 n 列的矩阵，其中每一个元素 a_{ij}为从状态 i 转移到状态 j 的概率。

例如，对于图 2.4 中描述的天气变化的马尔可夫过程，如果用 1 表示阴天，2 表示多云，

3 表示晴天的话，则该模型可以形式化地描述为

$$M=(S,\ \boldsymbol{A})$$

其中：

$$S=\{1,\ 2,\ 3\}$$

$$\boldsymbol{A}=\begin{bmatrix}0.4 & 0.3 & 0.3\\ 0.2 & 0.6 & 0.2\\ 0.1 & 0.1 & 0.8\end{bmatrix}$$

2.3.2 隐马尔可夫过程

在马尔可夫过程中，每一个状态都唯一对应一个事件。例如对于上述关于天气的马尔可夫模型，如果连续观察 8 天的天气变化情况，假定为（晴天，晴天，晴天，阴天，阴天，晴天，多云，晴天），我们也一定知道一个唯一的状态转换序列（3，3，3，1，1，3，2，3）。如果把晴天称为状态 3 的输出，阴天称为状态 1 的输出，多云称为状态 2 的输出，根据观察到的输出序列就可以决定模型中的状态转换序列。如果每一个状态并不对应一个唯一的输出，而是按照一定的概率分布输出多个可能的观察值，就形成了一个隐马尔可夫过程。

关于隐马尔可夫模型，L. Rabiner 曾经给出过一个经典的例子：在一个房间中，假定有 N 个坛子，每个坛子中都装有各种颜色的小球，并且假定总共有 M 种不同颜色的小球。一个精灵在房间中首先随机地选择一个坛子，再从这个坛子中随机选择一个小球，并把小球的颜色报告给房间外面的人员记录下来作为观察值。该精灵然后再把该球放回目前选择的坛子，以目前的坛子为条件再随机选择一个坛子，从中随机选择一个小球，并报告小球的颜色，然后放回小球，如此继续……随着时间的推移，房间外的人会得到由这个过程产生的一个小球颜色的序列。

在这个过程中，如果把每一个坛子对应一个状态，可以用状态转移概率矩阵来描述坛子的选择过程。并且每个状态可能按照特定的概率分布输出不同颜色的小球。与天气变化的马尔可夫过程不同，观察人员仅仅根据看到的小球颜色的序列，并不能确定坛子的选择过程，也就是说，根据观察序列，人们不能确定状态转移序列，状态转移过程被隐藏起来了。因此这种随机过程一般被称为隐马尔可夫过程。

一个完整的隐马尔可夫过程包含下面 5 个要素：

（1）一组状态的集合 $S=\{1,\ 2,\ 3,\ \cdots,\ N\}$。尽管观察人员不能直接观察到状态之间的转换，但在隐马尔可夫过程的实际应用中，状态往往有确定的含义。在坛子和小球的试验中，状态和坛子之间有一种对应关系，状态 n 对应坛子 n。

（2）一组输出符号的集合 $V=\{v_1,\ v_2,\ v_3,\ \cdots,\ v_M\}$。输出符号对应着模型的物理输出。在坛子和小球的试验中，输出符号对应的是小球的颜色。如果共有 3 种不同颜色的小球，则输出符号集中共含有 3 个元素，即 $V=\{$红，白，蓝$\}$。

（3）状态转移概率矩阵 $\boldsymbol{A}=[a_{ij}]$。它是一个 N 行 N 列矩阵，含义与一阶马尔可夫过程中的状态转移概率矩阵相同。其中

$$a_{ij}=P(q_{t+1}=j\mid q_t=i),\ \ 1\leqslant i,j\leqslant N$$

（4）输出符号的概率分布 $\boldsymbol{B}=\{b_j(k)\}$。其中，$b_j(k)$ 表示在状态 j 时输出符号 v_k 的概率，即

$$b_j(k)=P(v_k \mid j),\ 1\leqslant k\leqslant M,\ 1\leqslant j\leqslant N$$

（5）初始状态概率分布 $\boldsymbol{\pi}=\{\pi_i\}$。表示时刻 1 选择某个状态的概率，则有

$$\pi_i=P(q_1=i)$$

因此，隐马尔可夫模型可以表示为一个五元组。如果用 λ 来表示隐马尔可夫模型，则

$$\lambda=(S,\ V,\ \boldsymbol{A},\ \boldsymbol{B},\ \boldsymbol{\pi})$$

一般也简写为

$$\lambda=(\boldsymbol{A},\ \boldsymbol{B},\ \boldsymbol{\pi})$$

可以把隐马尔可夫模型视作符号序列的生成装置，按照一定的步骤，隐马尔可夫模型可以生成下面的符号序列：

$$O=(o_1o_2o_3\cdots o_T)$$

其中，o_i 表示时刻 i 的观察值。

（1）令 $t=1$，按照初始状态概率分布 π 选择一个初始状态 $q_1=i$；

（2）按照状态 i 输出符号的概率分布 $b_i(k)$ 选择一个输出值 $o_t=v_k$；

（3）按照状态转移概率分布 a_{ij} 选择一个后继状态 $q_{t+1}=j$；

（4）若 $t<T$，令 $t=t+1$，并且转移到算法第 2 步继续执行，否则结束。

在上述模型的定义中，实际上假定了状态转移仅仅依赖于前一个状态的选择，这样的隐马尔可夫过程称为一阶隐马尔可夫过程。同马尔可夫过程类似，状态选择可能不仅仅依赖于前一个状态的选择，而依赖于前 k 个状态的选择，这样的隐马尔可夫过程称为 k 阶隐马尔可夫过程。

可见，隐马尔可夫模型是一个双重随机过程，其中一重随机过程不能直接观察到，通过状态转移概率矩阵来描述。另一重随机过程输出可以观察的输出符号，这由输出概率来定义。

当把隐马尔可夫模型用于实际问题时，有三个问题需要解决：

（1）给定隐马尔可夫模型 $\lambda=(\boldsymbol{A},\ \boldsymbol{B},\ \boldsymbol{\pi})$ 和一个观察序列 $O=(o_1o_2o_3\cdots o_T)$，如何有效地计算出观察序列的概率，即 $P(O|\lambda)$？这是一个计算问题。

（2）给定隐马尔可夫模型 $\lambda=(\boldsymbol{A},\ \boldsymbol{B},\ \boldsymbol{\pi})$ 和一个观察序列 $O=(o_1o_2o_3\cdots o_T)$，如何寻找一个最有可能产生上述观察序列（或在某种意义下，最好地解释了上述观察序列）的状态转换序列 $q=(q_1\,q_2\,q_3\,\ldots\,q_T)$？这是一个估计问题。

（3）在模型参数未知或不准确的情况下，如何根据观察序列 $O=(o_1o_2o_3\cdots o_T)$ 求得模型参数或调整模型参数，即如何确定一组模型参数，使得 $P(O|\lambda)$ 最大？这是一个训练问题。

2.3.3 向前算法和向后算法

对隐马尔可夫模型而言，状态转换序列是隐藏的，一个观察序列可能由任何一种状态转

换序列产生。因此要计算一个观察序列的概率值，就必须考虑所有可能的状态转换序列。图 2.5 表示了产生观察序列 $O=(o_1o_2o_3\cdots o_T)$ 的所有可能的状态转换序列。

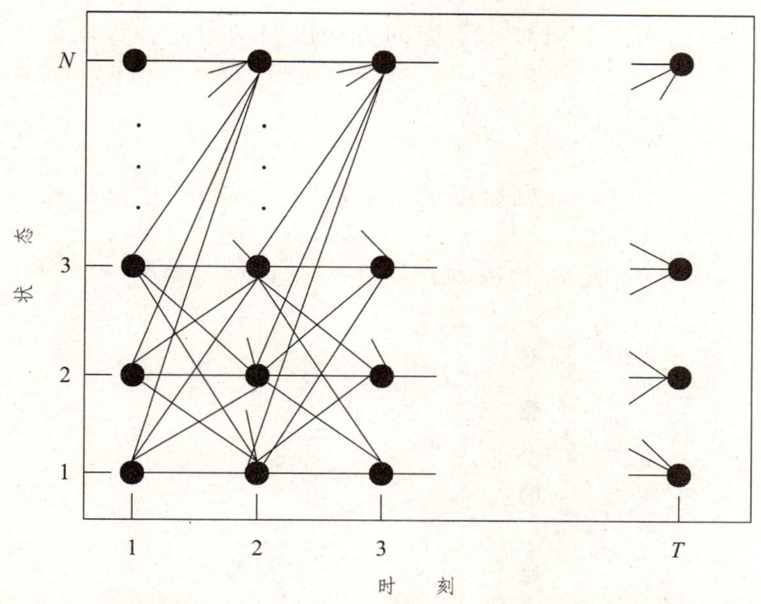

图 2.5　产生观察序列 $O=(o_1o_2o_3\cdots o_T)$ 的所有可能的状态转换序列

对于某一个状态转换序列 $q=(q_1\ q_2\ q_3\ \ldots\ q_T)$ 产生观察序列 $O=(o_1o_2o_3\cdots o_T)$ 的概率，可以通过下面的公式计算：

$$P(O|q,\lambda)=b_{q_1}(o_1)\,b_{q_2}(o_2)\,b_{q_3}(o_3)\cdots b_{q_T}(o_T)$$

而状态转换序列 $q=(q_1\ q_2\ q_3\ \ldots\ q_T)$ 的概率可以通过下面的公式计算：

$$P(q\,|\,\lambda)=\pi_{q_1}a_{q_1q_2}\,a_{q_2q_3}\ldots a_{T-1}q_T$$

则 O 和 q 的联合概率为

$$P(O,q|\lambda)=P(O|q,\lambda)\,P(q|\lambda)$$

因为要考虑所有的状态转换序列，所以

$$P(O\,|\,\lambda)=\sum_q P(O,q\,|\,\lambda)=\sum_{q_1,q_2,\ldots q_T}\pi_{q_1}b_{q_1}(o_1)a_{q_1q_2}b_{q_2}(o_2)\cdots a_{q_{T-1}q_T}b_{q_T}(o_T) \tag{2.14}$$

该公式的直观含义为：模型在时刻 1 以概率 π_{q_1} 处于 q_1 状态，并按照概率 $b_{q_1}(o_1)$ 生成输出 o_1，模型按照概率 $a_{q_1q_2}$ 在时刻 2 转换为状态 q_2，并且 q_2 状态按照概率 $b_{q_2}(o_2)$ 产生输出 o_2，如此继续，直到模型按照概率 $a_{q_{T-1}q_T}$ 在时刻 T 转换为状态 q_T，并且按照概率 $b_{q_T}(o_T)$ 产生输出 o_T 为止。

从理论上可以通过上述公式计算一个观察序列的值，然而实际上严格按照这个公式进行计算是不现实的。该计算需要进行（$2T-1$）N^T 次乘法运算，N^T-1 次加法运算，如果有 5 个状态，即 N=5，若 T=100，则会需要大约 10^{72} 次运算。因此，必须寻找更为有效的计算方法。

考虑给定模型λ，在时刻 t 处在状态 i 并且部分观察序列为 $o_1\ o_2\ o_3\ \ldots\ o_t$ 的概率，假定该

概率为$\alpha_t(i)$，则

$$\alpha_t(i)=P(o_1 o_2 o_3 \cdots o_t,\ q_t=i \mid \lambda)$$

$\alpha_t(i)$一般称为向前变量。可以用下面的方法以归纳方式计算向前变量：

（1）初始化。

$$\alpha_1(i)=\pi_i b_i(o_1),\quad 1\leqslant i\leqslant N$$

（2）若已知$\alpha_t(i)$，$1\leqslant i\leqslant N$，则可以通过下面的公式归纳计算得到$\alpha_{t+1}(j)$：

$$\alpha_{t+1}(j)=\left[\sum_{i=1}^{N}\alpha_t(i)a_{ij}\right]b_j(o_{t+1}),\quad 1\leqslant t\leqslant T-1,\ 1\leqslant j\leqslant N$$

归纳计算可以通过图 2.6 得到解释。

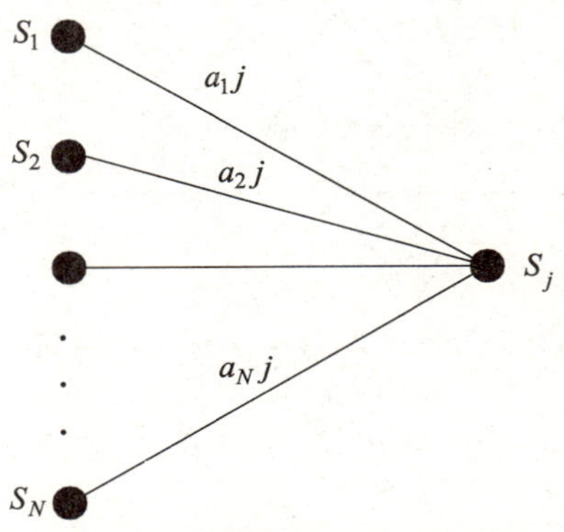

图 2.6 到达 j 状态的所有转换

在时刻 t，模型可能处在任何一个状态，它们都可以在时刻 $t+1$ 转换到 j 状态，并且产生输出 o_{t+1}。因为$\alpha_t(i)$是在时刻 t 观察到 $o_1 o_2 o_3 \ldots o_t$，并且处在状态 i 的概率，那么乘积$\alpha_t(i)a_{ij}$即为观察到 $o_1 o_2 o_3 \ldots o_t$，并在 t 时刻处在状态 i，经由状态 i 而在 $t+1$ 时刻到达状态 j 的概率。因为从任何一个状态都可以到达 j 状态，则求和就得到了序列 $o_1 o_2 o_3 \ldots o_t$，并且在 $t+1$ 时刻处在状态 j 的概率，乘以状态 j 输出 o_{t+1} 的概率 $b_j(o_{t+1})$，就得到了在时刻 $t+1$ 观察到 $o_1 o_2 o_3 \ldots o_t o_{t+1}$，并且处在状态 j 的概率，也就是$\alpha_{t+1}(j)$。

这样的归纳计算一直可以照这样向前计算下去，直到求出所有的$\alpha_T(i)$，也就是观察到整个观察序列，并且在 T 时刻处在状态 i 的概率。因为 T 时刻可能处在任何一个状态，所以，该计算过程终止于下面的计算。

（3）结束。

$$P(O\mid\lambda)=\sum_{i=1}^{N}\alpha_T(i)$$

由于这个过程是从时刻 1 开始逐步向前归纳计算，因此这个过程一般称为向前过程。按照这个过程计算，计算效率大为提高，总共需要 $N(N+1)(T-1)+N$ 次乘法和 $N(N-1)(T-1)$ 次加法。同样，假设 $N=5$，$T=100$，则大约需要 5 000 次计算。这比用公式（2.14）计算大大节约了时间。

按照同样的道理，也可以采用一种向后的过程计算 $P(O|\lambda)$。为此，首先定义向后变量 $\beta_t(i)$。

$$\beta_t(i) = P(o_{t+1}o_{t+2}\cdots o_T | q_t = i, \lambda)$$

其含义为，给定模型λ，在时刻 t 处在状态 i，观察到 $o_{t+1}o_{t+2}\ldots o_T$ 的概率。同向前过程类似，可以按照下面的方式归纳计算出所有的$\beta_t(i)$，并进而计算出 $P(O|\lambda)$。

（1）初始化。

$$\beta_T(i) = 1, \quad 1 \leqslant i \leqslant N$$

（2）归纳计算。

$$\beta_t(i) = \sum_{j=1}^{N} a_{ij} b_j(o_{t+1}) \beta_{t+1}(j)$$

（3）终止。

$$P(O | \lambda) = \sum_{i=1}^{N} \pi_i b_i(o_1) \beta_1(i)$$

向后过程的计算复杂度和向前过程是相同的，均为 $O(N^2T)$。

2.3.4　韦特比（Viterbi）算法

隐马尔可夫模型的第二个问题是计算出一个能最好地解释观察序列的状态转换序列。显然，通过枚举所有的状态转换序列，并对每一个状态转换序列 q 计算 $P(O, q|\lambda)$，则能使 $P(O, q|\lambda)$ 取最大值的状态转换序列 q^*就是能最好地解释观察序列的状态转换序列，即

$$q^* = \arg\max_q P(O, q | \lambda)$$

但同样，这并不是一个有效的计算方法。为了更为有效地计算最佳状态转换序列，同向前过程类似，首先定义如下的变量：

$$\delta_t(i) = \max_{q_1, q_2, \cdots q_{t-1}} P(q_1 q_2 \cdots q_{t-1}, q_t = i, o_1 o_2 \cdots o_t | \lambda)$$

$\delta_t(i)$ 的含义是模型在时刻 t 处于状态 i，且观察到 $o_1\ o_2\ o_3 \cdots o_t$ 的最佳状态转换序列的概率。与向前变量类似，$\delta_t(i)$可以通过下面的公式归纳计算：

$$\delta_{t+1}(j) = [\max_i \delta_t(i) a_{ij}] b_j(o_{t+1})$$

这样，可以一直归纳计算出$\delta_T(i)$，即模型在时刻 T 处于状态 i，且观察到 $o_1\ o_2\ o_3 \cdots o_T$ 的最佳状态序列的概率。可以通过下面的公式得到该概率

$$P^* = \max_{1 \leqslant i \leqslant N} [\delta_T(i)]$$

可在上述归纳过程中设立 T 个数组 $\psi_1(N)$，$\psi_2(N)$，…，$\psi_T(N)$，从而记住最佳路径的构成，过程如下：

（1）初始化。

$$\delta_1(i)=\pi_i b_i(o_1),\quad 1\leqslant i\leqslant N$$

$$\psi_1(i)=0$$

（2）归纳计算。

$$\delta_t(j)=\max_{1\leqslant i\leqslant N}[\delta_{t-1}(i)a_{ij}]b_j(o_t),\quad 2\leqslant i\leqslant N,\ 1\leqslant j\leqslant N$$

$$\psi_t(j)=\arg\max_{1\leqslant i\leqslant N}[\delta_{t-1}(i)a_{ij}]$$

（3）归纳终止。

$$P^*=\max_{1\leqslant i\leqslant N}[\delta_T(i)]$$

$$q_T^*=\arg\max_{1\leqslant i\leqslant N}[\delta_T(i)]$$

回溯最佳状态转换序列

$$q_t^*=\psi_{t+1}(q_{t+1}^*),\quad t=T-1,\ T-2,\ \cdots,\ 1$$

上述算法一般称为韦特比算法，$\delta_t(i)$一般也称为韦特比变量。可以发现，韦特比算法和向前算法是相似的，是一种有效地寻求最佳状态转换序列的方法。

以上算法需要做乘法，韦特比算法在实现时，一般要把模型参数取对数，这样乘法运算变为加法运算。算法如下：

（1）预处理。

$$\tilde{\pi}_i=\log(\pi_i),\quad 1\leqslant i\leqslant N$$

$$\tilde{b}_i(o_t)=\log[b_i(o_t)],\quad 1\leqslant i\leqslant N,\ 1\leqslant t\leqslant T$$

$$\tilde{a}_{ij}=\log(a_{ij}),\quad 1\leqslant i,\ j\leqslant N$$

（2）初始化。

$$\tilde{\delta}_1(i)=\log(\delta_1(i))=\tilde{\pi}_i+\tilde{b}_i(o_1),\quad 1\leqslant i\leqslant N$$

$$\psi_1(i)=0$$

（3）归纳计算。

$$\tilde{\delta}_t(i)=\log(\delta_t(i))=\max_{1\leqslant i\leqslant N}[\tilde{\delta}_{t-1}(i)+a_{ij}]+\tilde{b}_j(o_t)$$

$$\psi_t(j)=\max_{1\leqslant i\leqslant N}[\tilde{\delta}_{t-1}(i)+a_{ij}],\quad 2\leqslant t\leqslant T,\ 1\leqslant j\leqslant N$$

（4）终止。

$$\tilde{P}^*=\max_{1\leqslant i\leqslant N}[\tilde{\delta}_T(i)]$$

$$q_T^*=\arg\max_{1\leqslant i\leqslant N}[\tilde{\delta}_T(i)]$$

（5）回溯最佳状态转换序列。

$$q_t^*=\psi_{t+1}(q_{t+1}^*),\quad t=T-1,\ T-2,\ \ldots,\ 1$$

改进后算法的时间复杂度仍为 $O(N^2T)$，但不再有乘法运算。这样虽然增加了预处理的开销，但预处理只需要进行一次，对于多数系统而言，预处理开销是微不足道的（这里应说明防止浮点溢出问题）。

2.3.5　Baum-Welch 算法

2.3.2 节中提出的与隐马尔可夫模型相关的三个问题中，前两个问题均假定模型已知，而第三个问题是已知观察序列，求最佳模型的问题。它是这三个问题中最为困难的一个。对于一个隐马尔可夫模型而言，关键有三组参数，即状态转移概率矩阵 $\boldsymbol{A}$、状态输出概率 B 以及初始状态概率分布 π。因此，该问题是如何选择 $\lambda=(\boldsymbol{A}, \boldsymbol{B}, \boldsymbol{\pi})$，使得在该模型下，已知的观察序列的概率 $P(O|\lambda)$ 为最大。把观察序列视为训练样本，$\boldsymbol{A}$、$\boldsymbol{B}$、$\boldsymbol{\pi}$ 视为未知参数，问题就是一个参数估计的问题。

Baum-Welch 算法是一种重复渐进的估计过程，通过逐步迭代寻找最为可能的模型参数。为了描述这个过程，首先定义给定模型 λ 和观察序列 O，在时刻 t 处在状态 i，在时刻 $t+1$ 处在状态 j 的概率 $\xi_t(i, j)$，即

$$\xi_t(i, j)=P(q_t=i, q_{t+1}=j, O|\lambda)$$

根据前面定义的向前变量和向后变量，$\xi_t(i, j)$ 可以进一步写成

$$\begin{aligned}\xi_t(i,j) &= \frac{P(q_t=i,q_{t+1}=j,O\mid\lambda)}{P(O\mid\lambda)} \\ &= \frac{\alpha_t(i)a_{ij}b_j(o_{t+1})\beta_{t+1}(j)}{P(O\mid\lambda)} \\ &= \frac{\alpha_t(i)a_{ij}b_j(o_{t+1})\beta_{t+1}(j)}{\sum_{i=1}^{N}\sum_{j=1}^{N}\alpha_t(i)a_{ij}b_j(o_{t+1})\beta_{t+1}(j)}\end{aligned}$$

公式的分子部分计算如图 2.7 所示。

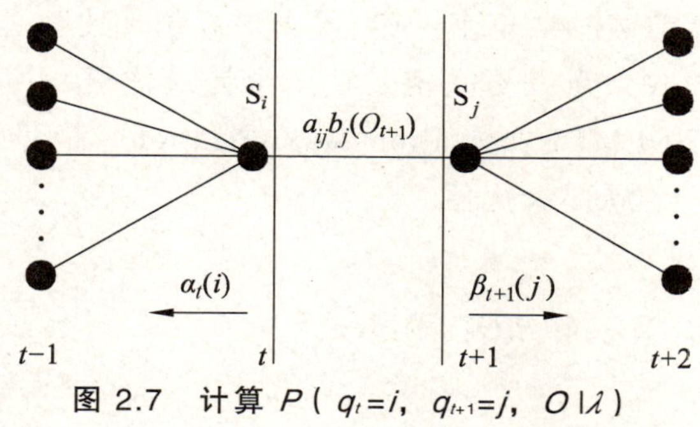

图 2.7　计算 $P(q_t=i, q_{t+1}=j, O|\lambda)$

如果在给定模型以及观察序列的情况下，在时刻 t 处在状态 i 的概率为 $\gamma_t(i)$，则有

$$\gamma_t(i)=\sum_{j=1}^{N}\xi_t(i,j)$$

则 $\gamma_1(i)$，$\gamma_2(i)$，…，$\gamma_{T-1}(i)$ 之和（即 $\sum_{t=1}^{T-1}\gamma_t(i)$）可以解释为观察序列 O 中从状态 i 出发的

转换的期望次数。而$\sum_{t=1}^{T-1}\xi_t(i,j)$可以解释为观察序列 O 中从状态 i 到状态 j 的转换的期望次数。利用上述结论，关于$\boldsymbol{\pi}$，$\boldsymbol{A}$，$\boldsymbol{B}$，一种合理的估计方法如下：

$\overline{\pi}_i=\gamma_1(i)$，即在 $t=1$ 时处在状态 i 的期望次数（或期望频率）。

$\overline{a}_{ij}=\dfrac{\sum_{t=1}^{T-1}\xi_t(i,j)}{\sum_{t=1}^{T-1}\gamma_t(i)}$，也就是从状态 i 到状态 j 的转换的期望次数除以从状态 i 出发的转换的期望次数。

$\overline{b}_j(k)=\dfrac{\sum_{t=1}^{T}\gamma_t(j)\times\delta(o_t,v_k)}{\sum_{t=1}^{T}\gamma_t(j)}$，其中，当 $o_t=v_k$时，δ（o_t，v_k）=1，当 $o_t\neq v_k$时，δ（o_t，v_k）=0。

这样，在该等式中，等号右面分子部分的含义即为在状态 j 观察到 v_k的期望次数，而分母部分则表示处在状态 j 的期望次数。

利用上述三个估算公式，可以通过迭代求精的方式估计参数$\boldsymbol{\pi}$，$\boldsymbol{A}$，$\boldsymbol{B}$。首先为$\boldsymbol{\pi}$，$\boldsymbol{A}$，$\boldsymbol{B}$ 选择一组初始值，作为最初的模型参数。但初始值的选择要满足隐马尔可夫模型定义对参数关系的限制，即有

$$\sum_{i=1}^{N}\pi_i=1$$

$$\sum_{j=1}^{N}a_{ij}=1,\quad 1\leqslant i\leqslant N$$

$$\sum_{k=1}^{M}b_j(k)=1,\quad 1\leqslant j\leqslant N$$

然后利用上述三个估算公式，计算得到一组新的模型参数。这组新的模型参数又可以作为一个新的估算过程的开始点，再次进行估算，如此反复进行，直到参数值收敛。Baum 等人证明要么估算值$\overline{\lambda}$和估算前的参数值λ相等，要么估算值$\overline{\lambda}$比估算前的参数值λ更好地解释了观察序列 O。参数最终的收敛点并不一定是一个全局最优值，但一定是一个局部最优值。Baum-Welch 算法是一类称为 EM（Expectation-Maximization，估计-最大化）算法的一个例子，这类算法均可保证收敛于一个局部最优值。

其算法终止条件为

$$|\log(P(O\mid\lambda_{i+1}))-\log(P(O\mid\lambda_i))|<\varepsilon$$

第 3 章

形式语法与自动机理论

在计算机科学中，自动机用作计算机和计算过程的动态数学模型，用来研究计算机的体系结构、逻辑操作、程序设计乃至计算复杂性理论。在语言学中则把自动机作为语言识别器，用来研究各种形式语言。在神经生理学中则把自动机定义为神经网络的动态模型，用来研究神经生理活动和思维规律，探索人脑的机制。在生物学中有人把自动机作为生命体的生长发育模型，研究新陈代谢和遗传变异。在数学中则可用自动机定义计算函数，研究各种算法。自动机与形式语言理论关系密切：一方面，自动机可作为形式语言的一种主要描述方法；另一方面，形式语言也可作为自动机识别集的一种描述方法。本章主要介绍了形式语法、自动机等内容。

3.1 形式语法

在计算机科学中，形式语言是某个字母表上一些有限长字串的集合，而形式语法是描述这个集合的一种方法。形式语法之所以这样命名，原因在于它与人类自然语言中的语法相似。形式语法描述形式语言的基本思想是：从一个特殊的初始符号出发，不断地应用一些产生式规则，从而生成出一个字串的集合。产生式规则指定了某些符号组合如何被另外一些符号组合替换。举例来说，假设字母表只包含“a”和“b”两个字符，初始符号是“S”，我们应用下述规则：

（1）S -> aSb

（2）S -> ba

可以把“S”重写为“aSb”（规则 1），还可以继续应用这条规则把“aSb”重写为“aaSbb”。这个重写的过程不断重复，直到结果中只包含字母表中的字母为止。在本例中，我们可以得到 S -> aSb -> aaSbb -> aababb 这样的结果。由语法刻画的语言，包含了所有可以这样产生的字串，比如 ba，abab，aababb，aaababbb 等。

3.1.1 形式定义

一般来说，形式语法的形式定义为四元组，即一个形式语法 G 是由下述元素构成的一个四元组（N，Σ，P，S）：

（1）“非终结符号”集合 N。

（2）“终结符号”集合 Σ。Σ 与 N 无交集。

（3）取如下形式的一组“产生式规则”P:（$\Sigma \cup N$）*中的字符串→（$\Sigma \cup N$）*中的字符串，并且产生式左侧的字符串中必须至少包括一个非终结符号。

（4）“初始符号”S，S属于N。

一个由形式语法 $G=(N, \Sigma, P, S)$ 产生的语言是所有如下形式的字符串集合：这些字符串全部由“终结符号”集 Σ 中的符号构成，并且可以从“初始符号”S出发，不断应用 P 中的“产生式规则”而得到。

例 1 考虑如下的语法 G，其中 $N=\{S, B\}$，$\Sigma=\{a, b, c\}$，P 包含下述规则：

（1）S -> aBSc

（2）S -> abc

（3）Ba -> aB

（4）Bb -> bb

非终结符号S作为初始符号。下面给出字串推导的例子：

S ->（2）abc

S ->（1）aBSc ->（2）aBabcc ->（3）aaBbcc ->（4）aabbcc

S ->（1）aBSc ->（1）aBaBScc ->（2）aBaBabccc ->（3）aaBBabccc ->（3）aaBaBbccc ->（3）aaaBBbccc ->（4）aaaBbbccc ->（4）aaabbbccc

这个语法定义了语言 $\{a^nb^nc^n \mid n>0\}$，这里 a^n 表示含有 n 个a的字串。

例 2 如下面的语法 G，其中 $N=\{S, D\}$，$\Sigma=\{-, 0, 1, 2, 3, 4, 5, 6, 7, 8, 9\}$，$P$ 包含如下规则：

（1）S -> -D

（2）S -> D

（3）D -> 0D

（4）D -> 1D

（5）D -> 2D

……

（12）D -> 9D

（13）D -> 0

（14）D -> 1

（15）D -> 2

……

（22）D -> 9

S为初始符号。以此语法可以产生所有整数。

形式语法与 Lindenmayer 系统（L-系统）类似，但有几点不同：L-系统不区分终结符号和非终结符号；L-系统限制规则的应用顺序；L-系统能不停地运行，产生一个无限长的字串行。在通常情况下，每一个字符串同空间中的一个点集联系起来，而L-系统的输出就是这个点集列的极限。

3.1.2 形式语法分类

最常见的语法分类系统是诺姆·乔姆斯基于1956年发展的乔姆斯基谱系，这个分类谱系把所有的语法分成四种类型：无限制文法、上下文相关文法、上下文无关文法和正则文法。四类文法对应的语言类分别是递归可枚举语言、上下文相关语言、上下文无关语言和正则语言。这四种文法类型依次拥有越来越严格的产生式规则，同时文法所能表达的语言也越来越少。无限制文法比上下文相关文法的表达能力弱。四类文法中最重要的是上下文无关文法和正则文法。

3.1.2.1　上下文无关文法

上下文无关文法要求产生式左侧只能包含一个符号，并且该符号为非终结符号。上面例 1 定义的语言并不是一个上下文无关语言，但$\{ a^n b^n \mid n > 0 \}$是一个上下文无关语言。文法 G_2 包括 $N=\{S\}$，$\Sigma=\{a, b\}$，S 是初始符号，产生式规则有：

（1）S -> aSb

（2）S -> ab

3.1.2.2　正则文法

正则文法有多种等价的定义，可以用左线性文法或者右线性文法来等价地定义正则文法。

左线性文法要求产生式的左侧只能包含一个非终结符号，产生式的右侧只能是空串、一个终结符号或者一个非终结符号后跟随一个终结符号。

右线性文法要求产生式的左侧只能包含一个非终结符号，产生式的右侧只能是空串、一个终结符号或者一个终结符号后跟随一个非终结符号。

上面定义的语言$\{a^n b^n | n>0\}$不是一个正则语言。下面给出一个正则语言的例子：语言$\{a^n b^m | m, n > 0\}$。文法 G_3 包括 $N=\{S, A, B\}$，$\Sigma=\{a, b\}$，S 是初始符号，产生式规则有：

（1）S -> aA

（2）A -> aA

（3）A -> bB

（4）B -> bB

（5）B -> ε

3.2　自动机理论

在理论计算机科学中，自动机理论是对抽象机和它们能解决的问题的研究。自动机理论密切关联于形式语言理论，因为自动机经常按它们所能识别的形式语言类来分类。

3.2.1　自动机概述

自动机是有限状态机（FSM）的数学模型①。FSM 是给定符号输入，依据（可表达为一个表格的）转移函数“跳转”过一系列状态的一种机器。在常见的 FSM 的“Mealy”变体中，

① [美]芭芭拉·帕赫蒂，[荷]爱丽丝·特缪伦，[美]罗伯特·沃尔. 语言研究的数学方法[M]. 吴道平，译. 上海：商务印书馆，2012：547-641.

这个转移函数告诉自动机给定当前状态和当前字符的时候下一个状态是什么。

逐个读取输入中的符号，直到被完全耗尽（把它当作有一个字写在其上的磁带，通过自动机的读磁头来读取它；磁头在磁带上前行移动，一次读一个符号）。一旦输入被耗尽，自动机被称为“停止”了。

依据自动机停止时的状态，称呼这个自动机要么是“接受”，要么是“拒绝”这个输入。如果停止于“接受状态”，则自动机“接受”了这个字。另一方面，如果它停止于“拒绝状态”，则这个字被“拒绝”。自动机接受的所有字的集合被称为“这个自动机接受的语言”。一般来说，自动机不需要严格地接受或拒绝一个输入，它可以按某个在 0 和 1 之间的概率接受它。

3.2.2 自动机术语

从语言处理的角度了解自动机，首先要掌握自动机的一些基本术语。常见的概念有以下几个：

符号：有某种意义或在这个机器上有效的任意数据（data）。符号有时就叫作“字母”。

字：通过一些符号串接而形成的有限字符串。

字母表：符号的有限集合。字母表经常指示为 Σ，它是在字母表中所有字母的集合。

语言：字的集合，由给定字母表中的符号形成。它可以是也可以不是无限的。

Kleene 闭包：一个语言可以被认为是所有可能字的子集。所有可能字的集合可以被认为是所有可能的字符串串接的集合。从形式上说，所有可能字符串的集合叫作自由幺半群。它被指示为 Σ^*，上标“*”被称为 Kleene 星号。

3.2.3 形式描述

自动机可以表示为五元组 $<Q, \Sigma, \delta, q_0, F>$，其中：

Q 是状态的集合；

Σ 是符号的有限集合，我们称其为这个自动机接受的语言的字母表；

δ 是转移函数，即 δ: $Q\times\Sigma\rightarrow Q$（对于非确定自动机，空串是允许的输入）；

q_0 是开始状态，即自动机在还未处理输入时的状态（显然 $q_0\in Q$）；

F 是叫作终止状态的 Q 中的状态的集合（即 $F\subseteq Q$）。

给定一个输入字母 $a\in\Sigma$，可以使用简单的 currying 技巧写转移函数为 $Q\rightarrow Q$，也就是说，对于所有 $q\in Q$ 写 $\delta(q, a)=\delta_a(q)$。这种方式下转移可以被更简单地看待：它就是“动作”于 Q 中一个状态上的生成另一个状态的某种东西。你可以接着考虑重复的应用函数复合于 δ_a，δ_b 等各种函数的结果。重复的函数复合形成一个幺半群。对于转移函数，这个幺半群叫作转移幺半群，有时也叫作“变换半群”。

给定一对字母 $a, b\in\Sigma$，可以通过坚持 $\hat{\delta}ab=\delta a\delta b$，定义一个新函数 $\hat{\delta}$，这里指函数复合。显然，可以递归地继续这个过程，这样就有了为所有字 $\omega\in\Sigma^*$ 定义的函数 $\hat{\delta}\omega$ 的递归定义，因此有了映射

$$\hat{\delta}: Q\times\Sigma^*\rightarrow Q$$

这个构造也可以反过来，即给定 $\hat{\delta}$，可以重新构造一个 δ，因此两个描述是等价的。

$$\delta: Q\times\Sigma^{*}\to Q$$

三元组<Q，Σ，δ>被称为半自动机。半自动机位于自动机底下，它们就是忽略了开始状态和接受状态的自动机。开始状态和接受状态的补充概念允许自动机做半自动机不能作的事情：它们可以识别形式语言。确定有限自动机<Q，Σ，δ，q_0，F>接受的语言 L 是：

$$L=\{\omega\in\Sigma^{*}\mid\hat{\delta}(q_0,w)\in F$$

也就是说，一个自动机所接受的语言是在字母表 Σ 之上所有字 w 的集合，当给定为自动机的输入的时候，将导致它停止于 F 中的某个状态。被自动机接受的语言叫做可识别语言。

当状态集合 Q 是有限的时候，自动机被称为有限状态自动机，而所有可识别的语言是正则语言。事实上，有一个强等价：对于所有正则语言，都有一个有限状态自动机，反之亦然。

如上所述，集合 Q 不必须是有限或可数的；它可以采用一般的拓扑空间，这就得到了一般的拓扑自动机。另一种可能的推广是度量自动机或“几何自动机”。在这种情况下，改变了对语言的接受：替代在 $\hat{\delta}$（q_0，w）$\in F$ 中的最终状态的集合包含，以在最终状态 $\hat{\delta}$（q_0，w）和集合 F 之间的度量距离的方式给出。特定类型的概率自动机是度量自动机，其度量空间是在概率空间上的测量。

3.2.4　有限自动机的分类

3.2.4.1　确定有限自动机（DFA）

对字母表中每个符号，自动机的状态都有且仅有一个转移，如图 3.1 所示。

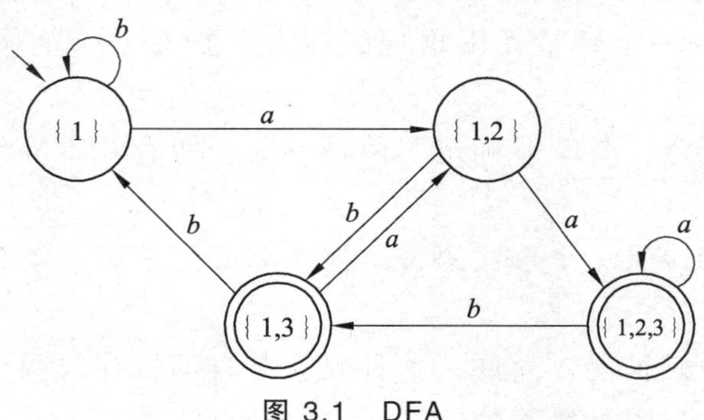

图 3.1　DFA

3.2.4.2　非确定有限自动机（NFA）

自动机的状态对字母表中的每个符号可以有也可以没有转移，对一个符号甚至可以有多个转移。自动机接受一个字，如果存在至少一个从 q_0 到 F 中标记（label）着这个输入字的一个状态的路径，而一个转移是“未定义”的，自动机因此不知道如何继续读取输入，则拒绝这个字，如图 3.2 所示。

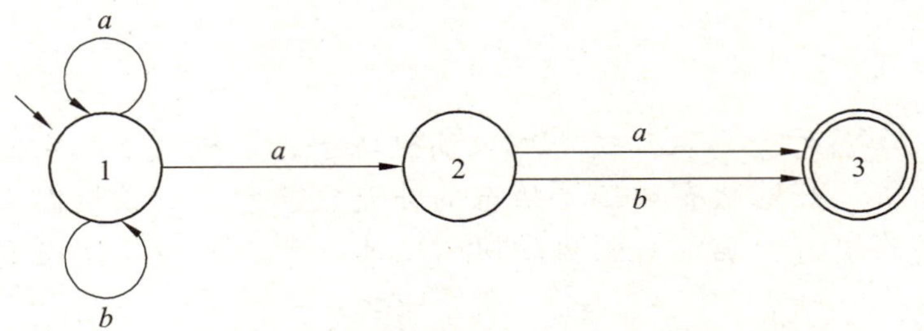

图 3.2 等价于图 3.1 所示 DFA 的 NFA

非确定有限自动机对任何符号跳转到更多状态的同时，还可以做根本无关符号的跳转。也就是说，如果一个状态有标记着∈的转移，则 NFA 可以处在∈-转移可到达的任何状态中，直接或通过其他有∈-转移的状态。从一个状态 q 通过这种方法可到达的状态的集合叫作 q 的∈-闭包。

尽管可以证明所有这些自动机都“可以接受同样的语言”，但总是可以构造接受与给定的 NFM 同样语言的某个 DFM。

3.2.5 有限自动机的扩展

3.2.4 所述自动机接受的语言家族被称为正则语言家族。更强力的自动机可以接受更复杂的语言。

3.2.5.1 下推自动机（PDA）

下推自动机比有限状态自动机复杂：除了有限状态组成部分外，还包括一个长度不受限制的栈；下推自动机的状态迁移不但要参考有限状态部分，也要参照栈当前的状态；状态迁移不但包括有限状态的变迁，还包括一个栈的出栈或入栈过程。下推自动机可以形象地理解为，借由加上读取一个容量无限堆栈的能力，扩充一个能做转移的非确定有限状态自动机。

下推自动机存在“确定”与“非确定”两种形式，两者并不等价（对有限状态自动机两者是等价的）。

每一个下推自动机都接受一个形式语言。被“非确定下推自动机”接受的语言是上下文无关语言。

如果我们把下推自动机扩展，允许一个有限状态自动机存取两个栈，则得到一个能力更强的自动机，这个自动机与图灵机等价。

下推自动机作为一个形式系统最早于 1961 年出现在 Oettinger 的论文中。它与上下文无关文法的等价性是由乔姆斯基于 1962 年发现的。

形式定义：下推自动机的形式定义为六元组：$M=(Q, \Sigma, \Gamma, \delta, q_0, F)$。其中：

Q 是状态的有限集合；

Σ 是输入字母表的有限集合；

Γ 是栈字母表的有限集合；

δ：$Q\times \Sigma_\in \times \Gamma_\in \to p(Q\times \Gamma_\in)$ 是转移函数；

q_0是“开始状态”；

$F \subset Q$是“接受状态”的集合。

$$\Gamma_\in = \Gamma \cup \{\in\}$$

$$\Sigma_\in = \Sigma \cup \{\in\}$$

这种机器除额外装备了栈形式的内存外，等同于 DFA（或 NFA）。转移函数δ也依赖于在栈顶的符号，并在每次转移时指定如何变更栈。非确定下推自动机接受上下文无关语言。

3.2.5.2　线性有界自动机（LBA）

线性有界自动机是受限形式的非确定图灵机。它拥有的磁带由包含来自有限字母表的符号的单元构成。LBA 可以一次读写磁带上一个单元，并可以移动磁头，同时读写有限数目的状态。它与图灵机的不同在于，尽管磁带最初被认为是无限的，只有其长度是初始输入的线性函数的有限临近部分可以被读写磁头访问。这个限制使线性有界自动机成为在某些方面比图灵机更接近实际存在的计算机的精确模型。

线性有界自动机是上下文有关语言的接受器。对这种语言在文法上的唯一限制是没有把字符串映射成更短字符串的产生式。因此在上下文有关语言中没有字符串的推导可以包含比字符串自身更长的句子形式。因为线性有界自动机和这种文法之间是一一对应的，相比之下要被自动机识别的字符串不需要更多的磁带。

3.2.5.3　图灵机

图灵机是最强力的计算机器。它拥有磁带形式的无限内存，并可以读取和变更磁带的磁头，可在磁带上向任何方向移动。图灵机等价于算法，是现代计算机的理论基础。图灵机判定递归语言并识别递归可枚举语言。

图灵的基本思想是用机器来模拟人们用纸笔进行数学运算的过程，他把这样的过程看作下列两种简单的动作：一是在纸上写上或擦除某个符号；二是把注意力从纸的一个位置移动到另一个位置。而在每个阶段，人要决定下一步的动作，依赖于此人当前所关注的纸上某个位置的符号和此人当前的思维状态。

为了模拟人的运算过程，图灵构造出一台假想的机器，该机器由以下几个部分组成：

（1）一条无限长的纸带 TAPE。纸带被划分为一个接一个的小格子，每个格子中包含一个来自有限字母表的符号。字母表中有一个特殊的符号表示空白。纸带上的格子从左到右依次被编号为 0，1，2，…，纸带的右端可以无限伸展。

（2）一个读写头 HEAD。该读写头可以在纸带上左右移动，它能读出当前所指的格子中的符号，并能改变当前格子中的符号。

（3）一套控制规则 TABLE。它根据当前机器所处的状态以及当前读写头所指的格子中的符号来确定读写头下一步的动作，并改变状态寄存器的值，令机器进入一个新的状态。

（4）一个状态寄存器。它用来保存图灵机当前所处的状态。图灵机的所有可能状态的数目是有限的，并且有一个特殊的状态，称为停机状态。

注意这个机器的每一部分都是有限的，但它有一个潜在的无限长的纸带，因此这种机器只是一个理想的设备。图灵认为这样的一台机器就能模拟人类所能进行的任何计算过程。

第 4 章

藏文信息处理

藏文信息处理技术是我国中文信息处理技术中一个非常重要的研究领域，是我国计算机应用的一项重要技术。国务院制定的国家中长期科技发展纲领中明确指出：“中文信息处理技术是高新技术发展的重点”。我国软件产业发展的重点是中文信息处理软件，中文信息处理的发展已经得到了国家的重视。本章系统地介绍了藏文及藏文字符的构件、拼写规则、藏文字体、藏文信息处理的编码标准等内容。

4.1 藏文概述

藏文是有 1 300 多年历史的文字。在公元 7 世纪左右，藏族人民创制了藏文。藏文从创制初期就广泛应用于宗教、政治、经济、军事等社会生活的各个方面，这对于藏族文化的发展和文献的保存起到了重大作用。新中国成立以后，藏文走出寺院、私塾，进入了中小学和大学，进入了新闻、出版、科研等各个领域。藏文是拼音文字，经过长期的历史发展，具有完整的语法理论和较强的表达能力。藏文书面语和现代口语有一定距离，但是藏文有统一的正字法，而且各个方言区又都有一套自己的语音与文字之间的读音规律，因此不同方音的人可以用共同的书面语进行交流。

用藏文记载的经典文献、古籍著述和译作浩如烟海。藏文自创制以来，无论过去作为藏民族文化传承的主要载体，还是现在作为藏区传播科技知识的主要工具，甚至作为信息化社会中一个民族的主要标识符，其独特的人类文化价值与在广大藏区所发挥的巨大作用是不可估量的。

藏文是一种拼音文字，属辅音文字型，分辅音字母、元音符号和标点符号三个部分。其中有 30 个辅音字母，4 个元音符号，以及 5 个梵文转写反写字符（用以拼写外来语）和 5 个梵文转写叠加字符。如图 4.1 所示，藏文可以被视为基本字符和基本字符通过纵向叠加而成的字符串，构成一个完整藏文词素的基本单位是由藏文中的“音节分割符 tsheg”来确定。一个藏文词由一个或多个音节构成。每一个音节包含“基字（root letter）(ming gzhi)”和可能跟随的如前加字（prefix）、上加字

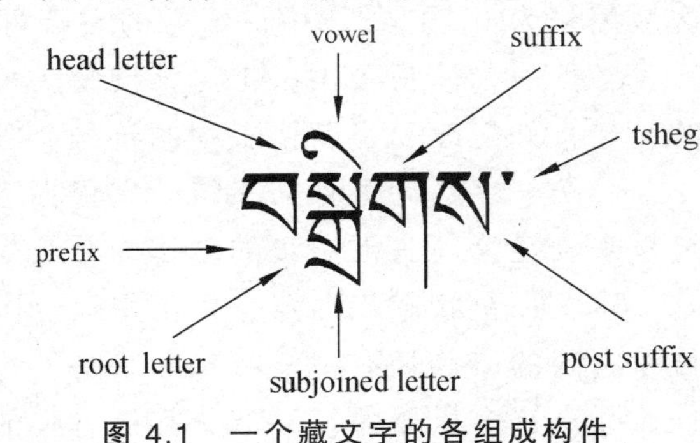

图 4.1　一个藏文字的各组成构件

(head letter)、下加字(subjoined letter)、元音符号(vowel)、后加字(suffix)、再后加字(post suffix)等。音节，通常是由音节分割符 tsheg bar 或者其他标点符号来划分的。

藏文字形结构均以一个字母为核心，其余字母均以此为基础前后附加和上下叠写，组合成一个完整的字表结构。通常藏文字形结构最少为一个辅音字母，即单独由一个基字构成；最多由 6 个辅音字母构成，元音符号则加在辅音结构的上、下、正中。核心字母叫“基字”，其余字母的称谓均根据加在基字的部位而得名。即加在基字前的字母叫“前加字”，加在基字上的字母叫“上加字”，加在基字下面的字母叫“下加字”，加在基字后面的字母叫“后加字”，后加字之后再加字母叫“再后加字”或“重后加字”。藏文中的 30 个辅音字母均可作为基字，但是，可作为前加字、上加字、下加字、后加字、再后加字的字母均有限。

4.2　藏文字的构件

藏文字的构件包括藏文辅音字母、元音符号、藏文数字以及一些特殊符号，分别如表 4.1 至表 4.9 所示。

表 4.1　辅音字符

藏文	ཀ	ཁ	ག	ང	ཅ	ཆ	ཇ	ཉ
转写	KA	KHA	GA	NGA	CA	CHA	JA	NYA
藏文	ཏ	ཐ	ད	ན	པ	ཕ	བ	མ
转写	TA	THA	DA	NA	PA	PHA	BA	MA
藏文	ཙ	ཚ	ཛ	ཝ	ཞ	ཟ	འ	ཡ
转写	TSA	TSHA	DZA	WA	ZHA	ZA	VA	YA
藏文	ར	ལ	ཤ	ས	ཧ	ཨ		
转写	RA	LA	SHA	SA	HA	A		

表 4.2　元音符号

藏文	◌ི	◌ུ	◌ེ	◌ོ
转写	i	u	e	o

表 4.3　上加字符

藏文	ར	ལ	ས
转写	RAGO	LAGO	SAGO

表 4.4　下加字符

藏文	ཡ（◌ྱ）	ར（◌ྲ）	ལ（◌ླ）	ཝ（◌ྭ）
转写	YADA	RADA	LADA	WASU

表 4.5　梵文转写反写字符

藏文	ཊ	ཋ	ཌ	ཎ	ཥ
转写	TTA	TTHA	DDA	NNA	SSHA

表 4.6 梵文转写叠加字符

藏文	གྷ	ཛྷ	ཌྷ	དྷ	བྷ
转写	GHA	DZHA	DDHA	DHA	BHA

表 4.7 梵文来源的长元音、复合元音、卷舌音和舌边原音字符

藏文	◌ཱ	◌ཱི	◌ཱུ	◌ཱྀ	◌ཻ	◌ཽ	◌ྲྀ	◌ྲཱྀ	◌ླྀ	◌ླཱྀ
转写	aa	ii	uu	.ii	ai	au	.ri	.rii	.li	.lii

表 4.8 藏文常见标点符号

藏文	་	།	༎	༎ ༎	༈	༒	༄༅།།	༄༅༅།།
转写	tsheg	ii	uu	.ii	ai	au	.ri	.rii

表 4.9 藏文的数字

藏文数字	༡	༢	༣	༤	༥	༦	༧	༨	༩	༠
阿拉伯数字	1	2	3	4	5	6	7	8	9	0

4.3 藏文的拼与写

4.3.1 藏文拼音规则

藏文辅音字母在藏文字中的结构位置可分为：基字、上加字、下加字、前加字、后加字和再后加字。30 个辅音字母均可作为基字，其中 10 个辅音字母可以作为后加字，3 个辅音字母可以作为上加字，4 个辅音字母可以作为下加字。10 个后加字中 5 个又可以作为前加字，2 个可以作为再后加字。前加字、基字、后加字、再后加字进行横向拼写，构成藏文字或音节，如图 4.2 所示。

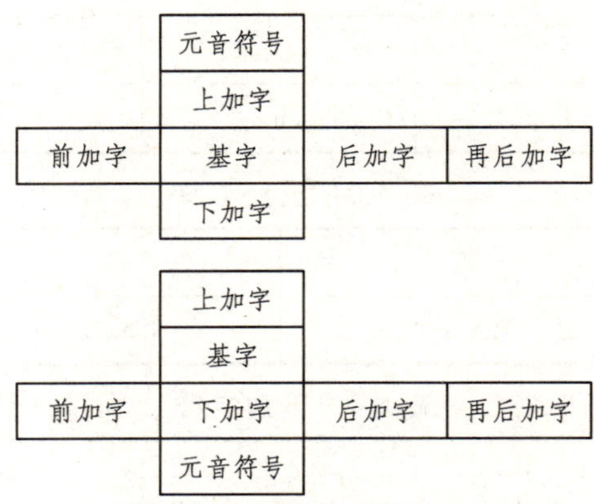

图 4.2 藏文音节结构

4.3.1.1 藏文纵向组合

（1）3 个上加字各自跟特定基字构成上下结构的规律。

ས་མགོ: སྐ་སྒ་སྔ་སྙ་སྟ་སྡ་སྣ་སྤ་སྦ་སྨ་སྩ，共 11 个。

ར་མགོ：རྐ་རྒ་རྔ་རྗ་རྙ་རྟ་རྡ་རྣ་རྦ་རྨ་རྩ་རྫ，共 12 个。

ལ་མགོ：ལྐ་ལྒ་ལྔ་ལྕ་ལྗ་ལྟ་ལྡ་ལྤ་ལྦ་ལྷ，共 10 个。

（2）4 个下加字各自跟特定基字构成上下结构的规律。

ར་བཏགས：ཀྲ་ཁྲ་གྲ་ཏྲ་ཐྲ་དྲ་ནྲ་པྲ་ཕྲ་བྲ་མྲ་སྲ་ཧྲ，共 13 个。

ལ་བཏགས：ཀླ་གླ་བླ་ཟླ་རླ་སླ，共 6 个。

ཡ་བཏགས：ཀྱ་ཁྱ་གྱ་པྱ་ཕྱ་བྱ་མྱ，共 7 个。

ཝ་ཟུར：ཀྭ་ཁྭ་གྭ་ཉྭ་དྭ་ཚྭ་ཞྭ་ཟྭ་རྭ་ལྭ་ཤྭ་ཧྭ་རྩྭ་གྲྭ་ཕྱྭ，共 15 个。

（3）所有的藏文上下结构的整字，都是按以上上加字和下加字跟基字的构成规律组成的。在具体构成上下结构字时，基于以上结构还会出现“上加字+基字+下加字+元音”的结构。例如：བྱི སྐྱི སྨྲུ གླུ。

4.3.1.2　藏文横向组合

（1）藏文 5 个前加字各自允许跟特定基字构成左右结构的固定规律。

可以加前加字“བ”的基字：ཀ་ག་ང་ཅ་ཇ་ཉ་ཏ་ད་ན་ཙ་ཛ་ཞ་ཟ་ར་ཤ་ས，共 16 个。

可以加前加字“ག”的基字：ཅ་ཉ་ཏ་ད་ན་ཙ་ཞ་ཟ་ཡ་ཤ་ས，共 11 个。

可以加前加字“མ”的基字：ཁ་ག་ང་ཆ་ཇ་ཉ་ཐ་ད་ན་ཚ་ཛ，共 11 个。

可以加前加字“ད”的基字：ག་ཁ་ང་པ་བ་མ，共 6 个。

可以加前加字“འ”的基字：ཁ་ག་ཆ་ཇ་ཐ་ད་ཕ་བ་ཚ་ཛ，共 10 个。

（2）藏文10个后加字可以跟任何一个基字构成左右结构的音节。

4.3.2　藏文虚词形态规则

4.3.2.1　藏文虚词分类

根据传统语法学中对藏文虚词的分类方法，可将藏文虚词分为以下几种：

（1）属格助词（འབྲེལ་སྒྲ）：གི ཀྱི གྱི ཡི འི，共 5 种。

（2）具格助词（བྱེད་སྒྲ）：གིས ཀྱིས གྱིས ཡིས འིས，共 5 种。

（3）位格助词（ལ་དོན）：སུ ར རུ ཏུ ན ལ དུ，共 7 种。

（4）从格助词（འབྱུང་ཁུངས）：ནས ལས，共 2 种。

（5）饰集词（རྒྱན་སྡུད།）：ཀྱང ཡང འང，共 3 种。

（6）接续词（ལྷག་བཅས།）：ཏེ སྟེ དེ，共 3 种。

（7）离合词（འབྱེད་སྡུད།）：གམ ངམ དམ ནམ བམ མམ འམ རམ ལམ སམ ཏམ，共 11 种。

（8）终结词（རྫོགས་ཚིག）：གོ ངོ དོ ནོ བོ མོ འོ རོ ལོ སོ ཏོ，共 11 种。

（9）聂结词（ཚིག་ཕྲད་ཞིང་སོགས）：ཞིང ཞེས ཞེའོ ཞེ་ན ཞིག ཅིང ཅེས ཅེའོ ཅེ་ན ཅིག ཤིང ཤིག ཤེའོ ཤེ་ན，共 14 种。

（10）陈述词（ནི་སྒྲ）：ནི，共 1 种。

（11）连词（དང་སྒྲ）：དང，共 1 种。

（12）指示代词（དེ་སྒྲ）：དེ འདི，共 2 种。

（13）疑问代词（སྤྱི་སྒྲ）：སུ ཅི གང ཇི ནམ，共 5 种。

（14）否定词（དགག་སྒྲ）：མ མི མིན མེད，共 4 种。

4.3.2.2 藏文虚词添接规则

藏文文法一向按所有虚词是否可以自由添接来将虚词分为“不自由虚词”和“自由虚词”两大类。所谓“不自由虚词”指的就是有 3 个以上不同变体，添接时受前一音节后置字母限定制约的一类虚词。

（1）属格助词添接规则：（ག་ང）གི （ད་བ་ས）ཀྱི། （ན་མ་ར་ལ）གྱི། （འ་དང་མཐའ་མེད།）ཡི་དང་འི།属于不自由虚词。如：གཡག་གི་རྭ་ཅོ། རྒྱལ་ཁབ་ཀྱི་རྒྱུ་ནོར། མཐོ་རིམ་གྱི་སློབ་གྲྭ། ལག་པའི་མཛུབ་མོ།

（2）具格助词添接规则：（ག་ང）གིས།（ད་བ་ས）ཀྱིས།（ན་མ་ར་ལ）གྱིས།（འ་དང་མཐའ་མེད）ཡིས་དང་འིས།属于不自由虚词。如：བཀྲིས་ཀྱིས་བྲིས། སྨྱུ་གུ་ཡིས་བྲིས།

（3）位格助词添接规则：（ས）སུ། （འ་དང་མཐའ་མེད）ར་དང་རུ། （ག་བ་ད་དྲག）ཏུ།（ང་ད་ན་མ་ར་ལ）དུ།属于不自由虚词；位格助词ན་ལ་两词不受前置后加字的限制，属于自由的。如：གཡས་སུ་ལངས། འདིར་བཞུགས། དགྲ་ལ་སྡང་།

（4）从格助词添接规则：ནས和ལས两词不受前置后加字的限制，属于自由的。如：འོ་མ་ལས་མར་བྱུང་། ཇ་ཡི་ནང་ནས་ཅང་ཤེས་མཆོག

（5）饰集词添接规则：（ག་ད་བ་ས་ད་དྲག）ཀྱང་། （ང་ན་མ་ར་ལ་）ཡང་།（འ་དང་མཐའ་མེད）འང་和ཡང属于不自由虚词。如：བཤད་ཀྱང་མི་ཉན། མི་གཞན་ལའང་བསྟན། ལྷ་སྲུང་ཡང་བཤད།

（6）接续词添接规则：（ན་ར་ལ་ས་ད་དྲག）ཏེ། （ད）དེ།（ག་ང་བ་མ་འ་མཐའ་མེད）སྟེ། 属于不自由虚词。如：ཟ་བསྐོལ་ཏེ་འཐོལ།

（7）离合词添接规则：（ག）གམ། （ང）ངམ། （ད）དམ། （ན）ནམ།（བ）བམ།（མ）མམ།（འ་དང་མཐའ་མེད）འམ། （ར）རམ། （ལ）ལམ། （ས）སམ།（ད་དྲག）ཏམ属于不自由虚词。如：མཐོང་ངམ། ཡོད་དམ། ཡིན་ནམ། འགྱུར་རམ།

（8）终结词添接规则：（ག）གོ （ང）ངོ་། （ད）དོ། （ན）ནོ། （བ）བོ། （མ）མོ། （འ་དང་མཐའ་མེད）འོ། （ར）རོ། （ལ）ལོ། （ས）སོ། （ད་དྲག）ཏོ属于不自由虚词。如：མཐོང་ངོ་། ཡོད་དོ། ཡིན་ནོ། འགྱུར་རོ།

（9）聂结词添接规则：（ང་ན་མ་འ་ར་ལ་མཐའ་མེད）ཞིང་། ཞེས། ཞེའོ། ཞེ་ན། ཞིག （ག་ད་བ་ད་དྲག）ཅིང་། ཅེས། ཅེའོ། ཅེ་ན། ཅིག （ས）ཞེས། ཤིང་། ཤིག ཤེའོ། ཤེ་ན属于不自由虚词。如：བཟང་ཞིང་། ཐོབ་ཅིང་། མཁས་ཤིང་། དག་ཅིང་།

（10）陈述词（ནི）、连词（དང）、指示代词（དེ）、疑问代词（སུ　ཅི　གང　ཇི　ནམ）、否定词（མ　མི　མིན　མེད）等不受前置后加字的限制，属于自由的。

4.3.3　藏文字体

经过千余年的实践创新，藏文创始人吞弥桑布札创制的现行藏文字体发展到几十种。从大的方面来讲，可归纳为吾坚体与吾美体两大类。

吾坚体即有冠体。其有一个显著特点，即每个字母最上一笔是横直的，字母排列时，上端必须在一条直线上，形似平顶帽，故此得名。由于吾坚体多用作刊印书籍的字体，故也有人称其为印刷体。它不仅用于印书，也用作记录、写作等。如图 4.3 所示为吾坚体字样。

དཀར་མཛེས་ཨ་ཡིག་ལས་འབྲངས་ཡེ་ཤེས་གཉེར།

ཆུ་དང་འཐུད་ན་རང་མདོག་ཐོན།།

图 4.3　吾坚体字样（印刷体藏文）

吾美体即无冠体。这种字体的上端没有横直的一笔，酷似除去帽子，故此得名。吾美体主要有白徂体、朱匝体、徂仁体、徂同体、酋等，如图 4.4 所示。

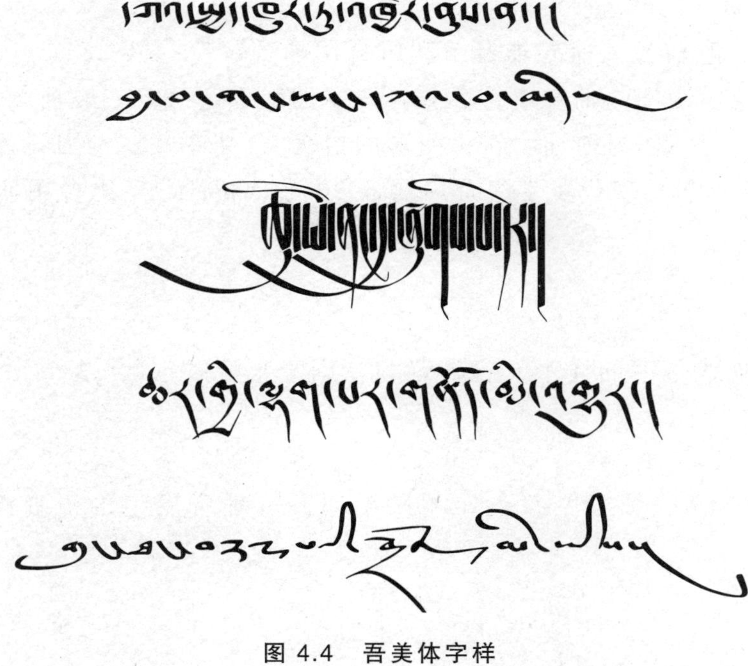

图 4.4　吾美体字样

4.4　藏文编码与标准

4.4.1　编码标准

藏文编码字符集标准是实现人—机、机—机、系统间信息交换的基础。若要加快藏文信息标准化建设，扩大适用范围，实现藏文与其他文字处理方式的一致性，促进藏文化产业开发，使全世界共享藏文化资源，藏文的字符集标准编码就显得非常重要。只有字符集编码纳入国际/国内化标准，藏文信息处理才能在国际国内都走向统一和规范。

1993 年，国家技术监督局、电子工业部、西藏自治区有关部门正式承担了起草“信息交换用藏文编码字符集国际标准”的工作。通过近 4 年的工作，于 1997 年 7 月，国际标准化组织 ISO 和国际电工委员会 IEC 在第 33 届 WG2（编码标准第二工作组）会议上表决通过了由我国提交的编码字符集方案——《信息技术　信息交换用藏文编码字符集　基本集》。该标准是国际标准 ISO/IEC10646《通用多八位编码字符集》的重要组成部分。该标准的通过，确定了我国在这一领域的主导地位，有力地维护了我国文字主权。藏文成为我国第一个被收入 ISO/IEC 10646 国际标准的少数民族文字，这为藏文步入现代信息媒体领域、在网络媒体中实现信息处理和交换建立了良好的基础。2000 年该标准收入 Unicode 2.0，目前已发展到 Unicode 6.2。Unicode 6.2 收录的藏文字符的编码从 0F00 到 0FDA，共 211 个，其中包括辅音字符、元音符号、变音符号、数字符号、标点符号和一些其他符号，如图 4.5 所示。其特点是用尽可能少的码位，通过动态组合方式，实现了成千上万的藏文及梵文字符的生长，解决了藏文字符作为特殊拼音文字动态组合的技术难点，解决了数据转换和数据库的支持问题，为藏文信息技术走向国际化奠定了良好的基础。

1. 辅音字符

辅音字符包括一般辅音（前导辅音）和组合用辅音字符，共 88 个。而一般辅音和组合用辅音字符都包括现代藏字的辅音字符和梵音藏字的辅音字符。一般辅音包括现代藏字的一般辅音 31 个（包括一个ར作为前导字符不变形的情况）、梵音藏字专用辅音 11 个、特殊辅音 2 个；组合用辅音字符包括现代藏字组合用辅音 30 个、梵音藏字组合用辅音 14 个（包括下加字不变形的 3 个）。

2. 元音符号

元音符号包括现代藏字的 4 个元音辅音和专用于梵音藏字的 13 个元音，共 17 个符号。

3. 变音符号

变音符号附着在元、辅音字符上，用来说明元、辅音发生的语音性质的变化，共有 15 个。

4. 数字符号

数字符号包括 10 个基本数字符号和 10 个半数字符号，共 20 个。

5. 标点符号

标点符号在文本中用来分割词语，表示停顿、语气以及词语的性质和作用，共有 28 个。

0F00 **Tibetan** **0FFF**

	0F0	0F1	0F2	0F3	0F4	0F5	0F6	0F7	0F8	0F9	0FA	0FB	0FC	0FD	0FE	0FF
0	ༀ 0F00	༐ 0F10	༠ 0F20	༰ 0F30	ཀ 0F40	ཐ 0F50	འ 0F60		◌ྀ 0F80	◌ྐ 0F90	◌ྠ 0FA0	◌ྰ 0FB0	࿀ 0FC0	࿐ 0FD0		
1	༁ 0F01	༑ 0F11	༡ 0F21	༱ 0F31	ཁ 0F41	ད 0F51	ཡ 0F61	◌ཱ 0F71	◌ཱྀ 0F81	◌ྑ 0F91	◌ྡ 0FA1	◌ྱ 0FB1	࿁ 0FC1	࿑ 0FD1		
2	༂ 0F02	༒ 0F12	༢ 0F22	༲ 0F32	ག 0F42	དྷ 0F52	ར 0F62	◌ི 0F72	◌ྂ 0F82	◌ྒ 0F92	◌ྡྷ 0FA2	◌ྲ 0FB2	࿂ 0FC2	࿒ 0FD2		
3	༃ 0F03	༓ 0F13	༣ 0F23	༳ 0F33	གྷ 0F43	ན 0F53	ལ 0F63	◌ཱི 0F73	◌ྃ 0F83	◌ྒྷ 0F93	◌ྣ 0FA3	◌ླ 0FB3	࿃ 0FC3	࿓ 0FD3		
4	༄ 0F04	༔ 0F14	༤ 0F24	༴ 0F34	ང 0F44	པ 0F54	ཤ 0F64	◌ུ 0F74	◌྄ 0F84	◌ྔ 0F94	◌ྤ 0FA4	◌ྴ 0FB4	࿄ 0FC4	࿔ 0FD4		
5	༅ 0F05	༕ 0F15	༥ 0F25	◌༵ 0F35	ཅ 0F45	ཕ 0F55	ཥ 0F65	◌ཱུ 0F75	྅ 0F85	◌ྕ 0F95	◌ྥ 0FA5	◌ྵ 0FB5	࿅ 0FC5	࿕ 0FD5		
6	༆ 0F06	༖ 0F16	༦ 0F26	༶ 0F36	ཆ 0F46	བ 0F56	ས 0F66	◌ྲྀ 0F76	◌྆ 0F86	◌ྖ 0F96	◌ྦ 0FA6	◌ྶ 0FB6	◌࿆ 0FC6	࿖ 0FD6		
7	༇ 0F07	༗ 0F17	༧ 0F27	◌༷ 0F37	ཇ 0F47	བྷ 0F57	ཧ 0F67	◌ཷ 0F77	◌྇ 0F87	◌ྗ 0F97	◌ྦྷ 0FA7	◌ྷ 0FB7	࿇ 0FC7	࿗ 0FD7		
8	༈ 0F08	◌༘ 0F18	༨ 0F28	༸ 0F38		མ 0F58	ཨ 0F68	◌ླྀ 0F78	ྈ 0F88		◌ྨ 0FA8	◌ྸ 0FB8	࿈ 0FC8	࿘ 0FD8		
9	༉ 0F09	◌༙ 0F19	༩ 0F29	◌༹ 0F39	ཉ 0F49	ཙ 0F59	ཀྵ 0F69	◌ཹ 0F79	ྉ 0F89	◌ྙ 0F99	◌ྩ 0FA9	◌ྐྵ 0FB9	࿉ 0FC9	࿙ 0FD9		
A	༊ 0F0A	༚ 0F1A	༪ 0F2A	༺ 0F3A	ཊ 0F4A	ཚ 0F5A	ཪ 0F6A	◌ེ 0F7A	ྊ 0F8A	◌ྚ 0F9A	◌ྪ 0FAA	◌ྺ 0FBA	࿊ 0FCA	࿚ 0FDA		
B	་ 0F0B	༛ 0F1B	༫ 0F2B	༻ 0F3B	ཋ 0F4B	ཛ 0F5B	ཫ 0F6B	◌ཻ 0F7B	ྋ 0F8B	◌ྛ 0F9B	◌ྫ 0FAB	◌ྻ 0FBB	࿋ 0FCB			
C	༌ 0F0C	༜ 0F1C	༬ 0F2C	༼ 0F3C	ཌ 0F4C	ཛྷ 0F5C	ཬ 0F6C	◌ོ 0F7C	ྌ 0F8C	◌ྜ 0F9C	◌ྫྷ 0FAC	◌ྼ 0FBC	࿌ 0FCC			
D	། 0F0D	༝ 0F1D	༭ 0F2D	༽ 0F3D	ཌྷ 0F4D	ཝ 0F5D		◌ཽ 0F7D	◌ྍ 0F8D	◌ྜྷ 0F9D	◌ྭ 0FAD					
E	༎ 0F0E	༞ 0F1E	༮ 0F2E	༾ 0F3E	ཎ 0F4E	ཞ 0F5E		◌ཾ 0F7E	◌ྎ 0F8E	◌ྞ 0F9E	◌ྮ 0FAE	྾ 0FBE	࿎ 0FCE			
F	༏ 0F0F	༟ 0F1F	༯ 0F2F	༿ 0F3F	ཏ 0F4F	ཟ 0F5F		ཿ 0F7F	◌ྏ 0F8F	◌ྟ 0F9F	◌ྯ 0FAF	྿ 0FBF	࿏ 0FCF			

图 4.5　藏文编码字符集 基本集

6. **其他符号**

标准中还收录了藏文起始符号 13 个、吟诵示意符 8 个、历算占星符 13 个及装饰符号 9 个，共 43 个其他符号。

1997 年，虽然通过了《信息技术 信息交换用藏文编码字符集 基本集》标准，但由于当时的技术还达不到只基于该标准完成藏文信息技术的处理。《信息技术 信息交换用藏文编码字符集 基本集》包括藏文和梵文字母、标点符号、天文历算符号、特殊符号等编码点，其特点是用尽可能少的码位，通过动态叠加组合的方式得到成千上万的藏文字符。与其他拼音文字不同，藏文不仅有横向组合，而且有纵向组合。这种编码方式在动态纵向叠加时与传统的教育、印刷、出版、电子排版系统不兼容。同时，在字型描述、系统实现以及应用软件的支持等方面由于技术原因，难以实现其特点。因此在我国，由于受到汉字信息处理的影响，将藏文垂直组合作为一个处理单元进行编码（即预先进行垂直组合，称为垂直预组合，垂直预组合后的字符称为藏文字丁），这样，整个藏文处理过程就与汉字处理过程几乎完全相同。虽然长期以来，国内藏文信息处理并没有统一的藏文大字符集编码标准，不同的厂商在具体实现时支持的藏文字丁的字数和编码不尽相同，但是藏文进入信息时代以来，从 DOS 到 Windows 系统，国内一直使用基本字符加上垂直预组合字符的实现方案。特别是自 20 世纪 80 年代中期我国进行藏文信息处理技术研究与开发以来，基于垂直预组合字符集的不同藏文处理软件（如电子出版系统），在教育、出版、古籍整理研究和藏医药文献中已经广泛应用（形成了体系），积累的电子数据达数十亿字。在这种历史背景下，借鉴汉字和其他少数民族语言信息处理的方法，开始提出制定基于《信息技术 藏文编码字符集 基本集》的藏文编码字符集扩充集的设想。

在国家标准化管理委员会、信息产业部、国家民委、教育部等部委的组织下，2003 年 12 月召开了专家会议，确立了制定“信息技术 藏文编码字符集 扩充集”国家标准的方案。在西藏自治区藏语言工作委员会办公室、西藏大学、信息产业部电子工业标准化研究所、北大方正、中国科学院软件研究所等单位的共同努力下，《信息技术 藏文编码字符集 扩充集 A》与《信息技术 藏文编码字符集 扩充集 B》编码标准的制定工作顺利完成，并分别于 2007 年 3 月和 2008 年 11 月正式实施。

《信息技术 藏文编码字符集 扩充集 A》与《信息技术 藏文编码字符集 扩充集 B》包括现代藏文和已成为藏文部分的梵音转写藏文字符、梵音转写藏文字符和其他佛教经典中出现的梵音转写藏文字符。藏文扩充集可以表示和交换所有现代藏文和 99%以上的古代藏文为载体的信息。

扩充字符集 A 的编码体系结构等同于 GB 13000.1—1993《信息技术 通用多八位编码字符集》规定的通用多八位编码字符集。整个编码字符集内的每一个字符由一个双八位序列表示。一个八位的各位由 b8、b7、b6、b5、b4、b3、b2、b1 标识，其中 b8 为最高位，b1 为最低位。相应地，分配给每一位的权如表 4.10 所示。

表 4.10 藏文编码双八位序列

b8	b7	b6	b5	b4	b3	b2	b1
128	64	32	16	8	4	2	1

本标准收录 1 536 个纵向叠加字丁，包括所有现代藏文和已成为藏文部分的梵音转写藏文字符。所有字符在 GB 13000.1—1993 的专用用户区编码，其编码位置是 0xF300 ~ 0xF8FF，共

占用 1 536 个编码位置。扩充集 A 的部分样表如图 4.6 所示。

扩充集 B 是对扩充集 A 的补充，收录了 5 702 个基本字符纵向叠加而成的结构稳定的梵音转写藏文字符和其他佛教经典中出现的梵音转写藏文字符。

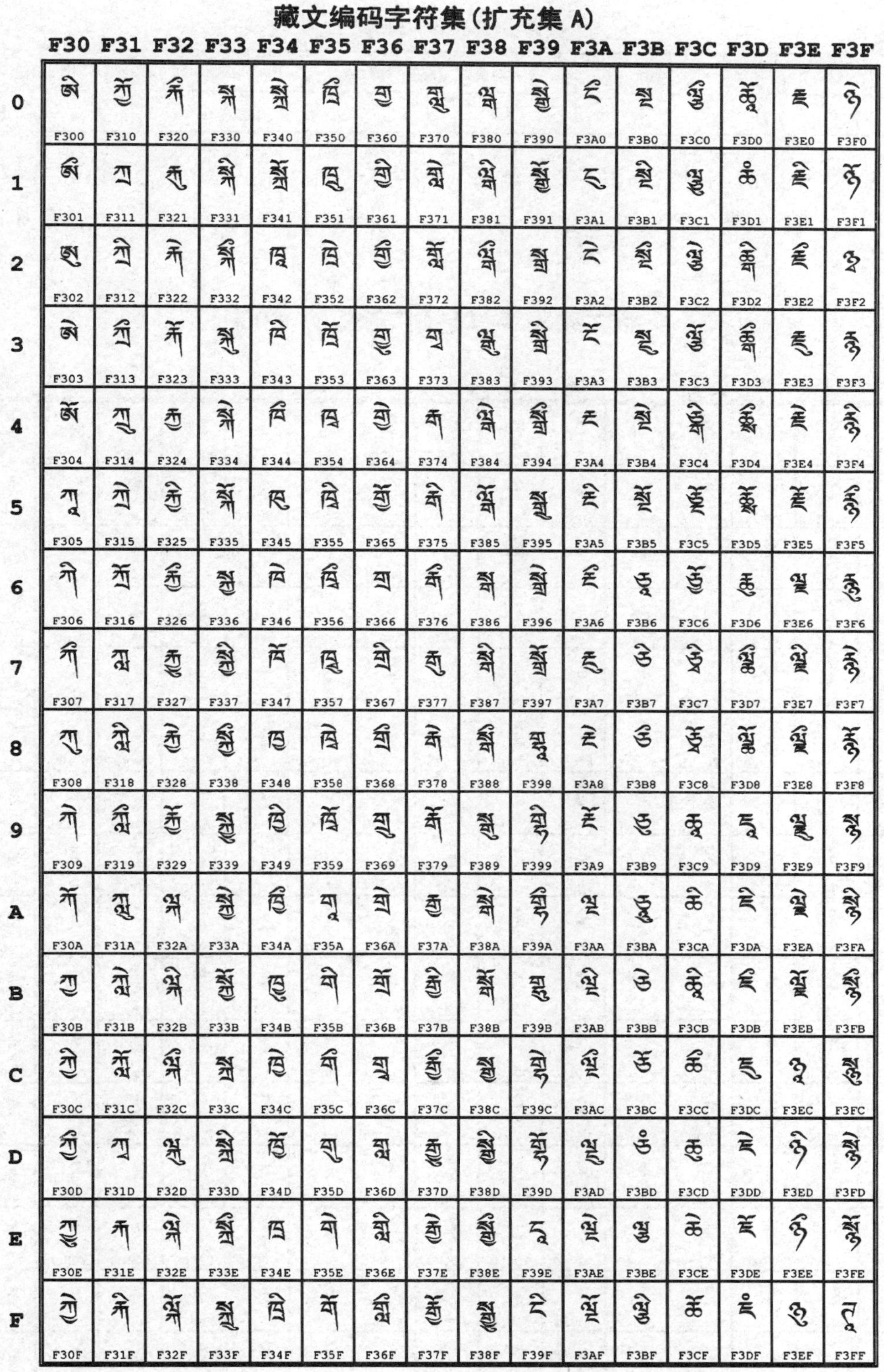

藏文编码字符集(扩充集 A)

	F30	F31	F32	F33	F34	F35	F36	F37	F38	F39	F3A	F3B	F3C	F3D	F3E	F3F
0	F300	F310	F320	F330	F340	F350	F360	F370	F380	F390	F3A0	F3B0	F3C0	F3D0	F3E0	F3F0
1	F301	F311	F321	F331	F341	F351	F361	F371	F381	F391	F3A1	F3B1	F3C1	F3D1	F3E1	F3F1
2	F302	F312	F322	F332	F342	F352	F362	F372	F382	F392	F3A2	F3B2	F3C2	F3D2	F3E2	F3F2
3	F303	F313	F323	F333	F343	F353	F363	F373	F383	F393	F3A3	F3B3	F3C3	F3D3	F3E3	F3F3
4	F304	F314	F324	F334	F344	F354	F364	F374	F384	F394	F3A4	F3B4	F3C4	F3D4	F3E4	F3F4
5	F305	F315	F325	F335	F345	F355	F365	F375	F385	F395	F3A5	F3B5	F3C5	F3D5	F3E5	F3F5
6	F306	F316	F326	F336	F346	F356	F366	F376	F386	F396	F3A6	F3B6	F3C6	F3D6	F3E6	F3F6
7	F307	F317	F327	F337	F347	F357	F367	F377	F387	F397	F3A7	F3B7	F3C7	F3D7	F3E7	F3F7
8	F308	F318	F328	F338	F348	F358	F368	F378	F388	F398	F3A8	F3B8	F3C8	F3D8	F3E8	F3F8
9	F309	F319	F329	F339	F349	F359	F369	F379	F389	F399	F3A9	F3B9	F3C9	F3D9	F3E9	F3F9
A	F30A	F31A	F32A	F33A	F34A	F35A	F36A	F37A	F38A	F39A	F3AA	F3BA	F3CA	F3DA	F3EA	F3FA
B	F30B	F31B	F32B	F33B	F34B	F35B	F36B	F37B	F38B	F39B	F3AB	F3BB	F3CB	F3DB	F3EB	F3FB
C	F30C	F31C	F32C	F33C	F34C	F35C	F36C	F37C	F38C	F39C	F3AC	F3BC	F3CC	F3DC	F3EC	F3FC
D	F30D	F31D	F32D	F33D	F34D	F35D	F36D	F37D	F38D	F39D	F3AD	F3BD	F3CD	F3DD	F3ED	F3FD
E	F30E	F31E	F32E	F33E	F34E	F35E	F36E	F37E	F38E	F39E	F3AE	F3BE	F3CE	F3DE	F3EE	F3FE
F	F30F	F31F	F32F	F33F	F34F	F35F	F36F	F37F	F38F	F39F	F3AF	F3BF	F3CF	F3DF	F3EF	F3FF

图 4.6　藏文编码字符集（扩充集 A）

扩充集 B 的编码体系结构等同于 GB 13000 规定的通用多八位编码字符集。整个编码字符集内的每一个字符由一个四八位序列表示。一个八位的各位由 b8、b7、b6、b5、b4、b3、b2、b1 标识，其中 b8 为最高位，b1 为最低位。相应地，分配给每一位的权如表 4.11 所示。

表 4.11　藏文编码四八位序列

b8	b7	b6	b5	b4	b3	b2	b1
128	64	32	16	8	4	2	1

本标准收录 5 702 个梵音转写藏文字符。所有字符在 GB 13000.1—1993 的专用平面 0F 上编码，其编码位置是 0xF0000 ~ 0xF1645，共占用 5 702 个编码位置。扩充集 B 的部分样表如图 4.7 所示。

藏文编码字符集(扩充集 B) 000F

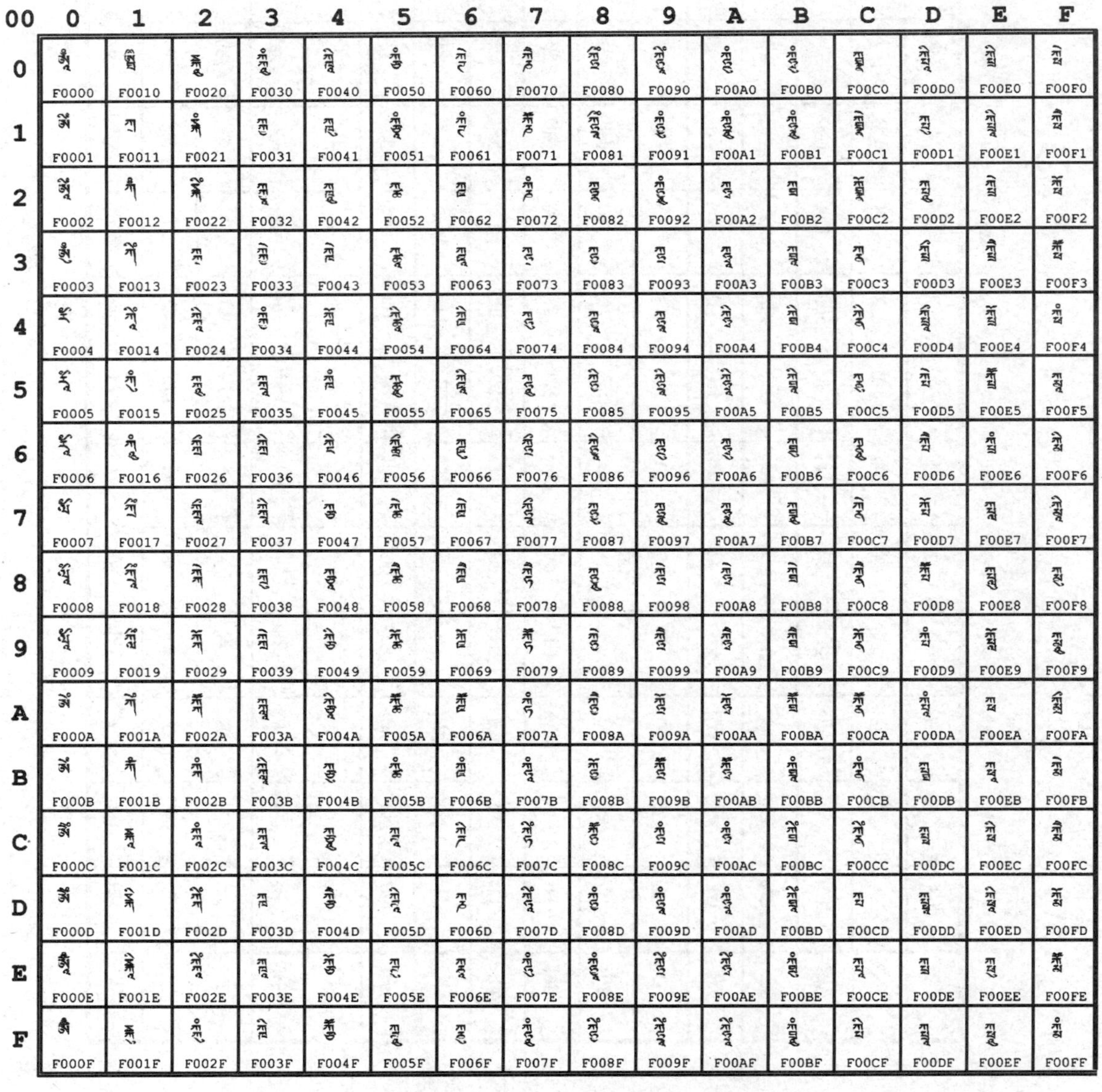

00	0	1	2	3	4	5	6	7	8	9	A	B	C	D	E	F
0	F0000	F0010	F0020	F0030	F0040	F0050	F0060	F0070	F0080	F0090	F00A0	F00B0	F00C0	F00D0	F00E0	F00F0
1	F0001	F0011	F0021	F0031	F0041	F0051	F0061	F0071	F0081	F0091	F00A1	F00B1	F00C1	F00D1	F00E1	F00F1
2	F0002	F0012	F0022	F0032	F0042	F0052	F0062	F0072	F0082	F0092	F00A2	F00B2	F00C2	F00D2	F00E2	F00F2
3	F0003	F0013	F0023	F0033	F0043	F0053	F0063	F0073	F0083	F0093	F00A3	F00B3	F00C3	F00D3	F00E3	F00F3
4	F0004	F0014	F0024	F0034	F0044	F0054	F0064	F0074	F0084	F0094	F00A4	F00B4	F00C4	F00D4	F00E4	F00F4
5	F0005	F0015	F0025	F0035	F0045	F0055	F0065	F0075	F0085	F0095	F00A5	F00B5	F00C5	F00D5	F00E5	F00F5
6	F0006	F0016	F0026	F0036	F0046	F0056	F0066	F0076	F0086	F0096	F00A6	F00B6	F00C6	F00D6	F00E6	F00F6
7	F0007	F0017	F0027	F0037	F0047	F0057	F0067	F0077	F0087	F0097	F00A7	F00B7	F00C7	F00D7	F00E7	F00F7
8	F0008	F0018	F0028	F0038	F0048	F0058	F0068	F0078	F0088	F0098	F00A8	F00B8	F00C8	F00D8	F00E8	F00F8
9	F0009	F0019	F0029	F0039	F0049	F0059	F0069	F0079	F0089	F0099	F00A9	F00B9	F00C9	F00D9	F00E9	F00F9
A	F000A	F001A	F002A	F003A	F004A	F005A	F006A	F007A	F008A	F009A	F00AA	F00BA	F00CA	F00DA	F00EA	F00FA
B	F000B	F001B	F002B	F003B	F004B	F005B	F006B	F007B	F008B	F009B	F00AB	F00BB	F00CB	F00DB	F00EB	F00FB
C	F000C	F001C	F002C	F003C	F004C	F005C	F006C	F007C	F008C	F009C	F00AC	F00BC	F00CC	F00DC	F00EC	F00FC
D	F000D	F001D	F002D	F003D	F004D	F005D	F006D	F007D	F008D	F009D	F00AD	F00BD	F00CD	F00DD	F00ED	F00FD
E	F000E	F001E	F002E	F003E	F004E	F005E	F006E	F007E	F008E	F009E	F00AE	F00BE	F00CE	F00DE	F00EE	F00FE
F	F000F	F001F	F002F	F003F	F004F	F005F	F006F	F007F	F008F	F009F	F00AF	F00BF	F00CF	F00DF	F00EF	F00FF

图 4.7　藏文编码字符集（扩充集 B）

《信息技术 信息交换用藏文编码字符集 基本集》标准没有为具有多层纵向叠加结构的字丁分配码点，即多层纵向叠加的字丁在 ISO/IEC 10646 标准中没有码位，因此在字形光栅化之前就必须要做特殊处理，实现字丁编码与字丁之间的映射和藏文字丁的选形功能。这要通过国际化文本处理引擎、OpenType 字库技术来实现。

从存储角度看，每个字丁的编码长度取决于构成字丁的元音、辅音的数目，一般需多个编码字符组合而成，因而码点空间的占用量很少。

《信息技术 藏文编码字符集 扩充集 A》和《信息技术 藏文编码字符集 扩充集 B》标准是对藏文垂直预组合的字丁进行编码，藏文字丁编码与字丁是一一对应的。在设计藏文扩充集字库时，字库中藏文字丁的字形与藏文字丁编码也是一一对应的。因此，传统字体技术就可以满足显示藏文扩充集字丁的需要。传统字体技术将字符码点映射成字形 ID 。这是一对一的映射方式。

从存储角度看，扩充集则需要为每一个不同字丁分配一个独立的码点，因而需要较大的编码空间。由于大字符集中将垂直组合字符串定义为一个编码字符（整字理解），因此无法对其内部的每个字母（藏文的基本字母）进行处理，就失去了藏文字固有的拼音文字的特点。在国外普遍采用藏文小字符集，而国内主要采用大字符集，那么必然会出现一个垂直组合的藏文有两种不同的编码：一个是藏文大字符集编码，另一个是藏文小字符集编码。这样就造成了与国外的藏文数据不兼容，无法与国外进行同步和接轨的后果。

因此，在扩充集 A 与 B 中规定了两种实现级别：编码字符数据元素内不包含组合用字符的编码表示；使用组合用字符，即动态组合方式。

4.4.2 键盘及字库标准

除了开展藏文编码字符集标准化工作之外，我国也开展了藏文字型与键盘布局等内容的标准化工作。1997 年 9 月 2 日，国家质量技术监督局发布了中华人民共和国国家标准 GB/T 16960.1—1997《信息技术 信息交换用藏文编码字符集（基本集）24×48 点阵字形第一部分：白体》；2005 年开始又陆续发布了 GB/T 22034—2008 《信息技术 藏文编码字符集键盘字母数字区的布局》、GB/T 22323—2008《信息技术 藏文编码字符集（基本集及扩充集 A）24×48 点阵字型 吾坚琼体》、GB/T 22238—2008《信息技术 藏文编码字符集（扩充集 B）24×48 点阵字型 吾坚琼体》、GB 25911—2010《信息技术 藏文编码字符集 24×48 点阵字型 朱匝体》、GB 25912—2010《信息技术 藏文编码字符集 24×48 点阵字型 白徂体》。

第 5 章

藏文自动分词

据统计，在信息领域中 80%以上的信息是以语言文字为载体的。这些语言信息的输入和输出，文本的校勘和分类，信息的提取和检索以及语言翻译等语言工程，都是国民经济和信息化建设的重要基础。藏文信息处理涵盖了字、词、短语、句子、篇章等多层面的信息加工处理任务。跟汉字信息处理技术一样，藏文信息处理的研究领域已从“字处理”转移到“词处理”。由于藏文文本是按句连写的，词间无间隙，因而在藏文文本处理中遇到的第一个问题就是词的切分问题。按句连写转换为按词连写，词的正确切分是进行藏文文本处理的必要条件。本章介绍了藏文自动分词概念、分词规范、分词词典、分词方法以及分词歧义理论及消除方法。

5.1 藏文自动分词概述

随着对语言信息处理研究工作的不断深入，藏文信息处理技术也从文字处理逐步转向语言信息处理。与汉语、日语等语种的信息处理一样，藏文自动分词也是藏文信息处理中一项不可缺少的基础性工作。

众所周知，英文以词为单位，以空格隔开。计算机可以容易地理解英文单词。在藏文句子中，词与词之间没有明显的分隔符（如空格）。藏文以字（音节字）为单位，连字成句才能描述一个完整的意思。而对由词组成的藏文句子，由于没有词汇间的自然分界，必须通过藏文分词技术才能加以理解。把藏文的音节字序列切分成有意义的词，是藏文分词的研究任务。

所谓分词，就是把一句话、一篇文章甚至一部著作中的词语逐个地识别并切分出来。藏语由于是拼音文字，在每个音节与音节之间用“་”（ཚེག）来隔开，但藏文中词与词之间没有明显的分隔符，藏文文本是连续的音节串。如何在连续的藏文音节串中识别出词串是藏文自动分词需要研究的问题，也是藏文信息处理词汇研究领域的一项基础性课题，成为智能化藏文信息处理的关键。因为在藏文信息处理中，凡是涉及句法、语义的研究都要以词为基本单位。在计算机识别藏文词汇时，必须掌握以下基本概念：

自动分词过程：指从信息处理需要出发，按照特定的规范，对藏语按分词单位进行划分的过程。

分词单位：指藏文信息处理使用的、具有确定的语义或语法功能的基本单位，包含词和少量词组。

词：最小的能够独立运用的语言单位。

5.1.1　藏文自动分词的意义和作用

（1）藏文自动分词是现代藏语句法分析的一项基础性工作。藏语自然语言处理有着极其广泛的应用价值，在机器翻译、信息检索、智能输入、文本校对、自动文摘等众多的应用领域中，对输入的文本进行句法分析（parsing）是一项必不可少的处理任务。句法分析所凭借的语法知识不外乎来自机器词典和句法规则库。因此，对藏语句子必须先进行词语切分处理后，才有可能进行句法分析。

（2）词语的计量分析已广泛应用于词频统计、新词辨识、词典编纂等众多领域。例如，词典编纂中选入词典的词条，每条词语的用法及其相应的例句，不应是编辑者生造，而都应从大规模真实语料库中选取。这些语料库中的每个文本或实体，都应是在进行语料切分、词性标注等加工处理后才能被使用。

（3）藏语文献处理自动化中只有以词为文本特征，词性、词义和句法结构等更深层次的语言知识才有用武之地。如藏语信息检索，用户从包含各种信息的藏文文档集中查找所需要的信息或知识的过程，首先需要建立查询模型，然后建造文档模型（文档索引），这两个模型都是以“词”为基础的。特别是现代广泛应用的全文检索一般也是按“词”检索的，具有比按字检索高得多的查准率和空间利用率。

（4）“以词定字”方法是解决错别字辨识的主要手段，是文本自动校对系统实现纠错功能的主要技术之一。

5.1.2　藏文文本的切分特点

藏文文本切分特征包括字切分、词切分和句切分三个特征。首先应对书面藏文的这些接续特征有一个比较清楚的认识，只有在充分把握藏文各级切分特征的基础上，才有可能提出一套符合藏文特征的分词方案①。

5.1.2.1　字切分特征

从藏文的文字特征来看，可利用的切分特征主要有以下几点：

（1）音节特征。藏文是拼音文字，它由 30 个辅音字母、4 个元音字母以及上、下加字（辅音字母的变体）组成。藏文字以音节为单位，每个音节最少可由一个辅音字母构成（元音和上、下加字不能独立成字），最多可由 7 个字母拼合而成，各音节间用音节点分隔。

（2）拼写特征。藏文自左向右书写，组成音节时以基字为中心分为前加字、后加字和再后加字，基字可横向和纵向双向组合，而前加字和后加字只能横向组合。

（3）形态特征。藏文由确定的 10 个辅音字母作后加字，其形态特征都发生在这 10 个确定的后加字上。后加字与词缀的首字母对应关系以及虚词添接规则可以作为判定词汇界限的一个特征。

（4）标点符号特征。藏文有一套独立而完整的标点符号体系，主要在篇章、段落、句子和字之间起“分界符”的作用。

---

① 陈玉忠，李保利，俞士汶，等．基于格助词和接续特征的书面藏文分词方案[J]．语言文字应用，2003(1)：101-102.

5.1.2.2 词切分特征

藏语词类从总体上分为实词和虚词两大类。藏语实词可单独使用且具有具体的词汇意义，它包括名词、代词、动词、形容词、数词等。虚词有格助词（case-auxiliary word）、关联词等，不能单独使用，只能黏着在实词后面起语法作用或表示某种逻辑关系。从藏文词语的形态特征来看，明显的切分特征主要有以下几点：

（1）格助词接续特征。藏文格助词的个数不多，但使用频率极高。大多数藏文格助词在添接时，要严格按前一词（或字）后加字的黏着性形态变化规则添接。比如传统藏文文法规定：属格助词的黏着性形态有五种变体，根据接续规则，若前趋实词的后加字不同，则所接的属格助词就应不同，如下面例句中框线部分所示。

སློབ་ཁང་གི	སློབ་དེབ་ཀྱི	དགེ་རྒན་གྱི	སློབ་མའི	ཁང་པ་ཡི
教室的	教材的	教师的	学生的	房子的

（2）动词的曲折形态变化。现代藏语只有动词还保留着时、式、态等曲折形态变化，这是动词有别于其他词类的重要特征。

（3）名物化词缀特征。藏文动词、形容词在句子中作修饰名词性成分或作非谓成分时，一般都要进行名物化转换，即要添接名物化后缀。

（4）重叠结构。藏文的重叠结构主要发生在形容词当中，常见的重叠形式有 AA 式、ABB 式、ABA 式、ABCB 式等。

（5）动名词的动词性词缀特征。顾名思义，藏文动名词兼有动词和名词两种语法功能，是藏文特有的一类词。其特点是通过后接固定的几个动词性词缀或句中的谓词来实现词性转化。

5.1.2.3 句切分特征

在任何语言中，句子结构都是规则有序的，而其构成要素之间又是相互制约的，这是人类语言的共性特征。但在不同语言中，句子结构又是各不相同的，这是不同语言个性特征的具体表现。藏语句子结构的主要特征概括起来有以下三点：

（1）语序特征。藏语是 SOV 型语言，即谓词后置型语言。动词是句子的核心，决定着格助词的添接类别，如：

ཚེ་རིང་གིས་（S）བོད་ཡིག་（O）སློབ་ཀྱིན་འདུག（V） S+O+V

次仁（S） 藏语（O） 正在学习（V）

（2）主要借助格助词来表达句子含义的作格特征。藏语句子的主要成分一般都要与格助词相关联，只有这样才能把句子各成分之间的语义关系表达清楚。具体地说，藏语主语多与使动格助词相连，宾语多带有受动格助词，定语与中心语之间多以属格助词相连接，状语与谓语之间多用使动格助词和自性格助词相连接，如：

སྒྲོལ་མས་ནན་ཏན་གྱིས་དབྱིན་ཇིའི་མིང་ཚིག་འབྲི་དེབ་སྟེང་དུ་བྲིས།

卓玛 认真地 将英语 单词 本子上 写在

（3）藏语短语的后修饰特征。在一般情况下，在藏语形容词、数词、代词等与名词结合构成短语以及动词与助动词结合构成短语时，其中心语在前，修饰语在后，如：

མིང་ཚིག་གསར་པ　མི་དྲུག　སྒོར་བརྒྱད　དཔེ་ཆ་དེ　སློབ་སྦྱོང་བྱེད་དགོས།

新单词　六人　八元　那本书　应该学习

综上所述，充分利用藏文的上述接续特征来指导我们识别词与词或短语与短语之间的切分点，对于我们消除部分切分歧义无疑是非常有帮助的。

5.1.3 藏文自动分词的难点

目前，藏文信息处理在编码和输入方法等方面已做出了卓有成效的工作成绩，藏文字处理技术趋于成熟并已普遍应用。藏文分词工作确有成绩，但离现实差距很大。所存在的主要问题表现在以下几个方面。

5.1.3.1 藏文词汇的语法边界问题

藏文分词是将连续的音节序列按照一定的规范重新组合成词序列的过程。藏文是藏文音节的序列，词语与词语之间没有明显自然标记，这就使得词的界定缺乏自然标准。因此，藏语中语素与词、词与词组、词组与句子的界定显然成了藏语语法的一个基本、长期的难题①。

5.1.3.2 藏文分词规范问题

我们在“信息处理用藏文分词规范”②提出了分词单位和一套比较系统的分词规则，但是由于真实文本的复杂性和多样性，实践与理论之间存在重大差异，仍然没有能够在词层解决问题。分词结果是否正确，需要有一个系统、权威、通用的分词标准来衡量。

5.1.3.3 藏文通用词表的问题

分词需要有一个通用词表来对藏文连续文本进行切词。因此，在研制该词表时，哪些词该被收入词表，哪些词该被舍弃，需要我们对其有一定的收词和舍弃原则。一般情况下，这种原则很难具有可操作性，而且很难找出合理的标准和理论依据。分词词表的构造需要与藏语真实语料结合起来考虑。同时，除了定性信息外，还必须引入定量信息。先前藏文词典中对藏文词汇的收录较为随意，其中既有词汇，也有短语，甚至偶尔还会出现单句，没有可遵循的原则，因而藏文词典也无法作为藏文分词通用词表的基础，这成为藏文分词词表建设的一大难题。

5.1.3.4 分词和理解的先后问题

人在阅读文章时通常是以理解为基础的，边理解边分词。而计算机自动分词系统不可能照搬人类的分词模式，通常采用的是“先分词后理解”分词策略，这就形成了逻辑上的两难。由于计算机自动分词只能在对输入文本尚无理解的条件下进行，因此任何分词系统都不可能达到百分之百的切分准确率，而高准确率的自动分词成为各种分词方法追求的目标同时也是难点。

---

① 扎西加，珠杰.面向信息处理的藏文分词规范研究[J].中文信息学报，2009，23（4）：113-123.

② 扎西加.藏文文本分词赋码一体化研究[J].西藏大学学报：自然科学版，2012，27（1）：57-61.

5.1.3.5 藏文虚词黏着问题

藏文中部分词如属格助词“འི”、具格助词“ས”、位格助词“ར”、饰集词“འང”、离合词“འམ”、终结词“འོ”等，可以省略音节点直接黏附于其前面的音节后，从而形成了紧缩词。紧缩现象模糊了藏文音节之间的天然分隔标志，给藏文分词带来了不利影响。而且紧缩词出现的频率非常高，是藏文分词系统必须要解决的问题。

5.1.3.6 藏文未登录词识别问题

未登录词即未包含在分词词表和训练语料中，但必须是从语料中切分出来的词，包括各类专有名词和某些术语、缩略词、新词等。未登录词大致包含两大类：新涌现的通用词或专业术语等；专有名词，如中国人名、外国译名、地名、机构名（泛指机关、团体和其他企事业单位）等。前一种未登录词理论上是可预期的，部分能够人工预先添加到词表中，但很难收全；后一种未登录词则完全不可预期，无论词表多么庞大，也无法囊括。因此，对命名实体（NE）的识别在自动分词中被当作一个专门的方向进行研究。不管怎样，如果自动分词中对未登录词识别有误，统计到的信息就会有较大误差。

5.1.3.7 经验与理性方法

经验方法和理性方法是信息处理中最为常用的两种方法。基于理性的方法是根据语言学知识制定一系列的规则，从而来处理语言信息处理过程中遇到的各种现象和问题。由于自然语言的个性问题，很难用一套规则去精确描述其在真实文本中所出现的各种问题，因此必须运用基于语料库的统计方法即经验方法来研究该问题。两种方法各有利弊，基于经验的方法不受领域限制，容易实现，也符合当前语言信息处理面向大规模真实语料的发展趋势，但由于训练语料、词表规模与正确性等问题，其质量受到影响。基于理性的方法是通过专家制定的规则来获取高质量的知识，由于这些规则是针对某一特定领域的，其灵活性较弱，总会出现某些死角不能覆盖等问题①。因此，经验方法和理性方法的选择也就成为藏语语言信息处理、藏文文本分词等诸多领域中难以取舍的难点问题。而这两种语言信息处理方法的有效结合成为人们探索和研究的新热点。

5.2 藏文分词规范

分词规范主要规定现代藏文的分词原则，即哪些藏文音节可以组合为一个分词单位。分词单位是《中华人民共和国国家标准（GB 13715）信息处理用现代汉语分词规范》②中的一个基本概念，是指信息处理中使用的、具有确定的语义和语法功能的基本单位，主要由词构成，也包括了一部分使用频度高的词组。在某些特殊情况下，孤立的语素或非语素字也可能出现在切分序列中。在分词过程中出现的所谓的词，一般称之为切分单位。而这个切分单位有词和非词两种。所谓“非词”，含有两层意思：一是小于词的单位，即语素，在藏语中一般是用单个的音节字予以记录；二是指那些大于词的单位，即词组和句子，包括具有一定格式

① 扎西加．藏文文本分词赋码一体化研究[J]．西藏大学学报：自然科学版，2012，27（1）：57-61．

② 中华人民共和国国家标准（GB 13715）信息处理用现代汉语分词规范[S]．北京：中国标准出版社，1992．

和整体意义的固定词组（辞藻、成语、惯用语等）以及词与词的临时组合（包括形式和意义）。前者基本上是封闭性的，后者则是开放性的。这也为建立分词匹配机载词典时重点的取舍提供了较为可靠的依据，也是普通词典和机载词典在收词时的重要区别所在。尽管藏文词典中也收有词与词组等，但存在边界不明、收词单一、覆盖不广等问题，需要引起注意。

藏文信息处理发展到现在对分词理论的研究较少，对分词中使用术语的定义更是少见。语言学和计算机学界专家，在总结了汉语信息处理二十多年来的经验教训之后，认为“分词单位”是“汉语信息处理使用的、具有确定的语义或语法功能的基本单位。它包括本规范的规则限定的词和词组”①。而在《中文信息处理分词规范》中“分词单位”的定义是：“具有独立意义，且扮演固定词类的字符串视为一分词单位”②。“作为信息处理中‘分词单位’的划分只要是不违背人们使用的习惯，能在语言中出现，不是凭空臆造的结构就可以了”③，分词单位可以同词表中的词完全一致，也可以是包含未登录词识别以及一些词法分析的切分单位。例如，一些人名、地名、机构名、汉语及外国人译名，应予以识别和切分。从字数考虑，对两个字的组合可较宽地看作一个切分单位，三个字的较严，四个字以上的若不是成语、习惯用语、简称、地名或外族人名，则一般不看作一个切分单位。一般考虑两个方面的因素：一是分词既要符合语言学的一般规则，同时也要便于词类和句法分析，不能分得过细，也不能分得过粗；二是分词单位必须是在现实语言中出现的，而不是凭空臆造的任何字符串。

5.2.1 制定藏文分词规范的目标

制定藏文分词规范的目的就是要为藏文信息处理提供一套适用、实用、科学、系统的分词规则。它将对规范藏文信息处理，对各种信息处理系统的兼容性和语料资源共享起到促进作用。分词规范是在始终遵循以下几条原则下制定的：科学性、严谨性、稳定性、通用性、实用性以及语言现象覆盖率达到99%以上的完整性等④。

5.2.2 藏文分词规范简介

藏文分词规范是根据语言学的理论，并遵循藏文自身的特点及构词规律，在借鉴汉语信息处理中的分词理论和方法的基础上形成的，包括分词单位的确立、切分单位的范围、分词规范总则、分词规范细则。建立一套符合藏语规范和语言习得的分词理论，能为藏文信息处理提供一套适用、实用、科学、系统的分词规范，为今后的研究工作和实际应用奠定一个良好的基础。

藏文分词的关键是如何结合藏语字、词、句各类形式特征来确定藏文分词。扎西加等在《面向信息处理的藏文分词规范研究》⑤中提出从计算机的角度出发考虑藏文分词的规范原则，依据藏文词汇的构词规律和特点来制定适合计算机信息处理的藏文分词规范标准，为解决自动分词、词性标注、信息检索、语料库的构建等一系列重要研究课题提供了依据。文中提出了将藏

① 中华人民共和国国家标准（GB 13715）信息处理用现代汉语分词规范[S]. 北京：中国标准出版社，1992.
② 中国台湾“经济部‘中央标局’”标准（CNS98）中文信息处理分词规范[S]. 中国台湾计算语言学学会，1996.
③ 刘开瑛. 中文文本自动分词和标注[M]. 上海：商务印书馆，2000：30.
④ 郑家恒，张虎，等. 智能信息处理——汉语语料库加工技术及应用[M]. 北京：科学出版社，2010：28.
⑤ 扎西加，珠杰. 面向信息处理的藏文分词规范研究[J]. 中文信息学报，2009，23（4）：113-123.

文词类划分为26个基本类和9个特殊类，在26个基本类当中继续细划出不同的子类。基本类包括名词、处所方位词、时间词、数词、量词、代词、自动词、他动词、助动词、存在动词、判断动词、动名词、形名词、形容词、状态词、简别词（区别词）、副词、时态助词、语气助词、原因助词、目的助词、终结助词、介词、连词、叹词、拟声词。特殊类包括成语、习惯语、简略语、前接成分、中接成分、后接成分、首饰符号、标点符号、非藏文符号。这种系统化的规范基本涵盖了具有确定的意义或语法功能的基本单位，包括限定的词和词组。

近几年，涌现出了一批藏文分词理论及方法的研究人员，他们也提出了几种不同的分词规范。然而，藏文到目前为止还没有统一的、能作为国家标准的分词规范，这成为藏文自动分词理论建设方面的不足。

5.3 藏文分词词典

藏文分词词典是藏语自动分词系统的一个基本组成部分，是信息完备、数据可靠的藏语词库，对于藏文自动分析是有力的支持。自动分词系统所需要的主要信息要从分词词典中获取，这样，分词词典的查询速度将直接影响到分词系统的速度。如在计算机网络上的藏语文本检索、藏语文语转换等现实应用均对分词速度提出了迫切要求，因此建立高效快速的藏文分词词典机制是很重要的。

5.3.1 藏文分词词典的机制

如上所述，藏文信息处理对分词的速度提出了越来越高的要求，而分词词典的查询速度、空间节省直接影响到分词系统的速度，因此分词词典显得越来越重要。在分词过程中，我们经常用到的查询方式有整词二分查询、TRIE树查询、逐音节二分查询和哈希查询等。下面分别介绍四种典型的分词词典机制。

5.3.1.1 基于整词二分的藏语词典机制

基于整词二分的藏语词典机制是一种相对简单的分词词典机制，早期的汉语分词词典大都采用这种结构。对于藏语来说，该机制的词典结构分为词的首音节散列表、词索引表、词典正文三级。

1. 首音节散列表

词的首音节散列函数根据《信息技术 信息交换用藏文编码字符集 基本集》文本变长编码的特点，可以通过一次哈希运算直接定位到首音节在散列表中的序号，再结合词索引表就很容易确定词在词典正文中的可能位置范围，进而在可能的范围内通过整词二分进行定位。这种机制比较适合于关键词查询。

2. 词索引表

词索引表指向词典正文中的每个词。由于词的长度可变（实际系统中还包括附属于该词的各类信息），故以选择不定长存储为宜。此外，必须实现对词的随机访问。这两条决定了必须建立词索引表。词索引表的一个单元仅含一项内容，即词典正文指针指向词在词典正文中的位置。

3. 词典正文

以词为单位的有序表，词典中的词条按首字母升序排列，通过词索引表和词典正文的配合，很容易实现指定词在词典正文中的整词二分快速查找。

在整词二分查询任意一个藏文字符串 $W[1\cdots n]$时，其中 $W[1]$表示该字串首字，$W[n]$表示首字后面的 n 个藏文字符，查询的过程为：

① 根据首字母散列表得到 $W[1]$入口项指针和以它为首字母的词在词索引表中所占的范围。

② 根据①中得到的范围在词典正文中对藏文字符串 $W[n]$进行二分查找。如果查询成功则 $W[1\cdots n]$为分词词典中的一个词。

整词二分法查询的基本原理很简单，但是每次查询都只能对藏文字符串 $W[1\cdots n]$是否为一个词进行判断，它不能从查询的中间过程中发现藏文字符串 $W[1\cdots n]$中所有可能包括的词。而且它查询的范围较大，总是在以 $W[1]$为首字的所有词表范围内。而我们在分词过程中，需要得到一个藏文字符串 S 中所有可能切分出的词，也就是说要找出 S 中所有以 $W[1]$为首字的词，如果用整词二分法来查询的话就需要进行多次试探，即每改变一次待查字符串 $W[1\cdots n]$的 n 值就要对词典进行一次查询，而且每次的查询过程都要在以 $W[1]$为首字的所有词表范围内。

5.3.1.2　基于 TRIE 索引树的藏文分词词典机制

TRIE 索引树是一种以树的多重链表形式表示的键树。基于 TRIE 索引树的藏文分词词典机制由词的第一个音节散列表和 TRIE 索引树结点两部分组成。其中词的第一音节散列表，其表结构包括 TRIE 大小和指向该音节的 TRIE 索引树的根结点指针。TRIE 索引树结点，是一个适合二分查找的关键词排序的数组。这种算法的优点是每次仅比较一个音节，不需要多次回溯查询，不需要预知待查词的长度，对被切分句子进行一次扫描就可以完成分词。它的缺点是构造和维护比较复杂，浪费了一定的存储空间。

5.3.1.3　基于逐音节二分的藏文分词词典机制

基于逐音节二分的藏文分词词典机制是整词二分查询和 TRIE 索引树查询两种词典机制的一种改进方案。一方面，逐音节二分与整词二分的词典结构完全一样，易于构建和维护；另一方面，查询过程有所区别，逐音节二分查询吸收了 TRIE 索引树的查询优势，即采用的是“逐音节匹配”，而不是整词二分的“全词匹配”，这就在一定程度上提高了匹配的效率，而效果与 TRIE 索引树大致等同①。

5.3.1.4　基于双字哈希的分词词典机制

基于双字哈希的分词词典机制的提出是为了改善逐音节二分词典机制中的词典结构，它仍然使用了音节匹配的思想，因此这种词典机制在一定程度上提高了分词的效率，使得分词在时间和空间两方面都有所改善。

5.3.2　基于词属性的藏文分词词典

为了实现计算机对藏文文本的自动分词，首先需要建立高效准确的藏文分词词典，而构

① 张培颖，李村合. 一种中文分词词典新机制——四字哈希机制[J]. 微型电脑应用，2006，22（10）.

造词典的重点是要解决词汇收录和词典查找两方面的问题。藏文词典信息是藏文自动分词的一个有效依据，词典中收录的词汇量多少和查询词典的快慢都将直接影响最终分词的效果。因此，在构造藏文分词词典时我们既要考虑收录词汇的原则及规模，以便在分词时尽可能多地识别词汇，同时还要设计好高效准确的词典查找算法，从而提高自动分词的整体效率。

5.3.2.1 词典内容构建

构造分词词典主要有两种方式：一种是通过对各种各样大规模真实文本的分析获取有关的词汇信息来构建分词词典，主要采用相对简单的语言规则和概率统计的方法；另一种则主要利用人工参与的方式，人工描述词条信息。

一般情况下，有三种设计分词词典的方法：第一种方法，以机器作为辅助，主要靠人工输入信息的方式构造词典。这是一个相当复杂的过程，其投入的人力比较大，耗费的时间比较多；第二种方法，从印刷版的词典里获取信息来构造分词词典；第三种方法，通过对大规模真实语料库进行“词频”、“互信息”和“相关度”等的计算统计来实现分词词典的设计。

5.3.2.2 收词原则及规模

词典的收词原则依赖于其应用目标。分词词典与供人使用的词典相比较，收词原则应有所区别，因为它是一部面向藏文信息处理各个领域的通用性词典。

1. 规范原则

分词词典的收词原则要符合藏语语言学理论及国家或地区相关标准。

2. 高频原则

现代藏文词语时间跨度大，词汇量非常丰富，因而，分词词典不可能见词就收。为了做到收词量一定而词的覆盖面最大，或词的覆盖面足够大而收词量最少，电子词典应在规范原则的基础上，遵守高频原则，尽可能多地选收那些使用频率高、适用面广的词语，尽量少收低频词。

3. 稳定原则

语言是处于不断发展变化的，有些词语在一定时期内使用频率很高，但过了一段时间之后就不大使用了，甚至被淘汰。然而，也有相当一部分词语是很稳定的，具有长久的生命力。因此，应把稳定的词汇作为分词词典的主要词语收录进来。

4. 构词要素考量

藏语词汇量很丰富，可是构成这些词语的构词要素却是有限的。任何自由短语都可以拆为若干词和固定短语，词和固定短语都可以拆成若干个语素和更小的词。因而，词典中若把这些基本的构词要素（可以是语素、词或固定短语）收录进来，并辅之以对这些构词要素的构词能力及其组合规则的描写，就可以让计算机运用这些知识去以最小匹配模式处理未定义词或未登录词。这样，分词词典的规模不仅不会过于庞大，而且可以大大增加词典的容量。

5. 实用原则

分词词典是为计算机处理现代藏文服务的，因而在具体收词时，还要充分考虑实际工作的需要。具体原则如下：

（1）以规范的藏文书面语词语为主，尽量少收古藏文词语、方言词语；

（2）随时增补少量使用频率特别高的自由短语；

（3）收录词汇的长度根据文本处理的实际需求来定。

5.3.2.3 词典结构

藏文分词词典实际上就是机器可读的电子词典。把一部人用词典如《藏汉大词典》录入到计算机里，计算机当然也是可以读阅的。但这里所谓的“可以读阅”，还含有便于查找词语的各种信息的意思，把人用词典完全照搬过来，机器“读”起来是不方便的。例如，要在这样的词典中查找某个词条，必须逐字访问，最坏的情况是查遍整个词典才有结果[①]。因此最好采用数据库格式，把词库划分为若干个相关的表（Table），比如：词表、词性表、义项表等。词表只存放词条及其频度，自动分词一般只需要访问这个表；词性表存放词条的若干个词性标记及其频度，可供词性标注时使用；义项表存放词条的若干个义项及其频度，可供义项标注时使用[②]。

5.4 藏文分词方法

现有的许多分词方法，根据其是否利用机器可读词典和统计信息，可概括地分为三大类：基于规则的方法（包括基于藏文虚词的识别方法）、基于统计的方法以及两者相结合的方法。

5.4.1 基于规则的分词方法

基于规则的分词方法又叫作机械分词方法，其三个要素分别为分词词典、文本扫描顺序和匹配原则。基于规则的分词方法中最基本的算法是字符串匹配法。这种方法，按扫描顺序可分为正向扫描、逆向扫描和双向扫描，按匹配原则又可分为最大匹配、最小匹配、逐词匹配和最佳匹配，主要有正向最大匹配法、逆向最大匹配法、双向匹配法、最佳匹配法、虚词匹配法等。如果分词词典的规模小，覆盖程度不够，则会影响分词的正确率。

5.4.1.1 正向最大匹配法

正向最大匹配法（Forward Maximum Matching method，FMM），其算法的基本思想是：假设分词词典中最长词条所含的藏文音节个数为 *MaxLen*，每次从待切分字串 *S* 的开始处截取一个长度为 *MaxLen* 的字串 *W*，令 *W* 同词典中的词条依次相匹配，如果某个词条与其完全匹配，则 *W* 作为一个词从 *S* 中切分出去，然后再从 *S* 的开始处截取另一个长度为 *MaxLen* 的字串，重复与词典中词条相匹配的过程，直到待切分字符串为空。如果在词典中找不到

①② 陈小荷.现代汉语自动分析——Visual C++实现[M]. 北京：北京语言大学出版社，2000：71.

与 W 匹配的词条，就从 W 的尾部减去一个字，用长度为 $MaxLen-1$ 的字符串继续与词典中的词条匹配，如果匹配成功则切分出一个词，否则再从 W 尾部减去一个字，重复匹配过程，直到匹配成功。

5.4.1.2 逆向最大匹配法

逆向最大匹配法（Backward Maximum Matching method，BMM），其算法的基本思想与正向最大匹配法的基本思想一样，不同之处在于它是从句子的末尾开始切分，每次匹配不成功时，去掉藏文字符串前面的一个字。逆向最大匹配法对交集型歧义字段的处理精度比正向最大匹配法略高。这两种方法实现简单、实用性强，但是它们的最大缺点就是保证不了词典的完备性，这点对分词精度有很大的影响。另外，正向最大匹配和逆向最大匹配实际上否认了“词中含词”这一语言现象，因此拒分现象严重，出错率高，而且它们的时间复杂度都很高。提出逆向最大匹配法的意义更在于与正向最大匹配法结合运用，即下面所讲的双向匹配法，它能对字符串进行更准确的切分。

5.4.1.3 双向匹配法

双向匹配法（Bi-direction Matching method，BM），其算法的基本思想是：将正向最大匹配法（FMM）和逆向最大匹配法（RMM）的结果相比较，一致的部分被认为是正确的，不一致的部分（称为疑点）则从人工干预、记频算法或上下文相关信息选取一种切分。这种方法对于正、逆向扫描结果一致而被认为正确但实际上切分不正确的字段没有强有力的处理手段。其时间复杂度比单向扫描至少增加一倍。其分词词典必须同时支持正逆两种顺序的检索，词典结构无疑是比较复杂的，或者要设立两种结构的词典。此种方法可作为一种检查歧义字段的方法。

5.4.1.4 最佳匹配法

最佳匹配法（Optimum Matching method，OM）由北京航空航天大学提出，分为正向最佳匹配法和逆向最佳匹配法。其算法的基本思想是：在词典中按词频的大小顺序排列词条，以求缩短对分词词典的检索时间，达到最佳效果，从而降低分词的时间复杂度，加快分词速度。实质上，这种方法也不是一种纯粹意义上的分词方法，它只是一种对分词词典的组织方式。最佳匹配法的分词词典中的每条词前面必须有指明长度的数据项，因此其空间复杂度有所增加，对提高分词精度没有影响，但分词处理的时间复杂度有所降低。

将词典中的单词按它们在文本中出现频度的大小排列，高频度的单词排在前，低频度的单词排在后，可提高匹配的速度。

5.4.1.5 虚词匹配法

懂藏文的人在阅读一句话时，主要通过语义来确定虚词，但计算机不能像人一样通过语义来判断，要理解语义的前提还是先分词。藏文分词算法基本上采用“规则+特征”的方法：首先通过虚词把句子划分成“块”，再对“块”用“最大匹配”算法来切分成词。计算机识别藏文虚词非常重要。按照藏文虚词的使用方法和计算机识别藏文虚词的难点分析，提出了首先排除虚词的兼类性，利用受限虚词的接续规则来判断虚词，然后识别和还原黏着虚词，最后结合中嵌否定词和指人名词后缀结合的方法来识别藏文虚词。[①]

1. 兼类虚词的排除

按照藏文虚词的兼类性和组合性的特点，建一个虚词兼类词典，收录藏语虚词参与组词的、比较固定的词，比如：རིམ་གྱིས། སོ་སོ། ཤིང་ཏུ། ཡང་སྐྱེ། མི་རིགས།等。首先从连续文本中把虚词兼类及参与组词的部分词划分出来，该部分只有虚词参与组词的一个非虚词的词。

2. 利用受限虚词的接续规则判断虚词

受限虚词的使用受到前后字符的限制，充分利用该特点建立一个虚词词典，格式如：{虚词　前导字符　后接字符}。在藏文连续文本中找到这类虚词时，利用其“前导字符”和“后接字符”，即受限虚词的接续规则来识别这类虚词。

3. 黏着虚词的识别和还原

按照藏语虚词的黏着变体性特点，分三种情况来识别虚词的黏着性：

（1）“འི”、“འང”、“འམ”黏着的识别方法。扫描藏文连续文本，当一个藏文音节的后两个字符是“འི”、“འང”、“འམ”中的一个时，作为黏着虚词从该藏文音节中分离出来。该过程能把这三个黏着词从一个藏语音节中分离出来，“དགའ་ནའང”、“སྨྲའམ”中的“འང”、“འམ”作为黏着虚词来出现，直接切分即可。但同时这也有可能破坏了原来“被黏着”的对象，原因在于黏着的过程中存在把“被黏着”的འ“吃掉”的现象，现需要把འ还原。其还原方法如下：当这类黏着词切分出来以后，判断这类黏着词的“前导字符”的编码在 0F40 ~ 0F68 之间，并且在切分黏着词后藏文音节的组成字符不止一个时，在“被黏着”对象后添加一个“འ”和隔字符。比如：ཟིན་བྲིས་སུ་མ་བཀོད་ན་ཉིན་འགའི་རྗེས་སུ་བརྗེད་ཉེན་ཡོད།切分后为ཟིན་བྲིས་/{སུ་/}མ་བཀོད་/{ན་/}ཉིན་འགའ་/{འི་/}རྗེས་/{སུ་/}བརྗེད་ཉེན་/{ཡོད།/}，画波浪线的是还原的“འ”，如果不还原“འ”，这个词就成了碎块，没有实际意义，比如切分成“ཉིན་འག”。

（2）“པས”、“བས”、“པོས”、“བོས”、“པོར”黏着的识别方法。当一个藏文音节是“པས”、“བས”、“པོས”、“བོས”、“པོར”字符时，这些音节不能构成有意义的独立词，多数情况下都是“ཡིས”和“རུ”黏着产生的黏着变体，因此，在藏文连续文本中遇到这类藏文音节时，其后黏着的“ས”和“ར”作为黏着词分离，并标以相应的词性。比如：“་པས་”切分时还原为“་པ་ཡིས་”，“་བས་”切分时还原为“་བ་ཡིས་”，“་པོས་”切分时还原为“་པོ་ཡིས་”，“་བོས་”切分时还原为“་བོ་ཡིས་”，“་པོར་”切分时还原为“་པོ་རུ་”。

（3）“ས”和“ར”黏着的识别方法。经过以上藏文虚词的识别过程，一个藏文连续文本已经被比较容易识别的藏文虚词划分成了“块”。对“块”可采用三次不同的词典匹配来识别藏文虚词。首先采用“整块与词典匹配”的方法，如果匹配成功，则该“块”就是一个词，如果匹配没有成功，则判读“块”的最后一个音节是否是“ས”或“ར”，如果是则“去掉词末的‘ས’、‘ར’进行匹配”，匹配成功则把黏着虚词“ས”、“ར”分离出来并进行还原，如果匹配不成功，并且“ས”、“ར”切分出来以后，其“前导字符”的编码在 0F40 ~ 0F68 之间时，在该“前导字符”后面添加“འ”后与字典匹配，如果成功则还原“被黏着”对象和黏着虚

① 高定国，扎西加. 计算机识别藏语虚词的方法研究[J]. 中文信息学报，2013.

词，如果匹配不成功则去掉“块”中一个音节直到匹配成功或只剩一个藏文音节且后加字不是“ས”或“ར”为止。比如：“ནམ་མཁར་སྤྲིན་ཡོད།”切分为“ནམ་མཁ（འ）/ར་/སྤྲིན་/ཡོད/།”，这时候“ར”切分后，还原一个“འ”。该过程的伪代码如下：

```
while（“块”>1 个藏文音节||“块”的最后一个藏文音节不是ས或ར）{
    if（“整块与词典匹配”成功）
        该“块”就是一个词；
    else{
      if（“块”的最后一个音节是ས或ར）
        去掉“块”的最后一个音节的ས或ར；
        if（“块”与词典匹配成功）
            {分离黏着虚词ས或ར；
            还原黏着虚词ས或ར；}
        else{
      “块”的最后一个音节后面添加འ；
            if（“新块”与词典匹配成功）
          {分离黏着虚词；
           还原“被黏着”对象；
           还原黏着虚词；}
           else
           “块”中去掉最后一个藏文音节；
           }
    else
           “块”中去掉最后一个藏文音节；
}
}
```

“块”中被划出了词和虚词以后，剩下的部分又组成新的块，调用同样的算法来进一步划分词和识别虚词。

4. 结合中嵌后缀虚词

经过以上的虚词识别，把虚词都从藏文连续文本中识别了出来，但根据藏文虚词“中嵌否定词”之“མ”和指人名词后缀“པ”、“བ”、“པོ”、“བོ”、“མཁན”、“ཅན”、“ལྡན”特点，这些虚词又有可能同其他词结合起来，不作为虚词，而只是作为一个词的构词成分。在以上藏文虚词识别后的连续文本中，这些虚词都是单独划分的，则“མ”结合前后单独划分的词与词典匹配来确定其结合性，而指人名词后缀直接与前一个词结合。

5. 结果分析

根据以上提到的“藏文虚词匹配法”，设计出了相应的藏文虚词的识别程序，识别藏文虚词的同时进行了藏文分词。对结果进行分析，据不完全统计，该程序能识别 80%以上的藏文虚词，但同时也存在以下缺陷：

（1）词典不完善导致的错误。

通过对藏文识别虚词的结果进行分析，发现多数的错误是由于词典的不完善和词典中选词的不正确导致的。按照以上藏语虚词的识别规则，比如：དབུས是一个词典中没有的未登录词，词典中又有དབུ词，则按照黏着与虚词的还原规则，དབུས被错误地分类和还原成དབུ་ཡིས。该问题比较好解决，但要通过烦琐的整理、完善词典来弥补该类缺陷。

（2）仅基于规则导致的错误。

藏文虚词的识别方法是一种基于“规则”的方法，但有部分错误是由于仅基于规则，而规则又不能覆盖所有情况而发生的错误。比如：སློབ་མ་ཚོར་སློབ་ཁྲིད་བྱེད། 按照黏着词的识别方法，当用སློབ་མ་ཚོར和སློབ་མ་ཚོ与词典匹配的都不成功，ཚོར词在词典中又出现，导致无法正常把该黏着词识别出来，这是仅依靠虚词识别规则不能识别的，此时应引入“基于统计的方法”。正如冯志伟教授在宗成庆老师的《统计自然语言处理》一书的序言中分析了“基于规则的理性主义方法”的优缺点和“基于统计的经验主义方法”的优缺点后指出：“我们主张把理性主义和经验主义结合起来，把基于规则的方法和基于统计的方法结合起来。”

（3）规则的缺陷导致的错误。

有些错误是规则缺陷导致的错误。比如：སྤང་ལམ་ཆེན་མོ་ལ་འགྲོ།句子按照本规则首先在藏文连续文本中识别虚词兼类，如果在虚词兼类词典中有ལམ་ཆེན词，则把它作为一个虚词兼类词切开，导致对本句的切分完全错误。这类错误只有从大量藏语连续文本中进行统计，减少藏语虚词兼类词典中的词，有些虚词兼类词宁可不识别出来，也别识别错，有些可以留到用其他规则来进一步识别。

5.4.2　基于统计的分词方法

基于统计的分词方法主要是利用词与词之间的联合概率信息来进行分词。词是稳定的字的组合，因此在上下文中，相邻的藏文音节同时出现的次数越多，就越有可能构成一个词。因此，成词的可信度可由字与字相邻共现的频率或概率较好地反映出来。大家可以通过统计语料中相邻共现的各个字的组合频度来计算它们的互现信息。而定义两个字的互现信息可计算两个藏文音节 A，B 的相邻共现概率。互现信息体现了字符串对之间结合关系的紧密程度。当互信息的值高于某一个阈值时，则可认为此音节组可能构成一个词。这种方法只需对语料中的音节组频度进行统计，不需要切分词典，因而又叫作无词典分词法或统计取词方法。

基于统计的分词方法以概率论为理论基础，将藏文上下文中藏文音节组合链的出现抽象成随机过程，在具体实施时，这一随机过程的参数可以通过大规模语料库训练得到。基于统计的分词方法采用的统计原理有：互信息，N 元模型，隐马尔科夫模型（HMM），条件随机场模型（CRF）等。除了上述的分词方法以外，还有一些其他分词方法，如专家系统方法和神经网络方法等。

5.4.2.1　互信息

互信息是一种度量不同音节串之间相关性的统计量。互信息的定义如下

$$I(A,B)=\log_2\frac{P(A,B)}{P(A)P(B)} \tag{5.1}$$

其中 $P(A, B)$ 为字符串 A 和 B 的相邻共现概率，$P(A)$ 和 $P(B)$ 分别为字符串 A 和 B 各自在语料中出现的概率。

互信息体现了藏文音节之间结合关系的紧密程度。若某一藏文音节串的互信息高于给定阈值，即可认定此音节串能够构成一个词。在式（5.1）中，$P(A, B)$ 为音节串 A、B 联合出现的概率，$P(A)$ 为音节串 A 单独出现的概率，$P(B)$ 为音节串 B 单独出现的概率。若 A、B、AB 在藏文语料中出现的次数分别计为 $n(A)$、$n(B)$、$n(AB)$，n 是词频总数，则式（5.1）中各量可用式（5.2）估计。

$$P(A)=\frac{n(A)}{n},\ P(B)=\frac{n(B)}{n},\ P(AB)=\frac{n(AB)}{n} \tag{5.2}$$

通过计算互信息，可以比较直观地判断藏文音节串 A、B 之间的成词可信度。互信息的判断方法较为简单，可采用如下三个条件进行分析判断[①]：

（1）当 $I(A, B)\gg 0$ 时，即 $P(A, B)\gg P(A)P(B)$，此时 A、B 间成正相关，成词可能性较大。如果 $I(A, B)$ 大于给定的阈值，判定 A、B 成词。

（2）当 $I(A, B)\approx 0$ 时，即 $P(A, B)\approx P(A)P(B)$，此时 A、B 间不相关，成词可能性很小。

（3）当 $I(A, B)\ll 0$ 时，即 $P(A, B)\ll P(A)P(B)$，此时 A、B 间互斥，基本没有结合关系，判定 A、B 不会成词。

5.4.2.2 *N* 元模型

N 元模型也称 N 元语言模型（n-gram language model）。在 N 元模型中，设变量 W_i 是文本中的任意一个词，若已知它在该文本中的前两个词 $W_{i-2}W_{i-1}$，则可以用条件概率 $P(W_i|W_{i-2}W_{i-1})$ 来预测 W_i 出现的概率。假设变量 W 代表文本中一个任意的词序列，它由 n 个词顺序排列组成，即 $W_1W_2\cdots W_n$，那么词序列 W 在文本中出现的概率 $P(W)$ 就可以用统计语言模型表示。利用概率的乘积公式，$P(W)$ 可以展开为

$$P(W)=P(W_1)P(W_2|W_1)P(W_3|W_1W_2)\cdots P(W_n|W_1W_2\cdots W_{n-1}) \tag{5.3}$$

由式（5.3）可知，为了预测词 W_n 的出现概率，必须要知道它前面所有词的出现概率。从计算上来看，这是一个复杂的过程。如果任意一个词 W_i 的出现概率只与它前面的两个词有关，问题就能得到极大简化。这时的语言模型称为三元（trigram）模型。

$$P(W)\approx P(W_1)P(W_2|W_1)\prod\nolimits_{i=3\cdots n}P(W_i|W_{i-2}W_{i-1}) \tag{5.4}$$

一般来说，所谓的 N 元模型就是假设当前词的出现概率只同它前面的 $N-1$ 个词有关。重要的是这些概率参数都可以通过大规模语料库计算来获得。例如，三元概率

$$P(W_i|W_{i-2}W_{i-1})\approx\frac{\text{count}(w_{i-2}w_{i-1}w_i)}{\text{count}(w_{i-2}w_{i-1})} \tag{5.5}$$

其中，count（⋯）表示在整个语料库中一个特定词序列出现的累计次数。事实上，全切分法存在着切分路径数随输入长度增大而呈指数性增长的问题。换句话说，句子越长，切分结果越多。因此，也可不将全切分法作为系统的分词方法，而是将其应用在歧义消解处理上。按照某种策略检测出歧义字段，由于歧义字段的长度通常不会很长，因此减少了全切分处理所耗费的时间。

① 林冬盛. 中文分词算法的研究与实现[D]. 西安：西北大学，2011：11.

5.4.2.3　隐马尔可夫模型

隐马尔可夫模型又称隐马氏模型（HMM），在 20 世纪 60 年代末、70 年代初 Baum 等人创建了该模型的基本理论。隐马尔可夫模型是一种用参数表示的概率模型，用于描述随机过程的统计特性，由马尔可夫链演变而来。隐马尔可夫过程是一个双重随机过程：观察事件依存于状态的概率函数，这是隐马尔可夫模型中的一个基本随机过程；另一个随机过程是状态转移过程，但是这一过程是隐藏的，不能直接观察到，只有通过生成观察序列的另外一个概率过程才能间接观察到。我们的语言过程也是一种双重随机过程。在语音识别领域，隐马尔可夫模型的应用已经取得了很好的成效。实验证明，隐马尔可夫模型可以很好地描述藏文音节序列的产生过程。隐马尔可夫模型被认为是在汉语自动分词和藏文自动分词领域中较为成功的统计模型之一。

5.4.2.4　条件随机场模型

条件随机场（CRF）是一个无向图的判别模型，它能够被用来定义在给定一组需要标记的观察序列的条件下，一个标签序列的联合概率分布。对于一组长设为 n 的观察序列 $X=X_1X_2X_3\cdots X_n$（要标记的序列或词序列），输出为 $Y=Y_1Y_2Y_3\cdots Y_n$（相应的标注序列）。这样就把分词问题（或词性标注） 转化为相应的序列标注问题。同时，条件承机场模型允许增加复杂特征，可以有效地处理标记偏置问题。

5.4.3　基于规则和统计的方法利弊

1. 基于规则的方法

基于规则的方法的优点如下：

（1）程序实现简单，开发周期短，而且需要的语言资源少。

（2）对自然语言的描述比较深入，概括性较强，表达的知识容易理解。

（3）具有较好的领域应用效果，针对某些特殊的歧义组合，通过对语境中的词以及特征信息的深入细致的描述，可以获得良好的排歧效果。

基于规则的方法的不足如下：

（1）一致性难以保证。在构建规则库的过程中，由于自然语言本身的复杂性，不可避免会出现一些错误，规则的一致性难以保证。

（2）健壮性较差。基于规则的分词系统对于规则描述以外的语句无法处理，处理大规模真实文本时，可能会产生错误的结果。

（3）处理歧义的能力差。该方法存在组合型和交集型歧义切分问题，同时对于不同词典产生的歧义也不同。

2. 基于统计的方法

基于统计的分词方法的优点如下：

（1）不需要机器可读词典。

（2）不受待处理文本的领域限制。

基于统计的分词方法的不足如下：

（1）需要大量的用以建立模型的参数的训练文本。

（2）耗费大量的统计分析时间，算法时空开销大。

（3）分词精度与训练文本的选择有关。

5.4.4 专家系统分词法

专家系统分词法将自动分词过程看作知识推理过程，力求从结构与功能上分离分词过程和实现分词所依赖的藏文词法知识、句法知识以及部分语义知识，并把知识的表示、知识库的逻辑结构与知识库的维护放在系统设计的首位考虑。其知识库按常识性知识与启发性知识分别进行组织。对于常识性知识采用“语义网络”表示，对于启发性知识采用“产生式规则”表示。知识库是使专家系统具有“智能”的关键性部件。

推理时，把待发词或已发词的字符串视为词语树中的节点，利用常识性知识库进行顺向搜索匹配。若匹配成功，则该词把原字符断为左右两段，以该词作为子树的根，左边一段为子树的左孩子，右边一段为子树的右孩子，来代替原字符串在词语树中的节点，形成一棵新的词语树。一旦子树的根节点满足条件，该字符串是词且存在歧义时，则启动相应的歧义切分规则，校正刚形成的这棵词语树，从而达到消除歧义的目的。

每进行一步推理，既启动常识性知识库又启动启发性知识库，对于非歧义切分字段使用的是一般的语法知识，对于歧义切分字段则要使用与歧义相关的语法知识或语义知识。一个句子不管其中是否含有歧义字段，其切分过程均归结为生成该句子的词语树的过程。这种统一的自动分词方法，不仅使整个分词处理过程简明，也使整个系统的运行效率得到提高。

5.4.5 基于神经网络的分词方法

华南理工大学的徐秉铮、贺前华等人提出了基于神经网络的一种新的分词方法（以下简称徐-贺法）。这一新方法是模拟人脑运行，通过分布处理和建立数值计算模型工作的，将分词知识以多分散隐式的方法存入神经网内部，通过自动学习和训练修改内部权值，以获得正确的分词结果。

徐-贺法的关键在于知识库（权重链表）的组织和网络推理机制的建立。从语言学的角度看，与分词有关的知识可分为语法知识、句法知识、语义知识和语用知识。徐-贺法将分词知识分为两大类：词法知识和词境知识。词法知识的作用域限于一个词内，语境知识的作用域是语句。在知识库中，每个组成字有一个输入/输出对，其间有一个恒定的正权值，词的末字的输入单元对其他字的输出单元有负链接。对于多字词与末字链接的汉字在词中的作用可分为三类：与末字组成二字词、只是该词的首字、只是该词的中间字。对应这三种情况，词内负链也分为三类：成词链、词首链、中间链。三类负链的优先级别是：成词链>词首链>中间链。知识库中只保持高级别的负链。

但是，徐-贺法仅仅提出了交集型词法歧义字段和多义组合型句法歧义字段的实现方式，还未涉及语义歧义字段和语用歧义字段的问题。当然，徐-贺法尚未在藏文自动分词中试用，这有赖于建立藏文有关知识库（权重链表）的组织和网络推理机制。

5.5　藏文分词歧义理论

藏文自动分词中歧义字段切分是影响分词系统切分精度的重要因素，它是自动分词系统设计中的一个最困难也是最核心的问题。通常，衡量一个自动分词系统的指标主要有三个：切分速度、切分精度、系统的可维护性。其中，切分精度直接反映了系统的正确性与科学性，是三个指标中最重要的一个。因此，要提高自动分词的精度，必须有效地处理歧义字段。

5.5.1　藏文分词歧义的类型

藏文词语的切分往往存在歧义，歧义切分是分词中不可避免的现象。藏语文本的切分中包含有许多歧义字段，典型的有交集型和组合型两种歧义。比如“བཞུགས་གནས་རི་ཁྲོད”中，该字段既可以切分为“བཞུགས་གནས/nརི་ཁྲོད/n”，也可以切分为“བཞུགས་/vགནས་རི་/nཁྲོད/f”。通过试验发现“སྐམ་ལུག་གི་ཤ་ལས་སྟོན་བྱེད་པ”中，该字段应该切分为“སྐམ་ལུག་/nགི་/pzཤ་/nལས་སྟོན་/nvབྱེད་པ/v”，但在系统中往往被切成“སྐམ་/vtལུག/n”，这是由词表内部兼类词与同性词相冲突所导致的，而词汇内部的结构性语义交叉现象会是藏文分词赋码遇到的特殊困境。排除歧义常用词频、词长、词间关系等信息。有时切分歧义发生在一小段文字中，为了排除歧义，需要看一段较长的文字，甚至需要看更多的语境信息。

除了词汇内部的结构性歧义外，藏文的歧义与汉语的歧义定义一样。歧义切分字段从构成形式上主要有：交集型歧义切分字段和组合型歧义切分字段。因为词的划分不是绝对的，应该在整个句法的框架内识别区分，所以从分词结果看，歧义切分字段还可以分为两类：第一类是具有确定分法的歧义字段，第二类是具有不确定分法的歧义字段。

（1）交集型歧义字段。在字段 ABC 中，$AB \in W$ 并且 $BC \in W$，则称 ABC 为交集型歧义字段。其中 A、B、C 为字串，W 为词表。例如：

① མི་རིགས་/བཞིའི་ཤུལ་བཞག་རིག་གནས།

② མི་/རིགས་བཞིའི་གྲས་སུ་ཚུད་པ།

其中“རིགས”为交集型歧义字段。

（2）多义组合型歧义字段。在字段 AB 中，$AB \in W$，$A \in W$，$B \in W$，W 为词，则称 AB 为多义型歧义字段。例如：

① བཞུགས་ཁྲི་/སེར་པོ་གསེར་ལ་འགྲན།

② བཞུགས་/ཁྲི་ཐོག་དང་འགྲོ་ཧ་ཐོག

其中“བཞུགས་ཁྲི”为多义型歧义字段，例①中“བཞུགས་ཁྲི”不应该切分，例②中“བཞུགས”、“ཁྲི”都是词，可以切分。

有些歧义字段属于混合型歧义字段，既是交集型歧义字段，又是多义型歧义字段。

（3）混合型歧义字段。同时包含交集型歧义和组合型歧义的歧义字段称混合型歧义字段。例如：

① སྐམ་/ལུག་/གི་/ཤ་/ལས་སྟོན་/བྱེད་པ/

② སྐམ་ལུག་/གི་/ཤ་ལས་/སྟོན་/བྱེད་པ/

③ སྐམ་/ལུག་གི་ཤ་/ལས་སྟོན་/བྱེད་པ/

5.5.2 歧义消解的方法

一般来说，歧义消解算法主要包括两类：基于规则的歧义消解算法、基于统计的歧义消解算法。如果采用基于规则的歧义消解算法，则必须使用语法、词性、语义等知识构造一个规则库，然后对识别出来的歧义字段进行过滤从而达到消歧的目的。而采用基于统计的歧义消解算法，则必须计算歧义字段中某些词出现的概率或者某些词共现的概率等一些概率值进行歧义切分。这种算法目前在汉语中使用得比较多，它包含很多种方法，如基于互信息和 T-Test 的方法、基于隐马尔可夫模型的方法、基于 SVM 的方法、基于 EM 的方法。

5.5.2.1 基于规则的岐义消解算法

规则型歧义消解算法主要是采用规则对歧义字段进行消歧。早期的规则型歧义消解算法思想是人工建立每类歧义字段的规则，然后再采用该规则去消除歧义。其基本思想是根据自然语言学的知识，从语言规则中抽象出模型，该模型提供了切分消歧的依据。虽然基于规则的消歧方法效率高，但是藏语语言规则错综复杂，要完整地抽取规则较为困难，而且规则之间存在着矛盾，维护难度也很大。例如如下规则：

（1）语料库中词频越高的越易于成词；

（2）尽量不切分长词；

（3）无论对于真歧义还是伪歧义，最准确和最有意义的切分是依赖语境、上下文的切分；

（4）逆向最大匹配优先；

（5）链长大于 2 的交集型歧义字段的切分取决于第一个交集型歧义字段的切分。

由此可以看出规则型歧义消解算法的实现相对比较简单，有很大的发展空间，而且能够结合藏文的语义、语法相关知识，实现比较人性化的消解。但这种歧义消解算法的准确率相对较低。同时，因为藏文分词中语义、语法知识比较复杂，所以很难提出能涵盖全部切分的规则。单纯用规则型歧义消解算法去消解歧义非常困难，因此目前规则型歧义消解算法总是与其他歧义消解算法结合使用，以便更好地对歧义字段进行消解①。

5.5.2.2 基于统计的歧义消解算法

词概率方法是最基本的概率型歧义消解算法，其主要思想是对三字交集型字段进行切分，分别计算出各种切分形式的出现概率，取概率值大的为最终切分形式。假设歧义字段为 S，包含 A，B，C 三个字，则词概率方法描述如下：

（1）根据两种切分可能，计算 S 的出现概率 $P(AB|C)$ 和 $P(A|BC)$，计算公式如下：

$$P(AB|C)=P(AB)P(C) \tag{5.6}$$

$$P(A|BC)=P(A)P(BC) \tag{5.7}$$

（2）比较 $P(AB|C)$ 和 $P(A|BC)$ 概率值，概率值大的作为最终的切分方式。

词概率歧义消解算法虽然实现简单，但切分正确率不是很高，而且因为没有结合语义和语法的相关知识，会出现机器性的错误。

① 林冬盛．中文分词算法的研究与实现[D]．西安：西北大学．2011.

5.6　藏文未登录词

随着社会的发展，在日常生活中新词语不断涌现。新词的出现，使得自动分词结果中出现过多的“散串”，从而影响了分词的准确率。最近的研究还显示①，大部分分词错误是由新词导致的。因此，有效地识别新词，将对研究语言现象的动态变化，规范语言文字，以及提高藏文自动分词的总体效率起到重要作用。

5.6.1　藏文未登录词分类

藏文自动分词是藏语自然语言处理领域一项很重要的基础工作，而随着新词的不断出现，藏文分词结果中出现了过多的“散串”，影响了分词的准确率。因此，未登录词识别已经成为藏文自动分词的一个难点和瓶颈问题。

通常，未登录词被定义为未在词典中出现的词。未登录词分为五种类别，分别如下：

（1）缩略词（abbreviation）。如“སྲིད་གྲོས།”、“སྐལ་རྫོ།”、“ཞིར་ཕྱིན།”。

（2）专有名词（proper names）。主要包括人名、地名、机构名，如“ཟླ་བ་ཚེ་རིང”、“ནག་ཆུ”、“ནོ་བེལ།”。

（3）派生词（derived words）。主要是指含有后缀词素的词，如“རྣམ་བཞག་ཅན།”。

（4）复合词（compounds）。由动词或名词等组合而成，如“འཁོར་སྐམ”、“འཚོལ་ཐབས།”。

（5）数字类复合词（numeric type compounds）。即组成成分中含有数字，包括时间、日期、电话号码、地址、数字等，如“2005ལོ།”、“སྟོང་གསུམ”、“འཁོར་འདས”等。

5.6.2　藏文未登录词的识别方法

目前，汉语未登录词的处理方法主要有：张普教授通过有穷多层列举来识别未登录词；刘挺等人通过计算字串在局部上下文中的共现概率来识别未登录词；清华大学智能技术与系统国家重点实验室提出利用前字前位成词概率、后字后位成词概率、前字自由度、后字自由度、互信息、单字词共现概率构建训练集以生成决策树的方法来识别未登录词；朱静等人提出了利用 Bi-gram 来刻画单字词之间的共现信息，引入隐马尔可夫模型来计算汉字的单字成词能力和在未登录词中成词的概率分布，并将未登录词的辨识转换成网格中的路径寻优问题。这些方法都有不同程度的效果。

不管怎样，在实际中，解决未登录词识别问题时常有两种基本方法：第一，对于新词或术语，这类未登录词理论上是可预期的，一般人工预先将新词添加到词表中，或者也可以由无监督的机器学习生成候选词表，再通过人工筛选后添加到词典中；第二，对于专有名词，这类未登录词是完全不可预期的，让字典囊括所有专有名词也不现实，一般利用语料库中统计出的知识，有时也结合人工归纳的某些结构规则，对含有未登录词的句子进行处理后再识别出专有名词。

在藏文方面，通常分词系统采用的未登录词识别策略是在分词“碎块”中采用一定的算法查找并重新组合。且不说未登录词是不是一定都包含在分词“碎块”中，就是在假定所有

① 陈玉忠，李保利，俞士汶，等. 基于格助词和接续特征的书面藏文分词方案[J]. 语言文字应用，2003(1)：101-102.

的未登录词都分布在某一段分词“碎块”内的前提下，仍然面临着一个无法克服的技术难题，即分词系统事先无法确认组成未登录词的“碎块”到底是一些单字串还是几个双字串或是包含单、双字串在内的多字串。也就是说，我们无法识别组成未登录词“碎块”的边界和大小。但在采用基于格助词和接续特征分词方法的情况下，如果存在某个无法切分的块我们就基本可以确定这个块可能就是一个未登录词，在知识尚不完备的分词阶段，我们采取加标记但不切分的“谨慎”策略。这样，不但解决了未登录词的识别问题，而且很自然地确定了其相应的边界和大小，这无疑对于进一步开展句子分析有非常积极的意义[①]。

① 陈玉忠，李保利，俞士汶，等. 基于格助词和接续特征的书面藏文分词方案[J]. 语言文字应用，2003（1）：65.

第 6 章

藏文词类自动标注

随着计算机技术的迅速发展和信息化进程的日益加快，人们越来越强烈地要求用自然语言同计算机进行交流。为了能更好地用藏文同计算机进行信息交流，我们必须进行一些与此相关的藏文信息处理研究。藏文信息处理的词类划分方法，要借鉴吸收已有的藏语词类划分体系和中文信息处理中的词类划分方法优良传统、有益知识，同时不拘泥于现有的理论，从计算机思维方式的角度考虑对藏文词类进行划分。制定计算机信息处理用的藏文词类划分标准，对处理真实文本具有实际意义。本章介绍了藏文词类划分的方法及意义、藏文词类及规范标准、藏文词性自动标注方法等内容。

6.1 藏文词类划分的意义

藏文语法教学的词类和藏文信息处理所用的词类在语法功能上是相同的，但又有本质的差别：前者面向的是人，后者面向的是计算机。人与计算机是两种完全不同的概念，因此在其理解方式上有一定的差别。人先理解后分析，而计算机先分析后理解，两者的理解方式恰恰相反。而且在词类的分类体系上也存在一定的区别，一般来说语法体系的词类，人类分得不是太多也不是很细致,但是计算机信息处理用的语法体系的词类相对来说分得就更细一些。因此，当我们考虑藏文信息处理用的词类划分时，语言教学中对词类的分类体系不能覆盖信息处理所用的词类分类体系，信息处理涵盖了词→短语→句→句群→篇章的输入、输出、识别、分析、理解、生成等多层面信息加工处理任务。

藏文信息处理也同汉语一样主要有四个层面：词汇层面、句法层面、语义层面和语用层面。藏文信息处理的研究当前主要处于词汇层面。词汇层面包括字符、音节、语素、词汇以及短语等内容。

藏文词性自动标注是藏文词法、句法分析自动化的重要突破口，在藏语自然语言的理解、处理和机器翻译系统开发中具有重要意义。词性自动标注能有效解决同形词（组）引起的歧义问题。同形词词性自动标注的方法，不仅适用于藏语自然语言的理解、藏汉(汉藏）机器翻译，还可用于词频统计、文体分析等语言学领域。

6.2 藏文词类划分的理论依据

词类划分的目的是进行句法分析，它是句法分析中必不可少的环节。比较理想的词类系统一定是基本符合语言事实的，是可行的，否则就是一种不太科学的词类系统。语言学家提出的关于词类划分的标准，大致有如下三种：

（1）形态标准。词与词使用中所发生的词性变化叫词形态变化。词形态变化有构词形态和构形形态两种。构词形态是指在合成词内部起构词作用的语法形式，比如词缀。构形形态是指同一个词表示不同语法意义的各种变形，比如性、数、格、时、体、式、级等。屈折语有内部形态，黏着语有外部形态。英语、俄语等印欧语言是屈折语，有丰富的形态变化。词类和句子成分之间存在着简单的一一对应关系，例如，动词与谓语对应，名词与主语、宾语对应，形容词与定语对应，副词与状语对应等，因此可以根据词形态变化来确定词类。藏语比汉语形态丰富，不如印欧语发达，包含屈折语和黏着语两类特征。

（2）意义标准。这里的意义既指某类词的概括意义，也可以指个别词的意义。词的概括意义不同，往往词性也不同。例如，“名词是表示事物名称的词”，“动词是表示动作、行为、发展、变化等意义的词”。主张意义划分标准的人想按照词语所指的概念分类体系对词进行分类。这种观点有时起一些参考作用，但是放到语法研究的大背景下就成了问题，缺乏语言学价值。所以，意义划分往往要与其他划分标准配合使用，才更准确。

（3）功能标准。功能标准主要指词的句法功能分布，包括：词与词的组合能力和词的造句功能。这种观点认为，词类划分的标准应该是词的句法功能的分布总和。分布标准是客观的、科学的。但词语的句法功能分布千差万别，如果严格按照句法功能不同即为一类，那么，将导致大量“一词一类”的情况。

藏文词的形态比汉文丰富，但不如英语等发达。因此，语言学界提出的三个词类划分标准中，形态划分标准不能涵盖所有的藏文词类，意义标准同样难以操作，而语法功能划分标准才能有效地反映藏文词类。信息处理用藏文词类划分时，我们采用了语法功能为主和形态、意义为辅的分类方案。

展开来讲，藏文中意义标准和形态标准只能解决部分词的分类问题，很难涵盖词类系统中全部的词的划分，尤其是兼类词，因此我们最终还要借助语法功能标准。但是语言学界的各个学者对“语法功能”又有不同的理解。有些学者认为语法功能主要是词的结合功能，有人却认为语法功能主要是造句功能或句子成分功能，还有人认为语法功能应该既包括造句功能，又包括结合功能。“从理论上讲，划分词类的本质的依据只能是词的语法功能。这是由词类的含义与分类的目的所决定的。”①所谓词的语法功能，是指词在句法结构中的位置与分布特征（格的功能），具体地讲应具有以下两类功能：第一，词在句法结构中充当句法成分的能力或造句功能，是指充当什么样的句法成分，而又不能充当什么样的句法成分，如能否作主语、宾语、谓语、定语、状语等；第二，与别的词组合能力或结合功能，是指什么样的词可以结合在一起，什么样的词不能结合在一起，结合起来后词与词之间或词与词组之间将有什么样的关系等问题。

由于藏文中词类（如数词、副词、代词、量词、助词等）的数量少、功能不太复杂，因此这些词比较容易分辨②。与此相反，名词、动词和形容词等的数量却多，语法功能也比前者复杂，因此很难分辨。一般情况下我们依据结合功能来区分这三类时比较容易划分出来。因此，我们可以利用词的语法具有的上述两类功能再加上藏文特有的格的添接来对藏文文本

① 俞士汶，等. 现代汉语语法信息词典详解[M]. 北京：清华大学出版社，2003：43-44.

② 扎西加，索南尖措. 基于藏语信息处理的词类体系研究[J]. 西藏大学学报：自然科学版，2008，5（1）：36-40.

中出现的各个词类进行划分，然后按照各个词的语法功能建立藏语基本词类表。在此基础上，我们还对一些真实文本中出现的比词小的成分和比词更大的成分也进行分类，这样就能提高藏文信息处理的实际效率。

6.3 藏文词类体系

在自然语言处理中，词类划分属于基础研究，其重要性不可忽视，因为最底层的深入研究便是未来一切工作的前提，否则对以后的研究会造成很大的不便，源不清，本自浊。因此，我们从明确藏文词类划分的标准入手，根据藏文自身的特点和规律性、系统性，从藏文信息处理的角度出发，将原有的词类系统进一步调整和完善，提出了词类的分类方法，为藏文信息处理各个层次的发展提供参考。藏文基本词类见表 6.1，特殊词类见表 6.2。

表 6.1　藏文基本词类表

实虚	体谓	大　类	基本类	藏语名称	代码	序号
实词	体词	名词类（N）	普通名词	ཁྱད་གཞི་རྗོད་པའི་མིང་།	nn	1
			处所词	ས་ཆའི་མིང་།	sc	2
			方位词	ཕྱོགས་སྟོན་པའི་མིང་།	ff	3
			时间词	དུས་སྟོན་པའི་མིང་།	tt	4
		数词类（M）	数词	གྲངས་ཀྱི་མིང་།	m	5
		量词类（Q）	量词	འཇལ་བྱེད་ཀྱི་མིང་།	q	6
		代词类（R）	代词	ངེས་བཟུང་གི་མིང་།	r	7
	谓词	动词类（V）	自动词	བྱེད་མེད་ལས་ཚིག	vt	8
			存在动词	གནས་པ་གསལ་བྱེད།	uc	9
			他动词	བྱེད་འབྲེལ་ལས་ཚིག	vi	10
			助动词	བྱ་མིང་རྗེས་མཐུན།	ux	11
			判断动词	རྣམ་གཅོད་ཀྱི་མིང་།	up	12
		动名词类（VN）	动名词	བྱ་སྐྱོད་ཀྱི་མིང་།	nv	13
		形动词类（VA）	形动词	གཞི་ཆོས་ཀྱི་མིང་།	av	14
		形容词类（A）	形容词	ཁྱད་ཆོས་རྗོད་པའི་མིང་།	a	15
			状态词	ངང་ཚུལ་གྱི་མིང་།	z	16
	饰词		简别词	ཁྱད་འབྱེད་ཀྱི་མིང་།	bb	17

续表 6.1

实虚	体谓	大　类	基本类	藏语名称	代码	序号
实词	饰词	副词类（D）	副词	མི་ཟད་པའི་མིང་།	d	18
虚词	助词类（U）		时态助词	དུས་གསལ་གྱི་མིང་།	us	19
			语气助词	སྐུལ་སྒྲོན་གྱི་མིང་།	uu	20
			原因助词	རྒྱུན་གསལ་གྱི་མིང་།	uy	21
			目的助词	དམིགས་གསལ་གྱི་མིང་།	um	22
			比拟助词	མཚུངས་གསལ་གྱི་སྒྲ།	ub	23
			终结助词	རྫོགས་ཚིག	um	24
	介词词类（P）		介词	རྣམ་དབྱེ།	p	25
	连词类（C）		连词	ཚིག་ཕྲད།	c	26
叹词类（E）			叹词	འབོད་སྒྲ།	ee	27
拟声词类（O）			拟声词	སྒྲ་ཉམས་ཀྱི་མིང་།	oo	28

表 6.2　藏文特殊词类表

类　别	词类名称	藏语名称	代码	序号
比词大的成分	成语(习惯语谚语)	དཔེ་ཚིས།	xx	1
	缩名词	བསྡུས་མིང་།	nl	2
比词小的成分	前接成分	སྔ་རྒྱན།	hg	3
	中接成分	བར་རྒྱན།	hz	4
	后接成分	ཕྱི་རྒྱན།	hh	5
	语素字	བཀླག་ཙང་གི་སྒྲ།	ii	6
符号	首饰符号	དབུ་ཁྱུད།	sh	7
	标点符号	ཚིག་རྟགས།	w	8
	非藏文符号	གཞན་དག	x	9
	汉字	རྒྱ་ཡིག	ch	10
	英文	དབྱིན་ཡིག	en	11

6.4 藏文词类及标记集规范

在自然语言处理领域，藏语也与汉语一样面临着词语切分的问题。词语切分和标注是藏文信息处理的基础，其应用领域涉及藏文搜索引擎、语法信息词典建设、机器翻译、语音合成、文本自动分类、自动摘要、自动校对等方面。词类划分及标记是词语切分的基础工作。

藏语语言信息处理正在从“字处理”转向“词处理”，藏语传统语法研究也面临着从面向人的语法深入为面向计算机的问题，而这一转型中首当其冲且迫在眉睫的是词汇的分类及标记问题。历数汉语的分词及词类划分，目前主要有北京大学、清华大学、国家语委、中科院等为主的多种词类划分系统及标记集，从中我们能够看到，词类及标记集的不统一，给中文信息处理系统的数据交换带来了诸多不便，这种不便在藏语“字处理”阶段由于多种藏文编码的出现我们也曾深切地体验过。因此，在藏文“词处理”的初始阶段，借鉴日臻成熟的汉语“词处理”的经验教训，从中吸收养分，制订一套面向信息处理的统一的藏文词类及标记集，以避免将来产生数据转换等麻烦是很有必要的。

鉴于此，多拉和扎西加经过多年的研究，提出了《信息处理用藏文词类及标记集规范》①，旨在对藏文文本自动分词和自动标注提供一个可行的参数。

《信息处理用藏文词类及标记集规范》既要吸收藏语历代传统语言学家对于语法的理论研究和学说，也要参考现代藏汉语言学家对于词类研究的成果，同时，还要考虑到藏汉语同属一个语系并在生活中有紧密的联系，在汉藏智能翻译等信息交换领域将会有很多共同的探索，加之汉语标记吸纳了英文的标记方式，因此，要参照并兼顾北京大学、清华大学、国家语委、中科院等汉语词类划分体系的标记符号，使之成为一套从语言信息处理的实际要求出发的藏文词类及标记集的规范，并要提供藏语书面语词类标记集的符号体系。

6.4.1 适用范围

藏文词类及标记集规范要适用于藏文分词标注、藏语句法自动分析、标注语料库的加工和语法信息词典建设等藏语自然语言处理领域。

6.4.2 词类及标记集规范确定原则

藏语属于有形态的语言，其语法体系自形成以来已经历了 1 300 多年的历史。藏语传统与现代教学语法中的词类划分有很多种设计方案，目前为止没有一致的词类与术语标准。这主要体现在词的大类数量上，有的学者把小类升为大类，有的则把大类作为小类。有的则从词的形成意义上划分，而更多的则是凭语感即主要靠意义标准来划分词类，且很少去探究或阐释这样划分的依据或其所以然。因此在藏语词类问题上仍然存在着部分实质性的分歧和差异，其焦点在于分类能否覆盖除了词汇本身以外的句法、语义等层面。

尽管如此，藏语结构的稳定性和语法系统的完整性给我们提供了足够的分析基础。如前所述，藏语属于有形态的语言，沿袭印欧语中梵语的语法体系，它既有曲折也有黏着的特点，语言学界提出的词类划分的三个标准对藏语而言可“三管齐下”。应该看到，“在分词工程中，

① 多拉，扎西加.信息处理用藏文词类及标记集规范[C]. 北京：西苑出版社，2007：428-441.

我们在考察一般词的时候第一步往往根据其意义，根据我们对词义的理解初步确定词类，意义总要在形式和句法上表现出来。而后去观察其形态标记，尤其是用格标记来验证，这是较容易把握的划分一般词类时通用的方法，因为在具体工程中不可能对每个词都用其语法功能来证明”[①]。但是，意义和形态毕竟不能涵盖所有的词，对于那些较难处理的词，句法功能的鉴别作用必不可少。因此，在《信息处理用藏文词类及标记集》中，就词类划分的三个标准而言，必须满足的三个条件：能反映词的词类性质，即内在表述功能；可以观察；具有全面性，分清主次，不排除意义和形态的标准，但主要依据词的句法功能原则。

需要说明的是，词类及标记集规范只是制定了一个语言工程规范，与词类研究的进一步深入并不矛盾。它不是词类研究的终结，藏文信息处理各相关单位可根据不同领域、不同需求进一步细化词类体系。

基于在计算机中处理藏语真实文本的需要,《信息处理用藏语词类及标记集规范》中的符号，既要覆盖语言学意义上的词，还要覆盖比词小的单位，如前接成分（前缀）、后接成分（后缀）等，比词更大的单位，如成语、习用语、简称、略语，以及标点符号、非藏文符号等。只有这样,《信息处理用藏文词类及标记集规范》才能提供藏文信息处理所需的信息。

6.5 藏文词性自动标注

6.5.1 词性标注

词性标注是指根据文章的上下文句子意思，在给定句子中判定每个词的语法范畴，确定词性并加以标注的过程，如标注名词、动词、形容词、副词或是其他词性。

词性标注是自然语言处理中的基础性环节，直接影响着语法分析、语音识别、文本分类、语音合成、信息检索、机器翻译等实用性技术的效果。决定计算机自然语言处理成败的一个关键技术环节是机器自动词性标注。

6.5.2 难点分析

词性标注最大的难点，也是词性标注技术研究的重点，是对兼类词的处理。由于兼类词具有多个词性，在不同的上下文中所表现的词类性质可能不同，计算机无法像对待单性词那样只依据电子词典进行简单配对，而必须结合上下文进行分析，为处理对象选择一种合适的词性。这种分析判断的过程被称为兼类词消歧。

计算机如何进行正确消歧，计算机进行词性消歧的理论依据是什么，这两个问题是自动词性标注的最大技术难题，也是科研人员研究的主要内容。自从 20 世纪 60 年代 Brown 语料库建立以来，机器词性自动标注技术在过去的四十多年里发展迅速。

与其他文种一样，藏文词性标注中存在的最大问题也是消除歧义。很多词汇往往同时具有多个词性，即词的兼类现象。例如，藏文词汇“ལས”这个词在不同语境中具有不同的分布功能，“ལས་ཀ་ལས།”中“ལས”是动词，“འཛམ་གླིང་ལས་ཀྱི་ས་བ”中“ལས”是名词，“འདམ་ལས་སྐྱེས”

① 多拉，扎西加.信息处理用藏文词类及标记集规范[C]. 北京：西苑出版社，2007：428-441.

中“ལས”是格助词等。因此，如何才能准确分析它在特定句子中的词性，就成了藏文词性标注算法研究的关键。

另一个难点在于对未登录词的标注。常用的对策是通过基于语料库进行训练得到全面知识的统计方法来解决，但这种方法也存在局限性，它只能关注标注词前后有限范围内的信息。目前，已将统计与规则相结合，进而弥补统计方法的缺陷。对兼类词、未登录词标注效果的改进一直是词性标注方法研究的重点。

6.6 词性标注方法

早在 20 世纪中叶，国外就已经开始了对英文词性标注的研究，已经出现了众多的计算机自动词性标注技术。这些技术所依赖的理论方法大致可分为三类：第一类是基于规则的方法，第二类是基于统计的方法，第三类是规则与统计相结合的方法。

6.6.1 基于规则的方法

基于规则的自动词性标注方法最早出现在 20 世纪 60 年代。随着语料库的建立，一些学者开始尝试对英语语料库进行机器自动词性标注，并逐渐形成了一系列基于规则的方法，主要是运用语言学家手工制定的消除歧义的规则库。在进行词性标注时，当遇到兼类词时，就从规则库中查找相应规则并进行匹配，如果匹配成功并且无规则冲突产生，则顺利消歧，否则消歧失败。1993 年，对 LOB 语料库的标注算法 CLAWS 首先将概率统计模型应用于自动词性标注技术上，这种做法大大提高了机器词性标注的正确率。美国布朗大学的 Greene 和 Rubin 建立的 TAGGIT 系统，就是对这一方法应用的典型。

基于规则的方法是归纳推理的过程，可以很好地对某一自然语料进行定性描述。但是这种方法所依赖的规则库是一个封闭的系统，所含的规则是有限的。值得注意的是，有限的规则无法对无限的不断变化着的自然语言进行一一描述①，特别是在处理新词生词和特殊语言现象时，这种方法的局限性就十分突出了。这就决定了这种方法在自然语言处理中不可能具有很强的鲁棒性，其词性标注的正确率还不能满足实用性的要求。

6.6.2 基于统计的方法

基于统计的方法主要是通过某个训练语料库来计算在给定的上下文中某个单词具有某一词性的概率。仅仅根据同现概率来确定词性最典型的就是基于 HMM、CRF 或 *N* 元模型的标注方法。例如 S. J. DeRose 在对 CLAWS 系统改进的基础上提出的 VOLSUNGA 算法，与基于规则的方法相比，该方法更加客观、处理效率更高。

6.6.3 规则与统计相结合的方法

基于规则的方法和基于统计的方法各有利弊，都不能很好地满足实际应用的需要。于是人们开始思考采用一种折中的方式，即把基于统计和基于规则的方法结合起来，取长补短，

① 陈晓文.自动词性标注方法的比较[J]. 温州大学学报，2006，19（1）：54.

在利用大规模语料库建立统计模型的同时，使用一定的语言学规则。实验证明这种折中的方法的确提高了机器自动词性标注的正确率和工作效率。目前很多专家、学者对此正进行着大量的研究，并形成了一些行之有效的方法。

6.7 HMM 在藏文词性标注中的应用

HMM 包含两个随机过程：一个是已知的观察序列；另一个是隐含的状态转移序列，它对应一个单纯的马尔可夫过程，是不可观测的，需通过观察序列来推断。HMM 可以用 5 个元素来描述①。

（1）N，模型的隐状态数目。虽然这些状态是隐含的，但在许多实际应用中，模型的状态通常有具体的物理意义。

（2）M，每个状态的不同观测值的数目。

（3）$\boldsymbol{A}$，状态转移概率矩阵，描述了 HMM 中各个状态之间的转移概率。其中 $a_{ij}=P(q_{t+1}=S_j|q_t=S_i)$，$1\leqslant i, j\leqslant N$，表示在 t 时刻、状态为 S_i 的条件下，在 t+1 时刻状态是 S_j 的概率。

（4）$\boldsymbol{B}$，观测概率矩阵。其中 $b_j(k)=P[v_k(t)|q_t=S_j]$，$1\leqslant j\leqslant N$，$1\leqslant k\leqslant M$，表示在 t 时刻、状态是 S_j 的条件下，观察符号为 $v_k(t)$ 的概率。

（5）$\boldsymbol{\pi}$，初始状态概率矩阵。$\pi=\{\pi_j\}$；$\pi_j=P[q_1=S_j]$，$1\leqslant j\leqslant N$，表示在初始 t=1 时刻状态为 S_j 的概率。

综上可知，要描述一个完整的 HMM，需要模型参数$\{N, M, \boldsymbol{A}, \boldsymbol{B}, \boldsymbol{\pi}\}$。为了简化，常用下面的形式来表示，即 $\lambda=\{\boldsymbol{A}, \boldsymbol{B}, \boldsymbol{\pi}\}$。

6.7.1 先验概率和条件概率

很多自然语言处理类同于通信系统中的解码问题，即我们根据接收端收到的信号$(b_1,b_2,\cdots,b_n)$去分析、理解、还原发送端传送过来的信息$(a_1,a_2,\cdots,a_n)$。在统计语言模型中我们时常会遇到求解以下两个概率的问题。

先验概率：$P(a_1,a_2,\cdots,a_n)$

条件概率：$P(a_1,a_2,\cdots,a_n\,|\,b_1,b_2,\cdots,b_n)$

令 $a_1,a_2,a_3,\cdots,a_n$ 表示由一连串按特定顺序排列的词组成的一个有意义的句子。从机器对自然语言的识别角度来说，序列 $a_1,a_2,a_3,\cdots,a_n$ 出现的概率 $P(a_1,a_2,a_3,\cdots,a_n)$ 等于其每一个词在相应的位置出现的概率相乘，即

$$\begin{aligned}P(a_1,a_2,a_3,\cdots,a_n)&=P(a_1)P(a_2|a_1)P(a_3|a_1,a_2)\cdots P(a_n|a_1,a_2,a_3,\cdots,a_{n-1})\\&=P(a_1)\prod_{i=2}^{n}P(a_i|a_1,\cdots,a_{i-1})\end{aligned}\qquad(6.1)$$

其中，$P(a_1)$ 表示第一个词在句首出现的概率；$P(a_2|a_1)$ 是在第一个词出现的前提下，第二个词出现的概率；依次类推，句末词的出现概率取决于其之前的所有词。

① 朱颖.浅谈 HMM 在词性标注中的应用[J]. 电脑开发与应用，2011，24（3）：53.

$$P(a_1,a_2,\cdots,a_n|b_1,b_2,\cdots,b_n)=P(a_1|b_1)P(a_2|b_1,b_2,a_1)\cdots P(a_n|b_1,\cdots b_n,a_1,\cdots,a_{n-1}) \tag{6.2}$$

从式（6.1）和式（6.2）可以看出，先验概率和条件概率的计算公式十分复杂，参数空间非常庞大。为了减少参数空间，我们只能对语言知识提出一些假设，把参数空间的元素减少到可以计算的数量。

6.7.2　HMM 的三个基本问题

一个系统被描述成 HMM 后，就面临解决以下三个基本问题：

（1）给定隐马尔可夫模型λ（$\boldsymbol{A}$，$\boldsymbol{B}$，$\boldsymbol{\pi}$）和一个观察序列 O=（$o_1\,o_2\,o_3\cdots o_T$），如何有效地计算出观察序列的概率，即 P（$O|\lambda$）？这是一个计算问题。

（2）给定隐马尔可夫模型λ（$\boldsymbol{A}$，$\boldsymbol{B}$，$\boldsymbol{\pi}$）和一个观察序列 O=（$o_1\,o_2\,o_3\cdots o_T$），如何寻找一个最有可能产生上述观察序列（或在某种意义下，最好地解释了上述观察序列）的状态转换序列 q=（$q_1\,q_2\,q_3\cdots q_T$）？这是一个估计问题。

（3）在模型参数未知或不准确的情况下，如何根据观察序列 O =（$o_1\,o_2\,o_3\cdots o_T$）得到模型参数或调整模型参数，即如何确定一组模型参数，使得 P（$O|\lambda$）最大？这是一个训练问题。

6.7.2.1　问题 1 的解法

评估：求解某一观察序列 $O=(o_1,o_2,\cdots,o_t,\cdots,o_T)$ 在模型 $\lambda=\{\boldsymbol{\pi},\boldsymbol{A},\boldsymbol{B}\}$ 下生成的概率 $P(O|\lambda)$，并通过比较某一观察序列在不同的模型 λ_1 和 λ_2 中生成的概率大小来选择最合适的模型。

观察序列在模型下生成的概率是指状态空间中横向组合的所有可能的状态序列下生成此观察序列的概率之和。具体的计算方法有两种：

（1）穷举法。

$$\begin{aligned}P(O|\lambda)&=P(o_1,o_2,\cdots,o_t,\cdots,o_T|\text{HMM})\\&=P\left(o_1,o_2,\cdots,o_t,\cdots,o_T\left|q_1^1,q_1^2,\cdots,q_1^t,\cdots,q_1^T\right.\right)+\cdots+\\&\quad P\left(o_1,o_2,\cdots,o_t,\cdots,o_T\left|q_2^1,q_2^2,\cdots,q_2^t,\cdots,q_2^T\right.\right)+\cdots+\\&\quad P\left(o_1,o_2,\cdots,o_t,\cdots,o_T\left|q_n^1,q_n^2,\cdots,q_n^t,\cdots,q_n^T\right.\right)\end{aligned}$$

根据隐马尔可夫假设、状态转移概率矩阵、混淆矩阵以及初始化概率，用这种穷举的方法可以求出概率 $P(O|\lambda)$，但是当状态空间很大，观察序列很长时，这种计算方法的复杂度以指数形式增大。

（2）前向算法。为了降低 $P(O|\lambda)$ 的计算复杂度，定义 t 时刻处于状态 j 的局部概率函数 $\alpha_t(j)$ 如下：

$$\alpha_t(j)=P\left(o_t\left|q_j^t\right.\right)\times\sum_{i=1}^{N}P\left(q_j^t\left|q_i^{t-1}\right.\right)$$

式中，第一项表示 t 时刻状态 j 对应的观察值概率；第二项为 t 时刻所有从 $t-1$ 时刻指向 j 状态的路径概率之和。用动态规划的方法，从 $t=1$ 时刻起递归地计算后续时刻的 $\alpha_t(j)$，最后 $t=T$ 时，通过求和求出概率 $P(O|\lambda)$，即

$$P(O|\lambda)=P(o_1,o_2,\cdots,o_t,\cdots,o_T|\text{HMM})$$
$$=\sum_{j=1}^{N}\alpha_T(j)$$

6.7.2.2 问题 2 的解法

解码：求解某个观察序列在模型 $\lambda=\{\boldsymbol{\pi},\boldsymbol{A},\boldsymbol{B}\}$ 下生成时所对应的最有可能的状态序列。也就是说，在 HMM 模型的状态空间中横向组合的每一组状态序列下分别生成某一观察序列时，找出生成概率最大的那组状态序列。假设 Q_l 为状态空间中横向组合的一组状态序列，那么此问题就变为在隐马尔可夫模型下求最大值的问题，即

$$Q^*=\max_{l=1,2,\cdots,N^T}P(Q_l|O,\lambda)$$

我们可以应用隐马尔可夫假设及模型参数，通过求解所有可能的 $P(Q_l|O)$ 来找出 Q^*。但是这种穷举搜索法计算量很大（共要求出 N^T 个概率）。为此，应用递归的动态规划算法即 Viterbi 算法。

t 时刻状态 j 的局部概率函数 $\delta_t(j)$ 定义为 t 时刻到达状态 j 的所有路径概率中最大的概率。根据马尔科夫假设，有

$$\delta_t(j)=\max_i(\delta_{t-1}(i)\cdot P(q_j^t|q_i^{t-1}))\cdot P(o_t|q_j^t)$$

式中，$\delta_{t-1}(i)$ 表示 $t-1$ 时刻状态 i 的局部概率函数；$P(q_j^t|q_i^{t-1})$ 表示 t 时刻与前一时刻之间的状态转移概率；$\max\limits_i(\delta_{t-1}(i)\cdot P(q_j^t|q_i^{t-1}))$ 表示 t 时刻，从 $t-1$ 时刻到达状态 j 的所有路径中的局部最佳路径；$P(o_t|q_j^t)$ 表示 t 时刻状态 j 所对应的观察值概率。从 $t=1$ 时刻的局部概率函数起递归地计算后续时刻的 $\delta_t(j)$，到最后 $t=T$ 时，对每个状态的局部概率 $\delta_T(j)$ 进行比较，就可得到全局最佳路径，与之对应的横向状态组合为最有可能的隐藏状态序列。

6.7.2.3 问题 3 的解法

学习：根据给定的一个观察序列 $O=(o_1,o_2,\cdots,o_t,\cdots,o_T)$ 来估计系统模型 $\lambda=\{\boldsymbol{\pi},\boldsymbol{A},\boldsymbol{B}\}$ 的各个参数，使得 $P(O|\lambda)$ 最大。在词性标注方面的应用上，如果训练语料库没有被人工标注而通过一些辅助资源（如词典等），利用前向－后向算法也可以学习一个 HMM 模型，不过这个模型比有标注语料库训练出来的模型要差一些。

6.7.3 Viterbi 算法

词性标注是根据输入句子即词序列输出与之对应的词性序列。因为当前词的词性取决于上下文环境，而不能只参考其前一词性来定夺。但作为一种应用，一阶隐马尔可夫模型在人工标注的训练库中有很好的使用价值。隐马尔可夫模型的第二个问题是计算出一个能最好地解释观察序列的状态转换序列。显然，通过枚举所有的状态转换序列，并对每一个状态转换序列 q 计算 $P(O, q|\lambda)$，则能使 $P(O, q|\lambda)$ 取最大值的状态转换序列 q^* 就是能最好地解释观察序列的状态转换序列，即

$$q^* = \arg\max_q P(O,q|\lambda)$$

但同样，这并不是一个有效的计算方法。为了更为有效地计算最佳状态转换序列，同向前过程类似，首先定义如下的变量：

$$\delta_t(i) = \max_{q_1,q_2,\cdots,q_{t-1}} P(q_1q_2\cdots q_{t-1},q_t=i,o_1o_2\cdots o_t|\lambda)$$

$\delta_t(i)$的含义是模型在时刻 t 处于状态 i，观察到 $o_1 o_2 o_3 \cdots o_t$ 的最佳状态转换序列的概率。和向前变量类似，$\delta_t(i)$ 可以通过下面的公式归纳计算：

$$\delta_{t+1}(j) = [\max_i \delta_t(i)a_{ij}]b_j(o_{t+1})$$

这样，可以一直归纳计算出 $\delta_T(i)$，即模型在时刻 T 处于状态 i，观察到 $o_1\ o_2\ o_3 \cdots o_T$ 的最佳状态序列的概率。那么，模型在时刻 T，观察到 $o_1 o_2 o_3 \cdots o_T$ 的最佳状态序列的概率，可以通过下面的公式得到：

$$P^* = \max_{1\leqslant i\leqslant N}[\delta_T(i)]$$

可在上述归纳过程中设立 T 个数组 $\psi_1(N)$，$\psi_2(N)$，…，$\psi_T(N)$，从而记住最佳路径的构成，过程如下：

（1）初始化。

$$\delta_1(i)=\pi_i b_i(o_1)，\ 1\leqslant i\leqslant N$$

$$\psi_1(i)=0$$

（2）归纳计算。

$$\delta_t(j) = \max_{1\leqslant i\leqslant N}[\delta_{t-1}(i)a_{ij}]b_j(o_t)，\ 2\leqslant i\leqslant N，\ 1\leqslant j\leqslant N$$

$$\psi_t(j) = \arg\max_{1\leqslant i\leqslant N}[\delta_{t-1}(i)a_{ij}]$$

（3）归纳终止。

$$P^* = \max_{1\leqslant i\leqslant N}[\delta_T(i)]$$

$$q_T^* = \arg\max_{1\leqslant i\leqslant N}[\delta_T(i)]$$

（4）回溯最佳状态转换序列。

$$q_t^* = \psi_{t+1}(q_{t+1}^*)，\ t=T-1，T-2，\cdots，1$$

上述算法一般称为韦特比算法，$\delta_t(i)$一般称为韦特比变量。可以发现，韦特比算法和向前算法是相似的，是一种有效地寻求最佳状态转换序列的方法。

以上算法需要做乘法，韦特比算法在实现时，一般要把模型参数取对数，这样乘法运算变为加法运算。算法如下：

（1）预处理。

$$\tilde{\pi}_i = \log(\pi_i)，\ 1\leqslant i\leqslant N$$

$$\tilde{b}_i(o_t) = \log[b_i(o_t)]，\ 1\leqslant i\leqslant N，\ 1\leqslant t\leqslant T$$

$$\tilde{a}_{ij} = \log(a_{ij})，\ 1\leqslant i，\ j\leqslant N$$

（2）初始化。

$$\tilde{\delta}_1(i)=\log(\delta_1(i))=\tilde{\pi}_i+\tilde{b}_i(o_1)，\ 1\leqslant i\leqslant N$$

$$\psi_1(i)=0$$

（3）归纳计算。

$$\tilde{\delta}_t(i)=\log(\delta_t(i))=\max_{1\leqslant i\leqslant N}[\tilde{\delta}_{t-1}(i)+a_{ij}]+\tilde{b}_j(o_t)$$

$$\psi_t(j)=\max_{1\leqslant i\leqslant N}[\tilde{\delta}_{t-1}(i)+a_{ij}]，\ 2\leqslant t\leqslant T，\ 1\leqslant j\leqslant N$$

（4）终止。

$$\tilde{P}^*=\max_{1\leqslant i\leqslant N}[\tilde{\delta}_T(i)]$$

$$q_T^*=\arg\max_{1\leqslant i\leqslant N}[\tilde{\delta}_T(i)]$$

（5）回溯最佳状态转换序列。

$$q_t^*=\psi_{t+1}(q_{t+1}^*)，\ t=T-1，T-2，\cdots，1$$

改进后，算法的时间复杂度仍为 $O(N^2T)$，但不再有乘法运算。这样虽然增加了预处理的开销，但预处理只需要进行一次，对于多数系统而言，预处理开销是微不足道的（这里应说明防止浮点溢出问题）。

6.7.4 HMM 与词性标注的关系

根据 HMM 与词性标注的定义，可以发现两者存在着相似性。词性标注也可以描述为两个随机过程，一个是词汇序列（记作：$W=W_1，W_2，\cdots，W_n$），是可观察的；另一个是隐藏在词汇序列之后的词性序列（记作：$T=T_1，T_2，\cdots，T_n$），是不可观测的。这两个过程符合 HMM 的要求，于是可以对词性标注建立相应的隐马尔可夫模型。

确定了两类状态集合后，隐马尔可夫模型简化为一个三元组 $\lambda=\{\boldsymbol{\pi},\boldsymbol{A},\boldsymbol{B}\}$。而其中的各参数是通过训练语料库来学习的。

6.7.4.1 学习模型参数

如果训练语料库已经被人工做好了标注，那么只要通过计数（Count）就可以确定 $\lambda=\{\boldsymbol{\pi},\boldsymbol{A},\boldsymbol{B}\}$ 模型需要的各个参数①。

$$\pi=\{\pi_1,\pi_2,\cdots,\pi_N\}，\ \pi_l=P(t_1=l)=\frac{\text{Count}(t_l)}{\text{Count}(S)}，\ 1\leqslant l\leqslant N$$

式中，$\text{Count}(t_l)$ 表示语料库中词性 t_i 出现在句首的次数，$\text{Count}(S)$ 为语料库中的句子总数。

$$\boldsymbol{A}=\begin{bmatrix} a_{11} & a_{12} & \cdots & a_{1N} \\ a_{21} & a_{22} & \cdots & a_{2N} \\ \vdots & \vdots & & \vdots \\ a_{N1} & a_{N2} & \cdots & a_{NN} \end{bmatrix}$$

① 才华. HMM 在藏文词性标注中的应用. 资料交流片段.

$$a_{ij}=p_r(t_j|t_i)=\frac{p_r(t_i,t_j)}{p_r(t_j)}=\frac{\frac{\text{Count}(t_i,t_j)}{\text{Count}(V_w)}}{\frac{\text{Count}(t_j)}{\text{Count}(V_w)}}=\frac{\text{Count}(t_i,t_j)}{\text{Count}(t_j)}$$

，$1\leqslant i,j\leqslant N$，表示词性 t_j 对于 t_i 的条件概率。在此，假定任意一个词性 t_i 的出现概率只同它前面的词性 t_j 有关。

$$\boldsymbol{B}=\begin{bmatrix} b_{11} & b_{12} & \cdots & b_{1N} \\ b_{21} & b_{22} & \cdots & b_{2N} \\ \vdots & \vdots & & \vdots \\ b_{M1} & b_{M2} & \cdots & b_{MN} \end{bmatrix}$$

$$b_j(k)=p_r(w_k|t_j)=\frac{\text{Count}(w_k,t_j)}{\text{Count}(t_j)}$$

，$1\leqslant k\leqslant M$，$1\leqslant j\leqslant N$，表示在语料库中，词语 w_k 的词性取值为 t_j 的可能性。

6.7.4.2　平滑技术

由于语言本身的语法特点或概率语言模型的设计问题，在实际问题的运算过程中会遇到概率为零的情况，需要应用某种平滑算法来避免这种情况的发生。平滑算法种类很多，也可组合使用。其中加一平滑算法最为简单和直观。

使用平滑算法后，按以下公式计算状态转移矩阵和混淆矩阵的各个元素：

$$a_{ij}=p_r(t_j|t_i)=\frac{\text{Count}(t_j,t_i)+1}{\text{Count}(t_i)+V_w},\quad b_j(k)=p_r(w_k|t_j)=\frac{\text{Count}(w_k,t_j)+1}{\text{Count}(t_j)+V_w}$$

式中，V_w 表示语料库中出现的词总数。

通过以上统计方法可以求得词性标注系统的 HMM 模型 $\lambda=\{\boldsymbol{\pi},\boldsymbol{A},\boldsymbol{B}\}$。此时，词性标注问题就转化为已知的一个词序列 W（观测序列）和模型 λ 的情况下，求使得条件概率 $p(T|W,\lambda)$ 值最大的那个词性序列 T^*，一般记作：$T^*=\arg\max P(T|W,\lambda)$。这恰好是 HMM 模型所能完成的第二大基本问题。

第 7 章

藏文语料库与词汇知识库

语料库通常指为语言研究收集的、用电子形式保存的语言材料，由自然出现的书面语或口语的样本汇集而成，用来代表特定的语言或语言变体。经过科学选材和标注、具有适当规模的语料库能够反映和记录语言的实际使用情况。人们通过语料库来观察和把握语言事实，分析和研究语言系统的规律。语料库已经成为语言学理论研究、应用研究和语言工程不可缺少的基础资源。本章介绍了语料库的基本概念、藏文语料库的设计原则、藏文语料库标记规范及框架、词汇知识库等内容。

7.1 语料库的定义

关于语料库的定义主要有以下几种[①]：

（1）McEnery 和 Wilson 指出："总体来说，多篇文章的集合就是语料库，但在现代语言学中使用语料库这个术语时，更倾向于包含更多的内涵，主要有采样（sampling）收集、有代表性（representativeness）、规模有限（finite size）、机器可读（machine-readable）、标准参考数据（standard reference）等内涵特征。"

（2）语料库就是某种语言在实际运用中的大量实例集合，这些例子可以是书面文本，也可以是语音形式的文本。

（3）语料库是根据外部原则选择的电子形式的文本或文本片段的集合。该集合能够代表一种语言，或一种语言的分支，或一种语言的变体，并可作为语言学研究使用的数据源。

在上述几种定义中，定义（1）使用得最多，即认为语料库不是简单收集的文本集合，而是通过采样收集，具有代表性，规模大小可以确定的机器可读的标准数据。

以上定义反映了语料库的以下四个重要特征：

（1）结构性。语料库是有目的地收集的语料集合，不是任意语言材料的堆积，这就要求语料库具有一定的结构，在语料库建设之初，就有明确的选材原则。

（2）代表性。语料库对于其应用领域来说，要具有足够的代表性，这样，才能保证基于语料库得出的知识具有普遍性、较高的完备性。

（3）可机读性。语料库必须是以电子文本形式存在的、计算机可读的语料集合。只有这

---

① 郑家恒，等. 智能信息处理[M]. 北京：科学出版社，2010：1.

样的语料库，才能实现在计算技术支持下的语言学研究。个别学者自己收集的文字卡片、录音磁带等的集合不能算作现代意义上的语料库。

（4）一定规模。语料的集合要想成为语料库，应该具有一定的规模。统计学的理论明确指出，样本的数量如果没有达到一定的规模，得出的结论就不具有可靠性，语料库也就失去了代表性。

总之，语料库不仅仅是原始语料的集合，而且是有结构的，标注了语法、语义、语音、语用等语言信息的语料的集合。这是语料库区别于一般的文本数据库的重要标志。在计算机技术、网络技术高度发达的今天，各行各业都建立了大量的信息库，使得语料样本的获取变得比原来容易得多，几亿字的文本语料一两天的时间就可以得到。因此，现在建设语料库时，应该有更高的标准、更高的要求。这些标准表现在：更科学的平衡结构、更合理的采样原则、更准确丰富的标注、用户使用更方便、获取知识更容易。有关部门和专家应该迅速研究和制定语料库的评测原则、评测标准，防止在语料库建设时急功近利的行为。

7.2　语料库的作用

7.2.1　对藏语语言研究的作用

藏语研究大多一直停留在用传统方法研究语法的层面上，只有很少一部分开始转向工程应用。实际上，除了面向工程应用之外，还应当使用计算机技术来探索藏语自然语言的规律和奥秘，揭示藏语自然语言的数学面貌，提高藏语文教材建设和藏语言教学的水平，从而丰富人类对于自然语言的认识。借助计算机统计软件对数据进行定量与定性分析，或描写有关的藏语语言形式和特征，或论证有关语言的假设，从而把语言研究者从繁重的手工劳动中解放出来，使研究者可以集中精力研究和思考其他重要问题，这对于促进藏语语言学研究的现代化具有不可估量的作用。

7.2.2　对藏语自然语言处理的作用

毫无疑问，语言研究推动了信息处理的进一步发展。在藏文信息处理解决了编码问题之后，继而面临着音节、词汇、句法、语义、语境等语言形式化和算法化的课题。这对于相对而言势单力薄的藏文信息处理无疑将起到重要的推动作用。进而言之，这也将成为研究和建设供计算机处理的藏文语言包、校对系统、搜索引擎、信息提取、词典建设、机器翻译、字词句统计等方面的一个重要的基础研究工程和平台，有着重要的应用意义。

7.2.3　多学科综合研究

语料库的建设牵涉到语言学、计算机科学、概率统计学、文献学、版权学、管理学等多个学科。建设一个高质量的大型语料库，是一个人力、物力、时间、金钱开销都很庞大的工程，应该有一整套系统的方法来规范开发过程。大型语料库系统的开发是一项软件工程，开发过程应遵循软件工程的一般原则和方法，但它又有自身的特点，因此特称为"语料库工程"。

7.3 语料库的发展简史

从历史发展的自然时间阶段，结合语料库规模、语料内容及用途等方面的变迁，可以将语料库的发展大致划分为如下三个阶段[①]，每一个阶段都有一些具有代表性的语料库。

7.3.1 第一代（20 世纪 70—80 年代）

布朗大学语料库（Brown University Corpus）：1961 年，美国布朗大学的 Francis 和 Kuce 开始酝酿编制第一个机读语料库，1964 年编制完成布朗大学语料库。该语料库收录了 1961 年出版的美国书面英语 500 篇文本，每篇 2 000 词左右，共计 100 万词次。

兰开斯特/奥斯陆-卑尔根语料库（The Lancaster/Oslo-Bergen（LOB）Corpus）：编制工作是在英国的 Leech 和挪威的 Johansson 的共同主持下，于 1970 年开始，1978 年结束的。其结构和规模与布朗大学语料库相同，但语料采自 1961 年的英国出版物，共 500 段，每段 2 000 字，共 100 万字。研究人员可以从词频、语法等方面来对英美两种英语变体进行对比研究。值得一提的是，LOB 语料库的建立虽然比布朗语料库晚了十几年，但语料库的编制者充分利用了科技进步的成果，他们把语料存在磁带和光盘上，制成缩微胶片和只读光盘，给语料库的原始文本和经过分析的部分文本的每个词加上语法标记，并编成连带上下文的关键词检索系统，从而使语料库的价值和作用大大提高了。在 LOB 语料库的基础上还产生了兰开斯特语法标注的语料库（Lancaster Parsed Corpus），共 133 000 字，特色是具有短语结构的标注，可以进行句子的树形分析。

伦敦-奥斯陆-隆德语料库（London-Oslo-Lund Corpus）：从 1959 年用卡片存档开始，至 1975 年转成机器读写，这就是著名的英语用法调查（Survey of English Usage）语料库。1975 年，由瑞典的 Svartvik 主持，开始将英国 SEU 语料库收集的英语口语材料转化成机读的形式（最初不是用机器处理的）。他使用的语料是受过教育的英国人的英语口语语料，在转写时对口语语料进行了细致的音韵标注，对语料不做任何修改，不用标点，切分中使用了语调单位（tone units）的办法 （即 meaning chunks）。1980 年建立起含即生对话、即生评论、即席演说和有准备的演说等语料共 100 篇文本，每篇 5 000 词，共计 50 万词次的伦敦-隆德语料库（LLC）。它不仅是研究英国英语口语的一个非常重要的语料库，而且是英语口语语料库编制的一个蓝本或标准。

7.3.2 第二代（20 世纪 80—90 年代）

Longman 语料库：建于 20 世纪 80 年代，由 3 个大语料库构成，规模达到 5 000 万词级。它包括 LLELC 语料库（Longman/Lancaster 英语语料库）、LSC 语料库（Longman 口语语料库）和 LCLE（Longman 英语学习语料库）。该语料库的主要目标之一是编撰英语学习词典，为外国人学习英语服务。

COBUILD 语料库也是第二代语料库的代表，不仅规模大得多，而且结构设计更合理，

① http：//www.bnu.edu.cn/icip/documents/resources/dy_collinscorpus.rar.

语料标注的信息更加全面，同时，它还妥善地处理了版权问题，成功地树立了企业与大学合作建设语料库的榜样。COBUILD 语料库最初是为编写一部新的英语词典而建设的，后来，基于它的语言学研究，产生了丰硕的成果，出版了二十几种语法书、词典和英语教材。COBUILD 语料库是 20 世纪 80 年代语料库语言学复兴的标志。它使人们认识到计算机语料库潜在的巨大用途，导致了建设和利用大型计算机语料库的热潮。

7.3.3　第三代（20 世纪 90 年代至今）

ACL/DCI 语料库：由美国计算语言学会（The Association for Computational Linguistics，ACL）倡议发起的语料库项目，收集的语料范围相当广泛，包括华尔街日报、Collins 英语词典、布朗大学语料库、Pennsylvania 大学开发的树库，以及一些双语和多语文本等。它既有标注的语料，也有未标注的生语料。ACL/DCI 最初构建语料库时，制定了语料文件的格式标准，所有收集的语料文本都用 SGML 语言进行描述，语料标注则依照 TEI（Text Encoding Initiative）标准进行，从而为语料库在不同计算机环境下进行数据交换奠定了基础。

7.4　国内语料库建设概况

国内部分语料库建设如表 7.1 所示。

表 7.1　国内部分语料库建设一览表

类型	语料库名称及大小	建设单位
英语学习者语料库	中国学习者语料库 CLEC（100 万字）	广州外国语学院、上海交通大学
	大学英语学习者口语语料库 COLSEC（5 万字）	上海交通大学
	香港科技大学学习者语料库 HKUST Learner Corpus	香港科技大学
	中国英语专业语料库 CEME（148 万字）	南京大学
	中国英语学习者口语语料库 SECCL（100 万字）	南京大学
	国际外语学习者英语口语语料库中国部分 LINSEI-China（10 万字）	华南师范大学
	硕士写作语料库 MWC（12 万字）	华中科技大学
平行语料库	汉英平行语料库 PCCE	北京外国语大学
	南大—国关平行语料库	南京大学
	英汉文学作品语料库	外语教学与研究出版社
	冯友兰《中国哲学史》汉英对照语料库	
	李约瑟（Joself Needham）《中国科学技术史》英汉对照语料库	
	计算机专业的双语语料库	国家语言文字工作委员会语言文字应用研究所
	柏拉图（Plato）哲学名著《理想国》的双语语料库	
	英汉双语语料库（15 万对）	中科院软件所
	英汉双语语料库：LDC 香港新闻英汉双语对齐语料 36 294 段以及香港法律英汉双语对齐语料 31 万句对	中国科学院自动化研究所

续表 7.1

类　型	语料库名称及大小	建设单位
平行语料库	英汉双语语料库（100 万字），网上英汉语段电子词典及网上电子英汉搭配词典（1 000 万字）	东北大学
	英汉双语语料库（40～50 万句子对）	哈尔滨工业大学
	双语语料库（5 万词多对）	北京大学计算语言学研究所
	对比语料库 LIVAC(Linguistic variety in Chinese communities)	香港城市大学
	平衡语料库（Sinica Corpus），树图语料库（Sinica Treebank）	中国台湾
特殊英语语料库	中国英语（China English）语料库	河南师范大学
	军事英语语料库（Corpus of Military Texts）	解放军外语学院
	新视野大学英语教材语料库	上海交通大学
汉语语料库	汉语现代文学作品语料库（1979 年，527 万字）	武汉大学
	现代汉语语料库（1983 年，2 000 万字）	北京航空航天大学
	中学语文教材语料库（1983 年，106 万 8 千字）	北京师范大学
	现代汉语词频统计语料库（1983 年，182 万字）	北京语言学院
	国家级大型汉语均衡语料库（2 000 万字）	国家语言文字工作委员会
	《人民日报》语料库（2 700 万字）	北京大学计算语言学研究所
	大型中文语料库（5 亿字，10 分库）	北京语言文化大学
	现代汉语语料库（1 亿字）	清华大学
	汉语新闻语料库（1988 年，250 万字）	山西大学
	标准语料库（2000 年，70 万字）	
	生语料库（3 000 万字），《作家文摘》的标注语料库（100 万字）	上海师范大学
	现代自然口语语料库	中国社会科学院语言所
	旅游咨询口语对话语料库和旅馆预定口语对话语料库	中国科学院自动化所
少数民族语料库	内蒙古将建 2 亿词级语料库	内蒙古社会科学院牵头
	1 亿 5 千万字符的藏语大型基础语料库建设	西藏大学
	100 万字的藏文语料库	青海师范大学
	1 亿字符的藏语大型语料库	西北民族大学

7.5 语料库的分类

语料库有多种类型，确定类型的主要依据是它的研究目的和用途，这一点往往能够体现在语料采集的原则和方式上。具体如下：

（1）按加工程度可分为生语料库和熟语料库。

（2）按选材原则可分为异质型语料库和同质型语料库。

① 异质型（Heterogeneous）：没有特定的语料收集原则，广泛收集并原样存储各种语料。

② 同质型（Homogeneous）：只收集同一类内容的语料。

（3）按所包含语言的种类可以分为单语种语料库、多语种语料库。此外，双语语料库和多语语料库又可再分为平行双（多）语语料库和比较双（多）语语料库。

按照语料的采集单位，语料库又可分为语篇的、语句的、短语的。双语和多语语料库按照语料的组织形式，还可分为平行（对齐）语料库和比较语料库。前者的语料构成译文关系，多用于机器翻译、双语词典编撰等应用领域，后者将表述同样内容的不同语言文本收集到一起，多用于语言对比研究。

（4）按选材原则和选材比例可分为系统型语料库、专用型语料库、单媒体语料库、多媒体语料库、平衡语料库、平行语料库、监控语料库、虚拟语料库、动态语料库等。

① 系统型（Systematic）：根据预先确定的原则和比例收集语料，使语料具有平衡性和系统性，能够代表某一范围内的语言事实。

② 专用型（Specialized）：只收集用于某一特定用途的语料。除此之外，按照语料的语种，语料库也可以分成单语的（Monolingual）、双语的（Bilingual）和多语的（Multilingual）。

7.6　藏文语料库的设计

语料库是储存和处理语言材料的仓库，但它并不是语言材料的简单堆积。由于藏语文本数据的特殊性，在对语料库进行规划时，必须根据藏文语料自身的特点来确立设计原则。

一般而言，一个计算机语料库的功能主要与语料库的语料收集、语料的加工深度、应用领域三种因素密切相关[①]。因为语料库收集语料时需要考虑语料的选用领域、规模的大小、语体、语种等问题，其中规模的大小直接影响到统计结果的可靠性。加工深度则决定了该语料库能为自然语言处理提供什么样的知识。

藏文语料库主要是针对藏语语言学研究与藏语自然语言处理研究而建立的，藏文语料库的设计原理如表 7.2 所示。

表 7.2　藏文语料库的设计原理

考察对象	属性	值
藏文语料收集	领域	宗教|文学|政治|历史|经济|民俗|社会
	规模	1 亿藏文字符|300 万音节|百万词次
	语体	书面语|口语
	语种	单语|双语
藏文语料加工深度	数据形式	TXT|数据库
	编码体系	UNICODE|TEI
	加工层次	词性标注、句法、语义、段落、篇章
藏文语料的应用领域	应用领域	通用|专用

7.7　藏文语料库构建原则

对于语料库文本收录，通常首先要考虑的问题是语料的平衡性，理想的情况是收入语料库的文本在题材、语体、时间跨度等方面有一个合理的平衡，使得语料库具有一定的平衡性。

① 俞士汶. 计算语言学概论[M]. 北京：商务印书馆，2004：84.

为了语言材料的多样性和丰富性，应当选用“十明”文化、政论性文章、新闻报道、各类文学艺术作品、科普读物、通俗读物、学术专论及各种应用文语体等现代藏语作品。

要收入语料库的文本，其文字质量需要得到认可，在此前提下，再进一步考虑语料的代表性。力求语言材料的完整性，语料库文本收录时 3 000 音节以下的文章原则上全篇采用。报纸可采取整篇文章、整版和整张相结合的方式。选材要注意各学科、各学科分支、各行各业，以及社会生活各个领域的语言文字应用的代表性。语料库构建时要注重语料的真实性、平衡性、系统性、动态性，以及语料库使用的便捷性。

概括起来，藏文语料库的构建应当遵循以下 8 条原则：

（1）精品原则；

（2）有影响力原则；

（3）随机挑选原则；

（4）高流通度原则；

（5）典型性原则；

（6）易于获得原则；

（7）具有统计样本意义原则；

（8）符合语言规范原则。

7.8 藏文语料库的应用

藏文语料库尤其是深加工的藏文标注语料库的应用范围很广，如藏语语法研究、语言描写、自然语言处理等，主要有以下几个方面：

（1）基于大规模语料库的藏语语音合成、识别技术；

（2）基于大规模语料库的藏文自动文本校对技术；

（3）基于统计模型进行藏文分词、词性标注、词义标注等；

（4）基于语料库的藏语句法分析；

（5）基于语料库的藏语机器翻译；

（6）基于机器学习技术，通过语料库获取藏语语言知识，包括搭配特征、句法规则等；

（7）基于语料库的藏语语言模型训练和语法模型评测。

7.9 藏文语料库的标记及其规范

“语料库不是任意文本的随意堆积，为了发挥语料库的作用，通常都需要对语料库进行一定的加工，进行何种加工和加工深度如何通常和应用目标相关。”[①]经过不同阶段的语料库加工处理，语料库所携带的信息也不断地增加和完善，最终将成为一个名副其实的语言知识库。这样的知识库可以为藏语统计分析、机器理解和机器翻译提供丰富的资源。

藏文编码的不统一问题导致了语料分散，资源无法共享。目前有北大方正、华光、同元、班智达、桑布扎等近 10 种编码不同的藏文字处理软件，各种语料资源编码不一，互不兼容。

① 常宝宝，柏晓静.北京大学汉英双语语料库标记规范[J].汉语语言与计算学报，2003，13（2）：197-214.

因此，为了便于语料库的管理、处理、共享和交换，我们将不同编码的语料资源全部统一为藏文 ISO/IEC 10646 的小字符集编码。TEI(Text Encoding Initiative)语言作为编码的元语言，是目前在信息处理界普遍使用的置标语言。TEI 所订规范的应用范围广，标记的层次高，通用性强，软件支持好，因此对藏文语料库采用 TEI 语言来标记。

7.10　藏文语料库的标记框架

“TEI 适用于对电子形式的全文的编码和描述。TEI 元数据标准同时也规定了可供数据交换的标准编码格式，使用 SGML 作为编码语言。”[①]TEI 格式具有很大限度的灵活性、综合性、可扩展性，能对各种类型或特征的文档进行编码。TEI 元数据标记可以对语料库的文本属性信息与文本结构信息进行规范标记。

TEI 文档，也是一个 SGML 文档，一般有 4 个部分：teiheader（题名）、front（文本前的信息）、body（正文）、back（文本后的信息）。其含义分别是：

teiheader：对电子文本对象的描述。

front：对正文前的信息描述，包含位于文件最前端的项目（标头、题名页、前言、献词等）。

body：对正文信息的描述，是单篇文章的整体部分，不包含正文前及正文后信息。

back：对正文后的信息描述，包含附录等。

teiheader 的第一层可以包含<fileDesc> 文档描述、<encodingDesc> 编码描述、<profileDesc>文件背景描述、<revisionDesc> 修订描述 4 个区段，其中只有第一个(<fileDesc> 文档描述）是必要元素。

<fileDesc>可以包含 7 个子元素：<titleStmt>（题名描述）、<editionStmt>（版本描述）、<extent>（档案大小）、<publicationStmt>（出版描述）、<seriesStmt>（从编描述）、<notesStmt>（附注描述）及<sourceDesc>（来源描述）。其中，只有<titleStmt>（题名描述）、<publicationStmt>（出版描述）及<sourceDesc>（来源描述）是必要元素。因此最小的 TEI teiheader 只包含<fileDesc>。在这个<fileDesc>中，依次包含<titleStmt>、<publicationStmt>和<sourceDesc>。根据以上规范，TEI 标记的整体架构可以表示如下：

```
<tei>
  <teiheader>
        <fileDesc>文档描述</fileDesc>
        <encodingDesc>编码描述</encodingDesc>
        <profileDesc>文件背景描述</profileDesc>
        <revisionDesc>修订描述</revisionDesc>
 </teiheader>
  <text>
        <front> 正文前的信息描述</front>
   <body>正文信息描述</body>
            <back> 正文后的信息描述
```

① 中文元数据标准研究项目组.国外元数据标准比较研究报告——中文文献元数据标准系列报告之一[R]. http://www.idl. pku.edu.cn/pdf/ metadata1. pdf. 2000.

```
        </back>
    </text>
  </tei>
```

7.10.1 藏文语料库中文本属性的标记

TEI 元数据标准规定了描述文本的书目信息所需要的标记，主要在 fileDesc 部分，有 6 个复合元素。在 6 种元素的基础上，为了便于语料搜索和统计，可自定义语料的标题、作者、来源、领域、裁体、语言种类、语式、年代、译者、编者、版本、地方属性、出版、日期、语言、国家、性别、时代、记录者等 18 项属性信息[①]，具体如下：

1．标题属性信息

文本的标题属性信息用 TEI 标记为<title>…</title>。例如：“གཏམ་རྒྱུད་གསེར་གྱི་ཐང་མ།”标记为< title > གཏམ་རྒྱུད་གསེར་གྱི་ཐང་མ། </title>。

2．作者属性信息

文本的作者属性信息用 TEI 标记为<author>…</author>。文本作者可以是个人或机构。例如：“ཏང་ཤུད་གཞུང་ལས་ཁང་།”或“དགེ་འདུན་ཆོས་འཕེལ།”都可以标记为<author> ཏང་ཤུད་གཞུང་ལས་ཁང་།</author>或<author> དགེ་འདུན་ཆོས་འཕེལ། </author>。如果无作者此项可空。

3．来源属性信息

文本的来源属性信息用 TEI 标记为<source>…</source>，可以是报纸、期刊、书籍等。例如：“ལེགས་བཤད་གསེར་ཕྲེང་།”、“བོད་ལྗོངས་ཉིན་རེའི་ཚགས་པར།”、“སྤྲང་ཆར།” 等可以标记为<source>གསུང་རྩོམ།</source>、<source>ཚགས་པར།</source>、<source>དུས་དེབ།</source>。若来源不详此栏可空。

4．领域属性信息

文本的领域属性信息用 TEI 标记为<field>…</field>。领域可以是文学、科技、藏医等。例如：“མི་དབང་རྟོགས་བརྗོད།”、“རྫས་འགྱུར་གྱི་ངོ་བོ་དབྱེ་ཞིབ།”、“འབུམ་ཁུ་ཚེར།” 等可以标记为<field>རྩོམ་རིག</ field >、<field>ཚན་རྩལ།</field>、<field>གསོ་རིག</field>。

5．载体属性信息

文本的载体属性信息用 TEI 标记为<genre>…</genre>，可以是文学、媒体、公文等。例如：“དབྱངས་ཅན་མའི་བསྟོད་པ།”、“འཆམ་མཐུན་སྒྲི་ཚོགས་འཛུགས་སྐྲུན།”、“སྙན་ཞུའི་ཡི་གེ” 等可以标记为<genre>རྩོམ་རིག </genre>、<genre>གསར་འགྱུར།</genre>、<genre>གཞུང་ཡིག</genre>。

6．语言种类属性信息

文本的语言种类属性信息用 TEI 标记为<language kind>…</language kind>，指文本中包含的不同语种的数量，可以是单语、双语、三语……多语种等。例如：单语层次可以标记为<language>གཅིག</language>。

---

① 扎西加，高定国.藏语语料库 TEI 标记规范探讨[J]. 中文信息学报，2011，25（4）：67-81.

7. 语式属性信息

文本的语式属性信息用 TEI 标记为<style>…</style>，可以分为书面语和口语。例如："བོད་ཀྱི་ལ་གཞས།"、"བྱིས་པ་བདེ་འཇུག"，前者可以标记为<style>ངག་རྩོམ</style>，后者可以标记为<style>ཡིག་རྩོམ།</style>。

8. 年代属性信息

文本的年代属性信息用 TEI 标记为<date>…</date>，可以是出版日期、创作时间。例如："2010ལོའི་ཟླ་10པར་པར་དུ་བསྐྲུན།"、"1990ལོར་ལྷ་སར་བྲིས།"，可以标记为< date> 2010.10 </ date>、< date> 1990</date>。

9. 译者属性信息

文本的译者属性信息用 TEI 标记为< translator >…</translator>。例如："བཀྲ་ཤིས་ཀྱིས་བསྒྱུར།"，可以标记为<translator>བཀྲ་ཤིས།</ translator>。

10. 编者属性信息

文本的编者属性信息用 TEI 标记为<editor>…</editor>，可以分为主编、参编。例如"བསྟན་གོས་གཙོ་སྒྲིག་བྱས།"、"དབང་གྲགས་སྐྱབས་ཀྱིས་བསྒྲིགས།"，可以标记为< editor >བསྟན་གོ</ editor >、<editor>དབང་གྲགས་སྐྱབས།</ editor>。

11. 版本属性信息

文本的版本属性信息用 TEI 标记为<edition>…</edition>，可以是不同的版本。例如："སྡེ་དགེ་པར།"，"ཅོ་ནེ་པར།"，可以标记为<edition>སྡེ་དགེ་པར།</edition>、<edition>ཅོ་ནེ་པར།</edition>。

12. 地方属性信息

文本的地方属性信息用 TEI 标记为<publiace>…</publiace>，可以是出版社所属的省市。例如："མི་རིགས་དཔེ་སྐྲུན་ཁང་།"，可以标记为< publiace>པེ་ཅིང་།</publiace>。

13. 出版属性信息

文本的出版属性信息用 TEI 标记为<publisher…</publisher>。出版信息是不同出版社的名称。例如："ཀྲུང་གོའི་བོད་རིག་པ་དཔེ་སྐྲུན་ཁང་།"，可以标记为<publisher>ཀྲུང་གོའི་བོད་རིག་པ་དཔེ་སྐྲུན་ཁང་། </ publisher >。

14. 语言属性信息

文本的语言属性信息用 TEI 标记为<language>…</language>。若该文本含多种语言，则以较多的语言为主进行标记。例如："བོད་ཡིག"，可以标记为< language>བོད་ཡིག</language>。

15. 国家属性信息

文本的国家属性信息用 TEI 标记为<nationality>…</nationnality>。例如："ཀྲུང་གོ"，可以标记为<nationnality>ཀྲུང་གོ</nationnality>。

16. 作者性别属性信息

文本的作者性别属性信息用 TEI 标记为<sex>…</sex>。例如："ཚེ་དབང་ལྷ་མོས་བརྩམས།"，可以标记为<author >མོ།</author>。

17. 时代属性信息

文本的时代属性信息用 TEI 标记为<period>…</period>。可以分为古代、近代、现代、当代四个阶段。例如："ཧུང་ཧོང་ནས་ཐོན་པའི་ཡིག་ཆ།"，可以标记为<period> གནའ་རབས། </period>。

18. 记录者属性信息

文本的记录者属性信息用 TEI 标记为<recorder>…</recorder>。文本记录者可以是文本记录人员或文本整理人员。例如："ཡི་གེ་པ་ནི་དགེ་སློང་ཆོས་འཕྲིན་ཡིན།"，可以标记为< recorder > དགེ་སློང་ཆོས་འཕྲིན།</recorder >。

以上 18 项属性信息反映了一个文本的总体信息，在实际标注时，按照文本收集的具体情况和文本使用的情况，可以增加一定的附加属性的标记，也可以根据需要只标记部分属性。

7.10.2 藏语文本结构信息的标记

"任何文件或专著都有其自身的结构。如：书信由发信人、收信人、信件本体等部分组成，公文由发文单位、收文单位、题目、文号、公文本体等部分组成"①，一般学术著作是由文本前的信息（如出版说明等）、序言、目录、正文、后记、文本后的信息（如参考文献等）等组成。例如：学术专著的结构树形图如图 7.1 所示②。

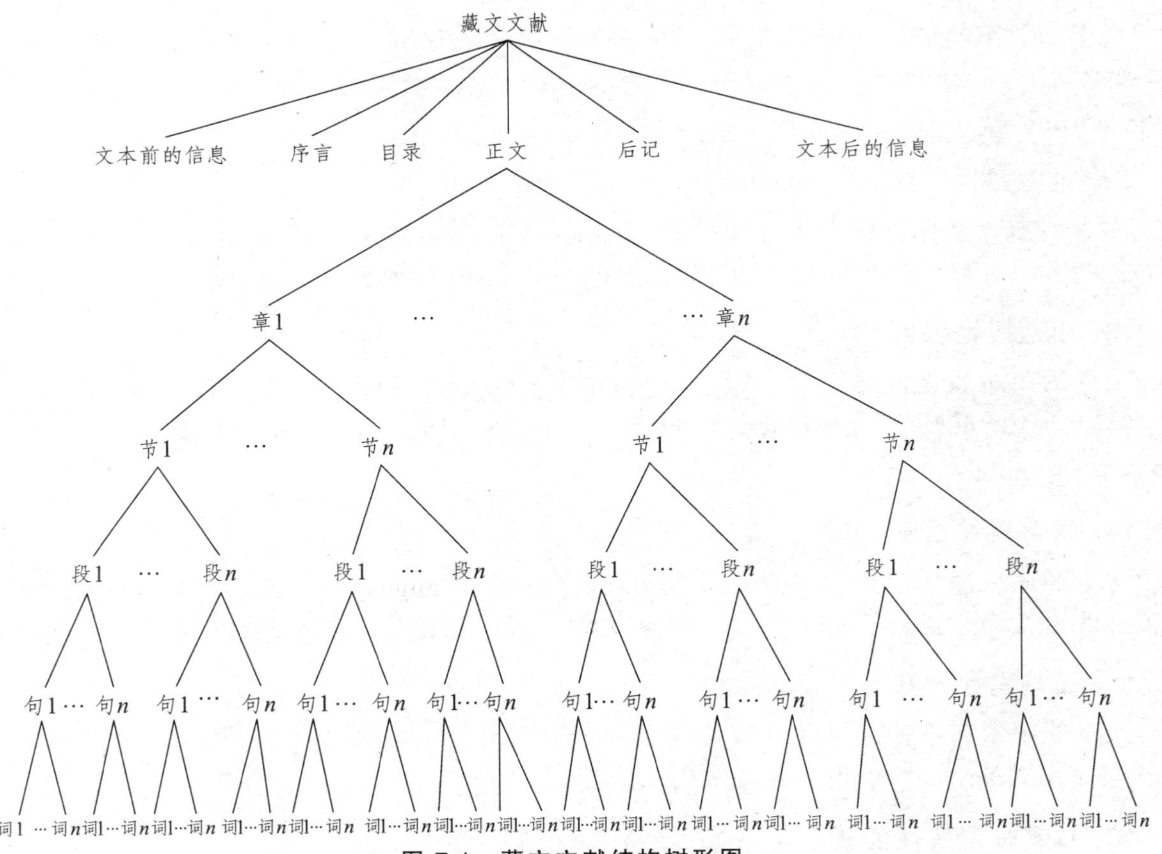

图 7.1 藏文文献结构树形图

① 冯志伟.标准通用置标语言 SGML 及其在自然语言处理中的应用[J]. 当代语言学（试刊），1998，（4）：1-11.

② 扎西加，高定国.藏语语料库 TEI 标记规范探讨[J]. 中文信息学报，2011，25（4）：67-81.

树形图上的每一个非终端结点叫作“元素”，一个元素的子结点，叫作这个元素的“内容”。例如，在学术著作的树形图结构中，“章”是“著作本体”的内容，“节”是“章”的内容，“段”是“节”的内容，“句”是“段”的内容，“词”是“句”的内容。树形图上的每一个终端结点都没有内容，这些没有内容的终极结点，叫作“数据”。此树形图可以用来表示书籍的传统结构。书籍的传统结构可依照层次分解为许多单位。普遍来说，TEI 文件都符合这个简单的层次模式。正文中“章”与“节”的标记可以简单用章节号和相应的标题来进行标记，其“段落”、“句”和“词”的标记可以采用如下的标记方式。

7.10.3　段落标记

段落标记用来标记文本中段落的开始边界和结束边界。文本段落标记用 TEI 标记为<p>…</p>。该标记必须有一个属性，属性的名称是 id，id 的值即为该段落的序号。在标记规范中规定：对于文中出现的标题、子标题等均作为特殊的段落加以标记。加入了段落标记的文本体部（含有 *n* 个段落）形状一般如下：

```
<body>
<p id="1">……</p>
<p id="2">……</p>
……
<p id="n">……</p>
</body>
```

7.10.4　句子标记

句子标记用来标记文本中句子的开始边界和结束边界。从逻辑的角度看，文本段落是由若干个句子组成的。在语料库中标记句子使用的 TEI 标记为<s>…</s>。该标记必须有一个 id 属性，属性值是句子的序号。句子序号是相对于段落而言的，是段内句子编号，因此，句子标记<s>应该嵌套在段落标记<p>内部。例如，在某个藏语文本第 20 个段落中出现了 4 个句子，标记情况如下：

```
<text>
<body >
<p id="20">
<s id="1">
བོད་ཀྱི་བཙན་པོའི་མཚན་ལ་སྲོང་བཙན་ཟེར།</s>
<s id="2">
ལྷ་བྲ་བར་ཡང་འགོད།</s>
<s id="3">
བཙན་པོ་དེ་མཁྱེན་རྒྱ་ཆེ་ཞིང་། སྐུ་རྩལ་ཆེ། སྐབས་འགར་རྟ་ལ་བཅིབ་སྟེ། གཡག་རྒོད་དང་རྐྱང་སོགས་ལ་
རྗོན་བྱེད་དུ་ཡང་གཤེགས།</s>
<s id="4">
```

```
རྒྱལ་ཁམས་མང་པོ་ཆབས་འོག་ཏུ་བཙུག</s></p>
</body >
</text>
```

如果建立双语对齐语料库，还可以增加<a> …</a>对齐标记。

7.10.5 词汇标记

词汇标记用来标记文本中词汇的开始边界和结束边界。无论是汉语文本还是藏语文本，一个句子都是由若干个词组成的。在语料库中词汇标记用 TEI 标记为<w>…</w>。标记中还需要标记分词和词性规范，其中有一个 pos 属性，用来记录词性属性。例如：

ཤར་ཕྱོགས་རི་བོ་རྩེ་ནས་དཀར་གསལ་ཟླ་བ་ཤར་བྱུང་།

```
< body>
  <p id="1">
        <s id="1">
        <title><w pos="ff">ཤར་ཕྱོགས</w>
                <w pos="nn">རི་བོ</w>
                <w pos="nn">རྩེ</w>
                <w pos="gj">ནས</w>
                <w pos="as">དཀར་གསལ</w>
                <w pos="nn">ཟླ་བ</w>
                <w pos="vi">ཤར</w>
                <w pos="ux">བྱུང</w>
        </title></s></p>
  <p id="2">
  ……
  </body>
```

至此，语料库就详细标记到了词的层面。有了该层面的标记，就可根据需要在其中提取各种分析数据，应用于研究领域和开发工作中。

7.11 藏文语料库框架标记范例

以上探讨了语料库整体框架的标记①。下面对《根顿群培文集》的整体框架进行标记，以供参考。

```
<teiheader>
        <fileDesc>
            <titleStmt>
                <title>མཁས་དབང་དགེ་འདུན་ཆོས་འཕེལ་གྱི་གསུང་རྩོམ་ཕྱོགས་
```

① 扎西加，高定国.藏语语料库TEI标记规范探讨[J]. 中文信息学报，2011，25(4): 67-81.

```
བསྒྲིགས</title>
                    <author>དགེ་འདུན་ཆོས་འཕེལ་གྱིས་མཛད།</author>
                    <language>བོད་ཡིག</ language >
                    <period>དེང་རབས</period >
                    <style>ཡིག་རྩོམ</style>
                    < field>ལོ་རྒྱུས་སོགས།</field>
          < /titleStmt >
<publicationStmt>
   <distributor>སི་ཁྲོན་མི་རིགས་དཔེ་སྐྲུན་ཁང་།</distributor>
          <pubpliace >སི་ཁྲོན།</pubpliace >
          <date>1988.1</date>
     <idno type="ISBN">7-5407-0045-9/I.12</idno>
   <address><p>ཁྲིན་ཏུ་ཡན་ཧོ་སྲང་ལམ་ཨང༣པ</p></address>
                <availability><p>པར་དབང་དཔར་སྐྲུན་ཁང་ལ་དབང་བས། བསྐྱར་བཤུས་བརྒྱབ་
མི་ཆོག</p></availability>
</publicationStmt>
<sourceDesc>
  <bibl><p>༢༠༡༠ལོའི་ཟླ་དང་པོར་དགེ་ཆོས་ཐེབས་རྩ་ཚོགས་པས་གློག་རྡུལ་པར་གཞི་མཁོ་སྤྲོད་
གནང་།</p></bibl>
</sourceDesc>
</fileDesc>
<encodingDesc>
     <normalization>
     <p>མ་ཡིག་སྣང་ཀྲིན་སྒྲིག་ཨང་རྒྱལ་སྤྱིའི་ཚད་ལྡན་སྒྲིག་ཨངUNICODEདུ་བསྒྱུར་བ</p>
     <p>དེབ་ཀྱི་ནང་གི་དམིགས་བསལ་བརྗོད་རྟགས་དག་རང་སོར་བཞག་ཡོད།</p>
   </normalization>
</encodingDesc>
<revisionDesc>
     <change date="2011-03-25" who="EMB"><p>བཀྲ་ཤིས་རྒྱལ་གྱིས་བཟོ་བཅོས་བརྒྱབ།
</p></change>
</revisionDesc>
</teiheader>
```

以上范例中描述了藏文电子文本的标题、作者、来源、语式、载体、语言、出版日期、修订、编码等属性，由于篇幅所限，在此不详述藏文语料库框架标记的更多实例。

7.12　词汇知识库

词汇知识库是描述词语分类关系、词义组合性质、场景知识、概念与概念之间等多种联系的知识库[①]。它是根据自然语言处理需求，针对语言本体进行解构并辅助计算机读取、识别、理解语言体系或其中某一难点的结构化的知识描写。

20 世纪 40 年代，第一台计算机诞生了，从此科学家开始了探索使用计算机来处理自然语言之路。然而，60 余年的经验证明，自然语言处理（Natural Language Processing，NLP）是一项非常困难的工作。为了提高自然语言处理的性能，科学家尝试了各种方法，其中之一就是构建大规模的便于机器理解的语义知识库[②]，即赋予计算机丰富的语言学知识，甚至是常识性知识，例如：词汇、句法、语义、读音、释义等。如今，语义知识库作为自然语言处理领域的基础性资源，它的构建已经成为研究热点。下面介绍几个具有代表性的知识库。

7.12.1 FrameNet

FrameNet 最初源自对不同心理学兴趣层面的词汇知识表示，是语言学家在一套系统的语义学理论指导下的一次工程实践。著名语言学家 C. J. Fillmore 的“框架语义学”（Frame Semantics）是 FrameNet 的理论支撑。该理论的核心思想是：“人们对词义的理解需要建立在对认知域，也就是框架（Frame）的理解的基础上[③]。”因此，“框架”是组织词汇语义知识的基本手段，一个框架中包含了若干“框架元素”（Frame Element），框架元素跟“格语法”中的“语义格”相比，分得也更具体、细化。在以往的理论中，“语义格”是相对于所有词汇而言的，是高度抽象和概括的，而“框架元素”依附或包含于每一个“框架”，是“框架”中具体的构成成分。截至 2006 年 9 月，FrameNet 研究小组已经发布了 804 个框架，描述了 10 218 个英语词元，标注了 13.5 万条句子[④]。其语义表示体系和语料数据，为其他语种的语义知识库建设做了很好的示范。表 7.3 展示了“Removing”这个框架的情况。

表 7.3 FrameNet 框架示例表：Removing

框架名	Removing（移开）	
框架描述	An Agent causes a Theme to move away from a location，the Source.	
框架元素	Agent 施事	The Agent is the person （or other force） that causes the Theme to move.
	Cause 致事	The noise of impact resulting from caused-motion of a Theme
	Theme 当事	Theme is the object that changes location.
	Cotheme 同事	The Cotheme is the second moving object, expressed as a direct object.
	Distance 距离	The Distance is any expression which characterizes the extent of motion.
	Goal 目标	The Goal is the location where the Theme ends up.
	Path 路径	Path along which moving occurs.
	Result 结果	Result of an event
	Source 起点	The initial location of the Theme，before it changes location.
	Vehicle 交通工具	The means of conveyance controlled by the Driver.
词例	abduct.v, clear.v, confiscate.v, depose.v, discard.v, dislodge.v, drain.v, eject.v, ejection.n, eliminate.v，elimination.n，empty.v，evacuate.v，evacuation.n，evict.v，eviction.n，...	

① 曾凡超. 动词框架的构建技术的研究[D]. 沈阳：沈阳航空大学. 2012.

② Zhendong Dong，Qiang Dong. HowNet and the Computation of Meaning[M]. SingaPore：WorldSeientific Press 2006：1-10.

③ 詹卫东. 面向自然语言处理的大规模语义知识库研究述要[J]//载徐波，孙茂松，靳光谨. 中文信息处理若干重要问题. 北京：科学出版社，2003：107-121.

④ 由丽萍，杨翠. 汉语框架语义知识库概述[J]. 电脑开发与应用，2007，20（6）：2.

每个框架都包含了一批词语，理解这些词语的词义，必须以理解整个框架为前提。比如“Removing”这个框架中就包含了 abduct、clear、confiscate 等动词，也包含了 ejection、elimination 等名词。这些词语的“共性”（尽管句法上分属不同词类），在同一个“语义框架”中得到了体现。“Removing”是一个描述动作性场景的框架，FrameNet 中也有描述事物性对象的框架，比如“Vehicle”（交通工具）就是一个事物类框架。

为了表述的简洁，框架之间可以有继承关系，比如：frame（Driving）可以从 frame（Transportation）继承框架元素。此外，对于框架中的动词，FrameNet 数据库还描写了各个框架元素（角色）的句法配位，即不同的框架元素（由名词或介词短语充当）在表层句子结构中所占据的句法位置。

7.12.2 WordNet

WordNet 是由美国普林斯顿大学认知科学实验室的 George A. Miller 教授所主持的一项知识工程项目，是一部采用基于关系的语义描述理论的在线词典数据库，该词典数据库旨在从心理语言学角度建立英语词汇基本语义关系的实际模型。在 WordNet 中，名词、动词、形容词和副词为主要词类，它们都用同义词集合（synonymoussets/synsets）组织起来。WordNet 用同义词集合（synsets）来表示词汇概念，并描述词汇矩阵，即在词形和意义之间建立起映射（mapping）关系（Geerge A. Miller，1993）。WordNet 是基于同义性和反义性来描述词语和概念之间的各种语义关系类型的，WordNet 内建了十几种关系，包括上下位关系、整体部分关系、蕴涵/继承关系、同义关系、近义关系、反义关系、致使语义关系等。每个概念词有若干个注释，这些注释以简单的语句补充说明这个概念的意义或使用方法①。

WordNet 目前有近 95 600 个不同的词型（51 500 个简单词和 44 100 个搭配词），这些词组成 70 100 个词义（或者说同义词集合）。它与其他标准词典最显著的区别在于 WordNet 将词汇分成五个分类：名词、动词、形容词、副词和虚词。WordNet 最具特色之处是试图根据词义而不是词形来组织词汇信息。

7.12.3 GKB

北京大学计算语言学研究所积 10 年之努力，研制了一部《现代汉语语法信息词典》②（简称 GKB）。

该词典采用关系数据库文件格式描述词语及其语法属性的二维关系。词典中共有 32 个数据库文件。其中包含全部词语的总库 1 个，各类词库 23 个。各类词的特有属性填在各类词的库中。所有词的共同属性则容纳在总库中，总库中包括词语、全拼音、词类、虚实、体谓等 13 个属性字段。名词库设 27 个属性字段，动词库设 46 个属性字段，等等。另外，动词库下又设立 6 个分库，代词库下又设立 2 个分库，分别描述其某个子类的更深入的语法属性。所有的库都可以进行连接（JOIN），连接条件可以用“词语、词类、同形”这些字段来表达。这样，这 32 个数据库文件构成有上下位继承关系的“树”，子结点继承父结点的全部信息，

---

① 曾凡超. 动词框架的构建技术的研究[D]. 沈阳：沈阳航空大学. 2012：6.

② 朱学锋，俞士汶. 自然语言处理与语言知识库[J]//罗振声，袁毓林. 计算机时代的汉语汉字研究. 北京：清华大学出版社，1996：107-118.

或者说，将父结点与子结点连接起来就可以得到词语的更全面的信息。

该词典是为计算机实现汉语句子的自动分析与自动生成开发的机器词典，它可以在自然语言处理的各个领域得到应用。

7.12.4 HowNet

HowNet（知网）是一个以汉语和英语的词语所代表的概念为描述对象，以揭示概念与概念之间以及概念所具有的属性之间的关系为基本内容的常识知识库。

知网系统的哲学也就是它对客观世界的认识与把握。知网哲学的根本点是：世界上一切事物（物质的和精神的）都在特定的时间和空间内不停地运动和变化。它们通常是从一种状态变化到另一种状态，并通常由其属性值的改变来体现[①]。试以人为例，人的生老病死是一生的主要状态。这个人的年龄（属性）一年比一年大{属性值}，随着年龄的增长头发的颜色（属性）变为灰白{属性值}。另一方面，一个人随着年龄的增长他的性格（精神）变得日益成熟{属性值}，他的知识（精神产品）日益丰富{属性值}。基于上述分析，知网的运算和描述的基本单位是：万物（其中包括物质的和精神的两类）、部件、属性、时间、空间、属性值以及事件。

特别要强调的是部件和属性，这两个基本单位在知网的哲学体系中占有重要的地位。知网对部件的认识是：每一个事物都可能是另外一个事物的部件（བྱེ་བྲག），同时每一个事物也可能是另外一个事物的整体（སྤྱི）。没有一种事物只能是部件，而不能是整体；也没有一种事物只能是整体，而不会是部件。我们认为一个事物被视为是整体还是部件，可以因系统的不同，而不同对待。关于部件在整体中的部位和功能，知网遵循这样一种认识：事物的部件在它整体中的部位和功能的描述大体上比照人体。例如：山头、山腰、山脚、桌腿、椅背、河口，建筑物的门和窗比照人体的口和眼，等等。汉语用拟人的手法来描述部件，藏语也一样，一般把所有事物归类为“དངོས་པོ”，如将“དངོས་པོ”作为“སྤྱི”，那么其属概念即是“གཟུགས”、“ཤེས་པ”、“ལྡན་མིན་འདུ་བྱེད”，种概念为“དངོས་པོ”，以此类推；如果将“དངོས་པོ”作为属概念，其种概念是“ཡོད་པའམ་རྟག་པ”……这反映了人类认识事物方法的共性。

知网作为一个知识系统，是一个网而不是树。知网是把概念与概念之间的关系以及概念的属性与属性之间的关系形成一个网状的知识系统。

---

① http：//www.keenage.com/zhiwang/c_zhiwang.html.

第 8 章

藏语句法知识的表示

语言知识的表示（language knowledge representation）是将人类可以理解的语言知识形式化（formalize）为计算机可以操作的对象。它是人工智能研究的一个很重要的课题，尤其是在句法分析（parsing）阶段，首要问题是所涉及的自然语言的句法知识（syntactic knowledge）是如何表示的。合理的形式化的表示可以使藏语自然语言处理应用的句法环节变得容易。

句法分析一般都依赖于各种语法体系。语法体系的形式丰富多彩，各种语法形式都有各自的特点。“自然语言的自动分析是指计算机接收到自然语言文本后，自动将文本的‘意思’表示出来的过程。纯粹从形式上看，就是将输入的自然语言文本，变换为另一种表示形式输出的过程。对于自动分析而言，其输入为自然语言的句子，这一点是没有争议的，明确的；其输出则是对于输入的自然语言文本的一种解释。而如何来解释自然语言，则有许多不同的看法，这些不同的看法的背后实际上都联系着不同的语法理论。①”目前在藏语句法知识表示方面的研究成果并不多见，尚处于起步阶段。本章试图从藏语的短语结构语法、范畴语法、词汇功能语法、功能合一语法、依存语法等方面说明其知识表示方法，以供参考。

8.1 基于短语结构的藏语句法形式化

8.1.1 短语结构语法概述

20 世纪 50 年代末，以美国语言学家 N. 乔姆斯基为代表，运用“转换-生成”的理论和方法研究语言。其活动中心是在美国马萨诸塞州的麻省理工学院。另外在欧洲也有一个专门研究“转换-生成语法”的国际性的生成学派组织，于 1975 年成立于荷兰。1957 年乔姆斯基的《句法结构》出版，标志着“转换-生成语法”的诞生。这一理论是建立在理性主义的哲学基础之上的，它不同于建立在经验主义基础之上的美国结构主义，因此，它的出现是对当时居于主流地位的美国结构主义语言的一大挑战，被称为“乔姆斯基革命”。

在整个世界范围内，研究形式语言开始于 20 世纪初期，而把形式语言用于模拟自然语言是在 20 世纪 50 年代的中期开始的。1956 年，“N. 乔姆斯基发表了用形式语言方法研究自然语言的第一篇论文。接着在《句法结构》（1957）一书中讨论了一类语法，作为例子来说明

① 詹卫东.自然语言的自动分析与生成简介[J]. 术语标准化与信息技术，2010（4）：33-42.

一种生成机制。短语结构语法包含的规则（PS-规则，PS-rules）不仅能生成语言成分语符列，还能对语符列提供足够成分分析，因而比有限状态语法能提供更多的信息”[①]。

“所谓形式语言是指研究语言的组织规则、不研究语言含义的一种抽象的符号系统。由于形式语言是自然语言的更高层次的概括，因此又叫元语言；又由于形式语言是模拟自然语言和人工语言的数学工具，因此又叫数理语言或代数语言；还由于形式语言是用短语结构语法造出来的语言，因此还叫短语结构语言。”[②]短语结构语法又叫形式语法。形式语言理论是用数学方法研究自然语言（如藏语）和人工语言（如程序设计语言）的产生方式、一般性质和规则的理论。形式语言是模拟这些语言的一类数学语言。它采用数学符号，按照严格的语法规则构成。

在自然语言研究中，语言学家不但关心什么是句子或者什么不是句子，而且也关心句子的结构性描述，即“语法”或“文法”。而在形式化语言中，把在研究自然语言过程中的语法进行了形式化。

在形式化语言理论中，“语言”可以定义为句子的集合（set），是一个抽象的代数系统（abstract algebraic）。乔姆斯基（1957）把它定义为“按一定规律构成的句子或符号串的有限或者无限的集合”。大多数语言都包含无穷个句子，穷尽式的枚举方法都不是自然语言表述的首选。

（1）语法：用来生成语言中无限的句子，而且只能生产那些“合格”的句子。

（2）自动机（automaton）：能够对输入的语言符号序列进行检验，区别哪些是语言中的句子，哪些不是语言中的句子，即给出识别该语言中句子的机械方法。

由此可见，描述某类自然语言的有效手段是语法和自动机。语法用来生成句子，自动机用来识别句子。

例如，对于句子“The little boy ran quickly”的分析如下：

它是由名词短语“The little boy”和动词短语“ran quickly”组成的，然后把名词短语分成冠词“The”和形容词“little”以及它们所修饰的名词“boy”，把动词短语分为副词“quickly”和它修饰的动词“ran”。下面是分析上述句子的规则，可以写成：

规则 1　<句子>→<名词短语><动词短语>

规则 2　<名词短语>→<冠词><名词短语>

规则 3　<名词短语>→<形容词><名词>

规则 4　<动词短语>→<动词><副词>

规则 5　<冠词>→The

规则 6　<形容词>→little

规则 7　<名词>→boy

规则 8　<动词>→ran

规则 9　<副词>→quickly

这是一个对单个英语句子进行语法分析的例子。如果有一整套所有英语句子的规则，我们就可以判断一个句子是否正确，但实际上这样的整套规则并不存在，整个分析过程就存在以下四个概念：

① ② 林杏光.短语结构语法——“信息处理用语言理论讲话”第一讲[J]. 语言文字应用，1994，10（2）：58-59.

第一种是语法范畴（grammatical category），例如，<名词短语>、<动词短语>、<名词>等，它们表示句法单位的类别。

第二种是单词本身（word），例如，boy、ran、quickly 等，它们是句子切分的最终成分。

第三种是语法范畴之间或者语法范畴与单词之间的关系，如“<名词短语>→<冠词>”、“<副词>→quickly”等。

第四种是在句子分析（sentence parsing）中，<句子>在整个语法范畴具有独特的意义，它是句子切分和分析的出发点。

8.1.2　短语结构语法构成要素

乔姆斯基把短语结构语法（Phrase Structure Grammar，PSG）分为四类：0 型语法（0-Type Grammars），也叫无约束语法；1 型语法（1-Type Grammars），又叫上下文有关语法（Context Sensitive Grammars）；2 型语法（2-Type Grammars），又叫上下文无关语法（Context Free Grammars）；3 型语法（3-Type Grarammars），又叫正则语法（Regular Grammars）。

乔姆斯基的短语结构语法与早先的语言学家采纳的直接成分分析法的主要区别在于：乔氏的模型形式化为一个生成规则的系统，并力图避免早先理论把重点放在发现程序上的做法。短语结构语法最初的形式阐述是采用一组重写规则（这里不用缩写），如：

$$S \rightarrow NP+VP$$
$$VP \rightarrow V+NP$$
$$NP \rightarrow Det+N$$

短语结构语法的符号为 G。乔姆斯基把整个短语结构语法定义为四元组，即把整个短语结构语法的组成内容分为四个要素：终结符、非终结符、起始符、重写规则。其构成要素的表现形式为

$$G=(Vn, Vt, P, S)$$

其中，Vn 是非终极符号的集合，Vt 是终极符号的集合，P 是重写规则，S 表示句子。P 的形式为 $A\rightarrow\omega$。这里，A 是单个的非终极符号，ω是符号串，它可以由终极符号组成，也可以由非终极符号组成，或者由终极符号和非终极符号共同组成。这样的重写规则是上下文无关的，具有这样的重写规则的语法叫作上下文无关语法，也叫作上下文无关的短语结构语法（Context-Free Phrase Structure Grammar），或者叫作短语结构语法。

乔姆斯基对于短语结构语法的重写规则 $\alpha\rightarrow\beta$ 加以程度不同的限制，得到如下的不同类型的语法：

（1）0 型语法：对于短语结构规则没有任何限制，规则的左手边和右手边可以是由终极符号和终极符号组成的任何符号串，只要 α 是非空的符号串即可。例如：

$$ABC \rightarrow AB$$

就是一个 0 型语法的规则。

（2）1 型语法：规则的左手边和右手边可以是由终极符号和终极符号组成的任何符号串，但是，右手边的符号串长度必须不小于左手边的符号串的长度。例如：

$$ABC \rightarrow ADEC$$

就是一个 1 型语法的规则。

（3）2 型语法：规则的左手边只能包含一个单独的非终极符号，规则的右手边包含的符号串由终极符和非终极符组成，也可以是空串。例如：

A → BC

A → bBCc

都是 2 型语法的规则。

（4）3 型语法：规则的左手边只包含一个单独的非终极符号，规则的右手边或者只包含一个终极符号，或者由一个非终极符号后面跟着一个终极符号组成。例如：

A → b

A → bC

都是 3 型语法的规则。

可以看出，从 0 型语法到 3 型语法，对于规则的限制越来越严格，编号大的语法要服从编号小的语法的一切限制。例如，3 型语法规则

A → bC

必须服从对于 2 型语法、1 型语法和 0 型语法规则的限制。

另一方面，2 型语法的规则

A → BC

不服从对于 3 型语法规则的限制，但是服从对于 1 型语法和 0 型语法规则的限制。

我们可以把不同类型的短语结构语法对于规则的限制情况进行归纳，如表 8.1 所示。

表 8.1 短语结构语法类型

对于规则的限制	短语结构语法的类型	重写规则	语言模型
3 型	正则短语结构语法	A → b，A → bC	有限状态自动机
2 型	上下文无关语法	A → BC，A → bBCc	树邻接语法
1 型	上下文有关语法	A B C → A D E C	短语结构语法
0 型	无限制的短语结构语法	ABC → AB	扩充转移网络

这样，根据不同程度的规则限制，构成了短语结构语法的层级，这样的层级叫作乔姆斯基层级（Chomsky hierarchy），如图 8.1 所示。下面是一个语法的实例。

设 $G=(Vn, Vt, S, P)$ 为一个语法，其中 $Vn=\{S, NP, VP, N, V\}$，Vt={བཀྲ་ཤིས，ཀྱིས，སྨྱུ་གུ，ཡིས，བོད་ཡིག，བྲིས}，P 中产生式如下：

Step0. S→NP VP

Step1. NP →N Det

Step2. VP→NP VP

Step3. VP→N V

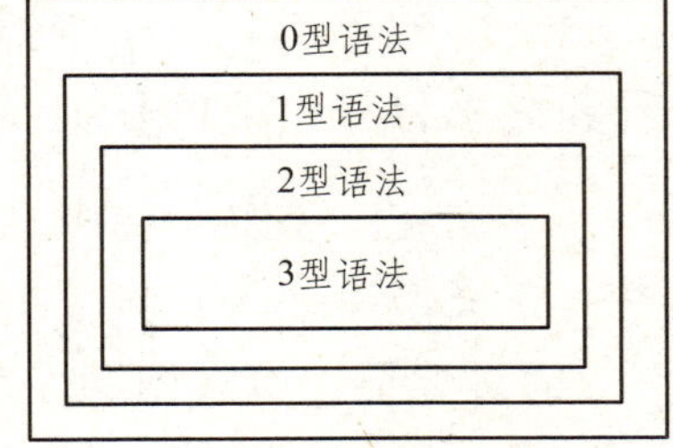

图 8.1 乔姆斯基层级

Step4. N→བཀྲ་ཤིས
Step5. Det→ཀྱིས
Step6. N →སློ་གྲུ
Step7. Det→ཡིས
Step8. N→བོད་ཡིག
Step9. V→བྲིས

例如，藏语句子“བཀྲ་ཤིས་ཀྱིས་སློ་གྲུ་ཡིས་བོད་ཡིག་བྲིས།”的短语结构树如图 8.2 所示。

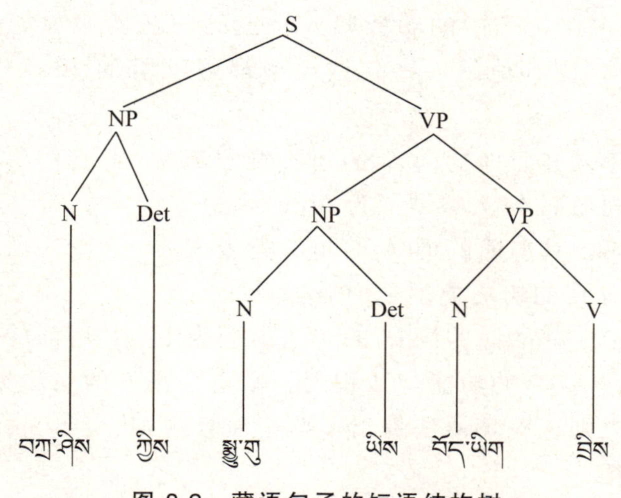

图 8.2 藏语句子的短语结构树

8.2 基于范畴语法的藏语句法形式化

8.2.1 范畴语法概述

范畴语法（Categorial Grammar，CG）是“以 Ajukievicz 对逻辑语言的语义范畴研究为基础，由著名数理逻辑专家巴尔·希列尔（Yehoshua Bar-Hillel）提出的描写自然语言句法的系统”①。1958 年，数学家兰姆贝克（J. Lambek）在其《句子结构的数学》中，提出了句法类型演算的理论，接着，巴尔·希列尔进一步发展了句法类型演算的理论，并且对自然语言结构的生成制定了一系列判定程序。“句法类型是从语法方面对句子结构所作的一种归类，是一种语法范畴，1960 年巴尔·希列尔等在《论范畴语法和短语结构语法》中把这种理论称为范畴语法（categorial grammar）。”②这样，范畴语法逐渐成为一种成熟的句法理论，人们将这种语法理论应用到对自然语言的句法研究上，可以判定某个符号串在某种语言中对语言的计算处理产生的影响。“作为一种新兴的句法理论，范畴语法对语言的句法分析也产生了较大影响。”③

① [美]芭芭拉·帕赫蒂，[荷]爱丽丝·特缪伦，[美]罗伯特·沃尔. 语言研究的数学方法[M]. 吴道平，译. 上海：商务印书馆，2012：694.

② 冯志伟.范畴语法[J]. 语言文字应用，2001，8（3）：100.

③ 孙红举.“范畴语法”及其在汉语中的应用[J]. 语言理论研究，2008：10.

8.2.2 范畴语法的基本思想和规则

范畴语法是一种使用运算和推演的手段来描述语言的形式化工具，把语言的构成看作一系列词语的范畴标记的演算过程，通过这种演算我们可以判断一定的句子在一定的语言中是否“合法”。其基本原则是：语言认识是数学计算，语法分析是逻辑演绎。自然语言具备由单词连成词组，再由词组连成短语以及句子的功能。范畴语法的词典中，每个单词后面都记录有各个词条的范畴表达式（categorial expression）。一个范畴表达式要么是一个原子符号（atomic symbol），要么是由二元操作符“/”或“\”组合起来的一对表达式。

任何词都可以根据它在句子中的功能归入一定的句法类型，如果用 N 表示名词的句法类型，用 S 表示句子，则其他的一些句法类型都可以用 N 和 S 以不同的方式结合起来表示。规则是[①]：

（1）如果有某个词 B，其后面的词 C 的句法类型是 γ，而它们所构成的词的序列 BC 的功能与 β 相同，则这个词 B 的句法类型记为 β/γ；

（2）如果有某个词 B，其前面的词 A 的句法类型为 α，而它们所构成的词的序列 AB 的功能与 β 相同，则这个词 B 的句法类型记为 α\β；

（3）如果有某个词 B，其前面的词 A 的句法类型为 α，其后面的词 C 的句法类型为 γ，而它们所构成的词的序列 ABC 的功能与 β 相同，则这个词 β 的句法类型为 α\β/γ。

针对以上三个基本规则，范畴语法提出了两个演算规则：

（i）（α）（α\ β）→ β

（ii）（β/γ）（γ）→ β

以上这两个演算规则，是前面三个基本规则的应用。第一个演算规则（i）应用了第二个基本规则。假设一个 AB 序列，其中 A 的句法类型是 α，B 的句法类型是 α\β，从 B 的句法类型，可以看出 AB 的功能与 β 相同，故 AB 序列的句法类型是 β。而第二个演算规则（ii）则是第一个规则的应用。假设一个 CD 序列，其中 C 的句法类型是 β/γ，D 的句法类型是 γ，从 C 的句法类型可以看出 CD 的功能与 β 一样，故 CD 序列的句法类型是 β。

由于每个词在不同情况下具有不同的句法范畴，因此应该有不同的演算规则。美国数学家兰姆贝克提出了两个补充的演算规则：

（iii）（α\β）（β\γ）→α\γ

（iv）（α/β）（β/γ）→α/γ

下面，我们结合具体的例子对这一理论在藏语自然语言句法描写中的应用作一些简单分析。

8.2.3 范畴语法与藏语句法形式化

范畴语法对句子生成的描述可以说是通过词语之间的互相依存关系逐步建立起来的，这种互相依存的关系往往是一种线性的排列关系，因此，可以说它的操作前提是语言本身是一个线性的、有序的、规则的系统。对于语言的生成，范畴语法是从微观的一个个具体的词出发来建立一个跟这个词有关的合法的链条，如果这个链条是按照这个词所应该后加或前加的范畴来建立的话，那么它就是一个合法的链条，在词之间的关系基

---

① 刘颖．计算语言学[M]．北京：清华大学出版社，2002：78.

础上建立新的范畴，然后通过数学逻辑演算，如果得出的是 S，则演算成功，该句子成立。下面通过具体的例子来进行分析。

例如：

（1）ང་འགྲོ།

N

S/N　　V^1=S/N

（ང་འགྲོ）中的"འགྲོ"，它前面出现名词ང，而它所构成的"ང་འགྲོ།"，功能与句子相同，故其句法类型为 N\S。

（2）ཁོང་གདན་ལ་བཞུགས།

N

S/N

N

（S/N）\N　V^2 =（S/N）\N

（ཁོང་གདན་ལ་བཞུགས།）中的"བཞུགས"，它前面为名词"ཁོང"，后面为名词"གདན"和格助词"ལ"，而它所构成的"ཁོང་གདན་ལ་བཞུགས།"功能与句子相同，故其句法类型为（S/N）\N。

（3）ཁོང་གིས་སྨྱུ་གུས་ཡི་གེ་བྲིས།

N

S/N

S/N

N

（S/N）\N

（S/N）\N

N

((S/N）\N）\N　V^2 =((S/N）\N）\N

（ཁོང་གིས་སྨྱུ་གུས་ཡི་གེ་བྲིས།）中的"བྲིས"，它前面为名词"ཁོང"和格助词"གིས"，后面为名词"སྨྱུ་གུ"、格助词"ས"和名词"ཡི་གེ"，而它所构成的"ཁོང་གིས་སྨྱུ་གུས་ཡི་གེ་བྲིས།"功能与句子相同，故其句法类型为((S/N）\N）\N。

8.3　基于词汇功能的藏语句法形式化

8.3.1　词汇功能语法概述

词汇功能语法（Lexical Functional Grammar，LFG）是 20 世纪 70 年代末出现的一种重要的形式语法理论。它对自然语言的计算机分析和生成产生了巨大的影响。该语法理论由美国理论语言学家 J. Bresnan 和计算语言学家 R. M. Kaplan 创立，属于生成语法的范畴。LFG 在研究的客体、对象、方法上，继承了转换语法的某些研究目标和观点。它在理论体系的构造方法上始终遵循形式明确的原则，注重数学方法的应用。因此该语法的体系内部的各个组成部分定义清晰明了，相互之间的关系明确。

词汇功能语法有两个来源：一个是 J. Bresnan 在转换语法的框架内所作的研究，另一个是 R. M. Kaplan 等在语言信息处理和心理语言学方面所作的研究。J. Bresnan 认识转换生成语法把转换完全放在句法中不能对许多语言现象作出合适的解释，认为人脑对于语言的处理并不完全按照转换生成语法的模式进行，提出了将语法中的大部分放到词库内进行处理的模式。于是，J. Bresnan 和 R. M. Kaplan 在他们各自的成果基础上合作，提出了词汇功能语法。

在语言哲学方面，J. Bresnan 接受乔姆斯基关于语法学是心理学的观点。乔姆斯基虽然提出语法学研究的是人的语言知识，语言知识存在与大脑和心理之中，但是认为“语法规则并不直接体现在心理活动过程之中，语法的研究只能用数学、逻辑的方法来模拟心理过程，而不能采用一般心理学实验的方法”[①]。乔姆斯基认为语法研究必须以理想的说话者和听话者为研究对象，而不能以常人为实验对象，否则实验中就会掺杂许多与语法无关的因素。因此，乔姆斯基虽然把语法学看成心理学的一个分支，但实际上，他的研究是与心理学脱节的。J. Bresnan 认为语法学应该是地地道道的心理学，每条语法规则都应该在心理活动中有所体现，都可以看作是行为的模型。她提倡“现实的语法”(realistic grammar)，也就是体现心理活动的语法，这是一种极端心理主义的观点，从这样的观点出发，由于词汇功能语法借鉴了心理语言学实验和计算机科学的信息处理技术，词汇功能语法也就成为了语言信息处理应该特别重视的一种理论语法。

8.3.2 词汇功能语法理论框架

词汇功能语法的一个基本思想就是：语法功能与表示语义的谓词论元结构一端的关系可以通过词汇规则改变，但是语法功能与表示句法结构一端的关系不能通过任何规则加以改变。句法部分不存在任何的转换机制。这就是“直接句法编码原则”(the principle of direct syntactic encoding)。这个原则规定，“句法部分的语法功能不能被另一个语法功能所代替，因而词汇功能语法的成分结构是单一的”[②]。这样，词汇功能语法便发展了一种独树一帜的不用转换的语言学新方法。

在乔姆斯基的理论框架下，语法结构分为表层结构(surface structure)和深层结构(deep structure)；在 LFG 的理论框架下，语法结构则分为成分结构（ constituents structure，c-structure ）和功能结构（ functional structure，f-structure ）。虽然各个层次的意义不完全相同，但是它们在各自的理论体系中起到的作用相当一致。“在转换生成语法中，深层结构是句子的结构组织的底层平面，它决定着如何解释这个句子。表层结构是句法表达的最后阶段，为音位规则提供输入，它接近于我们平常所说的话。深层结构决定意义，表层结构决定语音。”[③]而在 LFG 中，“成分结构是语言的外部结构，它表示句子成分的先后次序，它是由一组短语结构规则映射而成的树形结构。语法功能通过句法编码进入到树形结构的相应位置。这一层次代表句子的句法排列和语音表达。功能结构是语言的内部结构，它表述各语言成分之间的关系，代表句子的语义”[④]。

①② 冯志伟. 自然语言处理的形式模型[M]. 合肥：中国科技大学出版社，2010：182.
③ 刘润清. 西方语言学流派[M]. 外语教学与研究出版社，2004：176.
④ 冯志伟. 自然语言处理的形式模型[M]. 合肥：中国科技大学出版社，2010：183.

总之，两者在各自的语法体系中，在表层结构和成分结构的语法结构层次上以句子作语音解释的基础，在深层结构和功能结构的语法结构层次上以句子作语义解释的基础。两者的不同之处在于，LFG 认为对功能结构的描述是语言学描述中的一个基本的、独立的层次。LFG 取消了转换（transformation），不再从深层结构求表层结构，而是从成分结构求功能结构。成分结构是用语境自由语法表示的句子的所有可能的表层形式，没有功能上的限制。显然，有成分结构的句子不一定都是合乎语法的句子，只有也存在合法的功能结构的句子，才是合乎语法的。LFG 用到的功能主要是语法功能，如主语、宾语、补语、修饰语，与传统的主语、宾语等概念一致，还有时态、数、人称、格等语法特征。为了从功能结构得到句子的语义解释，还用了“谓词”功能。LFG 以功能为基础，定义句子的合格条件，作为对成分结构的制约（constraints）。值得一提的是，这种用合格条件限制语法的生成能力，使其只生成符合语法的句子的方法，是转换生成语法以后的一些现代语法理论的共同特点。

8.3.3 LFG 两种语法层次结构

在词汇功能语法中，对一个句子的描述包括以下两部分：成分结构和功能结构[①]。

8.3.3.1 成分结构

成分结构是词汇功能语法中句法描写的一个平面，用来描述表层句子的层次结构，形式上是一棵短语结构树，树形图的结点上带有句子中的词或短语预示的语法功能信息。这些信息由语法规则右部的符号所带的“功能等式”来表示。

1. 句法规则

S → NP VP
(↑Subj) = ↓　↑ = ↓　（1）

NP→ N Det　（2）

VP→ V NP NP
↑ = ↓ (↑Obj) = ↓ (↑Obj2) = ↓　（3）

规则中采用的符号“↑”和“↓”表示范畴的支配关系，也叫作元变量。“↑”指规则左侧的结点，表示直接支配成分。“↓”指当前结点本身，表示被支配成分。这些箭标可以用在功能等式中，等式左边为限定成分，等式右边为限定值。例如，（↑Subj）=↓读为“直接支配成分的主语等于被直接支配成分的语法功能”，↑=↓读为“直接支配成分的语法功能等于被直接支配成分的语法功能”。上面的短语结构规则表示句子 S 由 NP 和 VP 组成，VP 前的 NP 是句子的主语。NP 下方的“（↑Subj）=↓”是它的功能等式，表示这个 NP 继承了它的父结点 S 的主语（Subj）特征，“（↑Subj）”表示 NP 的全部功能信息就是支配它的 S 的主语功能信息，“↓”表示该符号本身（即被 S 直接支配的成分 NP）。VP 下方的功能等式“↑=↓”表示 VP 所带的全部功能信息就是支配它的父结点 S 的功能信息。正是通过这些功能方程式，在 LFG 中实现了复杂特征集在句法结构各个结点之间的传递和组合。

① 扎西加. 一种藏语语法知识表示的方法研究. 资料交流片段.

2. 成分结构的生成

成分结构代表句子的表层结构中单词的顺序，它是语音描写的输入部分。成分结构由短语规则决定。每一种语言都有其特有的短语结构规则。从理论上讲，这些短语结构规则能够生成这一语言中的任何句子。把短语结构规则所表示的各个范畴映射到树形图上，就得到了一个句子的成分结构。具体规则如下：

（1）依据句法规则构造句法短语树，树的叶结点是构成句子 S 的词；

（2）将各个词的功能标注在短语树的叶结点上；

（3）将叶结点上的功能方程式逐层传递给其父结点，最终生成句子 S 的 c-structure。

例如：藏语句子“ཁོང་གིས་གློལ་མར་སྨྱུ་གུ་ཞིག་སྤྲད།”，这个句子的成分结构可以把上述的规则（1）~（3）结合起来表述，如图 8.3 所示。

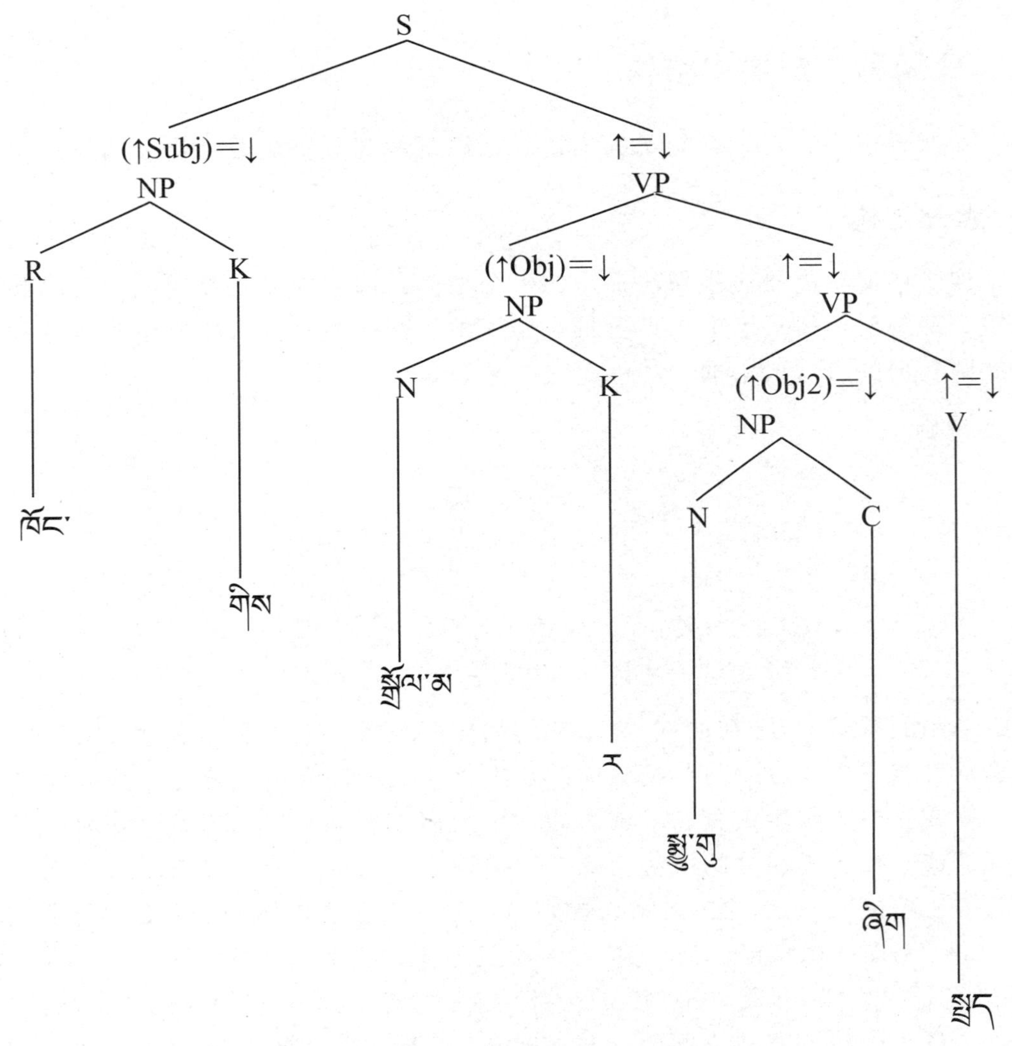

图 8.3 c-structure

其中 K 表示具格助词，C 表示数量词，其他符号与汉英一般符号相同。成分结构只能由短语结构规则映射而成，除此之外，我们没有其他手段来改变成分结构中各个单词的先后次序。就是对于具有结构依附关系句子的成分结构，也都要用短语结构规则来生成。树中各个节点带的功能信息，是进入句子的功能结构的准备。

3. 词汇信息

短语结构规则是句法规则，此外还有词法规则。词法规则是由词典信息提供的，它带有语法功能的预示信息，在词汇功能语法中占有重要地位。例如，句子“ཁོང་གིས་སྒྲོལ་མར་སྨྱུ་གུ་ཞིག་སྤྲད།”的词汇项表示如下：

ཁོང：　R，　(↑Predicate) = ‘ཁོང’ (4)
(↑Abstract) = –
(↑Animate) = +
(↑Number) = Singular
(↑Person) =2

在词汇项规则(4)中，“(↑Predicate) = ‘ཁོང’”表示它的父结点是否具有 Predicate(谓词)功能，其具体的信息为‘ཁོང’，‘ཁོང’是 Subj，不具有“谓词”功能，这要从词汇本身出发判别其属性功能；“(↑Abstract) = – ”考察它的父结点是否具有抽象功能，其具体的信息为“ – ”(非抽象)，因此，“ཁོང”是个具象的事物；“(↑Animate) = + ”考察它的父结点是否具有 Animate(有生命)属性，其具体信息为“+”，那么表示父结点具有“生命”属性；“(↑Number) =Singular”考察它的父结点是否具有功能 Number(数)，其具体信息为“Singular”(单数)；“(↑Person) =2”表示它的父结点具有功能 Person(人称)，其具体信息为 2(第二人称)。

གིས：　K ，　(↑Case) = ‘གིས’ (5)
(↑category) =Agent
(↑Adhesion) = –

在词汇项规则(5)中，“(↑Case) = ‘གིས’”表示它的父结点是否具有格功能 Case(格)，其具体的信息为具格助词‘གིས’；“(↑category) =Agent”表示它的父结点属于哪个 category(范畴)，其具体的信息为“Agent”(施事格)；“(↑Adhesion) = – ”表示它的父结点是否具有 Adhesion(黏着性)特点，其具体信息为“ – ”，指否定。

སྒྲོལ་མ：N，　(↑Predicate) = ‘སྒྲོལ་མ’ (6)
(↑Abstract) = –
(↑Animate) = +
(↑Name) =Person's name
(↑Gender) = Female

在词汇项规则(6)中，“(↑Predicate) = ‘སྒྲོལ་མ’”表示它的父结点是否具有 Predicate(谓词)功能，其具体的信息为‘སྒྲོལ་མ’，‘སྒྲོལ་མ’是 Obj，不具有“谓词”功能；“(↑Abstract) = – ”表示它的父结点是否具有功能 Abstract(抽象)，其具体的信息为“ – ”(否定)，因此，སྒྲོལ་མ是个具象事物；“(↑Animate) = + ”表示它的父结点是否具有 Animate(有生命)特征，其具体信息为“ + ”，即肯定；“(↑Name) =Person's name”表示它的父结点属于名称中的哪种属性，其具体信息为“Person's name”(人名)；“(↑Gender) = Female”表示其父结点的性别属性，其具体信息为“Female”（女性）。

ར：K，（↑Case）=‘ར’ （7）
（↑Category）=Patient
（↑Adhesion）=+

在词汇项规则（7）中，“（↑Case）=‘ར’”表示它的父结点是否具有格功能 Case（格），其具体的信息为业格助词‘ར’；“（↑Category）= Patient”表示它的父结点属于哪个 Category（范畴），其具体的信息为“Patient”，即受事之对象受事；“（↑Adhesion）= +”表示它的父结点是否具有 Adhesion（黏着性）特征，其具体信息为“+”，即肯定。

སྨྱུ་གུ：N，（↑Predicate）=‘སྨྱུ་གུ’ （8）
（↑Abstract）= –
（↑Animate）= –
（↑Number）= Singular

在词汇项规则（8）中，“（↑Predicate）=‘སྨྱུ་གུ’”表示它的父结点是否具有功能 Predicate（谓词），其具体的信息为‘སྨྱུ་གུ’，属于名词；“（↑Abstract）= –”表示它的父结点是否为 Abstract（抽象）概念，其具体的信息为“–”（否定），因此，སྨྱུ་གུ是个具象事物；“（↑Animate）= –”表示它的父结点是否具有 Animate（有生命）特征，其具体信息为“–”，即否定；“（↑Number）=Singular”表示它的父结点是否具有 Number（数）特征，其具体信息为“Singular”（单数）。

ཞིག：C，（↑Alleged）=‘ཞིག’ （9）
（↑Number）= Singular

在词汇项规则（9）中，“（↑Alleged）=‘ཞིག’”考察它的父结点是否具有 Alleged（指称）功能，其具体的信息为‘ཞིག’，是数量词；“（↑Number）=Singular”表示它的父结点是否具有 Number（数）特征，其具体信息为“Singular”（单数）。

སྤྲད：V，（↑Predicate）=‘སྤྲད’ <（Subj）（Obj）（Obj2）>’ （10）
（↑Transitivity）= Transitive
（↑Tense）= past

在词汇项规则（10）中，“（↑Predicate）=‘སྤྲད’”表示它的父结点是否具有 Predicate（谓词）功能，其具体的信息为‘སྤྲད’是动词，并且它有三个论元，分别是父结点的（Subj）、（Obj）、（Obj2）；“（↑Transitivity）=Transitive”表示它的父结点是否具有 Transitivity（及物性）特征，其具体的信息为“Transitive”，即及物动词；“（↑Tense）= past”表示它的父结点是否具有 Tense（时态），其具体信息为“past”，即过去式。

以上词汇所记录的词汇项目都是形态完整的。词汇中的信息以“定义性等式”和“限制性功能等式”的形式来记录。譬如：上述（4）~（10）中记录了该句子的所有词汇信息。通过句法规则（1）~（3）和词汇信息（4）~（10）的整合，我们可以得到下面 c-structure 的树形结构，其对应的藏语句子为“ཁོང་གིས་སྒྲོལ་མར་སྨྱུ་གུ་ཞིག་སྤྲད།”，如图 8.4 所示。

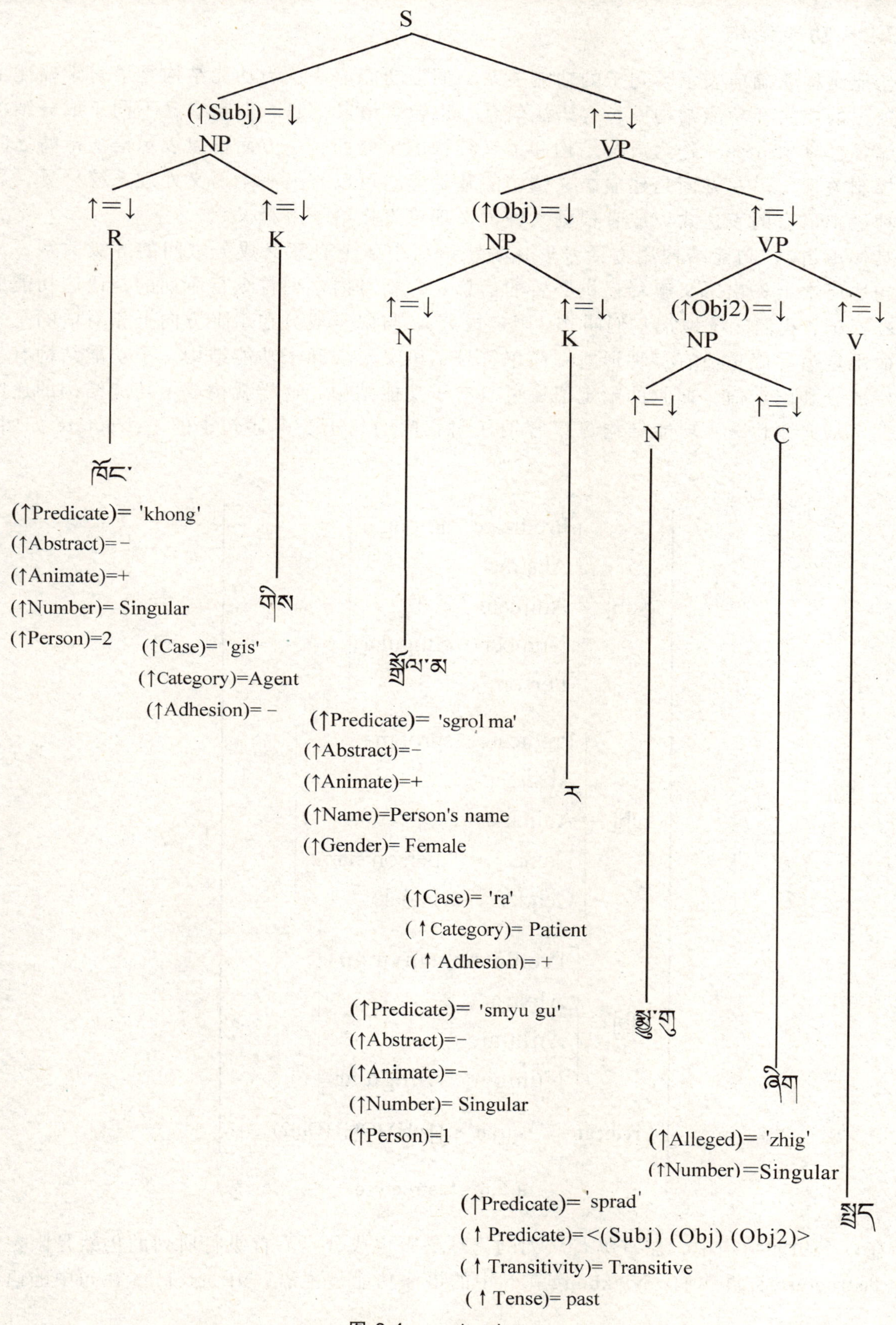

图 8.4 c-structure

8.3.3.2 功能结构

功能结构明确地表示了句子的功能关系。词汇功能语法认为功能结构是语言学描述上的一个独立的层次，功能结构中包含语法信息，也包含语义信息，但是它又不同于成分结构或语义解释。“f-structure 作为成分结构和语义结构的中介面，一方面可以表示语法范畴之间的功能控制关系，另一方面是建立语义结构的基础，它可以被另一个语义处理系统接受，翻译成某种逻辑语言的表达式，或者根据某种语义理论直接给予解释。”①

具体地讲，“功能结构用方括号形式表示语法中各个有意义成分之间的等级关系，从而为在句法层次上作出语义解释提供必要的信息。方括号内左列首纵行所列的是语法功能或语法特殊标记，我们笼统地把它们叫作‘限定成分’。与限定成分在水平方向上相对应的是它们各自的限定值。限定值有三种形式：简单符号、语义形式和子功能结构。子功能结构有自己的限定成分和限定值，而它的限定值还可以有子功能结构，这样就构成了功能结构的递归性质”②。从理论上说，功能结构可以容纳任何长度的句子。上述句子的 f-structure 如图 8.5 所示。

$$
\left[\begin{array}{ll}
\text{Subj} = & \left[\begin{array}{ll}
\text{Predicate} & \text{khong} \\
\text{Abstract} & - \\
\text{Animate} & + \\
\text{Number} & \text{Singular} \\
\text{Person} & 2
\end{array}\right] \\
\text{Obj} = & \left[\begin{array}{ll}
\text{Predicate} & \text{sgrol ma} \\
\text{Abstract} & - \\
\text{Animate} & + \\
\text{Name} & \text{person' name} \\
\text{Gender} & \text{Fanale}
\end{array}\right] \\
\text{Obj2}= & \left[\begin{array}{ll}
\text{Predicate} & \text{smyu gu} \\
\text{Abstract} & - \\
\text{Animate} & - \\
\text{Number} & \text{Singular}
\end{array}\right] \\
\textbf{Predicate} & \textbf{`sprad'} < \textbf{(Subj) (Obj) (Obj2)} >
\end{array}\right]
$$

图 8.5 f-structure

在以上功能结构中，左首纵行所列的仍然是限定成分，右首纵行所列的仍然是限定值。这个 f-structure 告诉我们，NP khong 在句中的语法功能是主语，NP sgrol ma 在句中的语法功

① 傅爱平.词汇功能语法[J]. 国外语言学，1990，1：42.
② 冯志伟.自然语言处理的形式模型[M].合肥：中国科技大学出版社，2010：188.

能是间接宾语，NP smyu gu 在句中的语法功能是直接宾语，Obj Predicate sprad 是语义上的谓词。下面是 LFG 对 f-structure 结构的形式定义：

（1）f-structure 是有序对的集合，每个有序对含有一个属性（attribute）和一个该属性的值（value）。

（2）属性是语法功能的名字或特征的名字，如 Subj，Obj，Obj2 等。

（3）f-structure 中的属性有四种类型的值：

a. 简单符号，如 Singular，‘ཕོང’，past，‘－’，‘＋’，等等；

b. 语义形式，如‘སྤྲད<（Subj）（Obj）（Obj2）>’；

c. 子 f-structure。

8.3.3.3　成分与功能的衔接

成分结构和功能结构之间存在着对应关系。这种对应关系，是一个句子成分结构能够转变为相应的功能结构的基本根据。下面我们要描述成分结构和功能结构的对应关系。成分结构如图 8.6 所示。

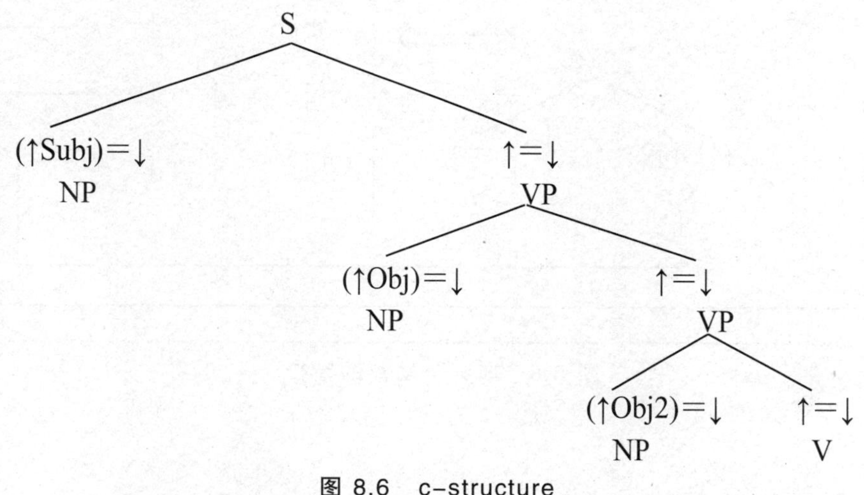

图 8.6　c-structure

与上面的成分结构相对应的功能结构如图 8.7 所示。

Predicate	‘སྤྲད <(Subj) (Obj) (Obj2)> ’
Subj	[　]
Obj	[　]
Obj2	[　]

图 8.7　f-structure 谓词功能图

其中，“སྤྲད”表示某个具体的谓词。

成分结构与功能结构之间有如下对应关系：

（1）结点 S、VP 和 V，由于 VP 和 V 都有功能等式↑=↓，是功能中心语，因而管控整个功能结构。

（2）带有功能等式（↑Subj）=↓的结点 NP 和带有功能等式（↑Obj）=↓和（↑Obj2）=↓的结点 NP,由于它们不是功能中心语,它们只能分别对应于上述功能结构中的 Subj [ ]和 Obj[ ]、Obj2[ ]。

成分结构与功能结构的这种对应情况可表示为图 8.8 所示模式（左边是成分结构，右边是功能结构），也即藏语 SOV 型语言（即主-宾-谓结构语言）的成分结构和功能结构。

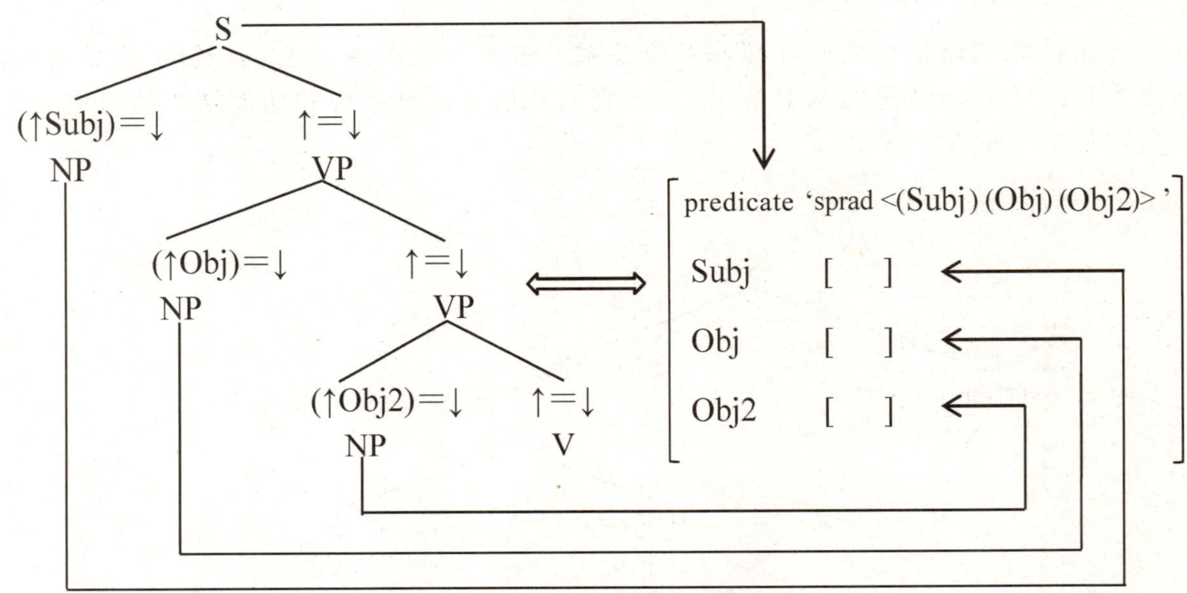

图 8.8 成分与功能的衔接

8.3.3.4 成分与功能的转换

由于成分结构和功能结构是在不同层面对同一句子不同功能的描写，因而两者之间在结构上有其相对应或匹配的关系，并可衔接起来，因此，成分结构也可以转换为功能结构。从成分结构到功能结构的转换分 3 个步骤来进行。

第一步：将成分结构进行语法功能编码，并插入词项。先对成分结构树的非终极结点进行标号。例如，“ཁོང་གིས་སློབ་མར་སྨྱུ་གུ་ཞིག་སྤྲད།”这个句子经过第一步后变为如图 8.9 所示。

第二步：把功能变项（f_1，f_2，…，f_{n-1}，f_n）分配给 S 结点及其他各个附有下向箭标的结点。例如，在如图 8.9 所示的树形图中，对结点 S，NP，VP，R，K，NP，VP，N 分别分配功能变项 f_1，f_2，f_3，f_4，f_5，f_6；f_7，f_8，如图 8.10 所示。

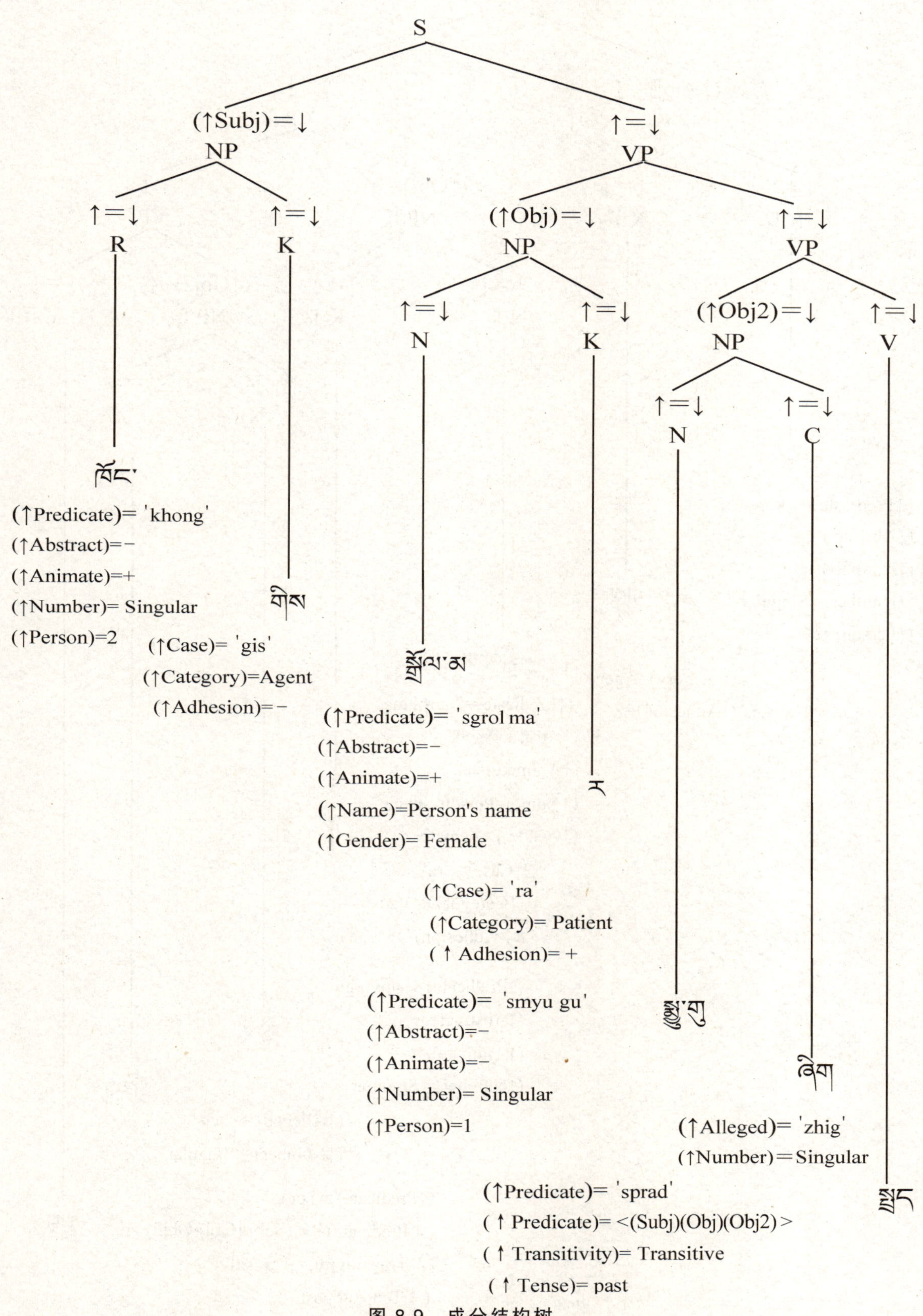
S
(↑Subj)=↓
NP
↑=↓
VP
↑=↓
R
↑=↓
K
(↑Obj)=↓
NP
↑=↓
VP
↑=↓
N
↑=↓
K
(↑Obj2)=↓
NP
↑=↓
V
↑=↓
N
↑=↓
C
ཁོང་
(↑Predicate)= 'khong'
(↑Abstract)=−
(↑Animate)=+
(↑Number)= Singular
(↑Person)=2
གིས
(↑Case)= 'gis'
(↑Category)=Agent
(↑Adhesion)=−
སྒྲོལ་མ
(↑Predicate)= 'sgrol ma'
(↑Abstract)=−
(↑Animate)=+
(↑Name)=Person's name
(↑Gender)= Female
ར
(↑Case)= 'ra'
(↑Category)= Patient
(↑Adhesion)= +
(↑Predicate)= 'smyu gu'
(↑Abstract)=−
(↑Animate)=−
(↑Number)= Singular
(↑Person)=1
སྨྱུ་གུ
ཞིག
(↑Alleged)= 'zhig'
(↑Number)=Singular
(↑Predicate)= 'sprad'
(↑Predicate)= <(Subj)(Obj)(Obj2)>
(↑Transitivity)= Transitive
(↑Tense)= past
སྤྲད

图 8.9　成分结构树

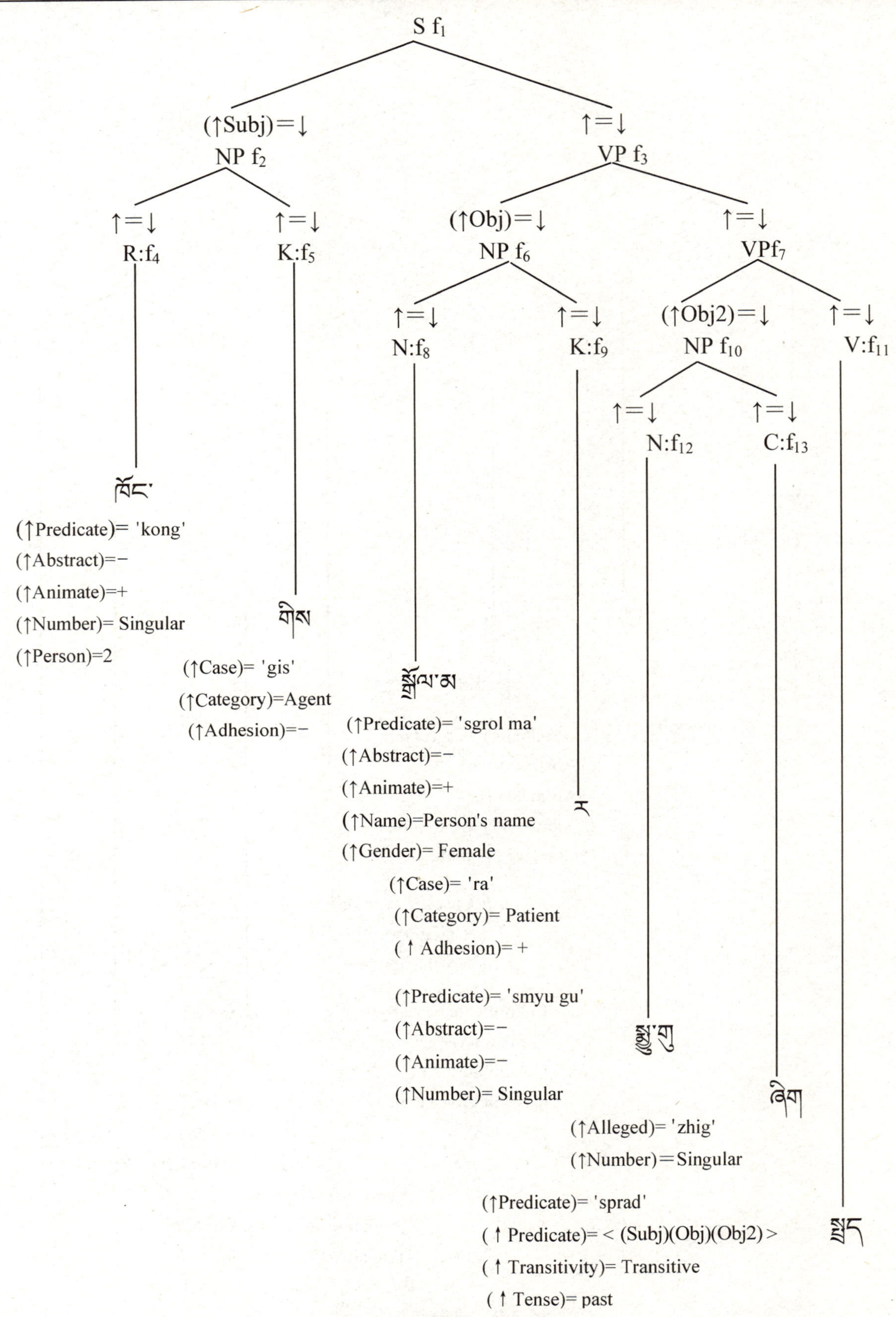

图 8.10 功能变项分配图

第三步：用功能变项代替成分结构中的所有的上下箭标，得到句子的功能描写。例如，在如图 8.10 所示的树形图中，把各个功能变项分别代入到直接支配它的上箭标以及所有受上箭标支配的下箭标中去。此时，成分结构中所有功能等式的集合，就是该句子的功能描写。例如，在功能等式(↑Subj)=↓中，用上箭标的功能变项 f_1 来代替↑，用下箭标的功能变项 f_2 来代替↓，得到(f_1Subj)=f_2；在结点 VP 的功能等式↑=↓中，用上箭标的功能变项 f_1 来代替↑，用下箭标的功能变项 f_3 来代替↓，得到 $f_1=f_3$……这样，我们便可以得到图 8.10 所示的树形图的功能描述，如下：

<1>(f_1Subj)=f_2

<2> $f_1=f_3$

<3> $f_2=f_4$

<4> $f_2=f_5$

<5>(f_4Predicate)= 'ཁོད'

<6>(f_4Abstract)= –

<7>(f_4Animate)= +

<8>(f_4Number)= Singular

<9>(f_4 Person)=2

<10>(f_5Case)= 'གིས'

<11> (f_5Category)=Agent

<12> (f_5Adhesion)= –

<13>$f_3=f_6$

<14> $f_6=f_8$

<15> $f_6=f_9$

<16> (f_8Predicate)= 'སྒྲོལ་མ'

<17>(f_8Abstract)= –

<18> (f_8Animate)= +

<19> (f_8Number)= Singular

<20>(f_8Person)=3

<21>(f_9Case)= 'ར'

<22> (f_9Category)= Patient

<23>(f_9Adhesion)= +

<24> $f_3=f_7$

<25> $f_7=f_{10}$

<26> $f_{10}=f_{12}$

<27> $f_{10}=f_{13}$

<28>(f_{12}Predicate)= 'སྨྱུ་གུ'

<29>(f_{12}Abstract)= –

<30>(f_{12}Animate)= –

<31>(f_{12}Number)= Singular

<32>(f_{13}Alleged)= 'ཞིག'

<33>(f_{13}Number) = Singular

<34> $f_7=f_{11}$

<35>(f_{11}Predicate)= 'སྤྱད'

<36>(f_{11}Predicate)= <(Subj) (Obj) (Obj2)>

<37>(f_{11}Transitivity)= Transitive

由成分结构到功能结构的转换主要是由定位(locate)和合一(merge)两个算子(operator)来完成的。整个转换过程是一个综合分析的过程。词汇功能语法利用 c-structure 提供的句法信息和功能信息，通过合一运算和功能合格条件（ functional well- formedness conditions ）检查来生成 f-structure。功能描写的形式化特点为计算机处理提供了方便。一个句子如果不合语法，就可以很快地通过计算机的运算查出来。

综上所述，LFG 具有以下几个特点：

（1）采用复杂特征集，即属性值矩阵，作为表达语法信息的基本手段。

（2）以合一运算作为句法—语义分析的基本算法，合一运算的对象是表达语法信息的复杂特征集。

（3）句法—语义分析过程所依据的语言知识主要存储在机器词典的词条栏目中，整个分析过程是词汇驱动的。

（4）以无序的语法功能作为语法理论的基本观念。

由于具备这些重要特点，词汇功能语法克服了短语结构语法的许多缺陷，成为计算语言学的重要成果之一。据文献报道，LFG 已被美国卡内基-梅隆大学的基于知识的机器翻译系统 KBMT、美国曼彻斯特理工大学的英日机器翻译系统 NTRAN 和日本财团 bravis 开发的机器翻译系统采用。

8.4 基于功能合一的藏语句法形式化

功能合一文法（Functional Unification Grammar，FUG）的研究在目前汉英或英汉机器翻译领域显现出其非凡的作为，这是因为在语法体系中，其形式简洁、结构明了、兼顾语义、便于应用，逐渐受到研究人员的重视。在这种语法体系中，采用了复杂特征集来描述词汇、句法规则、语义规则以及句子结构功能的关系，还采用了合一运算对特征的集合进行运算，把句子的结构和语义表示更加自然地衔接了起来。

8.4.1 复杂特征集的定义

“在语言研究的许多工作中要进行各种语言数据的变换和处理，如何来描述和表达这些语言数据，是语言学研究的一个重要问题。当代语言学发展的一个明显趋势是，不论在词汇或者在语法语义规则中，都采用复杂特征而不采用简单特征来描述和表达语言数据。”① 1985 年美国学者 Martin Kay 提出了“功能合一文法”，其中明确地提出了“复杂特征集”和“合一运算”的概念。后来这种理论被运用到自然语言理解和机器翻译的研究工作中，在该领域取得了一定的实效。该语法体系采用复杂特征集来描述词汇、句法规则、语义规则以及句子结构功能关系等，同时采用合一运算方法对复杂特征集进行运算，把句子的结构和语义更加

① 冯志伟. Marin Kay 的功能合一语法[J]. 国外语言学，1991（2）：34.

自然地衔接了起来，使句子更加明朗，语义更为清晰。此外，它还给句法描写提供了一种方法，以丰富句子结构信息。

功能合一文法运用到英汉机器翻译领域取得了很好的成效。目前，汉文和各少数民族文字之间的机器互译正在探索中，如何利用功能合一文法实现藏汉机器翻译是一项值得探索的课题。汉文在功能描述方法方面已有很多探索和实验，但藏文在这一领域的研究成果尚不多见。千里之行，始于足下。先从功能描述方法入手，引用 FUG 到藏文句法描写领域是我们必须要迈的第一步，积跬步渐而至千里，从而使藏汉句法描写达到同步并进行机器互译研究[①]。

在 FUG 中，复杂特征集用功能描述方法（Functional Description，FD）来进行描述。它是由多个特征名和特征值构成的集合，其中特征值为最小的取值单位，通常叫原子特征值。通俗地讲，复杂特征集是从不同角度、不同层面对事物进行描述。譬如描述某一个人时，不仅描述其姓名，还要描述其发型、五官、性格、爱好等特征。下面用简便的框式描述方法来定义复杂特征集的功能。

a 为一个功能描述 FD，当且仅当 a 表示为：

$$\begin{bmatrix} f_1 = V_1 \\ f_2 = V_2 \\ \vdots \\ f_n = V_n \end{bmatrix}$$

（1）$n \geqslant 1$；

（2）f_i 为原子，表示特征名；

（3）V_i=为原子或复杂特征集，表示特征值；

（4）$f_i=V_i$ 表示特征名 f_i 的值为 V_i。

由以上定义可知，集合 a 中，特征 f_i 的值等于 V_i。描述藏语句子时，采用若干个特征名和特征值来进行描述，而每一个特征的集合包含了若干个特征值，这样的描述系统叫作“特征名和特征值”系统。由于语言不同，它们的特征名和特征值的描述系统也有差异。本文根据藏语自身的语法规律，指定了词类特征、单词的固有语义特征、单词的固有语法特征、词组类特征、格标记的特征、句法功能特征、语义关系特征等。由于藏文是属于有形态的语言，既有曲折的特点，也有黏着的特点。藏语句子分析的过程就是揭示藏语句法自身规律的过程。在描述藏语句子时，抓住格标记和其黏着性等藏语独有的特征，利用格标记的语义映射关系对动词和从属关系进行描写，可使句子更加明朗清晰。

8.4.2　藏语词汇的定义描述

在机器可读的藏语词典中，除对每一个藏语单词赋于词性之外，还赋词汇固有的语法特征、句法和语义特征等静态特征。这种静态特征是从词汇层面上升到句法和语义层面的前提条件，“在自动句法语义分析中，静态特征是计算机进行运算的基础，计算机依赖于这些预先在词典中给出的静态特征，通过有步骤运算，逐渐算出各种动态的复杂特征”。[②]“动态特征是分析过程中获得的特征，即它们只有在词与词发生联系、构成词组和句子时才表现出来。

① 扎西加．基于 FUG 的藏语句法形式化描述[J]．中文信息学报，2013（3）：45-49.

② 冯志伟．汉语句子描述中的复杂特征[J]．中文信息学报，1989，4（3）：28.

通过对静态特征值计算，得到相应的动态特征值，然后加到结点的特征集合里[①]。”从而进一步弄清藏语句子中的各个语言成分之间的关系，达到自动句法语义分析的目的。以词汇“སྤུན spun”、“སྤོས spos”为例，定义描述如下：

例 1：根据词典中给出的义项，“སྤུན spun”（义项一为“事物”，义项二为“亲属”）的复杂特征集可以如下定义：

$$\begin{bmatrix} \text{Cat} = \text{N} \\ \text{Sem} = \text{事物} \\ \text{Lex} = \text{spun} \end{bmatrix} \qquad \begin{bmatrix} \text{Cat} = \text{N} \\ \text{Sem} = \text{亲属} \\ \text{Lex} = \text{spun} \end{bmatrix}$$

复杂特征结构（A） 复杂特征结构（B）

其中，Cat 表示词类，Sem 表示语义，Lex 表示当前词汇。词典中“སྤུན spun”的语义给出两项，因此，复杂特征结构（A）中该词的语义是事物，复杂特征结构（B）中该词的语义是亲属。

例 2：藏语词汇“སྤོས”有两个义项，在词条“སྤོས”中，可给出两条定义，每一条定义的形式都用复杂特征集来描述。

（1）“spos”是动词“spo”的过去时形式，它的含义是“行走、移动”。

$$\begin{bmatrix} \text{Cat} = \text{Verb} \\ \text{Tense} = \text{Past} \\ \text{Transitivity} = \text{Mental-Process} \\ \text{Root} = \text{spo} \\ \text{Lex} = \text{spos} \end{bmatrix}$$

（2）“སྤོས”是名词，它的含义是“藏香”。

$$\begin{bmatrix} \text{Cat} = \text{Noum} \\ \text{Number} = \text{sg} \\ \text{Lex} = \text{spos} \end{bmatrix}$$

其中，Tense 表示词语的时态，Transitivity 表示词语的及物性，Root 表示词语的原形，Number 表示数，sg 表示单数，复数用 pl 表示。

8.4.3 藏语句法规则的描述

“藏语的句子基本上是谓语为中心的主谓呼应结构，谓语为句子的中心，对句子的主要成分几乎都用格助词来相互关联，格助词的添接也是由主语、宾语、定语、状语按谓词的不同性质而决定，以保持与它的一致性。”[②]因此，在描述藏语句法规则时，抓住藏语格标记和其黏着等独有的特征，从而建立藏语格助词的规则模式。通常，词与词结合所形成的显现关系叫句法关系，这种句法关系所体现出来的意义就是句法意义。与此同时，词与词组合而产生的实体是句法结构。该句法结构可以用复杂特征集来描述，在词汇一级的静态特征的基础上，进行句法成分的动态特征描述，使得更加充实静态特征的内容。

① 赵铁军，李生，周明．一种生成复杂特征集句法树的汉语句法分析方法与系统实现[J]．中文信息学报，1992，6（4）：18．

② 瞿霭堂．藏族的语言和文字[M]．北京：中国藏学出版社，1996：107-108．

根据句尾核心谓语，藏语的基本句型分为及物动词谓语句、不及物动词谓语句、助动词谓语句、形容词谓语句 4 种。现用及物动词谓语句、不及物动词谓语句来进行分析。以下分别以 FD（a）、FD（b）来描述。

功能描述 FD 的特征名和特征元素都写在一个方括号里，书写的顺序无关紧要。在一个“特征名/特征值”偶对中，特征名和特征值由一对符号构成，如：主语（Subject）、宾语（Object）、谓语（Predicator）、及物（Transitivity）、数（Number）、格（Case）、人称（Person）等。

在以下两个功能描述中，共有 6 个描述元，分别由类型、主语、宾语、谓语、时态、语态和它们各自的特征值组成。其中，主语、宾语和谓语的值分别又是另外一个较小的功能描述，譬如：特征名 Subject 的特征值分别由 K、Pattern、Head、Case 构成，每一个特征名和等号右边的特征值构成一个特征名和特征值对偶。可见，功能描述是可以嵌套的。

（1）及物动词谓语句[①]：

例如，“ཁོང་གིས་ལྷ་མོར་བྱིན།”（他已赠送给拉姆）的基本句型为（Subject+Object+Predicator），其结构以 FD（a）来表示，如图 8.11 所示。

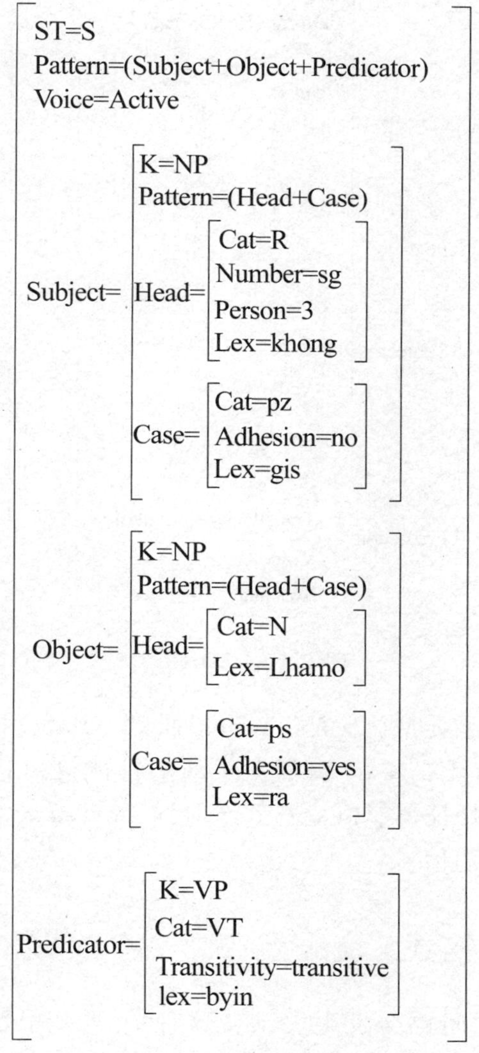

图 8.11　FD（a）

①扎西加. 基于 FUG 的藏语句法形式化描述[J]. 中文信息学报，2013（3）：45-49.

在 FD（a）中，ST 表示句子类型，S 是 ST 的特征值；K 表示词组类型特征，NP 和 VP 是 K 的特征值；Cat 表示词类特征，R、N 和 VT 都是 Cat 的特征值；Case 是表示格标记类型特征，pz 和 ps 是 Case 的特征值；Number 表示数特征，sg 是 Number 的特征值；Person 表示人称特征，3 是 Person 特征值；Transitivity 表示及物特征，Transitive 是 Transitivity 的特征值；Lex 表示当前词，khong（他）、gis（具格标记）、Lhamo（拉姆）、ra（业格）、byin（已赠送）都是 Lex 的特征值；Adhesion 表示黏着性特征，no、yes 都是 Adhesion 的特征值。

（2）不及物动词谓语句[①]：

例如，"ཤར་ནས་ཉི་མ་ཤར།"（太阳从东边升起）的句型为（Object +Subject+Predicator），其结构以 FD（b）来表示，如图 8.12 所示。

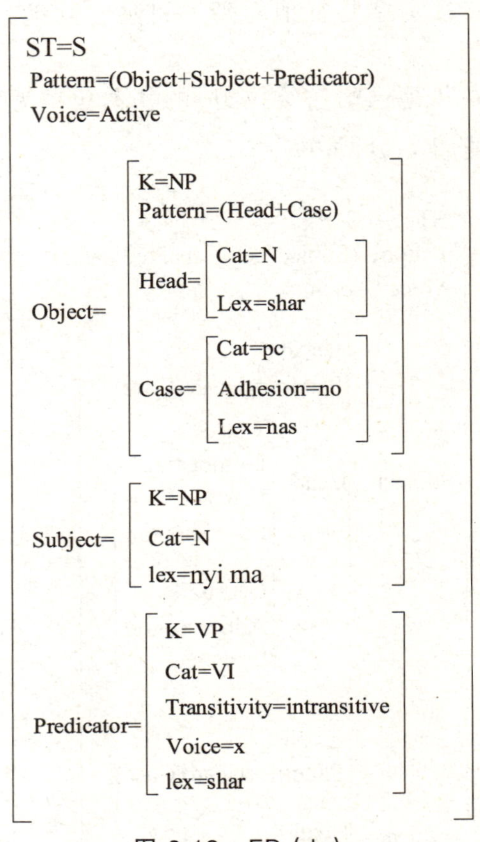

图 8.12　FD（b）

FD（b）中，ST 表示句子类型，S 是 ST 的特征值；K 表示词组类型特征，NP 和 VP 是 K 的特征值；Cat 表示词类特征，N 和 VI 都是 Cat 的特征值；Transitivity 表示及物性特征，intransitive 是 Transitivity 的特征值，Lex 表示当前词，nyi ma（太阳）、shar（东边）、nas（源格）、shar（升起）都是 Lex 的值。

8.4.4　藏语语义规则的描述

"词所代表的客观事物之间也会发生关系，这种关系是语义的。语义关系隐含在句法结

① 扎西加. 基于 FUG 的藏语句法形式化描述[J]. 中文信息学报，2013（3）：45-49.

构之后，因而是隐性的。[①]”可称为语义结构。语义关系的特征经过许多步骤和推理，才能运算出来。如何根据各种静态特征推算出动态特征，便是藏语自然语言处理的关键所在。

将藏语句法分析和语义分析通过复杂特征集的描述手段有机地结合起来，可提高句法语义分析的效率。以句法结构和语义结构相结合的分析方法，能够准确、完整地描述句子的意义，也可以找到句法结构的显层和隐层关系的规则。比如“ཁོང་གིས་ལྷ་མོར་བྱིན།”（他已赠送给拉姆）的语义规则用 FD（c）框式描述[②]，如图 8.13 所示。

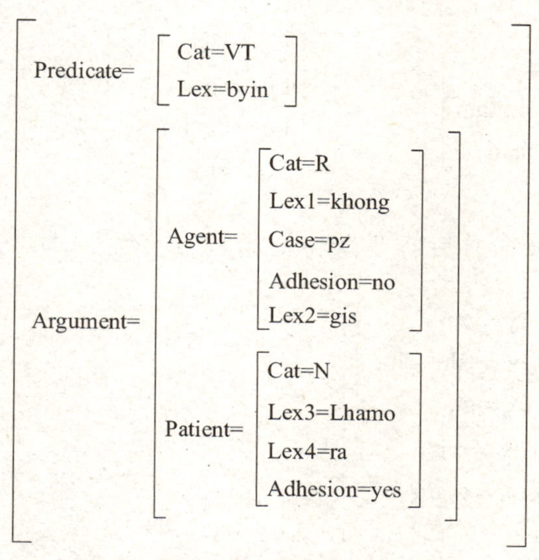

图 8.13　FD（c）

FD（c）中，Predicate 表示谓词，Argument 表示论元，Agent 表示施事，Patient 表示受事，Cat 表示词类特征，Case 表示格标记类型特征，Adhesion 表示黏着性特征，Lex1、Lex2、Lex3、Lex4 表示当前词。这个句子深层结构可以表示为：施事+受事+动词(Agent+Patient+VI)。其中的动词具有施事、受事的两个必有论元，因此该动词是二价动词。

8.4.5　藏语句子合一运算的描述

“合一这个术语最初是在数理逻辑的一阶谓词演算中开始使用的。寻找某种项对变量的置换，从而使表达式一致的过程叫作合一。”[③]合一运算是定义在复杂特征集上的基本运算，其采用的运算方法是匹配，如一个标记匹配一个具体的名词短语或者一个具体的名词等。在根据静态特征计算动态特征时，如果两个特征不相容，不能进行运算，则运算失败。如果发现有矛盾的信息，就不能进行合一，或者说合一失败了。换句话说，在功能合一语法中，“如果两个功能描述有相同的属性，但它们的值不相等，就说明这两个功能描述是不相容的（incompatible）。当对两个功能描述进行合一运算时，必须首先检查它们的相容性，只有证明了它们是相容的之后，才能进行合一”[④]。如：集合 *A* 中的特征为“及物”，集合 *B* 中的特征为“不及物”时，则运算失败。如果两个特征相容，则根据有关句法和语义规则进行运算，

① 高顺全.三个平面的语法研究[M]. 上海：学林出版社，2004：10.
② 扎西加. 基于 FUG 的藏语句法形式化描述[J]. 中文信息学报，2013（3）：45-49.
③ 冯志伟. 自然语言处理的形式模型[M]. 合肥：中国科技大学出版社，2010：203.
④ 苗传江，张庆旭，李绘新. 功能合一语法[J]. 语言文字应用，1995（3）：78-79.

运算得出的特征信息必然会不断增多，句子各个组成成分所包含的特征也越来越丰富，最后求出的各种特征能够比较全面而系统地反映句子的本质。“在对若干个功能描述进行合一的过程中，随着特征的汇集，信息只会增加而不会减少，是一个累加的过程。合一运算还有一个特点：当对多个功能描述进行合一时，不论哪两个先合一，最终的运算结果都是相同的，也就是说，合一的结果与运算的顺序无关。”①比如“ཚེ་རིང་གིས་གཏམ་བཤད།”（次仁在发言）的合一运算如下：

$$A=\begin{bmatrix}\text{Agent}=C\\ \text{Object}=\text{gtam}\\ \text{cat}=\text{bshad}\end{bmatrix}\qquad B=\begin{bmatrix}\text{Lex}=\text{tshe ting}\\ \text{Lex}=\text{gis}\\ \text{Lex}=\text{gtam}\\ \text{Tex}=\text{mi}\end{bmatrix}$$

其中 C=[Tex=mi]时，C 和 B 合并后，复杂特征结构 A 变为：

$$\begin{bmatrix}\text{Agent}=\begin{bmatrix}\text{Tex}=\text{mi}\\ \text{Lex}=\text{tshe ring}\\ \text{Lex}=\text{gis}\end{bmatrix}\\ \text{Object}=\begin{bmatrix}\text{Tex}=\text{mi}\\ \text{Lex}=\text{gtam}\end{bmatrix}\\ \text{cat}=\text{basad}\end{bmatrix}$$

目前，用复杂特征集来研究自然语言处理的各个层面，在理论与实践方面都取得了一定的成效。但是，对藏语而言，这一领域涉足尚浅。由于藏语本身的悠久性、活跃性、语法功能和形态上的丰富性，我们无论从哪一方面去进行研究，都找不到简单的东西，随时随地都是这种相互制约的各项要素的复杂性和多样性特征。根据藏语自身的语法规则优势，灵活地运用复杂特征集的分析方法，对藏语各个层次进行深入研究，能使藏语自然语言形式化的瓶颈问题在一定意义上得到解决。②

8.5 基于依存的藏语句法形式化

8.5.1 依存语法概述

依存语法是由法国语言学家特斯尼耶尔在他的《结构句法基础》（1959）一书中最先提出的。他对语言学的主要贡献是提出了“结构句法”的一般理论。“结构句法”被后人称为“依存语法”或“从属关系语法”。为了提出一种普通的语法理论，他对古希腊语、古罗马语、罗满族语、斯拉夫语等十几种语言做了大量的对比研究，其著作建立在对人类语言进行广泛对比研究的基础之上，侧重于语言的共性。他的本意是建立一门跨越各国语言界限、客观揭示人类语言内在规律的句法理论，这对后来语言学的发展意义重大。

① 苗传江，张庆旭，李绘新. 功能合一语法[J]. 语言文字应用，1995（3）：78.

② 扎西加. 基于 FUG 的藏语句法形式化描述[J]. 中文信息学报，2013（3）：45-49.

依存语法认为句子中动词是支配其他成分的中心，而它本身却不受其他任何成分的支配。所有的受支配成分都以某种依存关系从属于其支配者。依存语法提出后，产生了很大的影响，特别是受到了从事语言自动处理工作的语言学家们的推崇。同时，利用依存语法进行句法分析也是自然语言理解的重要手段之一。

8.5.2 依存语法理论

依存语法是一种结构语法，所涉及的最小单位是词语，直接关注的是词语之间的依存关系，它就是用词语之间所组成的这些依存关系来描述一个句子的语言结构。L.Tesnier 认为“关联（connexion）、组合（jonction）和转位（translation）是概括一切结构句法现象的三大核心”[①]。其中，句法关联与依存语法是密切相关的，符合依存关系。句法关联建立起词与词之间的从属关系，这种从属关系即是依存关系，是由支配词和从属词联结而成的。而组合和转位是词之间所支持的另外两种关系。更准确地说，组合是并列词之间的关系。所谓并列词就是具有同一个支配者的多个从属者，或者具有同一从属者的多个支配者。转位是词语功能的转移。

20 世纪 70 年代，美国计算语言学家鲁滨逊（Robinson J.）提出了依存语法中关于依存关系的 4 条公理，分别如下：

（1）一个句子中只有一个成分是独立的。

（2）其他成分直接依存于某一成分。

（3）任何一个成分都不能依存于两个或两个以上的成分。

（4）如果 A 成分直接依存于 B 成分，而 C 成分在句中位于 A 和 B 之间，那么 C 或者直接依存于 A，或者直接依存于 B，或者直接依存于 A 和 B 之间的某一成分。

上述 4 条公理所对应的依存图和依存树的形式约束分别为：单一父结点（single headed）、连通（connective）、无环（acyclicity）和可投影（Projective）。这 4 条公理保证了句子的依存分析结果是一棵有“根”的树结构，为依存语法的形式化描述及在计算机语言学中的应用奠定了基础。

1987 年，K. Schubert （舒贝尔特）在研制多语言机器翻译系统 DLT 的工作中，从语言信息处理的角度出发，提出了用于语言信息处理的依存语法的 12 条原则，分别如下：

（1）句法只与语言符号的形式有关。

（2）句法研究从语素到语篇各个层次的形式特征。

（3）句子中的单词通过依存关系而相互关联。

（4）依存关系是一种有向的同现关系。

（5）单词的句法形式通过词法、构词法和词序来体现。

（6）一个单词对于其他单词的句法功能通过依存关系来描述。

（7）词组是作为一个整体与其他词和词组产生聚合关系的语言单位，而词组内部的各个单词之间存在着句法关系，形成语言组合体。

（8）一个语言组合体内部只有一个支配词，这个支配词代表该语言组合体与句子中的其他成分发生联系。

（9）句子的主支配词支配着句子中的其他词而不受任何词的支配。除了主支配词之外，

① 刘海涛. 依存语法和机器翻译[J]. 语言文字应用，1997，3：89.

句子中的其他词只能有一个直接支配他的词。

（10）句子中的每一个词只在依存关系结构中出现一次。

（11）依存关系结构是一种真正的树结构。

（12）在依存关系结构中应该避免出现空结点。

舒贝尔特的这 12 条原则包含了鲁滨逊的 4 条公理，并且把依存关系扩展到了语素和语篇的领域，可计算性和可操作性更好，更加适合于自然语言处理的要求。

进入 20 世纪 90 年代，我国学者开始将依存语法的分析方法应用于汉语语料库语言学的研究。冯志伟教授首先将特斯尼耶尔（L. Tesnier）的从属句法理论引入我国的自然语言研究，他根据机器翻译的实践，提出了依存结构树应满足的 5 个条件：

（1）单纯结点条件：只有终结点，没有非终结点。

（2）单一父结点条件：除根结点没有父结点外，所有的结点都只有一个父结点。

（3）独根结点条件：一个依存树只能有一个根结点，它支配其他结点。

（4）非交条件：依存树的树枝不能彼此相交。

（5）互斥条件：从上到下的支配关系和从左到右的前于关系之间是互相排斥的，如果两个结点之间存在着支配关系，它们之间就不能存在前于关系。互斥条件相当于 4 条公理中的可投影条件。

这 5 个条件是互相关联、有交集的，比如一个句子有多个父结点必然会破坏非交条件或独根结点条件。冯志伟教授提出的满足依存树的 5 个条件完全从依存表达的空间结构出发，比 4 公理更直观、更实用。

8.5.3 依存语法的定义

“依存语法的概念可以追溯到公元 4 世纪印度语言学《སྒྲ་ལ་ཎི་པ》（班尼尼语法）对语义、句法和形态依存的分类研究，但一般认为现代依存语法理论的创立者是法国语言学家特斯尼耶尔。”[①]特斯尼耶尔的思想主要反映在他的《结构句法基础》一书中。特斯尼耶尔认为，句子的结构表现为各个构成成分之间的一层层递进的从属关系，它的顶端就成为一个支配所有成分的“中心结”。中心结在绝大多数情况下是动词，也就是说动词就是句子的中心。用词与词之间的依存关系来描述语言结构的框架称为依存语法（dependence grammar），也称为从属关系语法（grammaire de dependence）。它研究句子各构成成分之间的支配和从属关系。特斯尼耶尔并没有从正面给出依存语法的定义。周国光将依存语法定义为：“一种结构语法。它主要研究以谓词为中心而构句时由深层语义结构映现为表层句法结构的状况及条件，谓词与体词之间的同现关系，并据此划分谓词的词类。”[②]这个定义清晰地反映了依存句法的本质，它以其形式简洁、结构明了、兼顾语义、便于应用等优点，逐渐受到了研究人员的重视。

8.5.4 依存结构图

以上提到的依存结构需要满足的 4 条公理和 5 个条件都是依存语法的形式化描述，用来规定依存句法结构的合法性。其实“依存”指的就是词汇之间的二元不对等关系，即支配与被支

① 宗成庆. 统计自然语言处理[M]. 北京：清华大学出版社，2008：181.

② 周国光. 汉语配价语法论略[J]. 南京师大学报，1994（4）：103-106.

配的关系。这种不对等关系是有方向的，处于支配地位的成分称为支配者（governor，regent，head），处于被支配地位的成分称为从属者（modifier，subordinate，dependent）。在依存结构图中，依存语法的支配者和从属者被描述为父结点和子结点关系类型（ent&son or daughter），实际上，在句法分析中最常用的术语是（head & dependent），支配和被支配的关系用带有方向的边（edge）来表示。即词汇结点（lexical nodes）由一些二元关系（dependency relations）相连。依存语法本身没有规定要对依存关系进行分类，但为了丰富依存结构传达的句法信息，在实际应用中，一般会给依存树的边加上不同的标记。结点可携带的信息有：词本身（words）、词条（lemma）、pos 标注（part-of-speechtags）、形态特性（morphological properties）。边可携带的信息有：句法（语法）功能（syntactic functions）、语义角色（semantic roles）。

Maxwell 给出了各种语言依存模型所遵循的依存关系种数：德语 26 种，丹麦语 15 种，波兰语 18 种，孟加拉语 20 种，芬兰语 21 种，匈牙利语 21 种，日语 20 种，世界语 18 种，法语 21 种，汉语 36 种。周明和黄昌宁[①]等人曾将汉语依存关系的数目从 106 种减为 44 种，以降低处理代价。

常用的依存句法结构图式有有向图、依存树、依存投影树三种。[②]

常用的依存句法结构图式之一如图 8.14 所示，用带有方向的弧来表示两个成分之间的依存关系，可以称其为有向图。

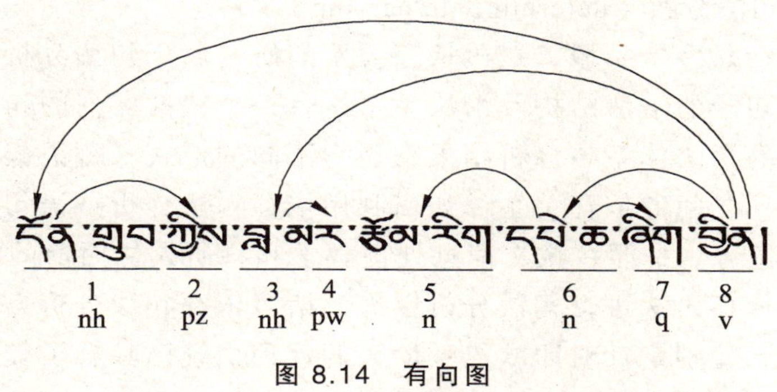

图 8.14　有向图

依存树如图 8.15 所示。

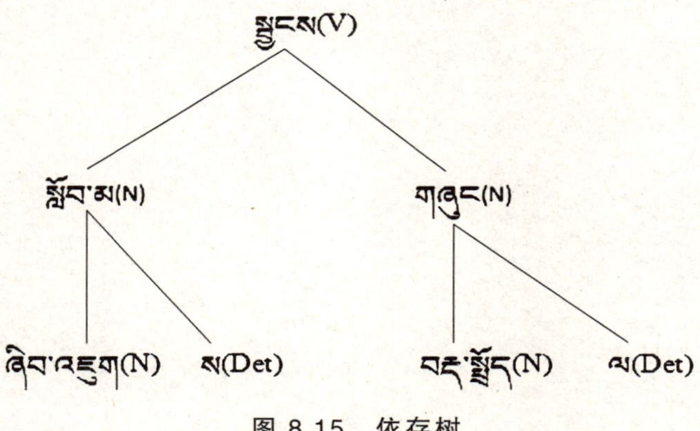

图 8.15　依存树

① 高玲玲. 基于依存语法的汉语句法分析研究[D]. 青岛：中国海洋大学，2009：10.

② 扎西加. 藏语依存树库的构建方法描述. 资料交流片段.

在藏语中，格标记（Det）与名词（N）之间的关系是：名词是中心词，格标记是从属词，格标记位于名词的右侧，三价动词也相同。这种从属关系如图 8.16 表示。依存投影树如图 8.17 所示。

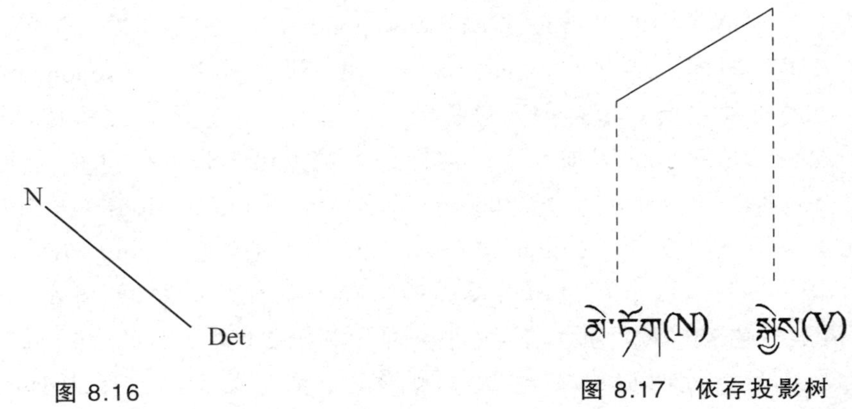

图 8.16　　图 8.17　依存投影树

句法分析是自然语言处理的关键技术。自然语言处理是计算机科学领域与人工智能领域中的一个重要方向。它研究能实现人与计算机之间用自然语言进行有效通信的各种理论和方法。自然语言处理的研究，也称为计算语言学，正成为计算机科学界的热门课题之一。目前句法分析方法主要有生成式的句法分析（generative parsing）、判别式的句法分析（discriminative parsing）和决策式的句法分析（deterministic parsing）3 种。

自然语言处理包括众多子领域，藏语依存关系的研究属于句法分析的子领域。句法分析的任务是自动分析出句子的语法结构及语法关系，将一个线性序列的句子转换成一个结构化的语法树。根据不同的语法体系，分析结果表现为不同的形式。藏语依存关系是基于藏语依存文法，确定句子中词之间的依存关系。如何利用依存句法分析藏语句法结构，并为藏文与其他文种的机器翻译服务，是摆在藏文信息处理教学和科研人员面前的一个任务。自从 1984 年 Hudson 开始使用依存语法进行句法分析以来，诸多依存句法分析方法已经逐步成熟，部分形成了完整的系统，特别是针对印欧语系语言的处理系统已具有了较好的效果。

第 9 章

藏语句法分析

自然语言句法分析的研究工作从 20 世纪 50 年代开始。1950 年 Weaver 设计实现了一个以简单“查字典”为基础的机器翻译原型系统，由此展开了对自然语言句法分析的研究。经过社会各界研究者的不懈努力，自然语言句法分析已取得了较大的进展，并且提出了多种分析方法。

自然语言是以句子为单位的，这些句子都存在一些结构和规则，而句法分析的任务是根据给定的语法，自动推导出句子的句法结构，确定句子所包含的句法单位以及这些句法单位之间的关系。其主要内容包括：句子中含有哪些词语；每个词语的句法范畴是什么，如名词、动词、形容词等；句子中更大的成分是什么；句子中包含哪些短语或者词组，如名词短语、动词短语、介词短语等；句子中各个成分或者短语怎样组合，从而构成整个句子的句法结构。本章介绍了基于规则和统计的藏语句法分析方法及相应的算法。

9.1 句法分析概述

完成句法分析任务的计算机程序或软件一般叫作句法分析器（parser)。“句法分析的目的主要有两个：一个是确定句子所包含的谱系结构，另一个是确定句子的组成成分之间的关系。”[①]句法分析的结果表达形式一般是层次分明、主从分明、联系类型明确的句法树。句法树就是指将句子的结构以树的形式表示出来。

什么是句法分析？句法分析也称句法剖析，是指识别一个句子并给句子指派一个结构的过程。对于不同的语法形式，对应的句法分析算法也不尽相同。由于短语结构语法特别是上下文无关语法应用得最为广泛，因此以短语结构树为目标的句法分析器被研究得最为彻底。其他很多形式语法对应的句法分析器都可以通过对短语结构语法的句法分析器进行简单的改造得到。

句法分析可以应用于词语处理系统中。如果一个句子不能被剖析，它就很可能是语法错误的。句法分析是语义分析表示的一个重要中间阶段，因此剖析在机器翻译、问答系统和信息抽取的应用中都起着重要的作用。

简单地讲，句法分析的方法大体分为两大类：基于规则的分析方法和基于统计的分析方法。基于规则的分析方法是指语言学家描述语言的语法。语言学家认为所有人类语言的构造

① 孟遥．基于最大熵的全局寻优的汉语句法分析模型和算法研究[D]．哈尔滨：哈尔滨工业大学．2003：1-16.

都是有层次的，层级结构可以以规则的形式表示出来，而规则的集合就是语法。对于一个输入的文字串，根据语法可以推导出该文字串的语法结构，从而判断出该文字串是否符合文法。基于统计的分析方法是用概率统计的方法来揭示语言单位内在的统计规律，它不是简单地判断该句子是否符合文法，而是估计出句子在语言中出现的可能性。

9.2 基于规则的分析方法

基于规则的方法，是以知识为主体的理性主义（Rationalism）方法。该方法以语言学理论为基础，强调语言学家对语言现象的认识，采用非歧义的规则形式来描述或解释歧义行为或歧义特性。在句法分析的研究过程中，基于规则的方法曾一度是句法分析的主要方法，该方法完全依赖于开发规则的知识工程师的语言知识和经验，通过人工组织语法规则、人工建立句法知识库，采用一些条件约束和检查来解决句法结构歧义。

从 20 世纪 50 年代开始，以乔姆斯基的语法理论为基础，出现了一些具有代表性的以规则为基础的系统（比如：BaseBall 系统、SIR 系统、STUDENT 系统），这些系统中都采取了在文本中查找简单的模式或某种正则表达式的方法。模式的特点是："对于模式中包含的现象可以较好地处理，但一旦遇到模式中没有考虑的语言现象，则做缺省处理，缺省的效果往往较差。因此在处理大领域的语言问题时，模式的方法难以胜任"[①]，后来 Woods 提出了转移扩张网络法（ATN），其中增加了正则表达式的能力，同时也克服了用有限状态机表达上下文无关文法时存在的限制。

从 20 世纪 80 年代初期开始，国际计算语言学界先后出现了一些新的语法理论，其中比较著名的有广义短语结构语法（GPSG）、词汇功能语法（LFG）、树邻接语法（TAG）等。这些理论将语言学和可计算性更好地结合在一起，它们对自然语言的表达更为有效，这些理论对句法分析的研究起到了一定的推动作用。

直到 20 世纪 90 年代，在基于语料库的句法分析方法出现之前，对语法理论的研究和如何在句法分析中应用语法理论一直是句法分析研究的热潮。基于规则的方法优点在于："可以最大限度地接近自然语言的句法习惯，可以被语言学家快速掌握；表达方式灵活多样，可以最大限度地表达研究人员的思想，对自然语言的表达非常有效，且有着较好的可计算性。"[②]

句法分析的过程就是将小的语法成分组合成大的语法成分的过程。虽然各种语法的形式相差很大，不过在句法分析的过程中采用的分析算法都是类似的。藏语也不例外，实际上句法分析算法是机器依据形式语法识别和分析句子并决定其结构的方法。

在自然语言处理中，我们更多地关心句法分析器的算法，因为句法分析器比识别器具有更强的能力，能够提供更多的信息。句法分析算法还应该包括采用的数据结构的构造、在分析之后如何表示句子的句法结构等各个方面。在通常的人类自然语言中，未经分析的句子都是采用线性的符号串来表示的。常见的分析算法有：自顶向下分析算法、自底向上分析算法、富田算法、左角分析算法、CYK 分析算法、Earley 算法等。它们在计算语言学中得到了广泛的应用，目前仍然有很强的生命力。下面结合藏语的特点逐一介绍这些算法[③]。

---

① 李向宏：自然语言句法分析研究现状和发展趋势[J]. 微处理机，2003（2）：4.

② 高玲玲. 基于依存语法的汉语句法分析研究[D]. 青岛：中国海洋大学. 2009：4.

③ 扎西加. 上下文无关文法与藏语句法分析[J]. 西藏大学学报：自然科学版，2013（2）：37-42.

9.2.1　自顶向下分析算法（top-down parsing method）

自顶向下的方法又称为基于预测的方法，也就是说，这种方法是先产生对后面将要出现的成分的预测，并根据这种预测制定规则预案，然后再通过逐步扫描分析待分析的字符串来验证规则预案。如果规则预案得到了证明，就说明待分析的字符串可以被认定为所预期的句法结构。如果在某一个环节上使用的规则预案同字符串之间出现了差错，那就要用另外的规则预案来替换（即回溯），然后继续扫描匹配。如果所有环节上所有可能的规则预案同待扫描分析的字符串无法匹配，那就说明待分析的字符串不可能是一个合法的句子，分析失败。

在进行句法分析之前先要建立藏语词典和规则库，其中词典中存放词的词性，规则库中存放藏语语法规则。藏语与英语、汉语在句法结构上有很大的差别，如英、汉属于 SVO（主+谓+宾）语言，而藏语是 SOV（主+宾+谓）语言；汉语为无形态语言，而藏语为形态丰富的语言，即藏语中有明显形态标志的格，一般出现在句子的中间。因此，我们不能照搬汉语或英语已建立好的规则库和词典，而需要根据藏语自身的特点建立规则库和词典。例如，我们提出这样的形式文法：

$G_z=\langle V_n, T_t, P, S\rangle$

$V_n=\langle$ S，NP，VP，Det，N，V，Prep $\rangle$

S= S

P：

<1>S→NP VP

<2>NP→N Det

<3>VP→NP VP

<4>NP→N Det

<5>VP→N V

<6>N→[བཀྲ་ཤིས]

<7>Det→[ཀྱིས]

<8>N→[སྨྱུ་གུ]

<9>Det→[ཡིས]

<10> N→[ཡི་གེ]

<11>V→[བྲིས]

根据重写规则，从初始符号开始，自顶向下地进行搜索，构造推导树，一直分析到句子的结尾为止。在搜索过程中，搜索目标首先是初始符号 S，从 S 开始，选择文法中适用的规则来替换搜索目标，并用文法规则的右边部分同句子中的单词相匹配。如果匹配成功，则抹去这个单词，在搜索目标中，记录下有关规则，然后继续对输入句子中的遗留部分进行搜索。如果分析到句子的结尾，搜索目标为空，则分析成功。藏语句子“བཀྲ་ཤིས་ཀྱིས་སྨྱུ་གུ་ཡིས་ཡི་གེ་བྲིས།”（扎西用笔写字）的分析过程如表 9.1 所示。

表 9.1 自顶向下分析过程

序号	搜索目标	输入状态
1	S ↓<1>	བཀྲ་ཤིས་ཀྱིས་སྨྱུ་གུ་ཡིས་ཡི་གེ་བྲིས།
2	NP VP ↓<2>	བཀྲ་ཤིས་ཀྱིས་སྨྱུ་གུ་ཡིས་ཡི་གེ་བྲིས།
3	N Det VP ↓<6>	བཀྲ་ཤིས་ཀྱིས་སྨྱུ་གུ་ཡིས་ཡི་གེ་བྲིས།
4	Det VP ↓<7>	ཀྱིས་སྨྱུ་གུ་ཡིས་ཡི་གེ་བྲིས།
5	VP ↓<3>	སྨྱུ་གུ་ཡིས་ཡི་གེ་བྲིས།
6	NP VP ↓<4>	སྨྱུ་གུ་ཡིས་ཡི་གེ་བྲིས།
7	N Det VP ↓<8>	སྨྱུ་གུ་ཡིས་ཡི་གེ་བྲིས།
8	Det VP ↓<9>	ཡིས་ཡི་གེ་བྲིས།
9	VP ↓<5>	ཡི་གེ་བྲིས།
10	N V ↓<10>	ཡི་གེ་བྲིས།
11	V	བྲིས།
	结束	

向下的箭头“↓”旁边注明规则的号码，搜索目标中有下划线的符号表示它是所使用规则的左边部分。根据这样的搜索过程，我们可以把这个藏语句子“བཀྲ་ཤིས་ཀྱིས་སྨྱུ་གུ་ཡིས་ཡི་གེ་བྲིས།”的推导树表示为图 9.1。

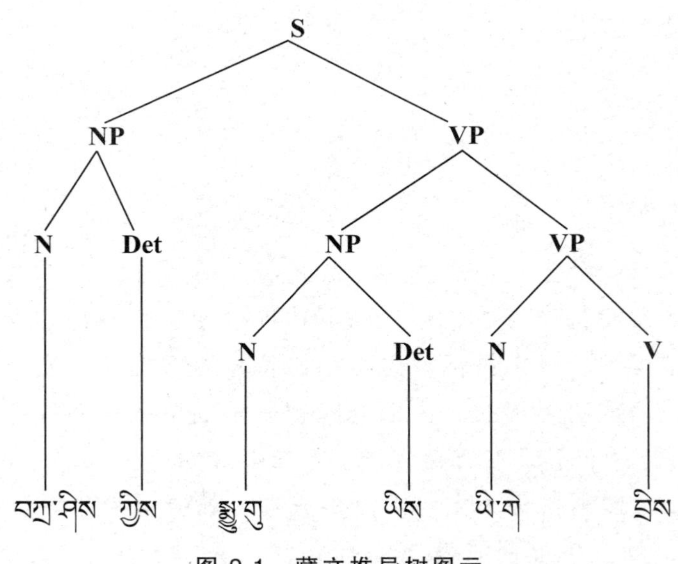

图 9.1 藏文推导树图示

9.2.2 自底向上分析算法（bottom-up parsing method）

自底向上的方法也叫基于归约的方法，也就是说，这种方法是先逐步扫描收取待分析字符串，把它们从局部到整体层层归约为可能的成分。如果整个待分析字符串被归约为开始符号 S，那么分析成功。如果在某个局部证明不可能有任何从这里把整个待分析字符串归约为句子的规则预案，那么就需要回溯。从输入句子的句首开始顺次取词，向前移进，并根据文法的重写规则逐级向上归约，直到构造出表示句子结构的整个推导树为止。自底向上分析算法实际上是一种“移进—归约算法”，它对句子中的单词取词是顺次“移进”，而在利用文法中的重写规则时是按条件“归约”。这种算法类似于编译技术中的自左向右算法。移进—归约算法的信息存放方式主要是栈（备存库），信息操作方式主要有移进、归约、拒绝、接受。这种算法利用一个栈来存放分析过程中的有关历史信息，并且根据这种历史信息和当前正在处理的符号串来决定究竟是移进还是归约。所谓移进，就是把一个尚未处理过的符号移入栈顶，并等待更多的信息到来之后再作决定。所谓归约，就是把栈顶部分的一些符号，由文法的某个重写规则的左边的符号来替代。例如，我们提出这样的文法：

$G=<V_{n}, T_{t}, P, S>$

V_{n}=< S，NP，VP，Det，N，V，Prep >

S= S

P：

<1>S→NP VP

<2>NP→N Det

<3>VP→DP VP

<4>DP→D Det

<5>VP→N V

<6>N→[བཀྲ་ཤིས]

<7>Det→[ཀྱིས]

<8>D→[འབད་པ]

<9>Det→[ས]

<10> N→[ནོར]

<11>V→[བསྐྲུན]

这时，这个重写规则的右边部分必须与栈顶的那些符号相匹配。用这样的办法对栈中的符号以及输入符号串进行移进和归约两种操作，直到输入的符号串处理完毕并且栈中仅仅剩下初始符号 S 的时候，就认为输入符号串被接受。如果在当前状态，既无法进行移进，也无法进行归约，并且栈中并非只有唯一的初始符号 S，或者输入符号串中还有符号未处理完毕，那么输入符号串就被拒绝，如表 9.2 所示。

表 9.2　自底向上分析过程

序号	栈	操　作	输　入
1			བཀྲ་ཤིས་ཀྱིས་འབད་པས་ནོར་བསྐྲུན།
2	བཀྲ་ཤིས	移　进	ཀྱིས་འབད་པས་ནོར་བསྐྲུན།
3	N	用规则<6>规约	ཀྱིས་འབད་པས་ནོར་བསྐྲུན།

续表 9.2

序号	栈	操 作	输 入
4	N ཀྱིས	移 进	འབད་པས་ནོར་བསྒྲུན།
5	N Det	用规则<7>规约	འབད་པས་ནོར་བསྒྲུན།
6	NP	用规则<2>规约	འབད་པས་ནོར་བསྒྲུན།
7	NP འབད་པ	移进	（ས）·ནོར·བསྒྲུན།
8	NP D	用规则<8>规约	（ས）·ནོར·བསྒྲུན།
9	NP D （ས）	移进	ནོར·བསྒྲུན།
10	NP D Det	用规则<9>规约	ནོར·བསྒྲུན།
11	NP DP	用规则<4>规约	ནོར·བསྒྲུན།
12	NP DP ནོར	移 进	བསྒྲུན།
13	NP DP N	用规则<10>规约	བསྒྲུན།
14	NP DP N བསྒྲུན	移 进	
15	NP DP N V	用规则<10>规约	
16	NP DP VP	用规则<5>规约	
17	NP VP	用规则<3>规约	
18	S	用规则<1>规约	

这时，栈中只剩下初始符号 S，而且输入符号串为空，该句子被接受，分析成功。我们可以把这个藏语句子“བཀྲ་ཤིས་ཀྱིས་འབད་པས་ནོར་བསྒྲུན།”的推导树表示为图 9.2。

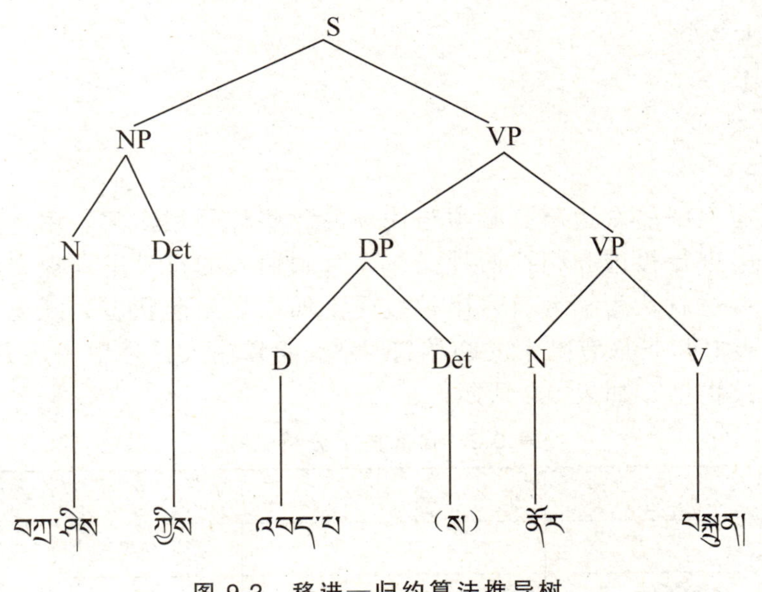

图 9.2 移进—归约算法推导树

在某个时刻，往往既可以进行移进操作，又可以进行归约操作，这种情况称之为“移进

—归约冲突”，简称为“移归冲突”；在某个时刻，往往会有多个规则都能满足归约条件，这种情况称之为“归约—归约冲突”，简称为“归归冲突”。什么时候进行移进操作，什么时候进行归约操作，怎样定义归约的条件，这些问题是移进—归约算法的中心问题。

9.2.3　富田算法（Tomita algorithm）

美国卡耐基·梅隆大学的计算语言学家富田胜于 1985 年提出了富田算法，这是一种扩充的 LR 算法，也是一种基于上下文无关的短语结构语法的高效的自然语言分析算法。富田胜在这种算法中引入了图结构栈、子树共享和局部歧义紧缩等技术，提高了算法的效率。

图结构栈是由栈表技术、树结构栈技术发展而来的。“使用栈表技术时，对进程的操作是并行进行的，每一个进程对应于一个栈，每一个进程的动作与标准的自左向右分析一样。栈表技术的缺点是各个进程之间没有关系，任何一个进程都无法利用其他进程已经做过的分析结果，而且当出现歧义时，栈表数目会呈指数增长。为了克服栈表技术的缺点，引入了树结构栈。树结构栈的具体做法是：如果几个进程处于相同的状态，那么这几个栈的工作就会一样，直到进行到某一时刻，该栈顶顶点被某一归约动作弹出。”[①]为了消除冗余，可以把这几个进程归结为一个进程，只要在几个进程之间，对应的栈顶顶点具有相同的状态，就将这几个进程合并。这时，这些栈就变成树形结构，树的根节点便是栈的顶点，因此叫作树结构栈。在树结构栈中，当栈顶被弹出时，树结构栈又会分解为原来的几个栈。实际上，系统可能会并行地存在几组树结构栈，系统中的栈从总体来看构成了一片森林。尽管树结构栈可以大大地缩减计算量，但树结构栈的枝干数目仍然会随着歧义的增加而呈指数上升。为了解决这个问题，富田胜提出了“图结构栈”。采用树结构栈技术，当栈分裂时，要将整个栈复制若干个。但在实际中，不一定整个栈都复制，只要将栈的某些部分分裂一下就可以了。当一个栈分裂时，就被表示为一棵树，栈底对应于树的根。利用栈合并技术，可以将栈表示为有向无环图，这样就形成了图结构栈。

采用图结构栈技术，富田算法不会对输入句子的任何部分以同样的方式作两次或两次以上的分析。这是因为“如果两个进程以同样的方式分析句子的某一部分，那么，这两个进程就会处于同样的状态，就一定会被组合成一个进程。由于采用了图结构栈，分析算法的空间复杂度和时间复杂度都大大降低”[②]。一个自然语言的自动分析系统应该能够求出歧义句子的所有分析结果，并且将它们以合理的方式表达和存储起来，以便在后面的阶段进行歧义消解处理。但是，由于分析时所得到的歧义句子的总数可能随着句子长度的增加而呈指数增长，即使是输出所有的分析结果，也得花费指数时间的代价。因此，必须有效地表达句法分析的结果，使得分析森林的规模不会呈指数增长。为此，富田胜提出了“子树共享”和“局部歧义紧缩”。所谓“子树共享”，就是指如果几棵树存在一个共同的子树，那么，这样的子树只表达一次，构成一个“共享森林”。

为了实现“子树共享”的技术，不再将具体的语法范畴符号放到栈中，而只在栈中存放指向共享森林某一节点的指针。当分析器移进某一个单词时，它就会产生一个叶节点，这个叶节点的标记是该词及其词性。此时不是直接将该词及其词性压入栈中，而是只压入一个指向这个新创建节点的指针。如果已经有一个相同的叶节点存在，则把一个指向已经存在的节

---

①② 郑家恒，等. 智能信息处理[M]. 北京：科学出版社，2010：170-171.

点的指针压入栈中，就不再为它创建新的节点了。当分析器在栈中归约时，只需从栈中弹出相关节点的指针，创建一个新的节点，这个新节点的后继节点就是这些弹出的指针所指的节点，然后再将一个指向这个新创建节点的指针压入栈中。

当两个或两个以上的子树具有相同的节点，并且这几棵子树的根具有相同的非终极符号时，这若干个子树就构成一个“局部歧义”。如果一个句子的局部歧义太多，那么这个句子的总的歧义数量就会呈指数增长。因此，需要进行“局部歧义紧缩”。

局部歧义紧缩的工作方式如下：当出现局部歧义时，表达局部歧义的子树的根就被合并为一个节点，这个节点叫作“紧缩节点”，而合并之前的子树的根节点叫作这个紧缩节点的子节点。在图结构栈中，如果两个或两个以上的符号顶点具有相同的状态顶点并在其左边，又有相同的状态顶点并在其右边，就表示存在一个局部歧义，因此，这些符号顶点指向的节点就会被紧缩为一个节点。

富田算法对于自然语言的分析效率很高，在自然语言的计算机处理中得到了广泛应用。

9.2.4 左角分析法（left-corner method）

左角分析法是一种把自顶向下分析法和自底向上分析法结合起来的分析法。例如，采用自顶向下分析法，其分析过程应该是 A—B—C，是先上后下，如图 9.3 所示；如果采用自底向上分析法，其分析过程应该是 B—C—A，是先下后上，如图 9.4 所示；如果采用左角分析法，其分析过程就应该是 B—A—C，是有下有上，如图 9.5 所示。所谓左角指的是任何一个句法子树中左下角的那个符号。

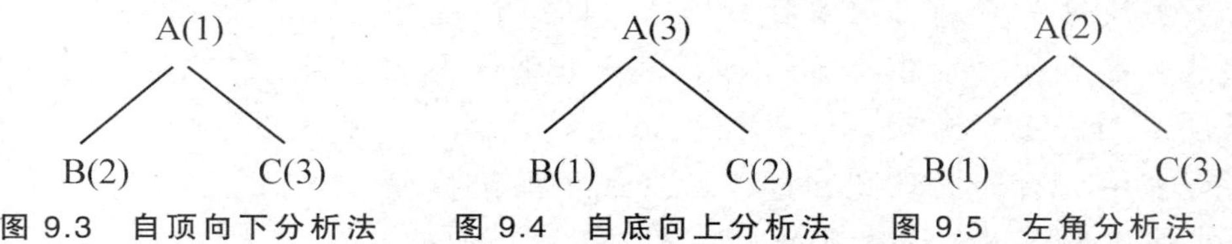

图 9.3 自顶向下分析法　图 9.4 自底向上分析法　图 9.5 左角分析法

当输入的符号串属于这种文法所描述的语言时，加入回溯机制能够保证输入符号串被接受。但是，当输入的符号串不属于这种文法所描述的语言时，通过多次回溯而没有新的选择可以回溯，输入符号串就将被拒绝。系统地回溯能够保证算法的正确性，但回溯同时也夹着大量的重复和多余的计算。

美国计算语言学家马尔库斯于 1980 年提出了用人工的方法对归约的条件加以控制，从而避免了回溯，这就是马尔库斯确定性分析算法。“马尔库斯的确定性分析算法由两部分组成：模式部分和行为部分。模式部分说明栈及缓冲区的内容在什么样的情况下，分析算法可以执行行为部分所表明的操作。”[①]在行为部分允许的操作中，有的类似于归约、移进；有的将栈顶元素移到缓冲区；有的将缓冲区的成分移出，挂到栈顶所放成分的节点之下。

美国计算语言学者伊尔利于 20 世纪 70 年代提出了伊尔利算法。这种算法在左角分析法的基础上，把自顶向下分析法和自底向上分析法结合起来，在分析过程中交替地使用这两种分析法。首先自顶向下预测某个语言成分的起点，找出起点之后，再自底向上长成一棵子树。伊尔利算法提出了“点规则”，这种“点规则”采用在规则中加点的方式来系统地表示已经建

① 郑家恒. 智能信息处理[M]. 北京：科学出版社，2010.

成的结构部分和有待进一步分析的结构部分，从而有目的地从左到右对句子进行分析，提高了分析的效率。

9.2.5 CYK 算法

CYK 算法主要是一种自底向上的剖析算法。CYK 算法的这种自底向上的性质，使得它在处理词汇的语法时非常有效[①]。CYK 算法最早是由 Cocke-Younger- Kasami 提出的，这是一种并行的句法分析算法。CYK 算法是以乔姆斯基范式为描述对象的句法分析算法。乔姆斯基范式的重写规则形式为：

$$A \to BC \quad A \to X$$

其中，A、B、C 都是非终极符号，X 是终结符。

乔姆斯基范式把单个的非终极符号重写为两个非终极符号 B 和 C，反映了自然语言的二分特性，在语言信息处理中便于用二叉树来表示自然语言的数据结构，更加适合于描述自然语言。显而易见，乔姆斯基范式的重写规则是上下文无关的短语结构语法的重写规则 $A \to \omega$ 中，当ω=BC 时的一种特殊情况。由于任何的乔姆斯基范式与上下文无关的短语结构语法都是等价的，因此，这样的限制并不失其一般性。CYK 算法由小型分析树开始逐渐扩大，同样的分析树绝不重复运算，不需要进行回溯，规则都采用乔姆斯基范式，这是它的优越之处。

Eisner 于 1996 年提出了用于依存句法分析的扩展 CKY 算法。该算法的核心概念是 span。span 是指连续出现的两个以上的词序列所具有的依存结构，同时除了 span 两端的词可以没有支配词外，span 内的所有其他词都应具有父节点。为了避免形成环路以及单个词产生多个根的问题，Eisner 认为两个相邻的 span 能够添加连接弧合并是有条件的：

（1）前 span 右端的词是后 span 左端的词，即前、后两个 span 在一端是重叠的。

（2）前 span 必须是最小 span。所谓的最小 span 是指自身不能分解成两个较小的 span，即前 span 的两端的词具有依存关系，存在一条连接弧。

（3）前 span 和后 span 的重叠词已经在前 span 或后 span 中具有唯一的父节点。

如果两个相邻的 span 满足以上条件，那么在前 span 的左端词和后 span 的右端词间可能存在一条连接弧。与用于短语句法分析的 CKY 算法不同的是，该算法在合并两 span 的同时也需要决定连接弧的方向。

9.2.6 Earley 算法

此处先对文中术语做一些约定：称 CFG 的规则右部任意位置加入一个点为 LR（0）项目，形如 A→…•（“…”），表示任意由终结符和非终结符组成的串且可为空串；形如[LR（0）项目，状态编号]的一个二元组称为一个 Earley 项目（简称项目）；一个 Earley 状态（简称状态）是 Earley 项目的集合。状态从 0 开始编号，并称之为初始状态，之后每分析过一个终结符产生新的状态且状态编号加 1。

Earley 算法有 3 个动作，令 V_N 表示非终结符集，V_T 表示终结符集，S_i 表示编号为 i 的状态，则 3 个动作的描述如下：

---

① [美] Daniel Jurafsky，James H Martin. 自然语言处理综论[M]. 冯志伟，孙乐，译. 北京：电子工业出版社，2005：286.

（1）预测（Predictor）：若[A→X_1•…C…X_m，j]∈S_i，且 C∈V_N，则对于文法中每个形如 C→Y_1…Y_n的规则，在状态 S_i 中增加新的形如[C→•Y_1…Y_n，i]的项目（点在规则右部最左端的项目称为起始项目，包含下面的初始项目）。

（2）完成（Completer）：若[A→•X_1…X_m•，j]（这种点在规则右部最右端的项目称为归约项目）∈S_i，且有[B→…• A…X_m•，k]∈S_i，则在 S_i 中增加新的形如[B→…A•…X_m•，k]的项目，这个新的项目称为 completed 项目。

（3）扫描（Scanner）：若项目[A→•X_1…a•…X_m•，j]∈S_i，a∈V_T，且当前读入的句子的符号 x=a，则在 S_{i+1} 中增加新的形如[A→•X_1…a•…X_m•，j]∈S_i的项目。

下面是 Earley 算法的描述，其中 S 是文法初始符，S′是新增非终结符，∅表示空集。

给定输入字符串：X=x_1…x_2…x_n（$x_i \in V_T$，$i=1,\cdots 2,n$）；

① S_0={[S′→•S，0]（初始项目）}

② for=0 to n do

顺序处理每一个项目 s∈S_i，对 s 依次使用如下可行的操作，直至不产生新的项目（新增项目在最后）

预测（向 S_i 添加新的项目）

完成（向 S_i 添加新的项目）

扫描（向 S_{i+1} 添加新的项目）

if S_{i+1}=∅退出循环；

End for

③ if=n and={[S′→•S，0]∈S_{i+1}接受 X}

else 拒绝 X

从 Earley 算法的描述中，可以看出 Earley 算法是一种自顶向下与自底向上相结合的分析算法。它从文法初始符出发，进行自顶向下的预测（Predictor），并根据当前读入的终结符对项目进行自底向上的选择（Scanner）。另外 Predictor 是从左向右的推导过程，而 Completer 是从左向右的归约过程。

Predictor 是一种自顶向下预测推导的过程，因此这一过程可以结合 LL（k）方法的预测筛选的思想。执行 Predictor 时，根据当前读入的符号对起始项目进行筛选。LL（k）分析算法对 LL（k）文法每次预测时都有唯一的一个规则被选出，因此可根据文法事先构造一张 LL（k）分析表，然后直接由这张表对句子进行确定的 LL（k）分析。Earley 算法分析的是任意的 CFG，但它具备了自顶向下预测规则的能力，因而 LL（k）算法的预测机制可以应用在 Earley 算法中。这虽然不会改变 Earley 算法的时间复杂度，但是许多情况下有可能极大地减少分析过程中状态产生的项目数目，这样做不但节省了存储空间，而且可以减少后续状态执行 Completer 操作时查找前面状态中的项目所花费的时间。

9.3 基于统计的分析方法

随着计算机技术和互联网的飞速发展，以及统计理论的逐步成熟，大规模收集语料库并使用计算机处理已成为可能。自 20 世纪 90 年代以来，随着语料资源的获取变得容易，基于统计的方法开始在自然语言处理领域成为主流。这种方法采用统计学的处理技术从大规模语料库中获取语言分析所需要的知识，放弃人工干预，减少对语言学家的依赖。

基于统计的方法分为有指导的和无指导的两种。“有指导的方法依靠人工标注的句法分析树库做训练数据，获得句法分析的知识；无指导的方法则使用未经过标注的数据，进行训练。”[①]无指导的方法的优点是省去了手工标注语料的繁重劳动。其缺点是用于学习的数据本身都是没有正确结果的，故分析的结果自然比有指导方法差很多。因此，无指导的方法通常用来辅助手工标注语料，或作为当训练数据较少时的一种平滑数据稀疏的方法。

基于统计的方法以数学模型和大规模语料库为基础，采用统计学原理从大规模语料库中获取语言分析所需要的知识，其核心思想是建立数学模型以表述某一种语言现象，然后在大规模语料库中对模型进行训练，使其满足已经获知的经验知识，最后用训练好的模型对未知的现象进行预测。统计方法都使用语料库作为唯一的信息源，所有的知识（除了统计模型的构造方法）都是从语料库中获得的，同时语言知识在统计意义上被解释，所有参量都是通过统计处理从语料库自动学习的[②]。目前，研究得最为充分、形式最为简单的统计句法分析模型是基于概率上下文无关文法（Probabilistic Context-Free Grammars，PCFG）模型、上下文依存的概率模型（context-dependent probabilistic model）、词汇语法的概率模型（lexicalized probalistic model）、基于历史的模型等。

9.3.1　基于概率上下文无关文法模型

基于概率上下文无关文法（PCFG）的句法分析自 20 世纪 80 年代提出以来，受到了众多学者的关注。由于这种方法既有规则方法的特点，又运用了概率信息，因此，可以认为是规则方法与统计方法的紧密结合。尤其是最近几年，随着统计方法研究的不断升温和统计方法必须与规则相结合的观点得到普遍认同，基于 PCFG 的句法分析方法研究备受关注。

20 世纪 80 年代以来，各国学者对 PCFG 进行了深入的研究，主要表现在：

（1）PCFG 推导及参数学习：Baker（1982）证明了 BW 算法可对 CNF 形式的 PCFG 求解；Lari、Young（1990）首次采用 Inside-Outside 算法自动估计 PCFG 参数；Pereira、Schables（1992）采用 BW 算法推导英语的句法以及每条规则的概率，其结果表明有指导的训练在概率文法推导中具有极其重要的作用；王挺、周强（1998）先后采用 Inside-Outside 算法研究了汉语的 PCFG 自动推导。

（2）分析算法：Fujisaki（1990）采用 VB 和 CYK 相结合的算法实现了一个基于 CNF 形式的 PCFG 的句法分析系统；Jelinek、Lafferty（1992）等人以自底向上的 CYK 算法总结处理 PCFG 的各种算法，包括 Inside-Outside 算法、Viterbi 算法等；Stolcke（1995）将 Early 算法与 PCFG 结合，给出了概率版本的 Earley 算法；Yao Yuan（1997）和 Goodman（1998）分别将 Inside-Outside 算法应用于基于 PCFG 的汉语和英语句法分析中。

此外，Corazza（1994）等人对如何利用 PCFG 进行句法分析和计算句子的概率进行了深入细致的研究。“虽然 PCFG 具有形式简洁、参数空间小和分析效率高等特点，且形成较完整的体系，但它在分析中忽视消歧所必需的上下文相关信息，消歧能力十分有限。”[③]

---

① 宗成庆．统计自然语言处理[M]．北京：清华大学出版社，2008：151.

② 周强．基于语料库和面向统计学的自然语言处理技术介绍[J].计算机科学，1995，22（4）：19-44.

③ 李向宏，等．自然语言句法分析研究现状和发展趋势[J]．微处理机，2003（2）：5.

概率上下文无关文法是把统计方法引入到上下文无关语法规则系统而形成的语法规则系统。"然而经典的 PCFG 实际上是建立在一些非常理想化的独立性假设的基础之上的，而这些假设并不符合实际，于是造成了 PCFG 的实际效果不理想。"[①]目前的概率上下文无关语法研究，主要集中在如何突破这些独立性假设上。通过逐步地放宽这些假设，分析的正确率可以得到很大的提高。

概率上下文无关文法在上下文无关文法的基础上加上了概率信息。一个上下文无关文法是一个四元组< N，T，S，R>，N 是非终结符号，T 为终结符号，S 为开始符号，R 是一个形式为 $N\ i\rightarrow A$ 的规则集（A 为 $N\cup T$ 中字母所构成的字符串）。一个概率上下文无关文法是一个五元组< N，T，S，R，P >，其中 P 为 R 中的每个规则赋予一个概率值。

该概率模型有三个无关性假设：位置无关、上下文无关和祖先无关。根据这三个假设，可以得到结论：分析树的概率等于所有使用规则概率的乘积。

对于一个输入句子 $S=W_1$，W_2，…，W_n，我们简计为：w_1^n。利用统计的方法我们想要得到分析树 π，使得 P（π/S）最大[②]。也就是希望通过句法分析器返回一个分析树 π（S），其中有：

$$T(S)=\arg\max_{\pi}=\frac{p(\pi,S)}{p(S)}=\arg\max_{\pi}p(\pi,S) \tag{9.1}$$

因此，可以通过计算句子 S 在所有可能的分析 π 中的概率值 p（π，S），然后选择出得到最大值的 p（π，S）并将其作为我们最终的分析结果。概率型上下文无关语法（PCFG）是对上下文无关文法的概率拓展，其通过为每条产生式规则指派一个概率值，扩展了标准的上下文无关语法（CFG）描述体系。利用 PCFG，可以通过计算分析树中所有使用到的规则的概率的乘积的方法来得到这一分析树的概率值，即 p（π，S），其公式为

$$p(\pi,p)=\prod_{r\in p}p(r) \tag{9.2}$$

公式（9.1）是建立在 PCFG 的三个无关性假设上的。而自然语言有着很强的上下文相关性，许多上下文因素，比如词语的语序、词语所在的位置、其前后关联的词等都对句法分析的最终结果有着很大的影响，因此这种做法并不适用于实际的自然语言处理。如何引入上下文信息到句法分析中，目前有许多研究方法。

一般统计模型是根据一组已知样本，即已知的输入和它们所对应的输出结果，用统计学习输入和输出之间的关系，建立统计模型，使之"对任意一个输入 X，给出它的输出结果为 Y 的概率"。"统计句法分析模型的目的是评价若干个可能的句法分析结果（通常表示语法树形式）是当前句子的正确语法解释的概率或在这若干个可能的分析结果中直接选择一个最可能的结果。"[③]选择一个好的句法分析模型就是选择一种能够合理评价句子句法分析结果的概率评价函数。基于概率语言模型建立句法分析模型是统计句法分析中常用的方法。统计学习基本步骤可总结为：确定特征空间；进行特征选择；根据选择的特征构造多种统计模型去拟合样本，基于某种评价方式选择某种统计模型。

① 林颖，史晓东.一种基于概率上下文无关文法的汉语句法分析[J].中文信息学报，2006，20（2）：1-2.
② 林颖，史晓东.一种基于概率上下文无关文法的汉语句法分析[J].中文信息学报，2006，20（2）：1-13.
③ 王继曾，任浩征，罗恒，等. 基于统计的句法分析方法研究[J]. 计算机工程与设计，2006，27（12）：1.

9.3.2　上下文依存的概率模型

1. 生成式依存模型

生成式依存模型中，把概率函数 $\mathrm{Score}(x,y)$ 定义为联合概率介 $\mathrm{Score}(x,y/\theta)$，使目标函数 $\prod_{i=1}^{n}\mathrm{Score}(x,y/\theta)$ 最大的 θ 为模型参数。其中，x 是已知序列，y 是目标序列。在依存分析中，已知序列是待分析的句子 S，输出是一棵结构化的依存树 T，整棵树的生成概率定义为树中所有节点生成概率的乘积。生成模型的目标是从训练语料库中获得参数 θ，使联合概率 $P(T,S)$ 最大，则最优的句法分析树 $t^*=\dfrac{\arg\max(T,S)}{t\in T}$，解码的任务就是寻找生成概率最大的依存树。在句法分析中可以运用词类信息、词汇信息以及结构信息进行消歧。Collins 的词汇依存概率模型和 Eisner 的依存生成概率模型是常用的生成式依存模型。

2. 判别式依存模型

判别式依存模型中，把概率函数 $\mathrm{Score}(x,y)$ 定义为条件概率 $\mathrm{Score}(x,y/\theta)$，使目标函数 $\prod_{i=1}^{n}\mathrm{Score}(x,y/\theta)$ 最大的 θ 为模型参数。其中，x 是已知序列，y 是目标序列。判别依存剖析模型常以分类器的形式用于句法分析中，首先把句法分析分解为一系列操作，然后用分类器选择当前应该执行的操作。常用的判别式依存模型有基于最大熵（Maximum Entropy，ME）的模型、基于支持向量机（Supported Vector Machine，SVM）的模型和基于决策树（Decision Tree）的模型等几种。在英语方面，Hall 用最大熵模型和最大生成树算法进行了英语依存句法分析。刘贵全等人用最大熵模型分析了汉语依存句法分析。“支持向量机是基于 Vapnik 提出的统计学习原理构建的一种线性分类器，其基本思想是使构成的超平面分割训练数据能够获得最大边缘（Large Margin）。”① Kudo Yamada 采用了基于 SVM 的分析器，在 Kyoto 语料库上获得了较高的准确率。决策树是另外一种比较典型的判别学习方法，它利用一系列的查询问答来判断和分类某一模式，后一问题的提法依赖于前一问题的回答，将全部问题集用一棵有向树表示，称为决策树。Jelinek 和 Magerman 首先将决策树的方法应用于句法分析，在英语的 Penn Treebank 上取得了 84%以上的准确率。

9.3.3　词汇语法的概率模型

基于词汇的句法分析方法根据包含在句子中的词的特性来区分句子的不同句法分析候选。20 世纪 80 年代初开始研究的许多计算语言学理论都指出词汇信息在句法分析中作用巨大，而且通过句法分析的实践也表明，单纯依靠词性很难获得理想的句法分析结果，因此将词汇语法理论与概率相结合产生出许多词汇语法的概率版本是一件十分自然的事情。Resnik（1992）和 K. Simaan（2000）描述了树邻接（TAG）语法的概率模型。Schabes（1992）提出了概率树邻接文法（PTAG），这种文法在上下文无关文法中的标准“替换”规则基础上增添了一种“附加”规则，以提高规则的上下文敏感性。Schabes 与 Resnik 的模型略有不同，Schabes 使用了无指导的方法估计模型的参数。这两个模型都取得了较好的效果。另外，Sarkar（1998）、Nederhofetal（1998）等人描述了对概率 TAG 文法的改进方法。Srinivas（1997）将词性标注的方法引入统计树邻接句法分析中，句子中的每个词在树邻接文法中的属性通过定义的属性

① 边肇棋，等. 模式识别[M]. 北京：清华大学出版社，2000：296-298.

标识符来表示。这种属性标识符与词性标注类似，可以利用词性标注的方法求得。一个句子首先经过这种标注，然后再根据 TAG 文法构造句法树。Lafferty（1992）描述了概率链接文法模型。Lafferty 给出了一种自顶向下的句法分析方法，即无指导的训练方法。

Alshawi（1996）提出了一种核心词的句法分析方法：一棵句法分析树由核心词及它的左右修饰关系表示。它描述了一种基于核心词的概率句法分析模型。Goodman（1997）在概率上下文无关文法中引入了复杂特征。Goodman 规定所有的规则前项只有两个结点，即二分形式的规则。每个非终结结点由一组属性-值对表示，允许表示词汇的合一关系，及远距离的依赖关系。在句法分析时采用了动态归化方法，并可以使用无指导的方法进行参数的选择。Charniak（1997）和 Collins（1999）等人将词汇依存关系引入到文法中，提出了一种基于词汇化的概率上下文无关文法的句法分析方法。规则中的每一个非终结结点与其核心词相联系，通过规则的概率体现核心词之间的依存关系。算法采用自顶向下的 PCFG 句法分析方法，并对 PCFG 进行了一定的局部改进。

9.3.4 基于历史的模型

Black 的模型使用的是一个手工书写的句法规则。Jelinek（1994）也描述了一个基于历史的模型，但它与 Black 的区别在于：Jelinek 使用的是从语料库中自动训练的句法规则。Jelinek 使用的是“自底向上的句法分析过程，规则的选取考虑组成规则的词性序列、规则生成的非终结符和规则中子结点与父结点之间的关系，规则的选择使用了决策树的方法”[①]。Magerman（1995）描述了 SPATTER 句法分析器，该句法分析器是 Jelinek 工作的延续。Magerman 还采用栈解码算法计算最优解树。由于采用了非常大的决策树，系统的性能得到很大提高。它使用 Penn Treebank 进行训练和测试，给出了一个基于 Penn Treebank 的句法分析结果。由于 Penn Treebank 是一个开放的语料库，因此 Magerman 的训练集和测试集被许多研究人员采用，成为测试句法分析器性能的一个公共标准。

综上所述，在英语方面使用较多的是由美国宾夕法尼亚大学开发的宾州树库（Penn Treebank），该树库在 1993 年完成约 300 万词次英语句子的语法结构标注，经过十余年的不断维护和修正，被公认为具有较高的一致性和标注准确性，是目前研究英语句法分析所公认的标注训练集和测试集。在汉语方面，中文的树库建设在近年来也得到了广泛的重视和巨大的发展。如清华大学于 1998 年建立了 1 亿汉字的语料库，着重研究歧义切分问题。美国宾夕法尼亚大学在 2000 年完成第一版中文树库（Chinese Tree Bank，CTB），约 10 万词次，4 185 个句子，其中汉语词性（prat-of-speech）被划分为 33 类，句法标记（Syntactictags）为 23 类。中国台湾“中央研究院”平衡语料库是世界上第一个带有完整词类标记的汉语平衡语料库，约 520 万词次。哈尔滨工业大学信息检索实验室构建的汉语依存骨架树库，是一个依存句法树库，约包含有 5 万个汉语句子。由中文语言资源联盟（Chinese LDC）建设的树库（TCT973）的规模为 100 万汉字，是目前为止规模比较大的中文句法树库之一。

大规模树库的建设和发展为统计句法分析提供了很好的知识获取来源和测试平台。在语料库语言学中，基于统计的处理技术是从语料库中获取各种所需要的知识的主要手段，其基本思想是：使用语料库作为唯一的信息源，所有的知识都是从语料库中获得的；语言知识在统计意义上被解释，所有的参量都是通过统计处理从语料库中自动获得的。

---

① 李向宏，等. 自然语言句法分析研究现状和发展趋势[J]. 微处理机，2003（2）：6.

第 10 章

藏语语义知识的表示

语义表示的目的，就是根据句子的句法结构和句中每个实词的词义，推导出能够反映这个句子意义的某种形式化表示。对句子进行正确的语义分析一直是从事自然语言理解研究的学者们追求的主要目标。随着对自然语言处理基础技术（如：自动分词、词性标注、句法分析等领域）的逐步深入研究，以及语义知识的分析在问答系统、信息抽取、机器翻译等领域的广泛应用，语义知识越来越受到从事自然语言处理的学者们的重视。本章系统地介绍了藏语语义和逻辑形式、基本逻辑形式语言、动词与逻辑形式中的状态、框架知识表示等内容。

10.1 语义和逻辑形式

准确定义语义（semantics）和意义（meaning）的概念是一件非常困难的事，因为这些词的原生用法和理论用法有一些不同的使用目的。例如，动词“འབར”有一种和原生义无关的用法。假设你今年的运气很不错，事事顺利，名利双收。别人可能会说“ད་ལོ་ཁྱེད་ཀྱི་རླུང་རྟ་མེ་འབར་བ་ནང་བཞིན་རེད།”。通过这句话，他想表达的意思是从“火”的本义延伸出的另一种用法。我们所指的意义与词的用法定义更接近，例如“སྔོན་པ་གྲོང་ནས་གྲོང་དུ་རྒྱུ་ཞིང་འགྲོ།”。这里采用“རྒྱུ”定义“འགྲོ”的意义。为了更准确，我们将研究更形式化的语言，通过这种语言不必借助自然语言本身就可以界定意义。但即便做到这一点，定义句子的意义仍很困难。例如，最近我去过一个机场，当我正走向登机门时，门口的一名警卫问我：“ཁྱེད་རང་གང་ལ་འགྲོ་བ་ཤེས་སམ།。”一般对这句话的解释是，问对方是否知道自己要去哪里。于是我回答“是”。但这个回答是基于对警卫意思的错误理解之上的，当他再问“འཛུལ་སྒོ་གང་ཡིན་ནམ།”就清楚地表明他想让我告诉他登机门号。因此，句子“ཁྱེད་རང་གང་ལ་འགྲོ་བ་ཤེས་སམ།”在不同的上下文中显然有不同的意思。

我们可以定义句子的上下文无关的意义吗？换句话说，是否存在一个层面，在这个层面上句子“ཁྱེད་རང་གང་ལ་འགྲོ་བ་ཤེས་སམ།”只有一个意思，但可以表达不同的意图，这是一个很复杂的问题，但是尝试找出一种方法会带来很多好处。首先是模块化。如果能够找出这样一个层面，我们就可以详细研究句子的意义，而不必考虑句子众多复杂的用法。但是，如果句子不存在上下文无关的意义，我们就无法将研究语言和研究一般的人类逻辑推理以及上下文区分开。在后面几节我们会看到，很多约束的例子都以上下文无关的词意义为基础。因此，从现在开始，在表示上下文无关的意思时，我们用“意义”（meaning）这个词，而在上下文相关的情况下，我们用“用法”(usage)这个词。上下文无关意义的表示称为逻辑形式(logical form)。将一个句子映射到它的逻辑形式的过程称为语义解释 (semantic interpretation)，将逻辑形式映射到最终的知识表示 (Knowledge Representation，KR) 语言的过程称为上下文解释 (contextual interpretation)。图 10.1 给出了一个各解释阶段的简单例子，图中标记的具体意义将在以后给出。

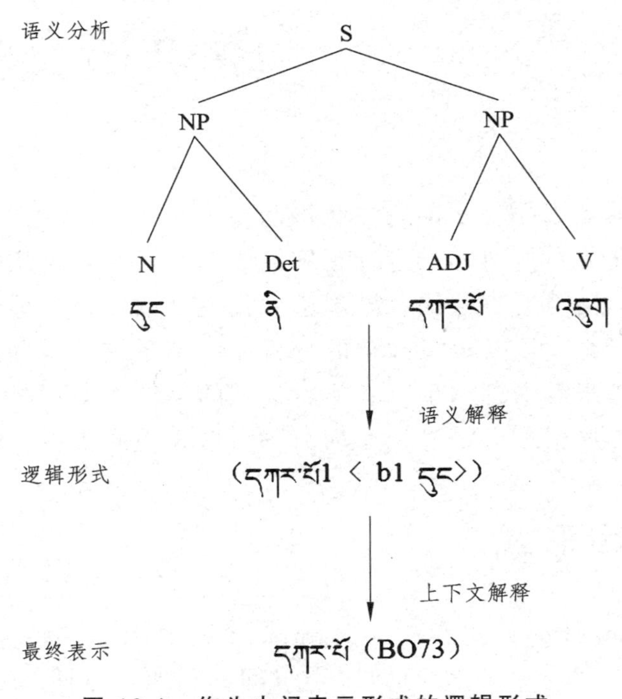

图 10.1 作为中间表示形式的逻辑形式

现在，我们假定知识表示语言等同于一阶谓词演算 (First-Order Predicate Calculus，FOPC)。在这个假设下，逻辑形式应该是什么样子呢？“在一些方法中，逻辑形式定义成话语的字面意义，这样逻辑形式语言就与最终的知识表示语言相同。假如从长期来看这个方案可行，则意味着知识表示形式要比现在 AI 系统里所用的表示形式复杂得多。”[①]例如，逻辑形式语言必须允许指示词 (indexical term) 存在。所谓指示词，就是由上下文界定的词。代词“ང”和“ཁྱོད”都是指示词，因为对它们的解释取决于说者和听者这种具体的上下文。事实上，大多数定指描述 (例如，“དུང་དཀར་པོ”) 都是指示词，因为所指的对象只能通过上下文才能确定。其他很多语言问题，包括对时态的解释以及判断量词的辖域，也都取决于上下文，因此无法在逻辑形式这一层面就确定下来。当然，这些问题在逻辑形式层面也可以被看成歧义，但这样行不通，因为每个句子都会有很多候选逻辑形式(例如句子“དུང་དཀར་པོ་རྒྱང་གྲགས་ཅན”对于颜色是白的，形状是圆形的每个物体都有不同的逻辑形式相对应)。

但如果逻辑形式语言不是知识表示语言的一部分，那它应该以什么形式呈现呢？在过去十年里语言学家已经提出了一种看起来行之有效的方法，这种方法提出了“情境”(situation) 的概念，并用它来解答前面的问题。所谓“情境”，就是客观世界的一个特定集合，这与英语中“situation”的直观意义非常吻合。例如，在上课时，你所处的情境中有学生和老师，有

① [美]Janmes Allen. 自然语言理解[M]. 2 版. 刘群，等，译. 北京：电子工业出版社，2005：181.

老师所讲的特定话语，有提问等。教室里还会有物品，比如黑板和座椅等。如果用更形式化的语言来表达，可以认为情境就是一个对象集合以及这些对象之间的关系。一个简单的情境可能只包含两个对象[一个“དུང（海螺）”B0005 和一个人 P86]，也包括两者的关系，即这个人拥有这个“དུང（海螺）”。我们可以把这个情境表示成集合{（དུང B0005），（PERSON P86），（OWNS P86 B0005）}。

语言基于它所传达的信息生成特定类型的情境。在任意会话或文本中，假设存在篇章情境（discourse situation），它记录了到目前为止所传递的信息。对新句子，要根据这个情境进行解释，并且生成包含新句子所传递信息的新情境。根据这个观点，逻辑形式就是一个函数，它将话语产生的会话情境映射到由新话语的出现所产生的新的篇章情境中。举例来说，假设我们刚才表示的情境由前面那些描述“དུང（海螺）”以及“དུང（海螺）”的主人的句子产生，那么句子“དུང་ནི་དཀར་པོ་འདུག（这个海螺是白的）”就会产生一个新的情境。这个情境包含了以前的情境，还有 B0005 拥有属性“白”这种新信息：{（དུང B0005），（PERSON P86），（OWNS P86 B0005），（དཀར་པོ B0005）}。图 10.2 给出了用这种观点进行解释的过程，它将逻辑形式视为从情境到情境的函数。图 10.1 与图 10.2 所展示的结构有所不同，因为后者可以不包括用知识表示法表示的单一定指表达式，而这种表达式可以完整刻画句子的“意义”。而且，逻辑形式可加以调整变化以产生最新的情境。这样，其他不能直接用句子的语义内容刻画的隐含意义也能够从话语中推断出来。

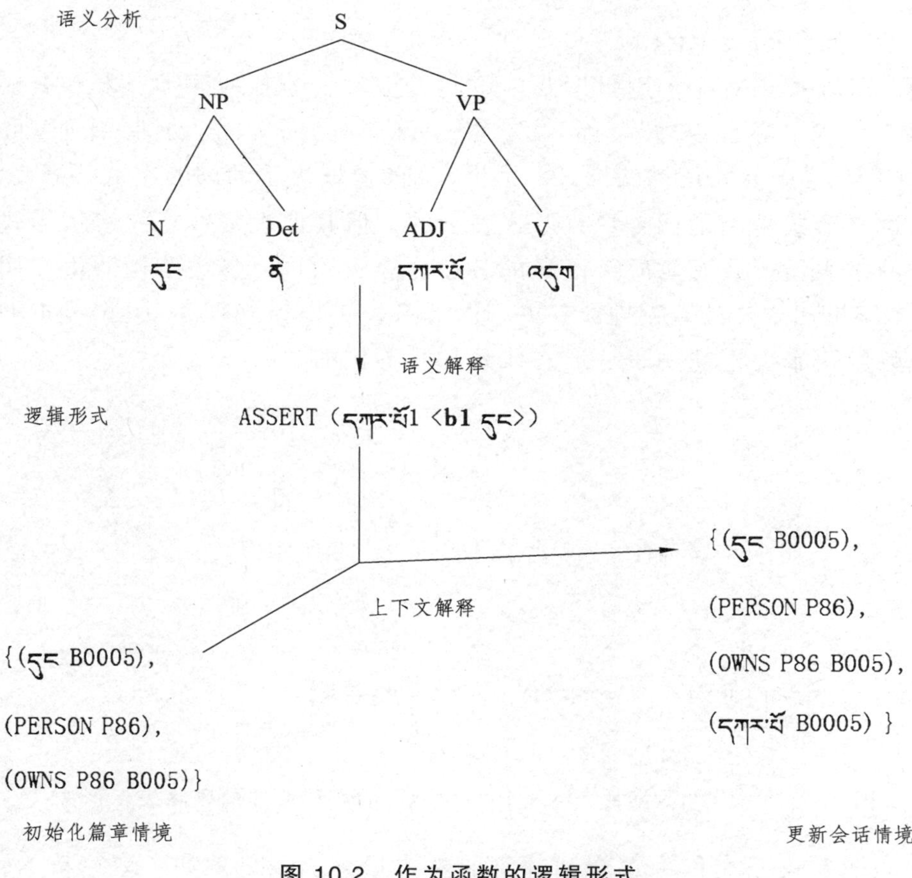

图 10.2　作为函数的逻辑形式

尽管很多语言现象都非常依赖上下文，但在语言中，仍存在相当多的与上下文无关的语义结构，这些结构可以通过语义解释过程生成逻辑形式。很多语义知识是由那些可以在词典中找到的信息组成的，包括词的基本语义属性（即，它们是否涉及关系、对象等），每个词都有不同意义，这些意义可以合并形成更大的语义结构等。

10.2 基本逻辑形式语言

本节介绍基本逻辑形式语言，通过它可以把基本单元组合起来表达更复杂的意思。这种语言与一阶谓词演算很相似，尽管其中有很多表达式使用了等价形式，如基于网络的表达式。词义将作为表达式的原子（atom）或者常量（constant）。这些常量可以根据所描述事物的类型进行分类①。例如，描述客观世界的对象，包括诸如事件和情境这种抽象对象的常量，称为词项（term）。描述关系和属性的常量称为谓词（predicate）。谓词后跟适当数量的词项作为参数就构成了语言中的命题（proposition）。例如，对应句子“མགྲིན་སྔོན་ལྷ་བ་ནི་བྱ་ཞིག་ཡིན”的命题由词项མགྲིན་སྔོན་ལྷ་བ1 和谓词བྱ1 构成，其形式可以写成：

（བྱ1 མགྲིན་སྔོན་ལྷ་བ1）

只跟一个参数的谓词称为一元谓词或属性。像དགའ1 这样可跟两个参数的谓词称为二元谓词。可跟 *n* 个参数的谓词称为 *n* 元谓词。对应于句子“མེ་ཏོག་མཚོ་མོ་པ་སངས་ལ་དགའ”的命题包含一个二元谓词དགའ1，其形式可写成：

（དགའ1 མེ་ཏོག་མཚོ་མོ1 པ་སངས1）

在藏语中，可以找到对应于逻辑形式中不同类型常量的各种词类。专有名词，比如“པ་སངས”，有词项的词义；普通名词，例如“བྱ”，有一元谓词的词义；而动词，比如“བྲོས”，“དགའ”和“བླངས”，都有对应于 *n* 元谓词的词义。这里，*n* 的值取决于动词的次范畴需要多少个词项。

虽然这里逻辑形式是用谓词—参数形式表示的，但其他大多数意义表示形式也有同样的区别。例如，网络表示形式有对应于语义的节点和表示谓词—参数结构的边。用语义网络形式表示句子“མེ་ཏོག་མཚོ་མོ་པ་སངས་ལ་དགའ”的意义，可以得到如图 10.3 所示的两种形式之一。对于大多数应用来说，这些表示形式体系都是等价的。

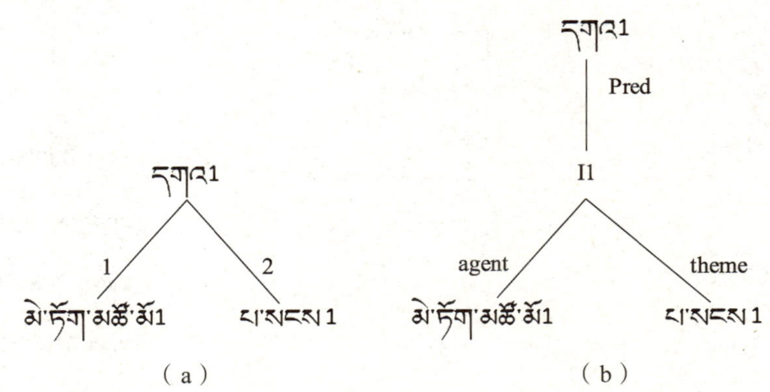

图 10.3 “མེ་ཏོག་མཚོ་མོ་པ་སངས་ལ་དགའ”的两种可能的网络表示形式

更复杂的命题要用一类称为逻辑运算符的新常量来表示。例如，运算符 NOT 能构造一

① [美]Janmes Allen. 自然语言理解[M]. 2 版. 刘群，等，译. 北京：电子工业出版社，2005：185.

类命题，这类命题表示某个命题非真。对应于句子“མི་ཏོག་མཚོ་མོ་པ་སངས་ལ་མི་དགའ”的命题是：

（NOT[དགག་སྒྲ]（དགའ1 མི་ཏོག་མཚོ་མོ1 པ་སངས1））

在英语中还有把两个或更多命题合并成一个复杂命题的运算符。一阶谓词演算中存在诸如析取（∨）、合取（&）、蕴涵（⊃）以及其他形式的运算符（一阶谓词演算中有 16 种真值函数二元运算符）。英语也有类似的运算符，包括 or，and，if，only if 等。同理，在藏语中也有类似的自由虚词和不自由虚词（དང་སྒྲ། འབྱེད་སྡུད། ལྷག་བཅས། ཅིང་ཞིང་སོགས།）充当这种角色。自然语言中的连词常常涉及句子间更复杂的关系。例如，连词“and”可能和逻辑运算符“&”对应，但它常常还涉及时序问题。例如，在“I went home and had a drink”中，“回家”发生在“喝”饮料之前。这些与藏语的“ལྷག་བཅས”桥接和“ནས་སྒྲ་མཚམས་སྦྱོར་བ”衔接功能类似，具有先后的时序关系。

另一方面，连词“but”和“and”很相似，这就同藏文的统分虚词一样。这种命题的一般形式是（连词　命题　命题）。例如，句子“མི་ཏོག་མཚོ་མོ་པ་སངས་སམ་ཡང་ན་ཕུན་ཚོགས་ལ་དགའ”的逻辑形式是[ORའབྱེད་སྡུད1(དགའ1 མི་ཏོག་མཚོ་མོ1 པ་སངས1)(དགའ1 མི་ཏོག་མཚོ་མོ 1 ཕུན་ཚོགས1)]。逻辑形式语言中同时存在对应于词义的运算符和类似于“&”这种直接来自一阶谓词演算的运算符。来源于逻辑的运算符用于连接那些在句子中没有显式连接在一起的命题。

利用刚才定义的简单命题，我们只能定义藏语中一组非常有限的子集的意义，也就是那些由简单动词形式和专有名词组成的句子。为了说明更复杂的句子，必须定义其他的语义结构。其中一个重要结构就是量词。在一阶谓词演算中，只有两个量词：∀和∃。

英语中的量词范围大得多，包括 all，some，most，many，a few，the 等。要使用量词，变量要以一阶逻辑的形式引入，但同时还存在一个很重要的差异。在一阶逻辑中，变量只在其量词辖域内起作用。因此，出现在两个不同公式中的同一个变量 x 的两个实例（比如，在公式 $\exists_x$，$p(x)$ 和 $\exists_x$，$Q(x)$ 中）要当作彼此之间毫无关联的两个完全不同的变量来处理。自然语言的情况则完全不同。例如，分析下面两个句子“A man entered the room”（一个男人进了房间）和“He walked over to the table”（他跨过了桌子）。第一个句子在会话中引入了一个新的对象，也就是某个男人。你可能想按逻辑中存在量词的用法来处理这句话的意思。但问题是，在第一句话中引入的“the man”在第二句话中是用代词“He”来指代的。因此，引入之后变量好像还继续存在。考虑到这种情况，每次引入一个篇章变量，就赋予它一个以前未用过的独一无二的名称。在正常的情况下，后面的句子会指向这个词项。

自然语言的量词有严格的作用范围，因此比一阶谓词演算中的量词更复杂。在一阶谓词演算中，范式 $\forall_x . p_x$ 为真，当且仅当对于论域中每种可能的对象 p_x 为真（也就是说，x 可能是语言中的任何一个词）。在自然语言中，这种句子是很罕见的。可能出现的情况是，我们也许会说“All dogs bark”或者“Most people laughed”，它们有一种通常称为广义量词的结构。这些量词一般用于如下形式的句子中：

（量词变量：限制命题　主体命题）

例如，句子“Most dogs bark”有如下逻辑形式：

（MOST1 **d1**：（DOG1 **d1**）（BARKS1 **d1**））

这表示 **d1** 中的大多数对象都满足（DOG1 **d1**），同时也满足（BARKS1 **d1**）。需要注意这与下面公式的意义迥然不同：

（MOST **d2**：（BARKSl **d2**）（DOGl **d2**））

这个公式表达的是“Most barking things are dogs”（大多数会吠的东西都是狗）的意义。

有一类很重要的广义量词对应于冠词“the”和“a”。句子“The dog barks”（狗会吠）的逻辑形式为：

（THE **x**：（DOGl **x**）（：BARKSl **x**））

这个逻辑形式为真，仅当上下文中有一条可以唯一确定的狗，而且这条狗吠了。显然，在客观世界的任何自然环境中都会有很多狗，因此对于句子的理解而言，借助上下文来确定正确对象就是关键因素。由于这个判断过程需要用到上下文，因此将这个问题的讨论推迟到第三部分进行。这里，只要能找到写出逻辑形式的方法就够了。与冠词（或者不带冠词的没有任何限定的名词短语）相对应的特殊量词集如图 10.4 所示。

量　词	用　途	例　子
THE	定指性指代	the dog
A	非定指性指代	a dog
BARK	无修饰成分的单数 NP（不可数名词） 或无修饰成分的复数 NP（泛指）	water，food，dogs

图 10.4　一些常见的量词

名词短语越复杂，产生的约束越复杂。例如，句子“The happy dog barks”（快乐的狗会吠）涉及合取约束，即（THE x：（&（DOGl x）（HAPPY x））（BARKSl x））。该式为真仅当上下文中存在唯一的 x 使（&（DOGl x）（HAPPY x））为真，而且 x 吠了。

为了处理像“The dogs bark”这种短语中的复数形式，需要引入另一种结构。这里，引入一种新的常量，称为谓词运算符，它以谓词作为参数并生成一个新的谓词。复数形式需要用到谓词运算符 PLUR。句子“The dogs bark”的意义可以表示为：

（THE x：（PLUR DOGl）x）（BARKSl x））

如果 DOGl 这个谓词对任何一条狗为真，那么（PLUR DOGl）这个谓词对于任何一群狗都为真。

10.3　动词与逻辑形式中的状态

到目前为止，动词都映射到对应的意义，这些意义在逻辑形式中充当谓词。该方法能处理各种不同的形式，却失去了一些普遍性。此外，它还有一些很难处理的性质。

分析下面的句子，它们都用到动词“བཅད།”：

བཀྲ་ཤིས་ཀྱིས་ཐག་པ་གྲིས་བཅད། （扎西用刀切断了绳子。）

གྲིས་ཐག་པ་བཅད།（刀切断了绳子。）

ཐག་པ་ཆད།（绳子断了。）

直观上，这几句话说的是同一件事，只是细节上有所区别。因此，只要把每个例子中的动词གཅོད映射到同一个意义上就很完满了。但这样有一个问题，这个动词的三种用法似乎说明了动词与数相关的几种不同意义：第一个表明扎西、绳子和刀三者之间的关系，第二个则是绳子和刀之间的二元关系，第三个则是只和绳子有关的一元关系。看来，需要提供གཅོད的3 个不同的意义བཅད1、བཅད2 和ཆད3 来表示它们的数之间的不同，并且生成如下的逻辑形式：

（1）（<PAST བཅད1>（NAME b1“བཀྲ་ཤིས”）< t1 ཐག་པ1> < g1 གྲི1>）

（2）（<PAST བཅད2> < g1 གྲི1> < t1 ཐག་པ1>）

（3）（< PAST ཆད3>< t1 ཐག་པ1>）

而且，要保证每个谓词都能正确地解释各自的意义。这些表达式需要一些定理来保证只要 1 为真，2 就为真，且只要 2 为真，3 就为真。这些定理常称为意义公设（meaning postulate）。但为每个动词都指定这样的约束条件相当困难。

Davidson（1967）提出一种新的表示方法来处理这种情况，以及更复杂的副词修饰形式。如按他的建议，我们可以在本体中引入事件，按下述方法来处理像“བཀྲ་ཤིས་ཀྱིས་གང་ཞིག་བཅད”这种句子的意思（已转换成我们的表示方法）：

（∃e1:（བཅད e1（NAME b1“བཀྲ་ཤིས”）（r1 གང་ཞིག1）））

这是一个断言，即 e1 代表扎西切断了绳子这个事件。现在，“བཀྲ་ཤིས་ཀྱིས་ཐག་པ་གྲིས་བཅད”的意思可以表示成：

（∃e1:（&（བཅད e1（NAME b1“བཀྲ་ཤིས”）（r1 གང་ཞིག1））
　　（INSTR e1< g1 གྲི1>）））

其优点在于，可以通过增加更多与事件有关的谓词把新的修饰语（比如“བྱེད་པ”，“དུས”或“གནས”）不断加入到基本表达式中去。因此，只要定义动词“བཅད”的一种意义就可以处理这几种情况。

这些关系一般称为论旨角色（thematic role）或者格角色（case role）。虽然不同的研究者有各自的角色集，但集合所需元素的数目都很少。直观上看，“བཀྲ་ཤིས”、“གྲི”和“ཐག་པ”在每句话中扮演同样的语义角色。“བཀྲ་ཤིས”是行为者（主体角色），“ཐག་པ”是对象（论题角色），而“གྲི”则是“བཅད”这个动作中所用的工具（工具对象）。实际上，这里提出了一种与语义网络所用的表示法相似的句子意义的表达式，语义网络中的所有对象都用一元或二元关系的词表示。具体来说，用刚才提到的 3 种语义网络，“བཀྲ་ཤིས བཅད ཐག་པ”的意义可以表示为：

（∃（&（བཅད e）（AGENT e（NAME b1 “བཀྲ་ཤིས”））
　　（THEME e<t1 ཐག་པ>）））

由于这种结构很常见，我们专门引入一个新的符号来表示它。如缩写如下形式的断言：

（∃:（&（Event-p e）（Relation$_1$ e obj$_1$）…（Relation$_n$ e obj$_n$）））

可以表示为：

（Event-p e [Relation$_1$ eobj$_1$]…[Relation$_n$ eobj$_n$]）

举例说明，句子“བཀྲ་ཤིས་ཀྱིས་ཐག་པ་པ་བཅད”的准逻辑形式用这种缩写方法表示为：

（<PAST བཅད1>e1[AGENT（NAME bl “བཀྲ་ཤིས”）]
　　[THEME< tl ཐག་པ1>]）

可想而知，除了事件动词之外，其他动词也可以有类似的参数。

很多著作都在争论是否有必要进行论旨角色分析，或者在谓词—参数类型的表达式中是否也能用其他方法得到想从论旨角色中得到的属性。虽然很难说论旨角色必不可少，但这种表示方式在很多语义表示语言中确实非常有用。

10.4 框架知识表示

语言是交流思想和传输信息的工具。既然交流的是思想，那么思想本身在计算机里的组织结构便显得格外重要了，因此如何将这些思想用结构化的形式去描述或表示便成为藏语自然语言处理中最为关键的一步。这在人工智能领域被称为“知识表示”。藏文自然语言处理若能在“知识表示”问题上有一点突破，将会对它的发展起重要的影响。因此，本节从框架知识的构成、框架知识的结构描述、框架知识的内部组织、框架知识的内部表示等方面，简要介绍藏文框架知识的表示方法。

10.4.1 框架知识概述

早在 20 世纪 70 年代末，美国语言学家菲尔墨（Fillmore）就从计算机科学中引入“框架”概念，并把它应用到 1997 年在美国加州大学伯克利分校由 Fillmore 主持的项目“基于语料库的计算词典编纂工程”[①]中。到 2009 年 5 月为止，该项目共收录了英语的 11 600 个词元，构建了英语的 960 个框架，其中 6 800 个词完成了列举标注，共标注了 15 万的框架语义信息。这个语义框架（Semantic Frame）的构建，为人们提供了研究英语词汇语义及句法结构意义的方法。

在国内，2006 年由山西大学的刘开瑛、由丽萍等人创建了一个以有限词语集合为描述对象的汉语框架语义知识库，共对汉语 1 760 个词元（一个义下的一个词）构建了 130 个框架，涉及动词词元 142 个、形容词词元 140 个、事件名词词元 192 个，标注了 8 200 条句子。截至目前，藏语在这个领域的研究可以说是一块未开发和挖掘的处女地。

10.4.2 框架知识结构与组织

10.4.2.1 框架知识结构

一般情况下，一个框架知识的结构是由一组跟框架有关的信息组成，即由实体及概念的各个侧面（face）的槽（slot）组成。顾名思义，框架就是一种结构，一种模式。一般地，框架知识的结构形式如下：

<框架名>
<槽名$_{1}$><槽值$_{1}$>| <侧面名$_{11}$><侧面值$_{111}$，侧面值$_{112}$，…>
　　　　<侧面名$_{12}$><侧面值$_{121}$，侧面值$_{122}$，…>
<槽名$_{2}$><槽值$_{2}$>|<侧面名$_{21}$><侧面值$_{211}$，侧面值$_{212}$，…>
　　　　<侧面名$_{22}$><侧面值$_{221}$，侧面值$_{222}$，…>
…

① 多杰卓玛.基于信息处理的藏文框架语义关系研究[J]. 西北民族大学学报：自然科学版，2010，31（1）：16-19.

<槽名$_k$><槽值$_k$>| <侧面名$_{k1}$><侧面值$_{k11}$，侧面值$_{k12}$，…>

<侧面名$_{k2}$><侧面值$_{k21}$，侧面值$_{k22}$，…>

一个框架一般有若干个槽，一个槽有一个槽值或者有若干个侧面，而一个侧面又有若干个侧面值。其中槽值和侧面值可以是数值、字符串、布尔值，也可以是一个动作或过程，甚至还可以是另一个框架的名字。

下面是一个描述“དགེ་རྒན”的框架：

框架名：<དགེ་རྒན>

类属：<ཡོན་ཏན་པ>

工作：其范围：（སློབ་ཁྲིད，ཞིབ་འཇུག）

缺省为：སློབ་ཁྲིད

性别：（ཕོ，མོ）

学历：（ཤེས་རམས་པ，རབ་འབྱམས་པ，འབུམ་རམས་པ）

类型：（<སློབ་ཆུང་དགེ་རྒན>，<སློབ་འབྲིང་དགེ་རྒན>，<སློབ་ཆེན་དགེ་རྒན>）

可以看出，这个框架的名字为“དགེ་རྒན”。它含有 5 个槽，槽名分别是“类属”、“工作”、“性别”、“学历”和“类型”。这些槽名的右面就是其值，如“<ཡོན་ཏན་པ>”、“ཕོ”、“མོ”、“ཤེས་རམས་པ”、“རབ་འབྱམས་པ”、“འབུམ་རམས་པ”、“སློབ་ཆུང་དགེ་རྒན”、“སློབ་འབྲིང་དགེ་རྒན”、“སློབ་ཆེན་དགེ་རྒན”等。其中“<ཡོན་ཏན་པ>”又是一个框架名，“范围”、“缺省”就是侧面名，其后是侧面值，如“སློབ་ཁྲིད”、“ཞིབ་འཇུག”等。

另外，用<>括起来的槽值也是框架名。比如，“དགེ་རྒན”的框架中又可以分出“སློབ་ཆེན་དགེ་རྒན”新框架，并对它赋以若干槽值和侧面值。一般来说，前者“དགེ་རྒན”为上位框架，后者“སློབ་ཆེན་དགེ་རྒན”为下位框架。

框架之间的层次关系对减少信息冗余具有重要意义，上位框架和下位框架之间逻辑上是种属关系，即一般和特殊的关系。下位框架可以继承上位框架的某些槽值或侧面值。因此，特性继承也是框架知识表示的重要特征。

由框架的形式可以看出，框架适合表达结构性的知识。因此，概念、对象等知识最适于用框架来表示。其实，框架的槽就是对象的属性或状态，槽值就是属性值或状态值。不仅如此，框架还可以表示行为（动作），因此，有些过程性事件或情节也可用框架网络来表示。

10.4.2.2　框架知识的内部组织

为了用框架知识的表示方法明确地描述出某领域的共有特性，我们将引进类（class）或域（domain）的概念，使各种不同实体及概念隶属于各自不同的类别框架，并且它们之间的联系用 is-a 链紧紧相连。框架知识及类别间的内部组织结构分为三个层面：类层、框架层、子框架层。每一个下层框架都包含在它的上层框架之中，通过绑定方式，将下层框架捆绑到上层框架上，并用框架间的关系链 is-a 把上层框架的特征及属性传递到下层框架。从结构上看，“框架的最顶层是固定的一类事物，基于概念的抽象程度表现出自上而下的分层结构，有效地实现了框架之间的继承关系”[①]。框架内部的组织结构图如图 10.5 所示。

① 多杰卓玛. 基于信息处理的藏文框架语义关系研究[J]. 西北民族大学学报：自然科学版，2009，30（1）：17-21.

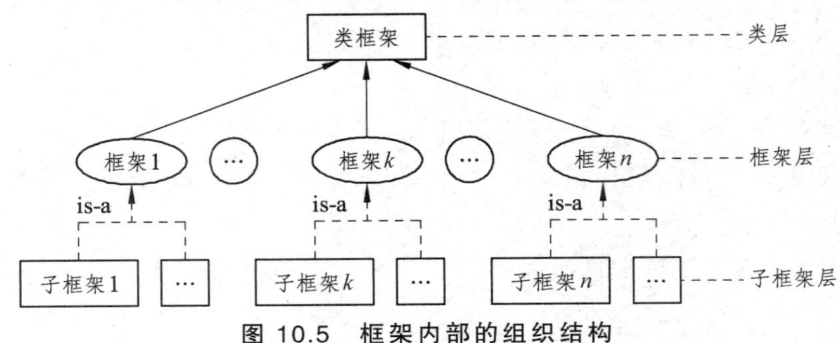

图 10.5　框架内部的组织结构

10.4.2.3　框架知识的内部表示

从框架知识的结构及内部组织来看，框架的槽就是对象的属性或状态，槽值就是属性值或状态值。如上所说，框架还可以表示行为（动作），一般用 if-needed、if-added、if-removed 等表示过程性知识的侧面，这样数据匹配和操作时可以自动触发相应的过程，以便于实现框架系统的智能化。

框架的内部结构采用链表的方式把概念以及知识一一表示出来，即用指针连接来实现，如图 10.6 所示[①]。链表结构方式有利于数据的动态管理，使得框架的各个槽及其侧面值随时都可以按照需求进行增减和删除，从而使知识的添加和删除操作简便易行。

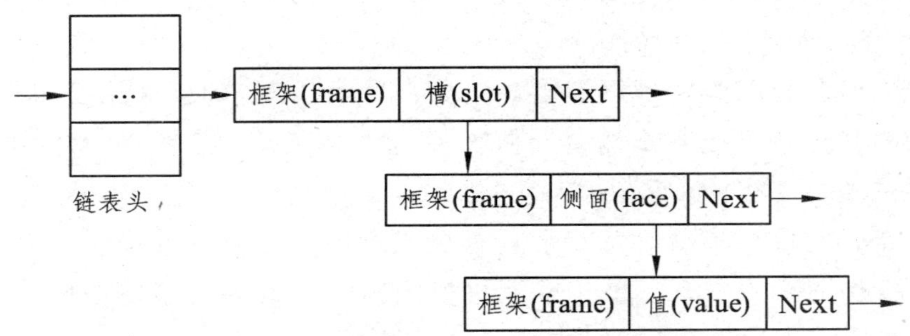

图 10.6　框架知识的内部结构表示图

藏语自然语言处理中，对藏语的词、短语、句子和篇章等基于语义内容的理解及翻译的研究离不开“知识的表示”这种基础工程技术的支撑，而“知识表示实际上就是对知识的一种描述，或者说是一种约定，一种计算机可以接受的用于描述知识的数据结构。对知识表示的过程就是把知识编码成某种数据结构的过程”[②]。

10.4.3　框架知识语义关系

框架的基本单元不是单一的藏文词语（词汇），而是与这个词语有关的背景信息和语义功能信息构成结构，这些词语将会出现在特定的句子或者一类句子中，给人们提供了概念在语言中的使用场景和动因，从而形成一个以概念为中心的语义场。这个语义场是指意义上跟框架有关联的词或者场景共同构成的一个集合，也就是各个词语凭借相互关系共同作用、相互维系的一个集合，它介于词语和世界知识之间。按照人类智能的类型，可将语义场划分为聚合场和联想场。有关文献构造的聚合场，由概念之间的类聚关系形成，由某一概念以及与

①② 多杰卓玛. 基于信息处理的藏文框架语义关系研究[J]. 西北民族大学学报：自然科学版，2009，30(74)：17-21.

这个相关的概念用特定的关系描述出来。联想场即是从意义和形态上类似的或者意义和形态上相近的概念间进行联想。

为便于理解，下面我们通过分析藏语词汇中框架知识的构成来对概念联想和框架知识成分进行描述。如对藏语中及物动词“(使)转”的词语“བསྐོར”而言，描写的场景是：一个人通过某种外力或自力使另一物体运动。这个场景联系着这样四个实体：发出这个动作行为的人、实施这个行为所要借助的工具、“轮子类物体”以及这种行为导致的运动状态。这里没有考虑“བསྐོར”在句子中所处的位置和它在上下文间的关系，而是单一的词汇“བསྐོར”所能联想到的一些场景的组织。

例句：བཀྲ་ཤིས་ཀྱིས་འཁོར་ལོ་བསྐོར་ནས་འཁོར།

在这个例句中，突出了转动者“བཀྲ་ཤིས”这个实体，理解者根据实践及以往的经验可以理解它的完整意义，即“བཀྲ་ཤིས”正在用自力或外力工具把轮子类物体转动并产生运转。这样的场景有三个实体、一个行为和一个目标：扎西(བཀྲ་ཤིས)、自力或外力工具(རྩོལ་ཤུགས་སམ་ལག་ཆ)、轮子类物体及由“བསྐོར”这个动作行为产生的结果(运转)(འཁོར)。

从以上例句可以看出，理解者理解词语的基本过程如图 10.7 所示[①]。一个框架知识的组织过程如图 10.8 所示。

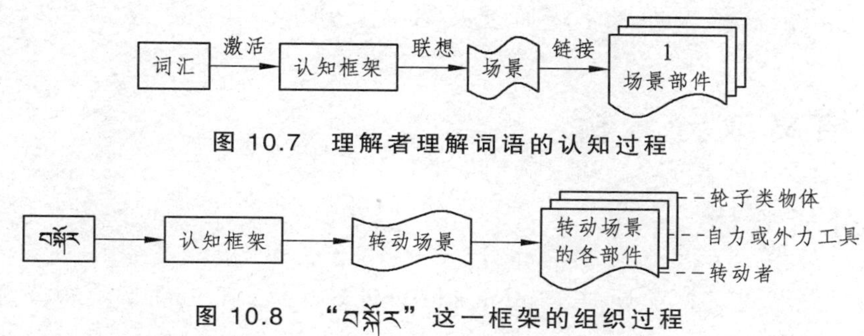

图 10.7　理解者理解词语的认知过程

图 10.8　“བསྐོར”这一框架的组织过程

图 10.7 和图 10.8 说明，词语在理解者的大脑中激活了一个完整的认知过程，使理解者带着这个预期的抽象结构，填入惯例性的内容，得以完整理解句子表达的事件，从而形成了以某个词语为核心的框架知识。

① 多杰卓玛. 基于信息处理的藏文框架语义关系研究[J]. 西北民族大学学报：自然科学版，2009，30(74)：17-21.

第 11 章

藏语语义分析

藏传因明学认为[1]，在语言意义上，世界是由概念架构并填充的一个系统。概念与概念之间的联系构成了知识，并为人类提供一种能够理解的模式用来认知事物。知识除了用来描述信息的概念、概念之间的关系以外，就其本身而言，还具有概括在描述事物时要遵循的规则或条件等作用。因此，对于信息的语义以及信息语义之间的关联关系的描述本身就是一种知识的表达，对知识的描述实际上也意味着对语义的描述。本章从藏语义素分析、语义特征分析、配价语法、格语法等方面入手来阐述藏语语义分析理论与方法。

11.1 藏语语义成分分析

11.1.1 义素分析概述

语义成分分析法也叫义素分析法（seme analysis）。1943 年，哥本哈根学派的创始人丹麦语言学家叶尔姆斯列夫（Louis Hjelmslev） 提出了词义可分的设想。美国的语言学家布龙菲尔德在 1955 年以前提出了“语义特征”术语。法国语义学家鲍狄埃（B. Pottier）提出了“义素”（seme）术语。1956 年，人类学家古迪纳夫在《成分分析以及意义研究》一文中提出了“语义成分分析法”[2]。1963 年，鲍狄埃和美国的卡茨（J. Kats）、福多（J. A. Fodor）等人都提出了语义成分分析法，引起了语义学和语法学界的高度重视。高名凯先生在《语言论》著作中阐述了“素位理论”，标志着义素作为词义单位第一次被引入我国。20 世纪 80 年代，我国的语言工作者开始将义素分析运用于汉语语义分析[3]。从此以后，义素分析在语义学研究领域被广泛地运用。

11.1.2 义素的基本概念

义素亦称语义成分（sense components），是构成义项的语义成分。它是语义系统的最小单位，是从一组相关的词语中抽象出来的区别性语义特征，又叫语义成分、语义特征、语义标示、语义原子。

---

① 多拉. 藏语语义理解中功能性虚词研究[J]. 西藏大学学报：社会科学版，2011，26（4）：106-112.
② 黎千驹. 论义素分析法与语义的模糊性[J]. 湖南文理学院学报：社会科学版，2005，30（5）：103.
③ 霍卿. 义素分析法研究综述[J]. 安徽文学，2011，8：180.

我们可以把义项分析为若干义素的组合。如“སྐྱེས་པ”这个义项可以分析为[ཕོ།、དར་མ།、མི།]。其中[ཕོ།]、[དར་མ།]、[མི]就是三个义素（方括号[ ]是义素的标记），这三个义素组合起来，就构成“སྐྱེས་པ།”这个义项。

义素是通过一组相关词语的比较而分析出来的相互区别的语义特征。如“ཕོ”的三个义素，就是通过“སྐྱེས་པ”与“བུད་མེད、བུ།、བུ་མོ།”相互比较而分析出来的，其中[ཕོ]这个义素是“སྐྱེས་པ”、“བུ།”与“བུད་མེད”、“བུ་མོ།”相互区别的语义特征；[དར་མ]是“སྐྱེས་པ”、“བུད་མེད”与“བུ།”、“བུ་མོ།”相互区别的语义特征；[མི]则是这些词共同的语义特征，又是它们与“ཕོ་ཕྱུགས”等词语相互区别的特征。

总之，义素不是语义的现实单位，而是隐含在义位中的语义因子，即语义成分、语义特征、语义标志。义素是语义原子，它处于潜在的精神世界，是理论分析的结果。

11.1.3　义素分析的原则

义素分析与一般定义相比，既有共性，又有个性。一般定义只解释个别词语的意义，而义素分析则往往分析一组相关的词语，系统地分析词语的意义。作为一种特殊的定义方式，义素分析不仅要遵守定义的原则，还有自己的一些原则。其基本原则可以概括为以下三点：

（1）相称性原则。分析出来的结果必须与义项的意义相等，所指范围不能过宽或过窄，也就是说不能大于义项，也不能小于义项。如“སྐྱེས་པ”若分析为[ཕོ།、མི།]，所指范围就过宽，不能区别于“བུ།”。“མེ་འཁོར”若分析为[མེ་ཞུགས་ལ་བརྟེན་ནས་སྐྱོད་པ།]、[ལྕགས་ལམ་དུ་བགྲོད་པ།]、[འཁོར་སྣམ་མང་པོ་དྲུད་ཡོད་པ།]、[འཕྲུལ་འཁོར་གྱི་རིགས་ཡིན་པ།]，所指范围就过窄，因为用“གློག་ཞུགས་ལ་བརྟེན་ནས་སྐྱོད་པའི་མེ་འཁོར”未能包括在内。

（2）区别性原则。义素分析必须在一定的语义系统中进行，即不仅要找出义项之间的共同义素，也要找出它们的区别义素。例如，分析“ཕུ་བོ།、ནུ་བོ།、གཅེན་མོ།、གཅུང་མོ།”这一语义场内四个义位的义素，先将这四个义位进行比较，找出它们之间的〔+ཤ་ཉེ〕和〔+སྤུན་མཆེད〕这两个共同义素。把“ཕུ་བོ།、ནུ་བོ།”进行比较，得到〔+ཕོ།〕这个共同义素。把“གཅེན་མོ།、གཅུང་མོ”进行比较，得到〔-ཕོ།〕这个共同义素。把“ཕུ་བོ།、གཅེན་མོ།”进行比较，得到〔+རབས་གོང་མ།〕这个共同义素。其中〔+ཤ་ཉེ〕和〔+སྤུན་མཆེད།〕是四个义位的共同义素，〔+ཕོ།〕是“ཕུ་བོ།、ནུ་བོ།”两个义位的共同义素，〔+མོ།〕是“གཅེན་མོ། གཅུང་མོ།”两个义位的共同义素，〔+རབས་གོང་མ།〕是“ཕུ་བོ།、གཅེན་མོ།”两个义位的共同义素。正因为这四个义位之间有共同的义素，就使得它们之间具有共同的语义特征，这样才能形成一个语义场。然而这四个义位的意义毕竟是不同的，因此它们之间必定具有区别义素。例如把“ཕུ་བོ།、གཅེན་མོ།”与“ནུ་བོ།、གཅུང་མོ།”进行比较，两者分别有〔+རབས་གོང་མ〕与〔-རབས་གོང་མ〕的区别义素；把“ཕུ་བོ།、ནུ་བོ།”与“ནུ་བོ།、གཅུང་མོ།”进行比较，两者分别有〔+ཕོ།〕〔-ཕོ〕的区别义素。这些区别义素也就是义位之间的区别特征。因此在分析区别义素时，特别要注意抓住此事物区别于彼事物的本质特征。

（3）简化性原则。义素分析应力求简明，在明确的前提下，应用尽可能少的义素来揭示词语的语义特征，即删掉那些不会影响义位意义的义素。譬如：“མནའ་མ”这个义项[མིའི་རིགས][བུད་མེད།] [གནས་ཡུལ་འགྲིམས་པ] [གཉེན་སྒྲིག་པ] [ཁྱིམ་བདག་མ]中的[མིའི་རིགས]和[ཁྱིམ་བདག་མ]被取掉了，也不会影响人们对“མནའ་མ”的理解。

11.1.4 义素分析的方法

美国语言学家鲍林杰在他的著作《语言面面观》一书中提出义素分析的方法：“要确定语义特征是什么，必须将两个词或更多的词进行对比。”①与此同时，美国语言学家尤金·A. 奈达（Eugene A. Nida）更明确地表达了这个观点，他在《语义结构探索》中提出了“要确定一个词的某个意义的构成成分，必须将这个词的意义和同一义场或邻近义场内的词的意义进行比较”②。因此义素分析法是将同属一个语义场的一些词放在一起，从意义上对这些词的义位进行对比分析，找出它们所包含的义素。由此可见，义素分析可分三步进行：

（1）先把若干个有相同语义基础的词归为一个语义场，即选出有关联意义的词群。

（2）对词群中的每一个词进行分析，分解为一系列的意义特征，把词群中的各个词互相比较，抽象出彼此相互区别的特征，总结出区别性特征。

（3）根据区别性特征给词下定义。

下面用简化义素来进行说明。简化义素就是系统而简明地揭示词语之间的异同，如表11.1、表11.2所示。简化可以从以下两方面着手：

一是用某些符号来揭示彼此间的异同。一般用＋、－表示两项对立的性质，用 →、←、↔表示两项或三项关系对立。

表 11.1 义素分析表

义素／词	有生命的	人类	男性	成年的
བུ།	+	+	+	−
བུ་མོ།	+	+	−	−
སྐྱེས་པ།	+	+	+	+
བུད་མེད།	+	+	−	+

通过义素分析，知道它们的共同特征是人、有生命的。“བུ”、“སྐྱེས་པ”与“བུ་མོ”、“བུད་མེད”的区别性特征是性别，“བུ”、“བུ་མོ”与“སྐྱེས་པ”、“བུད་མེད”的区别性特征是成年与否。

表 11.2 义素分析表

义素／词	区别性特征					
	人工制作	家具	用于坐	一人使用	有靠背	有腿
ཁྲིན་ཅོག	+	+	+	+	+	+
རྐུབ་བཀྱག་རིང་པོ།	+	+	+	−	±	+
རྐུབ་བཀྱག	+	+	+	+	−	+

① 方文惠. 国外语素分析理论和汉语语义研究[J]. 中国语文通讯，1982（2）.
② 周绍衍. 欧美语义学的某些理论与研究方法[J]. 语言学动态，1978（4）.

义素分析的结果是："ཁྲི་ཅོག"、"རྐུབ་བཀྱག་རིང་པོ།"、"རྐུབ་བཀྱག" 的共同特征是人工制作的有腿坐具；"ཁྲི་ཅོག"、"རྐུབ་བཀྱག" 与 "རྐུབ་བཀྱག་རིང་པོ།" 的区别性特征是是否只限一人使用，"ཁྲི་ཅོག" 与 "རྐུབ་བཀྱག" 的区别性特征是有没有靠背。以上两例说明，分析词义的义素，实际上是根据人们对某一词义的共同理解，用区别性特征将它与其他有关词最低限度地区别开来。

二是列出各个义素结构式。一般用"{ }"表示义项，用"[ ]"将义素组合括起来，义项与义素之间用"＝"或"："连接。表示近亲属关系的词语"ཨ་ཕ།、ཨ་མ།、བུ།、བུ་མོ།、ཁྱོ་ག、ཆུང་མ།、ཕུ་བོ།、གཅེན་མོ།、ནུ་བོ།、གཅུང་མོ"，就可采用以下列表：

{ཨ་ཕ}=[+ཕོ། →བསྐྱེད་བྱ་སྐྱེད་བྱེད་ཀྱི་འབྲེལ་བ།　　+ཤ་ཉེ]

{ཨ་མ} =[− མོ། →བསྐྱེད་བྱ་སྐྱེད་བྱེད་ཀྱི་འབྲེལ་བ།　　+ཤ་ཉེ]

{བུ }=　[+ཕོ། ←བསྐྱེད་བྱ་སྐྱེད་བྱེད་ཀྱི་འབྲེལ་བ།　　+ཤ་ཉེ]

{བུ་མོ}= [− མོ།←བསྐྱེད་བྱ་སྐྱེད་བྱེད་ཀྱི་འབྲེལ་བ།　　+ཤ་ཉེ]

{ཁྱོ་ག}= [+ཕོ།↔ བཟའ་ཚང་གི་འབྲེལ་བ།　　+ཤ་ཉེ]

{ཆུང་མ}= [− མོ།↔　བཟའ་ཚང་གི་འབྲེལ་བ།　　+ཤ་ཉེ]

{ཕུ་བོ} =[+ཕོ། ↔སྤུན་མཆེད་ཀྱི་འབྲེལ་བ།　→རབས་གོང་མ +ཤ་ཉེ]

{གཅེན་མོ}= [− མོ།↔ སྤུན་མཆེད་ཀྱི་འབྲེལ་བ། →རབས་གོང་མ +ཤ་ཉེ]

{ནུ་བོ}= [+ཕོ། ↔ སྤུན་མཆེད་ཀྱི་འབྲེལ་བ།　←རབས་འོག་མ།　　+ཤ་ཉེ]

{གཅུང་མོ}= [− མོ།↔སྤུན་མཆེད་ཀྱི་འབྲེལ་བ།　←རབས་འོག་མ +ཤ་ཉེ]

义素分析作为一种新的语义分析方法，有不少优点：它深入到义项内部，进一步说明义项的语义结构；它系统地反映了词语之间的区别与联系，能较好地解释语义的组合和聚合规律；它对语义分析的形式化和精密化很有帮助，为计算机更好地处理自然语言开辟了道路。但义素分析至今仍有不够完善之处：有不少词语难以进行义素分析；一种语言中到底有多少义素，也难以搞清楚；义素分析尚未形成客观的标准，有较大的随意性。这些问题都需进一步探索。

11.2　藏语语义特征分析

11.2.1　语义特征的定义

将"语义特征"这个概念术语借用到语法学中，"为的是做两件事：一件事，用以解释造成同性多义句法格式的原因；另一件事，用于说明在某个句法格式中，为什么同是动词，或者是形容词，或者是名词，而有的能进入，有的不能进入。因此语法研究中引入了'语义特征'的概念"①。因此，词与词在选择搭配时既有一定的语法限制，也有一定的语义限制。这种语义限制实际上就是词与词在语义成分上的适应性，如果没有这种语义的适应性，句法结构便不能组合起来。这种适应性，实际上就是语义特征的限制。为此，词语中符合某种组合选择的有区别性特征的最小语义成分就是语义特征。"语法研究中的语义特征分析，是指通

① 陆俭明. 现代汉语语法研究教程[M]. 北京：北京大学出版社，2005：106.

过分析某句法格式中处于关键位置上的实词所具有的共同的语义特征，来解释、说明代表这些实例的句法格式之所以独具特色、之所以与其他同性句法格式相区别，之所以允许这一部分词语进入而不允许那一部分词语进入的原因。”①

11.2.2 语义特征分析法的产生

变换分析法把句法分析从语法结构关系范畴扩大到语义结构关系范畴，通过变换，不但可以分化歧义句式或给原句式定性分类，而且可以扩大我们的视野，帮助我们把研究工作进一步深入。然而，变换仍然有其局限，它无法解释造成歧义的根本原因。诸如“台上坐着主席团”和“台上演着梆子戏”这类句子的格式相同，都是 NP[处所]+V+着+NP，而且内部构造层次、语法结构关系也相同，但它们的语义结构关系不同，遇到这样的同构异义的句子时，变换分析无法回答这个问题。因此，要对格式相同而语义相异的句子进行解释，就必须深入到语义层面寻找解释的因素。这一局限迫使人们寻找新的研究方法和解析手段，探求新的理论方法来解决这些问题。“变换法对以前的汉语句法分析，几乎都纠缠于语言形式方面，从显性语法形式到隐性语法形式，形式方面的研究已臻完善，很难出现重大突破，而语义方面却还有许多领域等待开发和进一步探讨。这就引起人们深思，形式研究中出现的棘手难题，其答案是否正埋藏于语义层面呢？”②在这样的背景下，语义特征分析法等语义分析法应运而生。

11.2.3 义素分析与语义特征分析的区别

义素（语义成分）分析法与语义特征分析法的区别在于：

第一，分析的对象不同。义素分析法致力于寻找并描写某个语义场中某个词语或一组词语的核心义及其附加义素。语义特征分析法主要考察在某个组合位置上出现的一组词所共同具有的某个语义因素，通过分析这些语义特征，可以有效地说明组合序列的语义或语法性质。语义特征往往只是一个或少数几个，而义素则不可能只有一个，往往为一组。

第二，分析方法不同。义素分析法从某个特定语义场入手，把意义相关的一组词各自的义项分解为若干个构成成分——即“义素”，对比分析相同及相异的义素，最后用矩阵图或其他形式手段进行描写。而语义特征分析法多以内省法为基础，使用变换、分化或其他方法找出对句法结构起决定作用的某个义素并用来进行解释。

第三，各自的内涵不同。义素和语义特征各有其特点。义素的外延比较广，它是将义项分解成尽可能多的特征后形成的集合，将这个集合组织起来便形成一个义项。理论上义素的数量是确定的，但实际上要分解出全部的义素难度很大而且没有必要，通常只需要分解出该词最主要的、有区别意义的那几个义素，达到辨义清晰的目的就可以了。而语法学只关心能影响某种句法组合能否成立的那些“语义特征”。

第四，分析的目的不同。义素分析法主要用于辨析同义词和反义词、词典编纂等方面，即服务于词汇研究。而语义特征分析法则旨在探究不同语法结构成立和形成歧义的原因，或者挖掘词语的某个语义特征对形成句法结构的影响，属于语法研究层面。语义特征分析法从

---

① 陆俭明．现代汉语语法研究教程[M]．北京：北京大学出版社，2005：121．

② 邵敬敏，周芍．语义性的界定与提取方法[J]．外语教学与研究（外国语文双月刊）．2005，37（1）：21．

语义入手解释句法上的形式对立，它既与“意义决定形式”的本质相符，又与藏语语法研究注重语义的传统一致，因此已成为藏语语法研究的重要方法之一。

11.2.4　语义特征分析法

“语义特征”(semantic features)，或者说“义征”，是语法学术语，指的是构成词义的若干义素中对形成某个句法结构起决定作用的那个特别重要的义素，也就是两类不同聚合的词语在相同结构组合中具有区别性特征的意义上的特点，可称之为辨义成分 (distinguisher)。“义素”通常是脱离句法而在语义场中分析而得。义素在外延上包括了语法分析中使用的“语义特征”。“语义特征”只是义素的一种或一部分，却是有特殊语法作用的一类。通过观察词的语义特征，我们能清楚地看到互相联系的义素是怎样围绕一个核心义素聚合形成大大小小的语义场，整个词汇系统又是怎样在这些语义场中不断运动的。对于核心义素而言，其他义素都起层次性的限定修饰作用，处于次要地位，而在某个特定的语义场内，非核心义素则成为各词语之间至关重要的区别特征。语法学家们从中看到，词语组合除了语法规则之外，还要受到语义的制约，“每一个词都具有一个可供组合的个体选择网络，你选择人家，人家也选择你，从而构成一个综合选择网络，这种选择关系主要是语义在起作用，一旦这种选择网络形成，那么会表现为一定的语法功能”[①]。这一理论使义项的组成明确化，使词与词的组合在意义上形式化，这就为语法的进一步研究开拓了广阔视野。

语言作为一种符号系统，其形式和意义之间总是呈现一种对等关系。语义配价是指充当补足语的词语在语义上是否与动词相容。但在藏语中这种宾语补足语与从属于动词的主语或宾语形成直接依存关系，与动词发生间接语义关系，宾语补足语有前有后，有时还在同一从属层面上有前后并列的情况。

在藏语领域，语义特征应该是尚未进行研究的一个方面。就藏语的句法结构而言，在语义特征分析中动词还是和施事、凭事 (工具或材料)、受事发生关系，同时具有语义的固定指向，有一定的可预见性，即从动词的语义可以预见和其相配的价的语义。这可能是语义特征在不同语言中体现的不同特点。

(1) 同构异义现象。语义特征分析可以解决如下同构异义的问题。例如：

A1：ཨ་སྟོན་དཀུང་/nnནས་/gjའབྲུག་/nnགཅིག་/mjགྲགས/vi།། NP1+P+NP2+MJ+VI

A2：དོག་མོ་ས་/nnནས་/gjལྷམ་/nnགཅིག་/mjསྐྱེས/vi།།　NP1+P+NP2+MJ+VI

A1、A2 句子不但格式相同，而且内部构造层次、语法结构关系也相同，但它们的语义结构关系不同，遇到这样的同构异义的句子时，变换分析无法回答这个问题。

(2) 动词语义特征。语义特征分析在解释动词的语义特征的同时还可以解决不同语言的内质的语义特征问题。

例如，藏语中的“འཐུང་།”(喝) 只能和饮用液体类联系，而不能和硬质的食物联系，如只和水、饮料、汤、酒、粥等发生语义联系，而不能同饭、菜、肉、面包等硬质食物联系。这同汉语的“喝”有些相似，但不完全等同。藏语的“འཐུང་།”(喝) 可以与西北面食中的“面片”发生联系，但在汉语中不能说“喝面片”。这是因为不同民族的语言中对于解决饥饿的行为描述有不同的侧重，汉语中把“吃”作为主要的行为，对它赋予更多的概念外延，而在藏语中把

① 邵敬敏．“语义语法”说略[J]．暨南学报：人文科学与社会科学，2004 (1)：101.

“’thung（喝）”作为重点，对它赋予这一行为中的重要外延。如汉语中可以说“吃晚饭”，而不说“喝晚饭”，但在藏语中刚好相反。因此，这种语义特征的实质源于不同语言的内质。

（3）名词语义特征。语义特征分析也可以阐释名词的语义特征问题。例如：

{ མི }= [+སྐྱེ་ཤེས། +དོན་གོ +སེམས་ལྡན། – སེམས་མེད།]

{ ཆུ། }=[+བརླན་པ། +བཤེར་བ། – སེམས་ལྡན། +སེམས་མེད།]

{ས། }=[+སྲ་བ། +མཁྲེགས་པ། – སེམས་ལྡན། +སེམས་མེད།]

{མེ }=[+ཚ་བ། +བསྲེག་པ། – སེམས་ལྡན། +སེམས་མེད།]

（4）语义组合特征。语义特征还可以解释为什么有些词语可以组合，有些词语却不能组合的现象。例如：

ཧ་ཅང་ཟོ། ཧ་ཅང་བཟང་། རབ་ཏུ་འབར།

*ཧ་ཅང་ཁང་པ། *ཧ་ཅང་སློག་ཅེ། *རབ་ཏུ་ཆས་གོས།

“ཧ་ཅང”是程度副词，而“ཟོ”、“བཟང”、“འབར”等属于事物性质和行为，也具有[＋程度性]，因此可以组合；但是“ཁང་པ།”、“སློག་ཅེ།”、“ཆས་གོས”则是具体的事物，具有[－程度性]，因此不可组合。

11.2.5　语义特征分析法的类别

语义特征数量众多，性质复杂，理论上讲也许可以穷尽，但实践中无法做到。对于语义特征，从不同的角度有不同的分类方法。美国语义学家尼尔森（Nilsen）把英语中的语义特征分为五类：

（1）语法-语义特征，也就是有语法形式标示的语义特征。

（2）内在语义特征，包括基本（概念、理性、逻辑）语义特征。

（3）谓语性语义特征，即动词谓语句与句中有联系的词语的相关语义特征，如使成、促成、施动、意向、结果、起点、终点、主动、影响、支配、起始等。

（4）状语性语义特征，指某些状语“不单说明谓语动词”，而且与整个句子乃至语段有联系，如地点、时间、方式（含质量）、程度范围（含数量）、原因（含动机）等。

（5）感受性语义特征，包括附属（感情、修辞、色彩）语义特征。

11.3　配价语法与藏语语义分析

11.3.1　配价理论的提出

20世纪30年代，维也纳的心理学家、语言学家卡尔·比勒（Karl BÜHler）对配价作为一种语法理论进行了论述。他在1934年出版的语言理论中指出：“每一种语言中都存在着选择亲缘性：副词寻找其动词，它类动词也是如此，某一词类中的词在自己的周围张开一个或者几个空位，而这些空位必须由它类来填补。”①荷兰语言学家格罗特于1949年出版了《结构句法》（*Structurele Syntaxis*）。书中不仅使用了“配价”这一概念，还系统地描述了建立在配价概念基础上的句法体系。他指出：“有些词类有不同的句法配价。配价指受一个别的词所制约和制约

① 李洁．德语配价理论的发展及成就[J]．外语教学与研究，1987（3）：35-41．

一个别的词的可能性或非可能性"[①]。但格罗特的书因荷兰语言所限，流传不广。

20 世纪 50 年代末、60 年代初，德国学者把特思尼耶尔的从属关系语法引进了德语研究。从属关系语法在德国一般叫作"配价语法"（valenz grammatik）。德国学者们十分重视这位法国德语教师的独特见解，经过多年潜心研究，他们完善了特氏尚不成熟的体系，使之成为当前公认的描写德语句子结构的最佳模式，特别是在对外德语教学上普遍采用了配价语法理论。另外，他们编写出版了有影响的配价词典，同时产生了一大批有成就的配价学者，如博林克曼（Hennig Byin Kmann）、艾尔本（Johanne Erben）、赫尔比希（Gerhard Helbig）、邦茨欧（Wilhelm Bondzio）、恩格（Ulrich Engel）、舒马赫（Helmut Schumacher）等，以致在国际语言学中有"配价语法理论产生在法国，发展在德国"的说法。配价语法理论的影响日益扩大，出现了研究配价语法的高潮。

我国语言学界朱德熙先生首先明确地把配价语法思想引进汉语语法研究。之后，张斌、吴为章、范晓、廖秋忠、刘丹青、袁毓林、张国宪、谭景春、朱景松、王玲玲、沈阳和陆俭明等学者先后发表文章，探讨配价理论，运用配价理论来观察、分析汉语语法现象，取得了可喜的成果。

11.3.2　配价的概念及表示方法

11.3.2.1　配价的概念

配价理论所用的"价"（法文 valence，德文 valenz，英文 valence/valency，汉语亦称"配价""向"）这一术语借自化学。化学中提出"价"（亦称"原子价"，或称"化合价"）的概念，是为了说明在分子结构中各元素原子数目间的比例关系。一般是取氢原子为一价，某种元素的一个原子能和多少个氢原子相化合，或者能置换多少氢原子，那么该元素就是多少价。比如：一个氧原子能和两个氢原子化合生成水分子 H_2O，因此，在水分子里，氧原子的化合价是 2 价；一个氮原子能和三个氢原子化合生成氨分子 NH_3，因此，氨分子里，氮的化合价是 3 价。

经过德国语言学家的发展，现在通常把价理解为语言符号（动、名、形）在其周围开辟一定数量的空位，并要求用特定成分予以填补的特性。配价语法认为，动词是句子的中心，它支配着别的成分，而它本身则不受其他任何成分的支配。之所以引进"价"这个概念，为的是说明一个动词能支配多少个名词词组。直接受动词支配的有名词词组和副词词组，名词词组形成"行动元"（actant），副词词组形成"状态元"（circonstants）。从理论上说，状态元是无限的，而行动元不得超过三个：主语、宾语 1、宾语 2。行动元的数目决定动词的价，动词可以比作一个带钩的原子，它能钩住（即支配）几个行动元，那它就是几价动词。也就是说，"能根据用以钩住人物语使其处于依附状态的钩子的多少，吸引相应数目的人物语。动词所带的钩子数目，因而也就是动词所能支配的人物语的数目，就是我们所说的动词的价"[②]。

11.3.2.2　配价的表示方法

1. 逻辑学的表示法

致力于自然语言符号化的逻辑学家把动词分为一元谓词、二元谓词、三元谓词，其逻辑形式化的表示如下：

① 李洁. 德语配价理论的发展及成就[J]. 外语教学与研究，1987（3）：35-41.

② 胡明扬. 西方语言学名著选读[M]. 北京：中国人民大学出版社，2007：297.

P（*x*）：一元谓词。比如：ང་འགྲོ།

P（*x*，*y*）：二元谓词。比如：སྣ་རིས་ཞིང་ལ་བརྒྱུན།

P（*x*，*y*，*z*）：三元谓词。比如：བཀྲ་ཤིས་ཀྱིས་སྣ་རིས་ཞིང་ལ་བརྒྱུན།

其中，*P* 代表谓词，它是一种函数（function）；*x*、*y*、*z* 代表主目（argument），它们是一些变量（variable）。

2. 线性表示法

线性表示法由横式表示法和竖式表示法构成，用来表示价数不同的动词跟其从属名词之间的依存关系。具体如（1）、（2）所示[①]。

（1）a←v 或者 v→a；　a←v→b

（2）

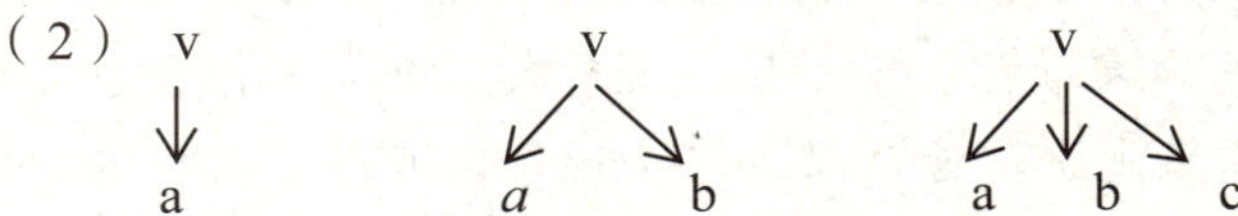

上述两个表示法中横式表示法占用的空间不多，但不便于表示三价动词；竖式表示法比较醒目，但占用的空间较多。这两种方法直观而形象地显示了动词和名词性成分之间的依存关系，带有明确的方向性。

3. 函数和自动机相结合的方法

不同价的动词像性能不同的机械装置，要求输入不同数量的名词性成分，才能生成合格的句子[②]。其表示方法如下：

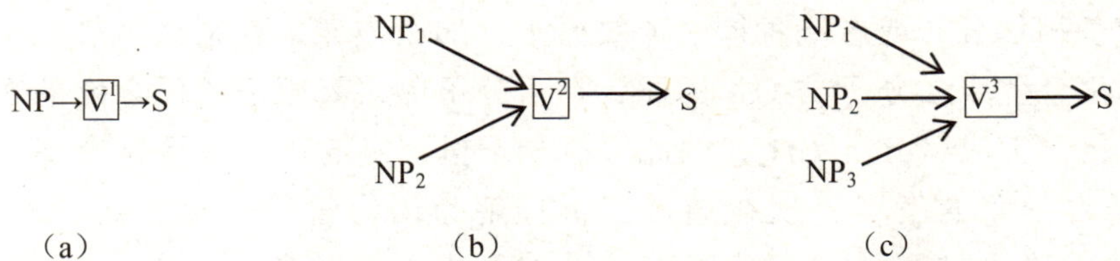

上述图示中如果抽掉动词形式，正如形成范畴语法的句法范畴表达式：

（a）V^1=S/N；

（b）V^2 =（S/N）/ N；

（c）V^3 =（（S/N）/N）/N。

在（a）中，“S/N”的直观意思是：一种吸收一个名称就可以造成语句的范畴，可以看作是一种 V^1 的功能的函数式表示。在（b）中，“（S/N）/N”的直观意思是：一种吸收一个名称就可以造成范畴（S/N），可以看作是一种 V^2 的功能的函数式表示。在（c）中，“（（S/N）/N）/N”的直观意思是：一种吸收一个名称就可以造成范畴（（S/N）/N），可以看作是一种 V^3 的功能的函数式表示。

11.3.3 配价的层次

德国学者从逻辑、句法和语义三个不同的层次来认识配价[③]：

---

①② 袁毓林. 汉语配价语法研究[M]. 上海：商务印书馆，2010：30.

③ 冯志伟. 自然语言处理的形式模型[M]. 合肥：中国科技大学出版社，2010：273.

（1）逻辑配价。德国学者邦茨欧（W. Bondzio）认为，在句法结构的组合过程中，词汇的意义提供了决定性的前提，词汇本身具有联结的可能，其联结的能力来源于词汇的语义特点，词义的概念核心反映了语言之外的现实中各种现象之间的关系。

例如，德语的 verbinden（联结）这个词的词义表示了联结者、联结的对象、同联结的对象相连的成分三者的关系，德语的 besuchen（访问）这个词的词义表示了访问者和被访者两者之间的关系。

邦茨欧认为价是词义的一种特性，是词义开辟的一定数量的空位。价体现的是一种逻辑语义关系。他主张用“空位”这个谓词逻辑的术语来表示词义所具有的关系。动词 verbinden 的词义含有三个空位，动词 besuchen 的词义含有两个空位。空位的数量完全是由单词的词义决定的，在词义的基础上产生的空位就是“价”，某个单词的词义含有的空位数就是该词的价数。这种由于词义的逻辑关系所决定的配价，叫作逻辑配价。

在不同的语言中，同一个概念所表示的逻辑配价的价数是相同的。在汉语中，“联结”这个动词也是三价的，“访问”这个动词也是两价的。不过，在某一具体的语言中，逻辑关系如何实现，则要借助于该语言特殊的表现方法。

（2）句法配价。逻辑配价在某一具体语言中的表现形式是不尽相同的，这种不同的表现形式，是由具体语言的特有形式决定的。逻辑配价在具体语言中的表现形式就是句法配价。例如，德语的“helfen（帮助）”这个动词的逻辑配价为三价：帮助者、被帮助者、所提供帮助的内容。这种逻辑配价在德语中的表现是：谓语动词需要变位，帮助者用具格表示，被帮助者用给予格表示，所提供的帮助用 bei 构成介词结构表示。“他帮助我工作”的德语是“Er hilft mir bei der Arbeit”。

同一语言中的同义词的逻辑配价是相同的，但往往具有不同的句法配价。例如，德语的 warten 和 erwarten 都表示“等待”，逻辑配价是一样的，它们都是二价动词，有两个空位：等待者、被等待者。但是，warten 的被等待者要用 auf 构成介词结构表示，而 erwarten 的被等待者则用宾格表示。比较：

Er wartet auf seine Freundin

Er erwartet seine Freundin

这两个句子的含义都是“他等待他的女朋友”。

（3）语义配价。语义配价是指充当补足语的词语在语义上是否与动词相容。语义配价在不同语言中往往有不同的特点。例如，汉语中可以说“喝汤”，补足语“汤”在语义上与动词“喝”是相容的。但是，在德语中，Suppe（汤）与 trinken（喝）是不相容的，德语中不说“eine Suppe trinken”（喝汤），而要说“eine Suppe essen”（吃汤），而在汉语普通话中是不能说“吃汤”的。这种语义配价也同样反映了不同语言的特性。

11.3.4　配价成分的定价原则及理论内涵

按照配价理论，“动词的结点在我们大部分欧洲语言里占中心地位，动词代表一个整出小戏剧，其中必然包括情节过程，大多数也包括人物和环境”[①]。假如把这些戏剧移用到语言中来，它们分别相当于价载体、补足语和自由说明语。

① 胡明扬. 西方语言学名著选读[M]. 北京：中国人民大学出版社，2007.：221.

补足语具有补足价载体意义的功能，是一种必要的句子构成成分。这种成分位于价载体的节点之下，出现的数量和种类都依存于价载体，并且由它的特性决定。典型的补足语由名词或相当于名词的词语担任，相当于传统语法中的主语、宾语和介词宾语。根据强制性的程度，补足语可以分为：

（1）必有补足语。必有补足语具有很强的强制性，是在语句中始终与谓语动词或形容词同现的补足成分。

（2）可有补足语。强制性较弱，是价载体语义上所联结的，但即便在表层结构中不出现也不影响句子语法合格性的补足成分。

（3）自由说明语。不具有补足价载体意义的功能，出现与否及数目不受价载体制约，与价载体没有任何语义上的必要联系。

11.3.5 配价理论与藏语格语法

配价语法认为：一个动词如果不支配任何性质的名词性词语，那它就是零价动词；一个动词如果支配一种性质的名词性词语，那它就是一价动词；一个动词如果支配两种性质的名词性词语，那它就是二价动词；一个动词如果支配三种性质的名词性词语，那它就是三价动词。

藏语的语法研究秉承梵语语法理论[①]，由于梵语语法是语言学三个重要的传统之一，因此，藏语语法有其自成一体的结构和体系。这一方面使藏语一开始就具有了较为前沿的理论依据和依此建立起来的相对完整的体系，另一方面也阻碍了藏语语法研究向现代语言学转变的可能，使其一直徘徊于仅有的固定模式里不能前进。

配价语法在句法自动分析中有其特殊的作用。配价语法或依存语法的三大核心是关联（connexion）、组合（junction）和转位（translation），三者基本概括了结构句法现象。藏语属于格语法范畴，其句法以格为主，特别是部分格中体现了“论元”结构句法，这些为藏语的配价分析提供了基础。接下来的三小节从藏语的动词配价、形容词配价、语义配价三方面来探讨藏语句法分析中配价语法的运用。

11.3.6 藏语动词配价

动词的价的数目依据行动元而定。行动元在藏语中以格语法来理解，就是配价除零价以外，还有施事、凭事（工具或材料）、受事三种。将这些语义角色与藏语句法相结合就会明白句法分析中的具体操作。

1. 零价动词

零价动词没有行动元，而没有行动元并不等于无价可配，因此被定义为零价动词。零价动词在藏语广义格中也有归类，被称为“ དེ་ཉིད ”，其定义是无宾语且行动元与行动本身融为

① 多拉.《藏语句子中的配价结构》. 资料交流版.

一体或只有状态元和行动，有相应的格标记，如གཉིད་དུ་ཡུར།（睡觉了）、ཇེ་གཙང་ལ་གྱུར།（变干净），其中སུ和ལ是格标记。

2. 一价动词

一价动词只有一个行动元，如ཁོང་གཉིད་དུ་ཡུར།（他睡觉）。就藏语的特点而言，零价动词加主语即加一个行动元就可归类为一价动词。

3. 二价动词

二价动词有两个行动元，如ཞིབ་འཇུག་སློབ་མས་བརྡ་སྤྲོད་གཞུང་ལ་སྦྱངས།（研究学生学习语法理论）。这一句子用树形图表示如图 11.1 所示。

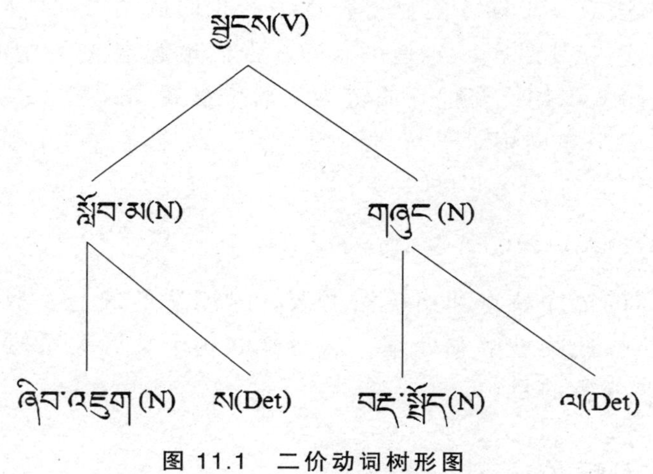

图 11.1　二价动词树形图

4. 三价动词

三价动词有三个行动元。在藏语中三价动词的句子大多都在第二格和第三格合并的句子中，如ཚེ་རིང་གིས་ཟླ་བར་སྤྲང་ཆར་དུས་དེབ་ཅིག་བྱིན།（次仁给达瓦一本章恰尔杂志）。这一句子用树形图表示如图 11.2 所示。

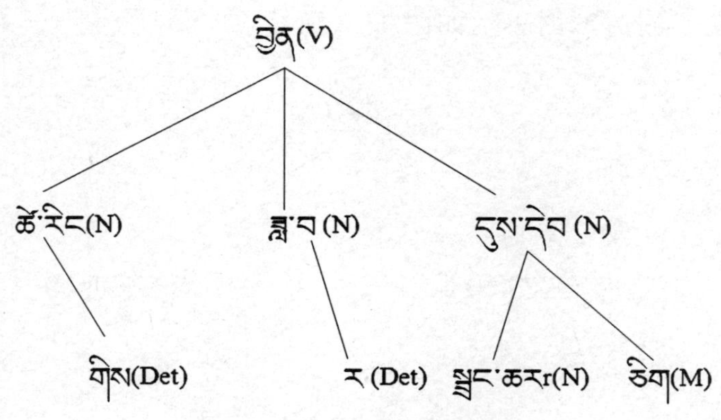

图 11.2　三价动词树形图

在配价过程中，格标记的黏着是藏语独有的一种特征，通过动词配价和从属关系的描写，使句子更加明朗，语义更为清晰。因此，配价语法给藏语句法描写提供了一种可行性很强的方法，同时，通过对藏语句子的描写，也更加丰富了从属关系的内容。

如果按照横向形式的规则来描写，冯志伟先生认为这种从属关系还可以用符号来表示，假定 X_i 为中心词，X_{j1}，X_{j2}，…，X_{jk} 为 X_i 的左侧从属词（X_{j1} 位于最左侧），X_{jk+1}，X_{jk+2}，…，X_{jn} 为 X_i 的右侧从属词（X_{jn} 位于最右侧），那么，表示 X_i 与其从属词之间的语法规则可写为

$$X_i（X_{j1}，X_{j2}\cdots X_{jk}，*，X_{jk+1}，X_{jk+2}，\cdots，X_{jn}）$$

式中*代表中心词相对于从属词的位置。

这个规则似乎是针对汉语的语序和特点而言的，冯志伟先生用来说明的例句也是“铁路工人学习英语语法”。在这个例句中，主谓宾俱全且有相应的宾语补足语，中心词“学习”自然位于句子中心，这是由于汉语是属于 SVO 型语言，主、宾语总在谓语前后，因此其规则成立。但藏语恰好相反，谓语总在句子末尾，这一规则无法直接应用于藏语配价的横向规则描写。那么，藏语的符号表示方法应该怎样才能显得合理呢？我们从图 11.2 所示三价动词树形图来分析，就会发现，藏语须遵守其语序，才是可靠的。我们也假定 X_i 为中心词，但不能假定 X_{j1}，X_{j2}，…，X_{jk} 为 X_i 的左侧从属词，要把它假定为主语位从属词；把 X_{jk+1}，X_{jk+2}，…，X_{jn} 假定为 X_i 的宾语从属词，*代表中心词相对于从属词的位置，这样就会得出横向符号序列描述的第一条规则

$$X_i（X_{j1}，X_{j2}，\cdots，X_{jk}，X_{jk+1}，X_{jk+2}，\cdots，X_{jn}，*）$$

只有重新考虑藏语的语序特点和格语法框架，才能从形式上表示句子的中心词及其从属词之间的关系以及对格标记的理解和处理，从而建立句子从属关系树形图，描绘藏语的句法结构，以达到自动句法分析的目标。

11.3.7 藏语形容词配价

通过对配价语法的进一步研究发现，在句子中不仅动词可以配价，形容词和名词也可以配价。因此认为，价是句子中的动词、形容词或某些名词在其周围开辟一定数量的空位，并要求用特定的成分来加以填补的特性，有多少空位就有多少价。据此，藏文的形容词也可以分析价的配置，因为形容词在句子中往往可以充当谓语。我们看一个例句：སྤྲང་སློངས་སྙིང་ན་ནོར་ལུག་མང་།，这个句子用树形图表示如图 11.3 所示。

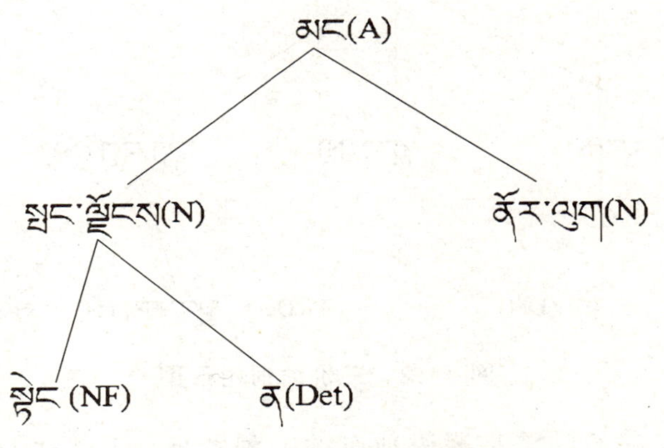

图 11.3 形容词配价树形图

其中“མང”是“多”的意思，是形容词。“སྤྲང་སློངས”是名词，是第一价。“ནོར་ལུག”是

名词，是第二价，这两者也可理解为受事和与事，其中受事在主语位。"སྙིང"是方位词，从属于受事主语，"ན"是格标记。

11.3.8 藏语语义配价

语言作为一种符号系统，其形式和意义之间总是呈现一种对等关系。语义配价是指充当补足语的词语在语义上是否与动词相容。但在藏语中这种宾语补足语与从属于动词的主语或宾语形成直接依存关系，和动词发生间接语义关系，宾语补足语有前有后，有时还在同一从属层面上有前后并列的情况。

在藏语语义特征分析时我们曾说过，在藏语领域就藏语的句法结构而言，在语义配价层面上动词还是和施事、凭事（工具或材料）、受事发生关系，同时具有语义的固定指向，有一定的可预见性，即从动词的语义可以预见和其相配的价的语义。这可能是语义配价在不同语言中体现的不同特点。例如，藏语中的"འཐུང"（喝）只能和饮用液体类联系，而不能和硬质的食物联系。这同汉语的"喝"有些相似，但信息不完全等价。藏语的"འཐུང"（喝）可以与西北面食中的"面片"发生联系，但在汉语中不能说"喝面片"。这是因为不同民族的语言中对于解决饥饿的行为描述有不同的侧重，汉语中把"吃"作为主要的行为，对它赋予更多的概念外延，而在藏语中把"འཐུང（喝）"作为重点，对它赋予这一行为中的重要外延。如汉语中可以说"吃晚饭"，而不说"喝晚饭"，但在藏语中刚好相反。因此，这种语义配价的实质源于不同语言的内质。

11.4 格语法与藏语格语义分析

11.4.1 格语法理论的提出

格语法（Case Grammar）是美国语言学家 Fillmore 于 1968 年在《格辨》[①]（*The Case for Case*）中提出的一种新理论。Fillmore 于 1966 年发表了《关于现代的格理论》（*Toward a Modern Theory of Case*），于 1968 年发表了《格辨》（*The Case for Case*），于 1971 年发表了《格语法的某些问题》（*Some Problem for Case Grammar*），于 1977 年发表了《再论格辨》（*The Case for Case Reopened*）。其中的《格辨》是代表性论文，是运用深层格概念对转换语法进行修正的一种功能型语法，它着重探讨了句法结构与语义之间的关系。Fillmore 的老师乔姆斯基在 1957 年出版的《句法结构》中提出了三大规则，其中以生成所有句子为目的的短语结构规则（s→np+vp；v+np）在生成正确句子（"我喝水ངས་ཆུ་འཐུང་།"）的同时，也生成了错误的句子（"水喝我ཆུས་ང་འཐུང་།"），这使得乔姆斯基认识到在动词和名词之间要有一种语义的限制。为了解决《句法结构》中存在的问题，乔姆斯基于 1965 年出版了《语法理论的各方面》一书，此书虽然把语义置于语法研究领域中，但没有彻底解决语义的问题。Fillmore 认为用各类格框架分析句法结构要比老师的转换规则方便和精密得多。为了从语义的角度弥补转换生成语法的不足，Fillmore 于 1966 到 1977 年间发表了一系列文章论述他的格语法理论，因此格语法又被看成转换生成语法的一个分支。《格辨》的发表，在学界引起了较大反响，激发了学者们对句法语义问题的研究兴趣。

① C. J. 菲尔墨. 格辨[M]. 北京：商务印书馆，2005.

11.4.2 格的定义

在传统语法中，“格”是指某些屈折语法中用于表示词间语法关系的名词和代词的形态变化。这种格必定有显性的形态标记，是表层格，即以表层的词形变化为依据，如“具格”、“宾格”等。如俄语中有 6 个格，藏语中有 8 个格，德语中有 4 个格；在汉语中，名词和代词没有形态变化，因此没有表层格。

格语法中的“格”将传统语法中表层格的概念推广到在一切语法中均可应用的深层格的概念。它以动词与名词之间的各种语义关系为研究重点，认为每一句子的深层结构都是以动词为中心成分，加上若干名词短语组成的。每一名词短语以一定的关系与中心动词联系，这种关系是与语义有关的语法关系，是一种深层格，如动作和施事者的关系，动作和受事者的关系，动作和当事者的关系等。这些关系是语义关系，是一切语言中普遍存在的现象，即格是“句子底层的句法—语义关系”[①]，又称“格关系”。格的表现方式则称为“格形式”。Fillmore 这样对格进行定义冲破了传统语法中格的樊篱。

深层格是在底层结构中依据名词与动词之间的句法语义关系来确定的。这种关系一经确定就固定不变，不管它们经过什么转换操作，在表层结构中处于什么位置，与动词形成什么语法关系，底层上的格与任何具体语言中的表层结构上的语法概念都没有对应关系。

Fillmore 认为，从语义的角度看，深层结构的某一个名词或名词性结构一般总是与某一个介词相联系的。这个介词称为格标。不过这个名词或名词性结构根据句法的需要，它的格标可以出现，也可以不出现。比如有的名词或名词性结构转换成表层结构的主语、直接宾语或间接宾语时，格标可以省略。

11.4.3 格语法的理论框架

11.4.3.1 格的基本内容

Fillmore 认为一个句子由两个部分组成，即 S=M+P 代表句子（Sentence），M 代表情态（Modality），P 代表命题（Proposition）。情态是指句子的时态、语态等。命题指的是体词和谓词之间的及物性关系（transitivity relations），即句子的核心谓词与周围体词的关系，亦即格关系。其基本规则可写为

$$S \rightarrow M+P \tag{1}$$

成分 P 可以扩展为一个动词和一个或一个以上的格的范畴。如动词用 V 表示，格的范畴分别用 $C_1+C_2+\cdots+C_n$ 表示，则可写为

$$P \rightarrow V+C_1+C_2+\cdots+C_n \tag{2}$$

而每一个格的范畴又可以表示为格标（K，这是德语 Kasus[格]的缩写）加上一个名词短语（记为 NP），即

$$S \rightarrow K+NP \tag{3}$$

① 扎西加．自然语言处理用藏语格助词的语法信息研究[J]．中文信息学报，2010，24（5）：41-45.

这样，一个用语法来表示的句子就可以画成如图 11.4 所示的树形图。

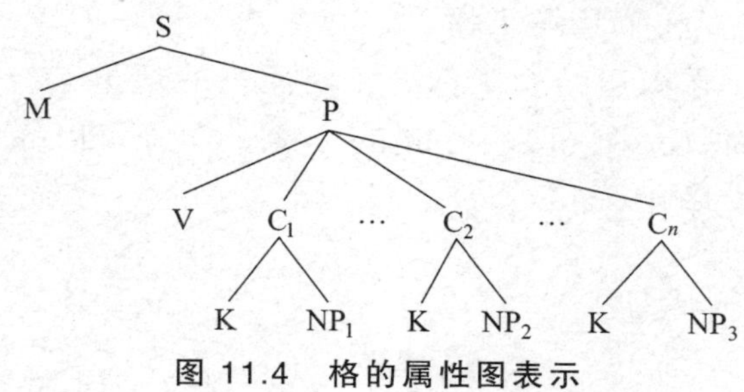

图 11.4 格的属性图表示

Fillmore 在 1996 年提出命题中需用的格包括 6 种，分别是施事格、工具格、承受格/与格、使成/役格、方位格、客体格。后经研究人员努力，又增加了 4 种，即受益格、源点格、终点格、伴随格。这样，共形成 10 种命题。具体释义如下：

（1）施事格（A=Agentive）表示由动词所确定的有生命的动作发出者。例如：John（A）opened the door.

（2）工具格（I=Instrumental）表示对于动词所确定的动作或状态而言，作为某种因素而牵涉到的无生命的力量或客体。例如：The key（I）opened the door.

（3）承受格/与格（E=Experiencer/D=Dative）表示由动词所确定的动作或状态所影响的有生命物。例如：Smith killed the policeman（E）.

（4）使成/役格（F=Factitive/R=Result）表示由动词所确定的动作产生的事物的名词或名词片语。例如：Tony built the shed（F）. / Tonyrepaired the shed（非使成格）。

（5）方位格（L=Locative）表示由动词所确定的动作或状态的方位或空间方向。例如：Chicago（L）is windy.

（6）客体格/受格（O=Objective）表示由名词所表示的无生命事物在动词确定的动作或状态中，其作用要由动词本身的意义来确定。例如：John opened the door（O）.

（7）受益格（B=Benefactive） 表示由动词所确定的动作为之服务的有生命的对象。例如：John sang a song for Mary（B）.

（8）源点格（S=Source）表示由动词确定的动作所作用到的事物的来源或发生位置变化过程中的起始位置。例如：John bought a book from Mary（S）.

（9）终点格（G=Goal）表示由动词确定的动作所作用到的事物的终点或发生位置变化过程中的终端位置。例如：John sold a book to Mary（G）.

（10）伴随格（C=Commutative）表示由动词确定的与施事者共同完成动作的伴随者。例如：John sang a song with Mary（C）.

11.4.3.2 格框架

每个动词可能出现的格形成一个有序集，是相对于该动词的格框架。用格框架对动词进行分类是简明有效的。例如，动词 OPEN 的格框架建议为：[OBJECT（IN-STRUMENT）（AGENT）]，其意义是任何以 OPEN 为动词的句子的深层结构中必有 OBJECT（对象），而 IN-STRUMENT（工具）和 AGENT（施事）则可有可无。例如：

Peter opened the door. （未提工具）

The key opened the door. （未提施事）

The door opened. （施事和工具均未提）

在这三个例句中，door 在深层结构中都处于对象格的地位，与其在表层结构中是具格还是宾格无关。又比如：动词“cry，open，murder，give”等可以插入到+[_A]，+[_O+I+A]，+[_D+I+A]，+[_O+D+A]框架中。

11.4.4 表层现象

格的转换部分操作与转换生成语法大同小异，大致采用移动、删除、插入、复写等方法。Fillmore 主要研究了有关格的形式和主语确定的转换规则。他认为深层格所体现的语义关系是一个固定而统一的概念，而在表层结构中的表现形式则因语言而异。有些语言主要通过介词来表现，有些语言用屈折变化和词汇变化来表现，有些语言则主要采用次序来表现，有些语言综合采用上述各种形式。

像藏语，除了词汇格和呼格以外，属格、具格、位格、同体格、依格、为格、时格、从格等都有相应的格标记，共 19 个。从形式而言，这些格标记反映了藏语的表层格。当然，由格标记展开的语义分析则属于深层格范畴。

11.4.5 藏语格的基本概念

藏语格的用法受语法、语义、语用等多种因素的制约，在句子中使用的频率极高，因此藏语格助词的功能是非常强大的，它不是一种格助词对应一种格关系，而是一种格助词表示多种格关系。格助词在对句子进行分析与描述，了解句子的语法信息、深层语义关系，观察句子歧义等语言现象中都有着十分重要的意义，并在自然语言处理领域中发挥极其重要的作用。

格这个概念在普通语言学中通常是指名词或代词等有类似屈折变化的词的一个语法范畴，表示该词和其他词在句子中的关系。而在藏语中，这种语法关系通常通过格助词的添接来表现。“格”是指词与词之间起区别作用而不至于与其他词混同，并说明该词在词组或句子中的作用的一类虚词。这样看来，“格”有两种不同的概念，传统上所说的“格”属于形态格，如藏语中的 8 个“格”，德语中的 6 个“格”等，不同语言中不同的说法。而格语法中所提出的“格”属于语义格，是指动词所涉及的事物的不同角色，如施事、受事、客事等。另外，不同语言中“格”的表现形式也不同，有些语言通过屈折性变化来表现，有些语言主要用词序来表现，有些语言通过介词来表现，有些语言综合采用上述各种形式。藏语主要通过上述的第三种表现形式来表现。在传统藏语语法中，格分为词格、位格、具格、为格、从格、属格、依格、呼格等 8 种格。为了叙述方便，本书采用格的相同语法形式入手，格主要可分为 4 大类，即属格、具格、位格、从格。

藏语的这 4 类格按后置字的添接规则可分为变式和定式两大类。变式主要有属格、具格以及除位格中的“ན”和“ལ”以外的其余格助词，共包含 15 个变式格助词。这些格助词都受添接规则的约束。而定式格助词只有上述位格中的“ན”、“ལ”和从格中的“ནས”、“ལས”，共 4 个格助词。这些格助词可以自由运用，不受任何添接规则的约束限制。属格助词、具格助词、位格助词的添接规则如表 11.3、表 11.4 所示。

表 11.3 属格助词和具格助词的添接规则

类型 格名 \ 后置字		ན	མ	ར	ད	བ	ས	ག	ང	འ	--
变式	属格助词	གྱི			ཀྱི			གི		འི	ཡི
	具格助词	གྱིས			ཀྱིས			གིས		འིས	ཡིས

表 11.4 位格助词的添接规则

格名 类型 \ 后置字		ས	ག	བ	ད	ང	ད	ན	མ	ར	ལ	འ	--
位格助词	变式	སུ	ཏུ		དུ							ར	རུ
	定式	ན ལ											

藏语格助词的功能非常强大，它不是一一对应或者一种格标记对应一种格关系，而是一种格助词通常表示多种格关系，比如：位格、为格、依格、时间格、同体格都是用“位格助词”来表示的。有的格助词还可以附在动词谓语后面用来关联分句，具有格助词和连词双重作用。这种兼类还出现在格助词间、格助词与实词间、格助词与连词间等。

11.4.6 藏语格的语法信息描述

藏语的句子由若干个格关系构成，而格关系是动词和其周围对象发生事件的约束关系。可以说，句子的主要成分几乎都用格助词来相互关联，一般表达句子各成分之间的语义关系也只能依靠它。不同的格助词附在相同的名词或名词性短语后，起着不同的语法作用。具体地说，藏语主语大多数情况下与具格助词相连，宾语多带有位格助词，领属之间多以属格助词相连等。例如：

མི་ལ་བདེན་གཏམ་བཤད། 表示位格
མིས་བདེན་གཏམ་བཤད། 表示具格
མི་ལས་བདེན་གཏམ་གོ། 表示从格
མིའི་བདེན་གཏམ། 表示属格

藏语作为一种通过介词来表现的语言，我们很有必要对格助词的语法信息库中各类格助词进行详细分析和描述。格助词从添接形式或类型来说，可分为变式连接词和定式连接词；从语法功能上看，表示句子结构关系，既可以附在词上，也可以附在词组上作为句子成分功能的标志，并且黏着在句子的中间，具有框式介词的特点；从兼类的情况看，既有格助词内部的兼类，也有格助词与连词的兼类，还有格助词与实词的兼类；从格的义项考察，有义项类和无义项类等信息。根据以上格助词的语法信息，我们对藏语格助词建立了格的类型信息、格名信息、格标记信息、义项信息、音节信息、词性信息、黏着信息、规则信息、成分信息、兼类信息共 10 个属性项，详见藏语格助词属性库（表 11.5）。再后置字和无后置字、后置字用 j0j1 j2 j3 j4 j5 j6 j7 j8 j9 –j 代码来表示（其中 j9 表示再后置字‘ས’和后置字‘ས’，–j 表示再后置字‘ད’）。

表 11.5 藏语格助词属性库①

类型	格名	格标记	义项	音节	词性	黏着	添接规则	独立成分	兼类
变式连接词	属格	གི	+	1	ps	中	j1j2	否	是
		ཀྱི	−	1		中	j3j5j9	否	是
		གྱི	+	1		中	j4j6j7	否	是
		འི	−	1		中	0 j0	否	是
		ཡི	+	1		中	0 j0	否	是
	具格	གིས	−	1	pz	中	j1j2	否	否
		ཀྱིས	−	1		中	j3j5j9	否	否
		གྱིས	+	1		中	j4j6j7	否	是
		འིས	−	1		中	0 j0	否	否
		ཡིས	−	1		中	0 j0	否	否
	位格	སུ	+	1	lw	中	j9	能	是
		ར	+	1		中	0 j0	能	是
		རུ	+	1		中	0 j0	能	是
		ཏུ	−	1		中	j1j5 − j	否	是
		དུ	+	1		中	j2j3j4j6j7j8	能	是
定式连接词		ན	+	1	lw	中	j0 − j9	能	是
		ལ	+	1		中		能	
	从格	ནས	+	1	pc	中	j0 − j9	能	是

11.4.7 藏语格的功能结构分析

在藏语中，多个词在述语（动词）的驱动下依照逻辑格和语义格的结构映射关系，在词汇概念联想的约束和话语音律的限制下构成句子。在不同的句子中格助词充当的句法功能不同。藏语格助词的功能结构如下：

（1）具格的语法功能是表示动作者和动作的施动关系，指明动作的施动者、工具、方式等。具体引用方面取决于谓语动词的他动性，因此它是他动词谓语句的一个标志。换句话说，他动词作谓语时，能带涉事宾语，该句应属于有能所关系（བདག་གཞན་དབྱེ་བ་ཡོད་པ）的句子，此时主语必须加具格助词。相反，自动词作谓语时，不能带涉事宾语，该句应属无能所关系（བདག་གཞན་དབྱེ་བ་མེད་པ）的句子，此时主语不能加具格助词。

（2）领属之间多以属格助词相连接，句末经常用判断动词。

（3）位格在藏语传统语法中又分为宾格、为格、依格、同体格、时间格，这些都用位格标记来表示。其中宾格的主要语法功能是区分宾语。藏语的宾语分为两种：一种是直接宾语，例如སྟོང་པོ་བཙུགས།；另一种是间接宾语，例如ས་ལ་བཙུགས།。有时候位格还可以作地点状语，并且常与处所方位名词“ཕྱི། ནང། རྒྱབ། མདུན། སྟ་གཞུག གོང་འོག གཡས་གཡོན”等组合在一起。

（4）为格的主要语法功能是区分目标、表示动作的目的、对象和意图。它可以添接于名

① 扎西加. 自然语言处理用藏语格助词的语法信息研究[J]. 中文信息学报，2010，24（5）：41-45.

词后面，例如：ས་བོན་དུ་འབྲུ་རིགས་ཏོ།。它也可以添接于动词后面，例如：བྱ་བ་སྒྲུབ་ཏུ་སོང་།。这些为格替换成“ཆེད་དུ། ཕྱིར་དུ། སླད་དུ། དོན་དུ།”等，就可以使句子所指的语义更加明确。这是宾格与为区分格的标志。

（5）依格的主要语法功能是表示依存、方位、处所，在句中作状语。它通常在方位词和处所词后面标记。也可以说，它就是处所词的区分标志。

（6）同体格的主要语法功能是添接于动词、区别词、形容词性的后面，在句中起状语和补语的作用。

（7）时间格的主要语法功能是表示动作行为所发生的时间，在句中作修饰谓语的时间状语等。

（8）从格助词的主要语法功能是表示来源关系。

由上述可知，无论是位格助词、属格助词，还是具格助词、从格助词，它们与自己前后词语的关系是一个整体，它们与不同词语的组合，体现了不同的语法结构和语法意义，具体见表 11.6。

表 11.6　藏语格的功能结构

格	项数	功能意义	功能结构	歧义枚举
位格	1	名词/代词	N/R+GL+V/VI	ཞོག་གུར་ཡི་གེ་འབྲི།ཤར་ཕྱོགས་སུ་སོང་།
为格	2	名词/代词	NN/RR+LG+V/VI	ཏ་ལ་རྩ་ཁྱེན། ནགས་གཙོད་དུ་འགྲོ།
依格	3	名词/处所方位词	NN/CS+LT+VU	ཤར་ཕྱོགས་ན་ཡོད།
同体格	4	形容词/副词/动词	A/D/N/V+LD+VI	བཟང་པོར་གྱུར། ཤིན་ཏུ་ལེགས། ལོ་མ་ཤིང་དུ་གྲུབ།
时格	5	时间词	Nt+LH +V/VI	ཕྱི་མོར་སློབ་དཔོན་བསྟེན།ནམ་ཞིག་ཏུ་མཁས་པར་འགྱུར།
从格	6	名词	N+GJ+V/VI	འབྲུག་སྒྲ་ལས་རྨ་བྱ་སྨྱུམ། སྤྲིན་ལས་ཆར་བབས།
具格	7	名词	N+GX+N+PS+N+V/N+N+BY+VI	བཀྲ་ཤིས་ཀྱིས་སྨྱུ་གུས་ཡི་གེ་བྲིས། ནད་ཀྱིས་ཤི།
属格	8	名词	N/B+GZ+N+UP	ཁང་པའི་ཀ་བ་རེད། བདག་གི་དཔེ་ཆ་ཡིན།

11.4.8　藏语格的语义信息分析

一个完整的句子由一个动词和若干个不同的名词及名词性短语构成，这些名词或名词性短语在句中与其他动词发生各种各样的语义关系。由于格助词前后的词语发生变化，这个句子的格关系也随之发生变化，如果我们只是停留在格的形式上去孤立地考察①，研究句

① 扎西加．自然语言处理用藏语格助词的语法信息研究[J]．中文信息学报，2010，24（5）：41-45.

子的意义，具体分析它们在句中所代表的语法意义，就只能在一维的语法平面上揭示格助词与前后词语之间的关系。因此，我们利用 Fillmore 的格语法理论，将藏语的格进行进一步格型区分，这就使得我们能够在多维的语法平面上对相同格而名词与名词短语不同的句子进行多层次的分析与研究。

（1）具格：表示动作的承受者、工具和方法、原因、材料等。

如：བཀྲ་ཤིས་ཀྱིས་བྲིས། སྨྱུ་གུས་བྲིས། འབད་པས་བཙལ། ནད་ཀྱིས་ཤི། བལ་གྱིས་བཟོས།

（2）属格：表示领属、总别、来源、施事者、依存、时间、材料、修饰、分离、自性、客事、方法、性质。

如：བོད་ཀྱི་ས་ཆ། རིའི་རྩེ་མོ། སྡེ་དགེའི་དྲིལ་བུ། རྗེ་ཙོང་ཁ་པའི་གསུང་འབུམ། སྨམ་ནང་གི་བག་ཕྱེ། རྒྱ་ལོའི་སྐྱོན་ལམ། གསེར་གྱི་གདུ་བུ། མཛེས་པའི་མེ་ཏོག སྤུར་བྱུང་གི་དྲི། བྲི་བྱེད་ཀྱི་སྨྱུ་གུ་རེད། བལྟ་བྱའི་དཔེ་ཆ། ཡངས་པའི་མཁའ།

（3）位格：表示客观事物和动作的关系，指明对象、地点等。

如：ས་བོན་འདེབས། ཞར་ཕྱོགས་སུ་འགྲོ།

（4）为格：表示受益于对象和动作。

如：རྟ་ལ་རྩྭ་བྱིན། ལས་ཀར་འབད།

（5）依格：表示依存、总别、性质、领属等。

如：དཀར་ཡོལ་དུ་ཇ་འདུག ཞིང་ལ་ལོ་མ་སྐྱེས། དམག་ལ་དཔའ་རྩལ་འདུག ང་ལ་ཅ་ལག་འདུག

（6）同体格：表示事物性质、动作的变化。

如：གཉིས་ལུགས་སུ་རེས། ནག་པོར་གྱུར།

（7）时格：表示动作发生或作用的时间。

如：ཕྱི་དྲོ་སློབ་གྲྭར་འགྲོ།

（8）从格：表示动作或状态的起源、原因、区别等。

如：ས་ནས་རྩྭ་སྐྱེས། འབྲས་བུ་སྨིན་ནས་ལྷུང་། ཁོ་མའི་ནང་ནས་འབྲོ་ཁོ་སྤུམ་བཅུད་ཆེ།

藏语格在语义层面的用法很丰富，并在句子中起到极为重要的作用。无论是人的思维机制，还是计算机的处理方式，最关键的问题是怎样理解和分析不同句子的语法、语义等，这些都离不开格分析。因此，格的研究在藏文信息处理领域中极为重要。

11.5 语义解释与组合理论

11.5.1 组合理论

在语义解释中，我们经常做的一个基本假设是将它看作一个组合过程。这表示一个成分的意义是从其各个子成分的意义中推出来的。组合理论（compositionality）有一些很吸引人的性质。具体来说，解释可以从它的各个分解步骤中增量式地构造出来，例如，句法的上下文无关语法模型就是句法的组合理论。规则基于子成分的类别来使用，而无需考虑其内部结构。例如，只要出现了 NP，无论其形式如何，都可以应用规则 S→NP VP。只要向语法中添加另一个 NP 规则，比如 NP→PRO，就可以处理一类新的句子，即任何把代词放在可接受的 NP 位置上的句子。这在语义解释中，是我们非常需要的一个特性。

在语言学中，组合理论常常定义成一个严格的规则，即某一个子成分的意义必须是一个函数，这个函数能够把其他所有子成分的意义映射成新产生的成分的意义。在计算方法中，这种要求常常较为宽松，只需实现一种思维过程，通过对成分的逐个分析把意义构造出来。这里，成分的意义是由某个明确定义的计算函数（也就是程序）生成的，该函数以各个子成分的意义作为输入。

组合理论模型使语法更易于扩展和维护。但语义解释组合理论的构建远不是第一眼看上去那么简单。首先，句法结构和逻辑形式结构之间存在结构上的不一致性。例如，我们都知道一个与量化句有关的经典问题。考虑“དགེ་རྒན་སློབ་མ་ཚང་མར་དགའ”（老师喜欢所有的学生）这句话。很明显，其句法结构将词聚成如下短语：((དགེ་རྒན)((སློབ་མ་ཚང་མར)(དགའ)))。但若以谓词变量形式表示这句话的无歧义逻辑形式，可得到如下形式：

（ཚང་མར d:（སློབ་མ1 d）（དགའ1 l1（NAME j1 “དགེ་རྒན”）d））

根据上面的结构可以断言，对应于每个སློབ་མ，都存在一个包含“དགེ་རྒན”喜欢“d”的事件 1。逻辑形式的各个部分和句法分析的各个成分之间没有简单的一一对应关系。比如，短语“སློབ་མ་ཚང་མར”是 VP སློབ་མ་ཚང་མར་དགའ的子成分，而它的语义解释[广义量词短语(ཚང་མར d:(སློབ་མ1 d)…)]却包含了这个动词短语的意义。更糟糕的是，对“སློབ་མ་ཚང་མར”的解释好像分成了两部分，一部分解释是量词结构在谓词的作用范围之外，另一部分是作为谓词的参数。因此，很难在孤立的情况下表示“སློབ་མ་ཚང་མར”的意义，因而也就很难用它来表达句子的意义。这是在构建组合理论的过程中最难处理的问题之一。值得注意的是，非辖域逻辑形式结构的引入为解决此问题提供了一条途径。如果将语义解释的目标定义为生成一个非辖域逻辑形式，那么这个句子的非辖域写法就是

（དགའ1 l1　（NAME j1 “དགེ་རྒན་”）<ཚང་མར་ d སློབམ་1>）

它在结构上和句法结构更接近。

组合理论的另一个难题是习惯用语的存在。例如，可以说“རྒྱུ་ནོར་རྩྭ་མགོའི་ཟིལ་པ”，意思是“一切无常不是恒定的”。这个解释好像既和名词“རྩྭ་མགོ（草）”的意义没什么关系，也和“ཟིལ་པ（露珠）”沾不上边。因此这句话的意义不能从它的子成分的意义推导出来。

解决此类问题的一种方法是把语义赋给整个短语，而不是通过组合理论来表示其意义。到目前为止，我们都假定基本单位是词（或语素）。名词短语“རྩྭ་མགོའི་ཟིལ་པ”有一个基本意义和“无常”接近。习惯用语表达式表明完整的短语也有基本（即非派生）意义，而且这种情况可以推而广之。

11.5.2　λ表达式与语义解释

λ演算是一门功能强大的基于简单原语集合的语言。λ 演算的公式由如下形式的等式组成：

<表达式>=<表达式>

就我们的目的而言，系统中最重要的公理是

$$((\lambda x\ Px)\ a) = P\{x/a\}$$

其中，Px 是包含 x 的任意公式；P{x/a}是一个公式，其中的每个 x 都替换成 a。根据这个公理，可以定义两个基本操作，即λ归约（将公理中的左侧变为右侧）和λ提取（将公理中的右

侧变为左侧）。通常，λ归约是我们更关心的一个操作，因为公式更简单。事实上，因为λ归约仅仅是用更简单的对等形式替换公式，所以这个操作从形式上并不一定能解决语义解释问题。但是，如果不使用λ归约，答案即便正确，往往也难以理解。

通常，每个大的句法短语都会对应于特定的语义结构。VP 和 PP 映射到一元谓词（可能是用 λ 表达式构建的复杂表达式），句子映射到命题，而 NP 映射到词项。小的语法类映射到表达式上，这个表达式在构造大的语法类时用来定义其角色。由于同一句法类中的每个成分都映射到同一类型的语义结构，因而可以用相同的方法处理它们。例如，不必知道 VP 的具体结构，只要其意义是一元谓词，就能用于构造更大成分的意义，而后者包含这个 VP。

如果语义解释的过程满足组合性，我们一定可以给任意语法成分赋予某种语义结构。例如，对于每个动词短语，如果可用在任何以 VP 为子成分的规则中，就一定可以给它赋予某种固定形式的意义。考虑最简单的情况，VP 由不及物动词组成，比如句子“Jack laughed”。一种看法是动词短语“laughed”的意义是一元谓词，对于任何在过去某个时间大笑的对象都为真。但这种方法能放之四海而皆准吗？换句话说，每个 VP 都有一元谓词的意义吗？让我们分析句子“Jack kissed Sue”及其逻辑形式：

（KISS1 kl（NAME j1 Jack”）（NAME sl“Sue”））

动词短语“kissed Sue”的意义是什么？用上面的方法来解释，它是一个一元谓词，对于任何亲吻 Sue 的对象都为真。但到目前为止，还没有一种方法用来表达这种复杂的一元谓词。λ 演算为此提供了一种形式化方法。举例来说，下面的表达式是一个后面只跟一个变量的谓词：

（λx（KISSl kl x（NAME sl“Sue”））

可以将 x 看成变量，对于任何对象 O 来讲此谓词都为真。因此，如果用 O 替换表达式中的 x，就会得到一个真命题。和其他谓词一样，可以用一个 λ 表达式和一个参数来构造命题。在逻辑形式语言中，下面是一个命题：

((λx（KISSl kl x（NAME sl“Sue”））（NAME j1“Jack”））

这个命题为真，当且仅当（NAME jl“Jack”）满足谓词（λx（KISSl kl x（NAME sl“Sue”）））；而后者为真，当且仅当下式为真：

（KISS1 kl（NAME jl“Jack”）（NAME sl“Sue”））

我们通常说，最后一个表达式是把 λ 表达式（λx（K1（KISS1 x（NAME sl“Sue”）））应用于参数（NAMEjl“Jack”）上得到的。这种操作称为 λ 归约。

前面讲过，为了建立紧密的句法-语义耦合，需要引入诸如 λ 表达式这样的新概念。为此，你可能想要抛弃这种方法，转而研究其他的语义解释方法。但是当语法变得越来越庞大，可以解释越来越复杂的现象时，组合理论就变得越来越有用。举个例子，用组合理论，即使句法结构不同，也可以把动词短语联结在一起，比如下面这个句子：

Sue laughs and opens the door.（Sue 大声笑了并且打开了门。）

句中有两个 VP。其中一个是“laughs”，它的语义解释是一元谓词，对任何大笑的人为真，即（λa（LAUGHSl l2 a））；而另一个是“opens the door”，它也是一元谓词，对任何开门的人为真，即（λa（OPENSl l2 a<THE dl DOOR1>））。

这两个一元谓词可以合起来形成一个复杂的一元谓词，对既大笑又开门的人为真，即

（λa（&（LAUGHSl l2 a）（OPENSl Ol a<THE d1 DOOR1>）））
这才是 VP 的正确形式，并且还可以和其他 VP 类成分组合起来。例如，可以应用到逻辑形式为（NAME s1“Sue”）的主语 NP 上来表示原句的意义。

（&（LAUGHS1 l2（NAME s1“Sue”））

（OPENSl ol （NAME s1“Sue”）<THE d1 DOOR1>））

让我们探讨另一个例子。名词短语中的介词短语修饰成分可以用多种方法表示。例如，孤立地看名词短语“The man in the store”中的短语“in the store”，也许看不出它的意义。而借助一种特殊的方法，可以在名词短语中查找位置修饰成分，并且将其融合到解释中去。但是，如果要解释诸如“The man is in the store”或“The man was thought to be in the store”这样的句子，这种方法就不起作用了。如果介词短语有自己独立的意义，在这个例子里，一元谓词的形式就是

（λ o（IN-LOCl o<THE s1 STOREl>））

这种解释像名词短语的修饰成分（添加新的限制）或是句子的谓词一样容易使用。名词短语“the man in the store”的逻辑形式如下所示：

<THE ml（MANl m1）（ON—LOCl ml<THE sl STORE1>）>

而句子“The man is in the store”的逻辑形式如下所示：

（IN-LOCl<THE ml MAN1><THE sl STOREl>）

这只是两个简单的例子，如果用组合规则方法来表示语义，还会面临其他具有普遍性的问题。

11.6　带语义解释的简单语法和词典

本节构建一个简单的语法和一部简单的词典，用它们来说明在句法分析中如何用特征来计算逻辑形式[①]。为了使例子简单易懂，逻辑形式使用的是上一节所用的谓词—参数结构，而不是论旨角色表达式。这样，就可以用相同的方法来处理所有次范畴结构相同的动词。

这里要做的主要扩展是给每个词项和语法规则增加 SEM 特征。例如，有一条语法规则如下：

（S SEM（？ semvp？ semnp））→（NP SEM？ semnp）（VP SEM？ semvp）

给定带 SEM（NAME ml“Mary”）的 NP 子成分，并给定 SEM 如下的 VP 子成分：

（λa（SEESl e8 a（NAME j1“Jack”）））

分析这条规则的呈现形式。新成分 S 的 SEM 特征如下：

（λa（SEESl e8 a（NAMEjl“Jack”）NAME ml“Mary”））

该表达式可用 λ 归约简化为：

（SEES1 e8（NAME ml“Mary”）（NAME j1“Jack”））

这是该句的理想逻辑形式。图 11.5 显示了在给定每个成分的 SEM 特征条件下该句的句法分析树。

① [美]Janmes Allen. 自然语言理解[M]. 2 版. 刘群，等，译. 北京：电子工业出版社，2005：210.

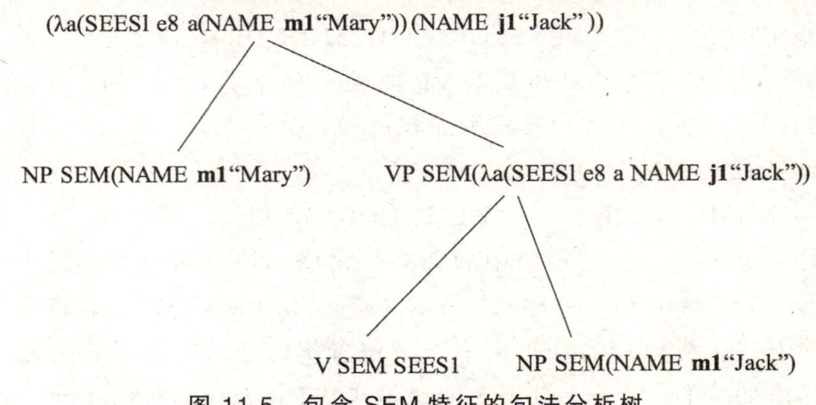

图 11.5　包含 SEM 特征的句法分析树

在词典中，SEM 特征用来标明每个词可能的意义。通常对于一个词每种可能的次范畴，都有一个不同的词义，因为这些词义对应于数量不同的谓词。样例词典如图 11.6 所示。如果一个词因不同的句法结构而有不同的 SEM 形式，则需要有多个义项。例如，动词“decide”有两个义项，一个对应于 SUBCAT 为空的情况，一个对应于 SUBCAT_PP：on 的情况，这里动词有一个附加的参数。需要注意的是：“fish”这个词也有两个义项，因为其 SEM 取决于它是单数还是复数。

a　（art AGR 3s SEM INDEF1）
can（aux SUBCAT base SEM CAN1）
car（n SEM CAR1 AGR 3s）
cry（v SEM CRY1 VFORM base SUBCAT _none）
decide（v SEM DECIDES1 VFORM base SUBCAT _none）
decide（v SEM DECIDES-ON1 VFORM base SUBCAT _pp：on）
dog（n SEM DOG1 AGR 3s）
fish（n SEM FISH1 AGR 3s）
fish（n SEM（PLUR FISH1）AGR 3p）
house（n SEM HOUSE1 AGR 3s）
has（aux VFORM pres AGR 3s SUBCAT pastprt SEM PERF）
he（pro SEM HE1 AGR 3s）
in（p PFORM{LOCMANI}SEM IN-LOC1）
jill（name AGR 3s SEM “Jill”）
man（n SEM MAN1 AGR 3s）
men（n SEM（PLUR MAN1）AGR 3p）
on（p PFORM LOC SEM ON-LOC1）
saw（v SEM SEES1 VFORM past SUBCAT _npAGR ？a）
see（v SEM SEES1 VFORM base SUBCAT _npIRREG-PAST+EN-PASTPRT）
she（pro AGR 3s SEM SHE1）
the（art SEM THE AGR{3s 3p}）
to（to AGR-VFORM inf）

图 11.6　包含 SEM 特征的一部小词典

带 SEM 特征的简单语法如图 11.7 所示。该语法能处理非常简单的句子和动词短语，并计算其逻辑形式。请注意，除了 SEM 特征之外，这里还引入了另一个新特征 VAR，用于记录与成分相对应的篇章变量。它有助于解决特定形式的修饰成分，这一点会在后面讲到。从词中构造出来一个词法成分时，句法分析器会自动生成一个 VAR 特征且将该特征作为中心特征传给树。这样，可以保证篇章变量总是唯一的。

1.（S SEM（？ semvp？ semnp）→（NP SEM？ semnp）（VP SEM？ semvp）

2.（VP VAR？ v SEM（λa2（？ semv？ v a2)））→（V[_none]SEM？ semv）

3.（VP VAR？ v SEM（λa3（？ semv？ v a3 ？ semnp)））→

（V[_npl SEM？ semv）（NP SEM？ semnp）

4.（NP WH-VAR？ v SEM（PRO？ v？ sempro））→（PRO SEM？ sempro）

5.（NP VAR ？ V SEM（NAME？ v？ semname））→（NAME SEM？ semname）

6.（NP VAR？ v SEM<？ semart？ v（？ semcnp？ v）>）→

（ART SEM？ semart）（CNP SEM？ semcnp）

7.（CNP SEM？ semn）→（NSEM？ semn）

S，VP，NP，CNP 的中心特征：VAR

图 11.7　带 SEM 特征的简单语法

对词语形态学中的派生规则也需要加以修改，使之能够处理 SEM 特征。例如，将单数名词转换为复数名词的规则可以接受单数名词的 SEM 特征，并且给它加上 PLUR 运算符。

（N AGR 3p SEM（PLUR？ semn））→

（N AGR 3s IRREG-PL—SEM？ semn）+S

这里，用类似的方法把过去时和现在时的非辖域时态运算符添加了进去。修改后的带语义解释的词语形态规则如图 11.8 所示。

L1.（V VFORM pres AGR 3s SEM<PRES？ semv>）→

（V VFORM base IRREG-PRES-SEM？ semv）+S

L2.（V VFORM pres AGR{1s 2s lp 2p 3p} SEM<PORES？ semv>）→

（V VFORM base IRREG-PRES-SEM？ semv）

L3.（V VFORM past AGR{ls 2s 3s 1p 2p 3p}SEM<PAST？ semv>）→

（V VFORM base IRREG-PAST-SEM？ semv）+ED

L4.（V VFORM pastprt SEM？ semv）→

（V VFORM base EN-PASTPRT-SEM？ semv）+ED

L5.（V VFORM pastprt SEM？ semv）→

（V VFORM base EN-PASTPRT+SEM？ semv）+EN

L6.（V VFORM ing SEM？ semv）→

（V VFORM base SEM？ semv）+ING

L7.（N AGR 3p SEM（PLUR？ semn））→

（V AGR 3s IRREG-PL-SEM？ semn）+S

图 11.8　带语义解释的词语形态规则

我们前面讨论过规则 1、规则 2 和规则 3 处理及物和不及物动词，并构造了正确的 VP 解释。每条规则都接受动词的 SEM（即？semv）并且构造可应用于主语的一元谓词。动词意义的参数包括一个事件变量（由 VAR 特征来记录）、主语以及用于表示次语类成分的任意附加参数。如果已知代词的意义？sempro，规则 4 就能构造出正确代词的 SEM 结构。而规则 5 对专有名词进行同样的操作。规则 6 定义了一个表达式，其中包含一个非辖域定量表达式，该表达式由量词？semart、篇章变量？v 以及一个限制量词的命题（通过把一元谓词？semcnp 应用于会话上得到）组成。例如，假设篇章变量？v 为 ml，名词短语“the man”将“the”的 SEM（即操作符 THE）和“man”的 SEM（即 MANl）组合成表达式<THE ml（MANl m1）>。规则 7 用一个单独的 N 构造简单的 CNP。由于一般名词的 SEM 已经是一元谓词，因此，这个值只作为 CNP 的 SEM。

只需对标准的 chart 分析器做两处简单的改进，就可以用它来处理语义解释：① 当词法规则实例化时，就将 VAR 特征设置成一个新的篇章变量；② 无论何时，只要构建一个成分，就要尽可能用λ归约对 SEM 进行简化。

通过这两处改变，现有的分析器也能够在分析的过程中计算逻辑形式。我们看看“Jill saw the dog”（Jill 看到了狗）的分析过程，其分析树如图 11.9 所示。通过查找词典，“Jill”这个词分析成人名。这样，就产生了一个新的篇章变量 j1，并设置为 VAR 特征。规则 5 用这个成分构造 NP。由于 VAR 是中心特征，则 NP 的 VAR 特征就是 j1，而用一种简单的方法也可以从等式中构造出 SEM，用“saw”的词项可以生成成分 V，其 SEM 为<PAST SEESl>，而 VAR 为 evl。规则 6 将“the”和“dog”两个词项的 SEM 和名词的 VAR 组合起来，构造成一个 NP，其 SEM 为<THE d1（DOG d1）>。然后，这个 NP 再按规则 3 与动词的 SEM 及其 VAR 组合，形成 VP，其 SEM 为

（λx（<PAST SEES1>evl x<THE d1（DOGl d1）>））

上式再和主语 NP 组合形成句子最终的逻辑形式。

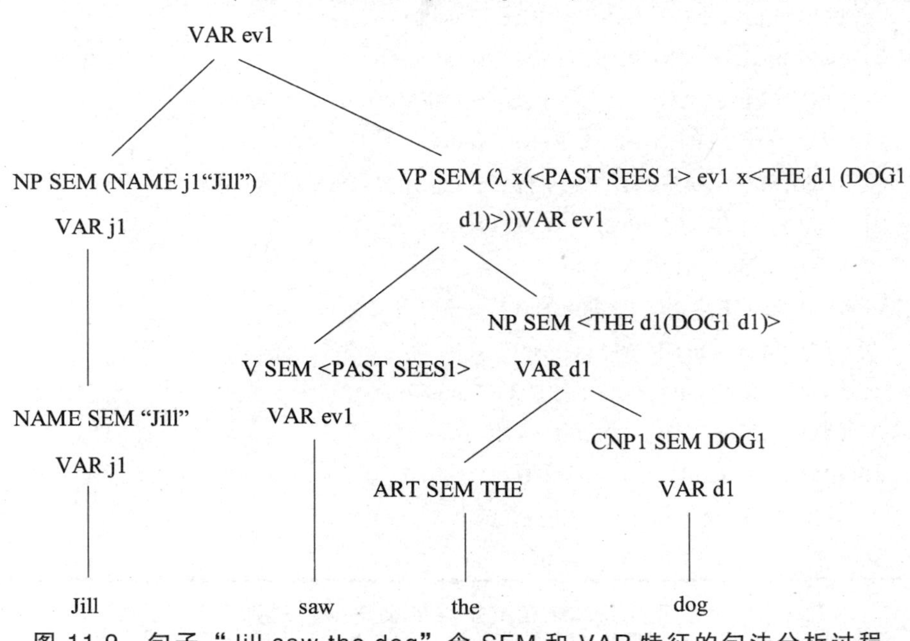

图 11.9 句子“Jill saw the dog”含 SEM 和 VAR 特征的句法分析过程

本节完整地介绍了基本的语义解释过程。借助两个新特征和在上述分析器基础上的两处细小扩展，我们定义了一个可在分析过程中构造逻辑形式的语法。采用本书中任何基于 chart 的分析策略，这个方法都有效。

11.7　特征合一语义解释

目前，我们用λ表达式和λ归约改进了语义解释，因为这提供了一个说明框架和语义解释得很好的分析技术。但是，很多系统并没有显式地应用λ表达式，而是直接用特征值和变量来进行语义解释。其基本思想是在参数位置上引入新的特征，而这些位置用λ归约在早期就可以表示出来。例如，要替换图 11.7 的规则 1，即

(S SEM (? semvp? semnp)) → (NP SEM? semnp) (VP SEM? semvp)

我们引入了一个新特征 SUBJ，该规则变为

(S SEM? semvp) → (NP SEM? semnp) (VP SUBJ? semnp SEM? semvp)

主语的 SEM 作为 SUBJ 特征被传递给 VP 成分，而 VP 的 SEM 等式则将主语插入到恰当的位置上。要处理这种情况，我们引入了图 11.7 的规则 3 的新形式，即

(VP VAR? v SUBJ? semsubj SEM (? semv? v? semsubj? semnp)) →

(V[_none]SEM? semv) (NP SEM? semnp)

图 11.10 给出了用这条规则构造句子 "Jill saw the dog" 的 SEM 的方法，将它与图 11.9 中用图 11.7 构造的分析进行比较，我们发现，两者的不同主要表现在对 VP 的处理上。这里，插入主语的 SEM 是完整的命题；而在前面的例子中，SEM 是一个λ表达式，该表达式在后面用于构造 S 的主语。

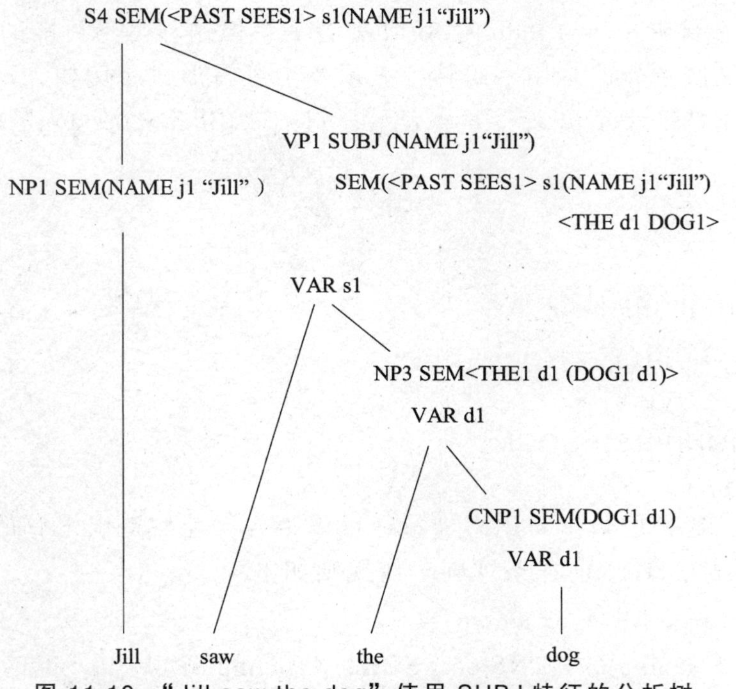

图 11.10　"Jill saw the dog" 使用 SUBJ 特征的分析树

图 11.11 是用这种技术重新表示图 11.7 之后的形式。除了改变规则 1，2，3 之外，我们

对规则 6 和规则 7 也做了修改。规则 7 用 VAR 值构造了一个完整的命题（和以前的语法中的一元谓词相对应），我们对规则 6 进行了适当改变以便与规则 7 的变化相对应。

1. S **SEM** (?semvp ?semnp) → (NP **SEM** ?semnp)(*VP SEM ?semvp*)

2. (VP **VAR** ?v **SEM** (λ a2 (?semv ?v a2))) → (*V[_none] SEM ?semv*)

3. (VP **VAR** ?v **SEM** (λ a3 (?semv ?v a3 ?semnp))) →

(*V[_np] SEM ?semv*) (NP **SEM** ?semnp)

4. (NP **WH** - **VAR** ?v **SEM** (PRO ?v ?sempro)) → (*PRO SEM ?sempro*)

5. (NP **VAR** ?v **SEM** (NAME ?v ?semname)) → (*NAME SEM ? semname*)

6. (NP **VAR** ?v **SEM** <?semart ?v (?semcnp ?v)>) →

(ART **SEM** ?semart) (*CNP SEM ?semcnp*)

7. (CNP **SEM** ?semn) → (*N SEM ? semn*)

S, VP, NP, CNP 的中心特征：VAR

图 11.11 带 SEM 特征的简单语法

这种方法的一个优点是不需要引入新的特殊机制来处理语义解释。具体而言，就是不需要加上一个λ归约的步骤，一切都用特征合一来完成。另一个优点是，这种形式确定的语法是可逆的，因此它既可以分析句子又可以产生句子，这一点我们将在下一节讨论。但不是所有的λ表达式都能用这种技术排除。例如，要处理“Sue and Sam saw Jack”中的并列主语，动词短语的意义就必须是一个λ表达式。如果借助表示 SUBJ 特征的变量将主语插入到 VP 中，那么，该变量就必须能和 Sue 与 Sam 的 SEM 都合一，但这却是不可能的。

对本节方法更彻底的修改是用一组特征表示整个逻辑形式。例如，不用前面讨论的逻辑形式，如用“完全用特征表示语义”方法表示，句子“Jill saw the dog”的 SEM 是：

(**PRED** SEESl
VAR sl
TNS PAST
AGENT(NAME **jl**“Jill”)
THEME(**SPEC** THEl
VAR dl
RESTRICTION(**PRED** DOGl
ARGl d1)))

对每个语义槽，这种逻辑形式用附加特征可以很容易地构造出来。例如，为计算这种逻辑形式，我们改写语法 11.11 前三条规则，新规则如下：

（1）(S **VFORM** past **SEM** ？semvp)→
(NP **SEM** ？semnp)(VP **TNS** past **SUBJ** ？semnp **SEM** ？semvp)

（2）(VP **TNS**？ms **SUBJ**？semsubj **SEM**？semv) →
(V[_none]VAIl？v **SUBJ** 7semsubj **TNS**？ms **SEM**？semv)

（3）(VP **TNS**？ms **SUBJ**？subj **SEM**？semv)→

(V[_np]**VAR** ？v **SUBJ** ？subj **OBJVAL** ？obj **TNS** ？ms **SEM** ？semv)

(NP **SEM** ？ohj)

需要注意的是，所有参数都向下传递给词法规则，而词法规则负责组合正确的语义形式。例如，“saw”的词条是：

(V[_np] **SUBJ** ？s **OBJVAL** ？o **VAR** ？v **TNS** past

SEM(**PRED** SEESl **VAR** ？v **TNSPAST AGENT** ？s THEME？o))

当该词条和规则 3 中的 V 合为一体时，就可以构造适当的 SEM 结构，并使之趋向于我们期望的变量？semv。

11.8　语法关系与语义分析

这种方法的思路是用句法分析器产生一个输出，该输出对实际句子进行抽象，忽略细节，但保留了对语义来说很重要的一组语法关系或句法依存。然后，语义解释器在一个单独的解释过程中生成意义表达式，这个过程用语法关系作为输入。

我们在前面的章节中介绍了基于 ATN 的语法，读者应该已经看到了这种分析的框架。语法关系通常包括逻辑主语（LSUBJ，logical subject）、逻辑宾语（LOBJ，logical object）、间接宾语（IOBJ，indirect object）等关系，也包括基于介词短语的关系。图 11.12 列出了几个简单句及其用语法关系表示的表达式。每种关系都是（篇章变量 关系 值）的形式，其中，值可以是其他篇章变量或 SEM 结构。

```
  Jack bought a ticket.      ( s1 PRED BUYS1 ) ( s1 TNS PAST )
( s1 LSUBJ ( NAME j2  "Jack" ))
( s1 LOBJ<A t1 TICKET1> )
 A ticket was bought by Jill.  ( s2 PRED BUYS1 ) ( s2 TNS PAST )
( s2 LSUBJ ( NAME j2 "Jill" ))
   ( s2 LOBJ<A t1 TICKET1> )
 Jill gave Jack a book..   ( s3 PRED GIVES1 ) ( TNS s3 PAST )
( s3 LSUBJ ( NAME j1 "Jill" ))
   ( s3 LOBJ<A b1 BOOK1> )
( s3 IOBJ ( NAME j2 "Jack" ))
 Jill gave a book to Jack. ( s4 PRED GIVES1 ) ( TNS s4 PAST )
   ( s4 LSUBJ ( NAME jl "Jill" ))
   ( GIVES1 LOBJ<A bl BOOKl> )
   ( GIVES1 TO ( NAME j2 "Jack" ))
 Jill thinks that Jack stole the book. ( s5 PRED THINKS1 )
( s5 LSUBJ ( NAME j1 "Jill" )) ( s5 LOBJ s6 )
( s6 PRED STEALS1 ) ( s6 TNS PAST )
( s6 LSUBJ ( NAME j2 "Jack" ))
               ( s6 LOBJ THE bl BOOK1> )
```

图 11.12　语法关系的表示形式

值得注意的是，主动语态与被动语态之间的区别用语法关系表示时无法得到体现，因为 LSUBJ 总被视为动作的发出者，而 LOBJ 则是施事的对象，无论它是作为主语（在被动句中）还是宾语（在主动句中）。

对上下文无关文法进行扩展，使之可以在句法分析中生成这种类型的表示形式并不难。一种方法是将每个语法关系表示成一个特征。这样，产生的特征结构很容易转化为三元组。以下特征

（PRED BUYS1 LSUBJ（NAME j2 “Jack”）LOBJ<A tl TICKET1>）

可以很容易地转成三元组

（sl PRED BUYSl）（sl LSUBJ（NAME j2 “Jack”））

（sl LOBJ<A tl TICKETl>）

接下来，语义解释器可以作为一个单独的处理过程，接受语法依存表达式，并且生成语义表达式。我们假定它生成的是以前章节中用到的基业格与角色（case-role）的逻辑形式。用模式将语法角色和表达式中所用的格角色关联起来，是一种常见的构造这种表达式的技术。每个动词都可以定义自己的映射，因为语法角色已经刻画了部分语义结构，所以这种映射常常是直截了当的。例如，图 11.13 给出了用于表示图 11.12 中动词所需的模式，其中用到了图 11.14 所示的动词层次体系。

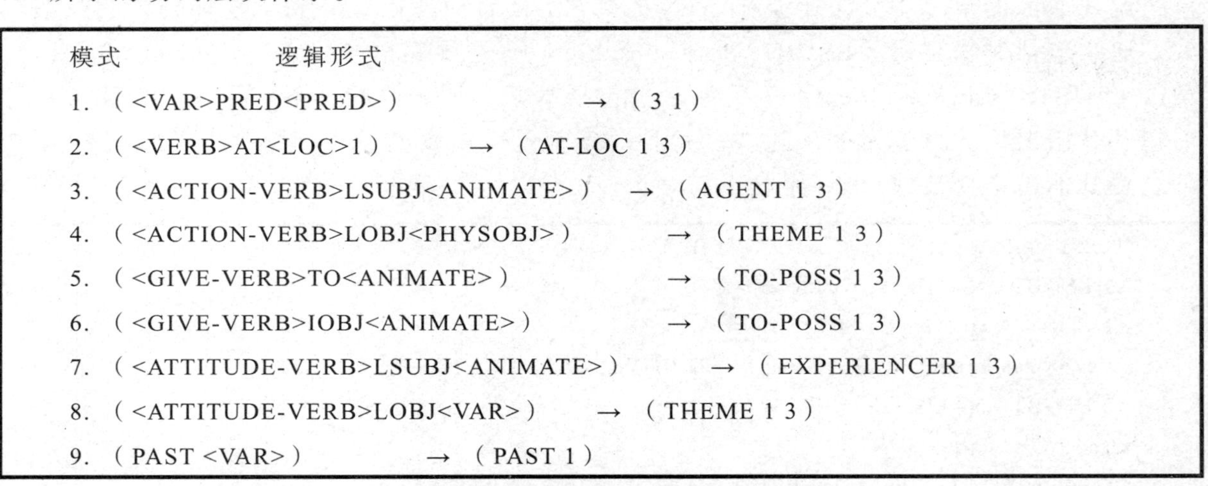

模式	逻辑形式
1.（<VAR>PRED<PRED>）	→（3 1）
2.（<VERB>AT<LOC>1）	→（AT-LOC 1 3）
3.（<ACTION-VERB>LSUBJ<ANIMATE>）	→（AGENT 1 3）
4.（<ACTION-VERB>LOBJ<PHYSOBJ>）	→（THEME 1 3）
5.（<GIVE-VERB>TO<ANIMATE>）	→（TO-POSS 1 3）
6.（<GIVE-VERB>IOBJ<ANIMATE>）	→（TO-POSS 1 3）
7.（<ATTITUDE-VERB>LSUBJ<ANIMATE>）	→（EXPERIENCER 1 3）
8.（<ATTITUDE-VERB>LOBJ<VAR>）	→（THEME 1 3）
9.（PAST <VAR>）	→（PAST 1）

图 11.13 用来解释语法关系的一些模式

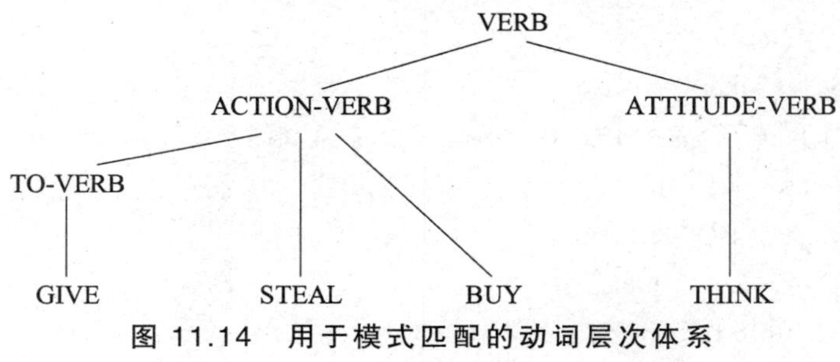

图 11.14 用于模式匹配的动词层次体系

由图 11.13 可知，规则由模式构成，其中<T>匹配类型 T 的任意元素。右侧给出了语义解释，其中数字 *n* 表示模式中第 *n* 个元素的值。例如，规则 2 包含模式（<VERB>AT<LOC>），它匹配第一个元素类型为 VERB，第二个为原子 AT，第三个为类型 LOC 的三元组。并且，会生成一个 SEM 结构，该结构包含了 AT-LOC 和动词的关系，并以位置作为参数。对于以

上模式，动词必须按图 11.14 所示进行归类。该层次体系将动词分为 ACTION-VERB（例如“give”，“buy”，“steal”）、ATTITUDE-VERB（包括那些描述态度的动词，例如“believe”，“think”）和 TO-VERB（包括那些意义涉及将某个东西传给某人的动词，例如“give”，“donate”，“throw”）。

假设存在一种机制用来检查模式匹配之后词汇的类型，那么通过寻找与每个词匹配的模式并将结果集放到逻辑形式中，可以解释由语法生成的一组依存关系。例如，考虑句子“Jack bought a ticket”（Jack 买了票），忽略了时态信息之后，产生如下结构：

（**sl** PRED BUYSl）

（**s1** LSUBJ （NAME j2 “Jack”））

（**s1** LOBJ<A t1 TICKETl>）

规则 1 匹配第一个三元组，规则 3 匹配第二个三元组，规则 4 匹配第三个三元组，由此生成的三个逻辑形式片段如下：

（BUYSl s1）

（AGENT S1（NAME j2 “Jack”））

（THEME S1<A t1 TICKETl>）

这三个片段合在一起组成了完整的逻辑形式，用本书介绍的缩写形式可将其改写为：

（BUYS1 s1[AGENT （NAME j2 “Jack”，）][THEME<A t1 TICKETl>]）

与之相似，句子“Jill thinks that. Jack stole the book”（Jill 认为 Jack 偷了书）可以解析成下列依存关系，该依存关系用如下模式生成的语义变换表示：

（**s5** PRED THINKSl）→（THINKSl **s5**）

（**s5** LSUBJ（NAME **jl** “Jill”））→（EXPERIENCER s5（NAME **j1** “Jill”））

（**s5** LOBJ s6）→（THEME **s5 s6**）

（**s6** PRED STEALS1）→（STEAL，Sl **s6**）

（**s6** TNS PAST）→（PAST s6）

（**s6** LSUBJ（NAME **j2** “Jack”））→（AGENT **s6**（NAME **j2** “Jack”））

（**s6** LOBJ<THE **b1** BOOKl>）→THEME **s6**<THE **b1** BOOKl>）

将这些语义变换合起来可生成如下缩写后的逻辑形式（忽略时态）：

（THINKS1 s5[EXPERIENCER（NAME **j1** “Jill”）]
　　[THEME（STEALS1 **s6**
　　　　[AGENT（NAME **j2** “Jack”）]
　　　　[THEME s6<THE **b1** BOOKl>]））]）

这里我们看到，句法与语义过程相互独立且顺序执行。这种假设使得表示起来更加方便，但对于本方法却并非必需的。使句法和语义分析像下面介绍的那样并发执行是有可能的。每当句法分析器构建了一条语法关系，就会传递给语义解释器，而语义解释器可以对其进行处理。如果语法关系没有语义解释，则该信息返还给句法分析器，句法分析器会抛弃生成该关系的句法分析（或将其降级），因为它在语义上是异常的（或者不可靠的）。因而，可以在生成成分的过程中进行语义过滤。这种技术的优点是将句法和语义紧密耦合起来，而且保持了各个模块的独立性。

“基于语法关系的方法是一种很有吸引力的方法，因为表达式提供了句法处理和复杂语义解释过程之间的易用接口，使得它们可以相互独立地进行处理。这就使映射规则可以比逐条使用规则的方法所使用的规则复杂得多。”[①]例如，映射过程中可以进行扩展类型检查、推理以及用于消除句子语用歧义的篇章处理。当然，语法关系本身也可以用逐条规则的方法由句法分析器构造组合出来。对这种方法的一种理解是，基于语法关系的表达式是此处使用的逻辑形式的另一种形式，而映射规则进行上下文解释并将其转换为最终的意义表示语言。

11.9 语义语法与语义分析

在构造特定的应用系统时，常常会用很多技术来提高句法分析和语义解释的效率和性能。为了简化或取消那些通用的歧义处理过程，这些技术利用了应用预设的语境。本节介绍一种技术，用来构造为这种应用量身定制的一种语法。

为了表示尽可能多的语言现象，一般英语语法都包含很多结构，而这些结构对于当前特定的应用来说却不是必要的。特定的结构只和特定的语义上下文一起出现。在这样的环境下，我们用特定语义激活规则来代替语法中的通用句法规则。考虑这样一种应用，它支持对班机航线数据库的查询。下列与班机有关的名词短语会出现在这个论域中：

the flight to Chicago

the 8 o’clock flight

the first flight out

flight 457 to Chicago

要处理这类名词短语，通用语法必须包含如下规则（例子用圆括号括起来）：

NP→DET CNP （the flight）

CNP→N （flight）

CNP→CNPPP （flight to Chicago）

CNP→NPART （flight out）

CNP→PRE-MOD CNP （8 o'clock flight）

NP→N NUMB （flight 457）

现在，对于这个论域中的城市，我们找到如下类型的名词短语：

Chicago

the nearest city to Dallas

这些名词短语可由我们刚才建立的通用语法来进行处理，但还需要添加一条处理专有名词的规则。现在的问题是，必须对规则加以限制使其适用于适当的类别。例如，即使规则表明以下名词短语合法，它们也不会出现在这个论域中（但有可能出现在其他论域中）：

*the city to Chicago

*the 8 o’clock city

*the first city out

*city 567

要用通用语法处理此类情况，需要在词语上加λ选择限制和特征，以限制可能产生的句法结构和修饰成分。但在一个受限论域中，引入像 FLIGHT-N 这样基于语义特征的新的特定

---

① [美]Janmes Allen. 自然语言理解[M]. 2版. 刘群，等，译. 北京：电子工业出版社，2005：257.

词类（也就是那些表示航班意义的名词）常常会更加简单。借助这种词类，通用语法可以改写成如下形式（圆括号中给出了例子）：

FLIGHT-NP→DET FLIGHT-CNP （the flight）

FLIGHT-CNP→FLIGHT-N （flight）

FLIGHT-CNP→FLIGHT-CNP FLIGHT-DEST （flight to Chicago）

FLIGHT-CNP→FLIGHT-CNP FLIGHT-SOURCE （flight from Boston）

FLIGHT-CNP→FLIGHT-N FLIGHT-PART （flight out）

FLIGHT-CNP→FLIGHT-PRE—MOD FLIGHT-CNP（8 o'clock flight）

FLIGHT-NP→FLIGHT-N NUMB （flight 457）

CITY-NP→CITY-NAME （Boston）

CITY-NP→DET CITY-CNP （the city）

CITY-CNP→CITY-N （city）

CITY-CNP→CITY-MOD CITY-CNP （nearest city to Dallas）

CITY-MOD-ARG

当然，还需要很多其他规则，而这些规则也要用到语义类。例如，FLIGHT—DEST 类可表示用于特定班机目的地的介词短语：

FLIGHT-DEST→to CITY-NP

FLIGHT-DEST→for CITY-NP

更高层的句法结构同样可以根据这些类进行定制，比如规则：

TIME-QUERY→When does FLIGHT-NP FLIGHT-VP

用论域的主要语义类表示的语法称为语义语法。显然，句法语法和语义语法之间并非泾渭分明；相反，这两个极端情况之间存在连续区间。虽然语义语法要比对等的句法语法大得多，但由于上下文受限，通常情况下定义规则反而更容易，而且不需要很复杂的特征就可以判断出哪些形式与哪些语义类相符。

可以对语义语法进行扩充，使之用一般的方法就可以生成逻辑形式。通常，解释规则都直接明了，因为我们直接从规则结构就能知道所需的绝大多数语义信息。然而，还有一种方法只需用自身的分析树作为逻辑形式。因为它已经包含了语义信息，所以转换成另外一种表示形式并没有什么益处。例如，图 11.15 给出了查询“When does the flight to Chicago leave？”的分析树。

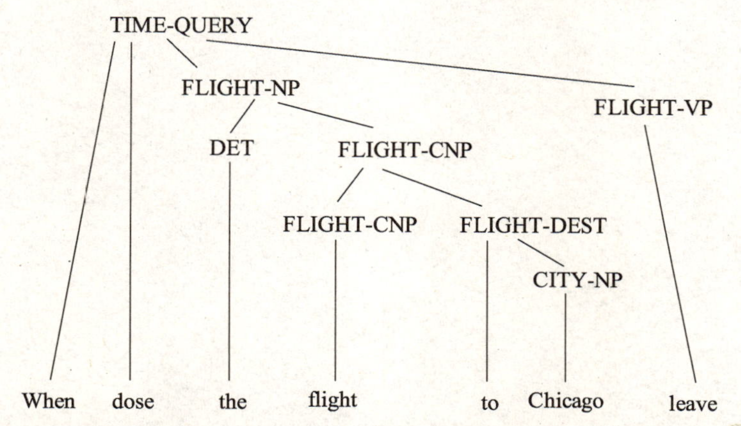

图 11.15 “When does the flight to Chicago leave？”的分析树

采用 LJSP 范式，该树可表示成：

```
( TIME-QIJERY
 ( FLIGHT-NP
  ( DET the )
  ( FLIGHT-CNP
   ( FLIGHT-CNP flight )
   ( FLIGHT-DEST to ( CITY-NP Chicago ))))
( FLIGHT-EVENT leave ))
```

这种结构至少可以和句子的完全逻辑形式一样容易地转化成数据库查询。因此，进一步的语义分析没有什么意义。语义语法将句法、语义和选择限制以一种简单的合一框架进行了整合，因此，语义语法对于受限应用领域的快速开发十分有效。其不足之处在于它们无法很好地移植到新的论域，也就不能很好地解决更广泛领域的应用问题。通常，即使一个论域的大部分句法语法都适用于另一个论域，新的论域也需要构建全新的语义语法。

第 12 章

藏语歧义消解

第 10 章和第 11 章讨论了语义表示和语义分析，其中并未更多地涉及歧义消解问题。歧义有真歧义和伪歧义两种，这里主要谈在自然语言处理中遇到的伪歧义消解理论及方法。真歧义的解决在信息处理领域还有一定的难度，但是我们也应该看到，在藏语中通过虚词尤其是格助词的发挥，很多时候都消除了出现真歧义的可能。

就一般歧义而言，例如“bridge”这个词作为名词至少有 4 种不同的意义，包括跨越水体的高架结构、一种牌类比赛、牙科设备，以及一种表示沟通的抽象概念。要区分这些不同的解读，需要引入不同的意义，比如 STRUCTUREl、GAME27、DENTAL-DEV37 和 CONNECTl2。任何一个句子都只接受这些意义中的某一个。例如，句子“The bridge crosses the river”只能用 STRUCTUREl 这个意义来解释。但是，通常语义解释机制能接受每一种解读，是由于一般来说其中没有提供方法来定义哪种意义组合才是符合要求的。本章将介绍一些方法和技术，可用来解决歧义问题。

12.1 藏语语义关系与真歧义

语义关系是指隐藏在句法结构后面由词语的语义范畴建立起来的关系。在句法层次结构分析中用层次排除歧义，实际上也涉及语义问题[①]。就如英语的“The old men and women stayed at home”[②]，这是个真歧义型句子。正确理解其义应为“年老的男人和女人留在家里”，但很可能有的会认为它的意思是“年老的男人和所有的女人留在家里”，另一些人会认为它的意思是“所有年老的男人和所有年老的女人留在家里”，还有的可能会处于疑惑中不能断定其义。朱德熙先生在其《句法结构》一文中用“咬死了猎人的狗”来说明句子中的歧义，当然，这个例句也是个真歧义。由于断词或结构分析的不同，这样的句子会出现两种不同的理解：

咬死了 / 猎人的狗 ………………………………（A）

咬死了猎人的 / 狗 ………………………………（B）

（A）和（B）是完全一样的句子，不仅词汇相同，词与词的排序也完全一致，但由于断词不同，意义迥异。根据美国描写语言学的 IC 分析法，句子的直接成分可分析为：（A）是由“咬死了”和“猎人的狗”两部分组成的。（B）是由“咬死了猎人的”和“狗”两部分组

① 多拉. 藏语语义理解中功能性虚词研究[J]. 西藏大学学报：社会科学版，2011，26（4）：106-112.

② 冯志伟. 现代语言学流派[M]. 西安：陕西人民出版社，1999：123.

成的。这是一种语义异构现象。语义异构是指对同一事物在解释上所存在的差异，也就体现为对同一事物在不同领域中的理解不同。这就像看一个立方体图形，看图人对角度的选择有任意性，因角度的转换所看到的效果也不一样。图 12.1 所示为语言视角图。

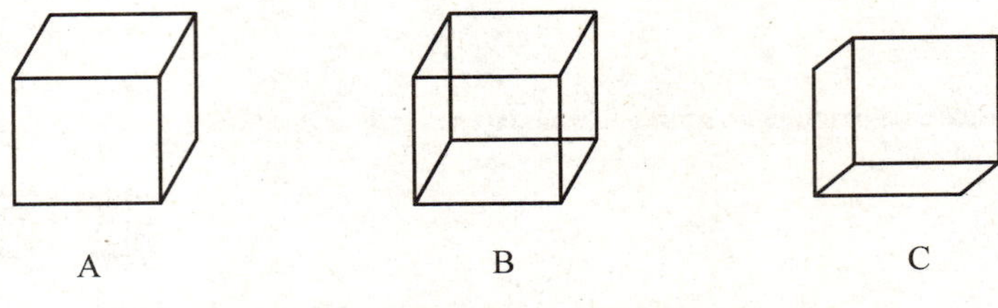

图 12.1 语言视角图

通常看到上面的 A、B、C 三个图形时，很容易看出 B 跟 A、C 都不同，但是，看图人会感到 B 有时更像 A，有时又更像 C。我们不能同时认定 B 像 C 又像 A，这是排斥的。可以看出 B 就是模糊的或者说是有歧义的。朱德熙先生说："我们可以把它理解为：'别的什么动物咬死了猎人的狗'，也可以把它理解为'狗咬死了猎人'。不过这两种不同的理解只能交替出现，不能同时并存。"①

英语和汉语中的这种歧义现象，在藏文中却通过格助词或介词的桥接致使词的顺序发生变化，因而可以避免。比如就"咬死了猎人的狗"而言，藏文中无法写出这样有歧义的句子，如果其义为"别的什么动物咬死了猎人的狗"，那藏文就会表示为"ཇོན་པའི་ཤ་ཁྱིར་སོ་བཏབས་ནས་བསད།"，如果是"狗咬死了猎人"，那么藏文即为"ཇོན་པར་ཤ་ཁྱིས་སོ་བཏབས་ནས་བསད།"，因而不会出现歧义。由于所表达的意义不一样，词汇的排序也略有变化，最关键的是业格助词"r"发挥了作用。业格助词和哪个词黏着，该词就会成为发生动作的对象。我们也可把以上两个例句分为 A、B 并进行分词后的分析

（A）ཇོན་པ/འི་/ཤ་ཁྱི/ར་/སོ་བཏབས་/ནས་/བསད/ n+p+n+p+v+p+v （猎人的狗被咬死了）

（B）ཤ་ཁྱི /ས་/ ཇོན་པ /ར་/སོ་བཏབས་/ནས/བསད/ n+p+n+p+v+p+v（狗咬死了猎人）

其中"/"代表词与词的界限，n 代表名词，p 代表虚词或介词（包括格助词），v 代表动词。乍一看，名词和动词以及介词的序列没有发生任何变化，也就是说从其形式结构上看不出异样，但内容已经被改变。何以出现这种情况呢？我们可以通过动词配价树来进一步分析，如图 12.2 所示。

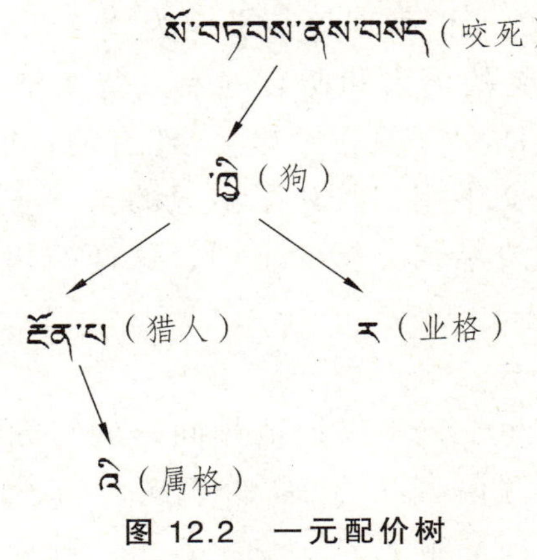

图 12.2 一元配价树

从图 12.2 中我们可以看出，句子（A）是一个一元配价句，行动元只有一个，也即"狗"，

① 朱德熙. 句法结构[J]. 中国语文，1962，8～9.

猎人是行动元的定语，不能单独作为“咬死”这一动词的另一个行动元，格助词标于黏着词的右侧，表示黏着于其后。其中，业格助词黏着于“狗”，从而在语义上指向上把“狗”确定为动作发生对象，也即受事宾语；而属格助词黏着于“猎人”，桥接并说明了“猎人”与“狗”之间是领属关系。“咬死”一词在藏文中分为两个动词，并在中间加从格助词“ནས”，表示因果关系或事件发生过程，词汇标记时作为单个的词加以标示，但在配价时看作一个整体支配词。之所以这样做，是配合汉语语义，实际上也可划作凭事范畴，这部分可在探讨并列动词时加以深入分析，这里暂不赘述。那么，接下来我们可以看（B）句的配价树[①]，如图 12.3 所示。

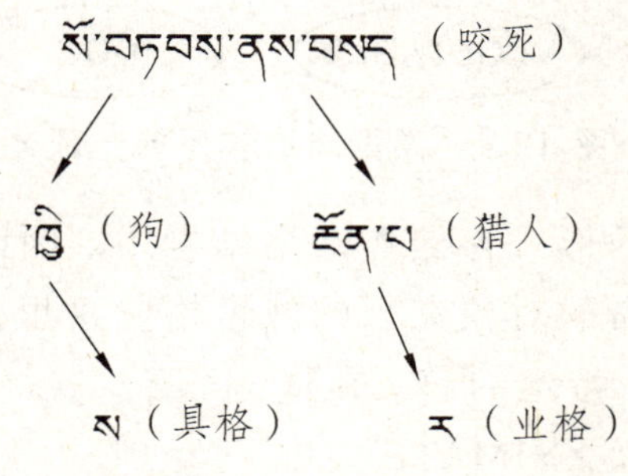

图 12.3　二元配价树

从图 12.3 我们可以看出这是个二价句型，动词有两个行动元，即“狗”和“猎人”。在词序上“猎人”和“狗”的位置刚好被置换，“猎人”不再领属于“狗”，而与“狗”平行在第二层。和图 12.2 不同，业格助词黏着于“猎人”，从而也改变了图 12.3 中“狗”是受事宾语的状况，语义指向为“猎人”，其成为受事宾语。同时，与“狗”黏着的也不是属格标记，而是具格标记，这一改变使“狗”成为第一行动元，即施事主语，跳跃式地同动词“咬死”相连接，有语义映射的作用，这是通过虚词来完成的一种语义桥接。

由此可见，藏语虚词的功能实际上就是作为一种语义桥接，同时还具有消解歧义的功能，不仅能消解伪歧义，还消除了句子产生真歧义的可能。因此，研究藏语虚词在歧义消解中的作用是至关重要的。

12.2　语义网络

我们看到语义类型层次体系对于歧义消解非常重要。本节将这些思想加以推广，提出了一种新的词法知识表示方法，称为语义网络[②]。通过属性继承，语义网络简化了词典的构建，同时还提供了词义之间更为丰富的语义关系集，这些都有助于歧义消解。

语义网络是由带标记的链和带标记的节点组成的图。节点表示词义或抽象意义类型，链表示意义间的语义关系。如图 12.4 所示的简单抽象层次体系给出了实体类型和抽象对象之间的某些语义关系。S 边表示子类关系。这幅图实际上是前面两节提到的类型层次体系的另一种表示方法。

① 多拉. 藏语语义理解中功能性虚词研究[J]. 西藏大学学报：社会科学版，2011，26（4）：106-112.
② [美]Janmes Allen. 自然语言理解[M]. 2 版. 刘群，等，译. 北京：电子工业出版社，2005：240.

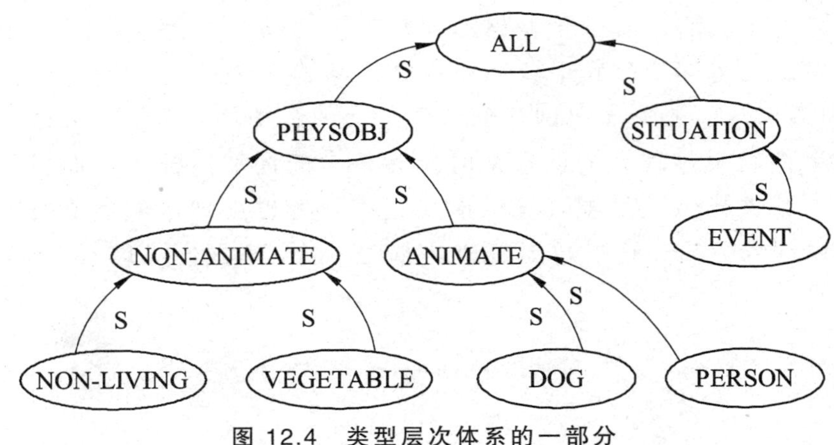

图 12.4 类型层次体系的一部分

语义关系的选择限制以边的形式存储在网络结构中。因此，根据图 12.5 中的网络，可以说所有的动作都有一个由有生命的对象充当的施事格。这里，引入了一个新的节点类型，即存在节点，用框表示，代表一个特定的值。在这种情况下，我们将施事格限定为 ANIMATE 类中的对象。还有很多表示法可以表示格取值的其他信息，例如它们是否必不可少，以及它们代表一个填充物还是一组填充物。

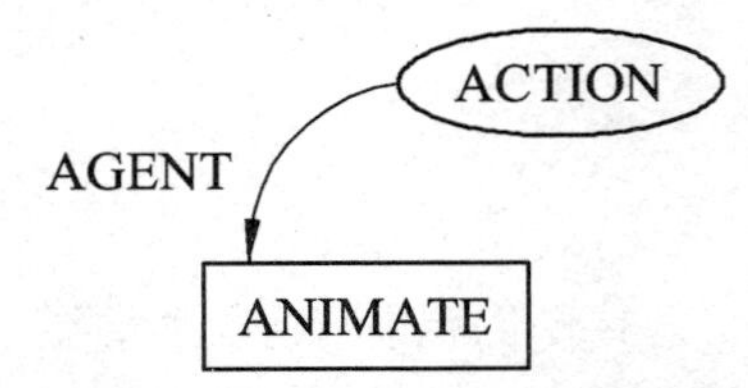

图 12.5 所有的动作都有一个有生命的主体

语义网络最重要的特点就是属性继承。例如，给定图 12.6 所示的语义网络，RUNSl 这个动作类继承了这样的属性：其每个实例都要由 ANIMATE 对象充当 AGENT。通常，对多数节点而言，继承可以通过对图的搜索来完成。为找到某个特定角色 R 对应的约束条件，先要检查特定节点（例如 RUNS1）以找到 R 关系，如果找不到，就沿 S 链上移（例如，在节点 ACTION 上）。如果还没有找到 R 关系，就继续沿 S 的层次关系上移，直到找到一个 R 关系或搜索到层次体系的顶端为止。

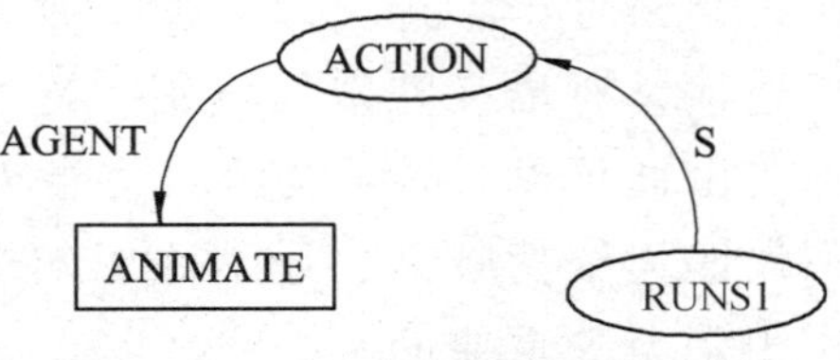

图 12.6 表示角色继承的网络

对于类型众多的动词而言，继承层次体系对于选择限制的表示非常有用。图 12.7 给出了作为 ACTION 子类的动词词义集合的选择限制。借助这种继承机制，可以发现，通过对 ACTION 类的继承，动作类 TRANSFER-ACTION 得到了 AGENT、AT-TIME 和 AT-LOC 这三种语义关系，它从 OBJ/ACTION 类里继承了 THEME 和 INSTR，同时拥有为 TRANSFER-ACTION 直接定义的 TO-POSS。需要注意的是，这种表示法定义了所有可能的语义关系，而不只是用来区分动词子类的语义关系。

通常，一个动词对其参数所加的限制比它所继承的严格。例如，词义 READSl 位于 OBJ/ACTION 之下，于是它可以继承 AGENT，AT-TIME，AT-LOC，THEME 和 INSTR 这些语义关系。但是，我们想让主题 THEME 属于 TEXTOBJ 类别。在继承算法中，在找到第一个信息时就停止，因而它使用的是该动词最明确的信息。因此，这个新的 THEME 约束覆盖了继承来的更一般的约束。

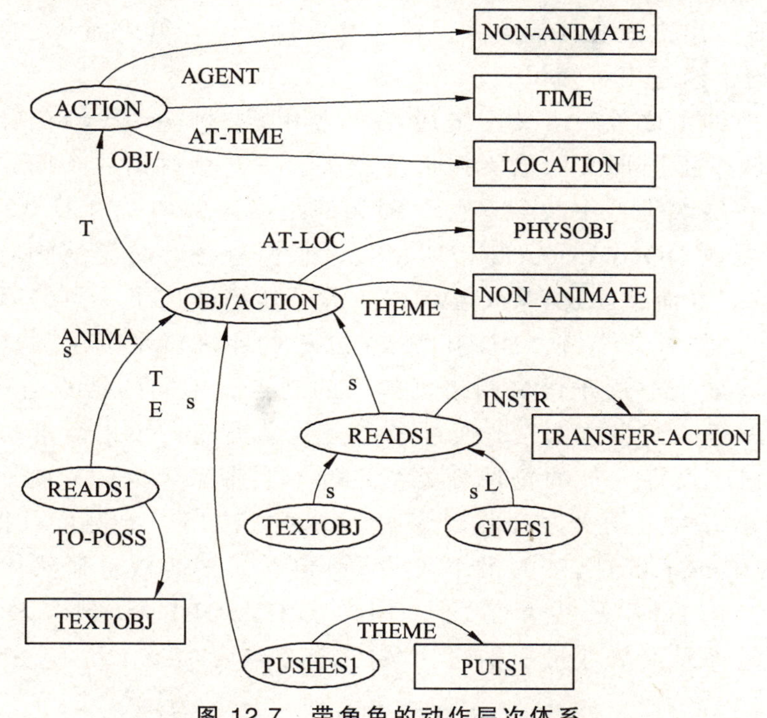

图 12.7　带角色的动作层次体系

除了子类型和参数关系之外，语义网络还可以表示其他形式的词法结构的一般知识。整体-部分层次是另一种重要的层次体系，在这种层次体系中，实体与其组成部分相关联。在英语中，这种关系往往用介词 of、名词-名词修饰关系或者所有格形式来表示，例如：

The desk drawer　（抽屉是桌子的一部分）

The man's head　（脑袋是人的一部分）

The handle of the drawer　（把手是抽屉的一部分）

为了识别这种关系，并消除由这些关系引起的歧义，需要表示出语义网络中对象的结构信息。这个问题可以通过引入一种新链（part-of 链）来解决。这样，可以表示屋子是由房间和门组成的，门上有把手，如图 12.8 所示。在这幅图中，部件节点的类型并没有放在节点的位置上，相反，它用一条 ISA 边来表示，大多数语义网络表示形式中都可以采用这种表示法。

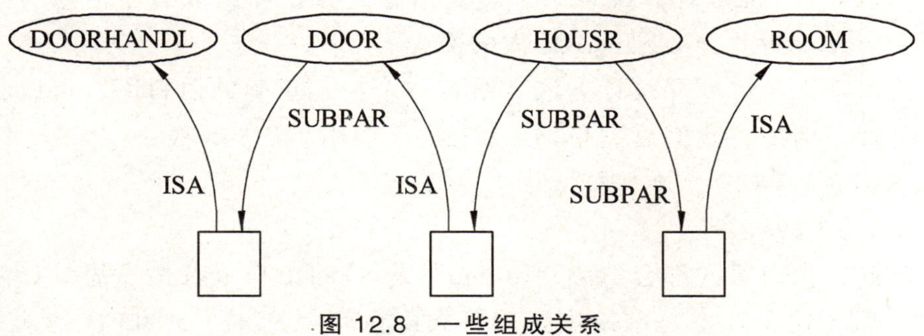

图 12.8　一些组成关系

一个完整的表示体系必须能指明其组成部分是唯一的对象（如门的把手）还是对象（屋子里的房间）集合。例如，人的身体由头、躯干、胳臂和腿等部分组成，而我们需要表示唯一的头连在躯干上，有两条胳臂连在躯干上等。这些都构成了 BODY 子类的一部分。此外，这个体系还必须能表示出空间及其他关系，这些关系存在于各组成部分之间。不过，对这个问题细节的深入讨论已经超出了知识表示的范围。

除了能表示属性继承之外，语义网络还有其他用途。例如，我们在后面将会讨论一个很有用的性质，与两个不同词义的语义接近度相关。一开始讨论这个问题时，我们评价语义接近度的方法是在层次类型中找到这两个词义的距离。例如，对图 12.4 所示层次体系稍做扩展，就可以发现 DOG1 和 CAT1 密切相关，它们有公共父类 ANIMATE 类（每一个都只有一个链）。另一方面，DOG1 和 CARROT1 语义就稍微远了一点，因为它们有公共父类 PHYSOBJ，每一个都有几个链。DOG1 和 EVENT 的距离就更远了。这个方法有一些难点，因为它在一定程度上取决于语义网络创建人的观点，不同的结构会产生不同的答案。于是，有人提出一种新的衡量方法，即通过最小公共父类的大小来衡量两个词义间的接近度。用这种方法，程序设计人员的每种分类结果都不会带来太大的影响。基本上，包含两种语义的公共集越小，两个词义之间就越紧密。这种方法用于上例可以得到同样的结论，ANIMATE 类（包含 DOG1 和 CAT1 的最小公共集）包含元素的数量显然比 PHYSOB 类（包含 DOG1 和 CARROT1 的最小公共集合）少。同样，PHYSOBJ 类（包含 DOG1 和 CARROT1 的最小公共集合）包含元素的数量显然也比 ALL 类（包含 DOG1 和 EVENT 的最小公共集合）少。

当然，使用类型层次体系只表示了语义接近度的一种意义，还有很多其他结构可能更适于表达这个概念。例如，你可能认为 DOG1 类同 DOG-SHOW1 事件之间有语义关系，但是类型层次体系并没有将它表示出来。对于这种关系，我们需要一种衡量接近度的方法，这种方法能表示哪些对象参与了某事。根据以前提出的概念，这里引入了一个新的语义角色，即 PARTICIPANT，它把事件和这个事件所涉及的对象关联起来，这样可能会有效。

12.3 统计词义消歧

选择限制只提供了一种粗糙的分类，它只有两种形式，即接受和不接受，结果却导致很多词义歧义情况无法解决。为了更好地对人类排歧的过程建模，必须更多地使用预测技术，相对于较少出现的词义，这些技术会优先选择常见词义。本节探讨如何使用统计方法将常见词义形式化[①]。通常，在准确计算统计结果所需信息的数量和获取有用信息的能力之间，我们要找到一个平衡点。为此，必须付出巨大的努力。

最简单的技术基于简单一元统计方法。给定一个标记正确的语料库，可以收集每个词不同意义用法的信息，例如，我们看到单词“bridge”使用了 5 845 次：

STRUCTURE1 5 651 次

DENTAL-DEV37 194 次

根据这些数据，我们每次都会猜测“bridge”是 STRUCTURE1 的意思。如果我们的训练数据有代表性，那么这个技术每次给出正确答案的概率是 97%（5 845 次猜测中 5 651 次准确）。更一般的情况下，对英语更大范围地使用，可以估算出这种简单的策略大约有 70%的准确率。当然，我们希望借助一些上下文信息取得更好的结果。现在，考虑一下很少出现的

① 苗夺谦，卫志化. 中文文本信息处理的原理与应用[M]. 北京：清华大学出版社，2007：203.

词义 DENTAL-DEV37。尽管它在整个语料库中非常罕见，但是在某些特定文本（那些关于牙科和口腔正畸学的文本）中却是最常见的词义。如果研究出一种技术，能够可靠地识别这种上下文，就可以选出这个词义，从而取得比上述简单算法更好的效果。可以证明，一个文本中的实词能很好地表明该文本的话题，例如，在关于牙科的文章中，诸如“teet”，“dentist”，“cavity”，“braces”，“orth-odontics”等单词会经常用到。如果出现了这些单词，我们希望优先选择 DENTAL-DEV37。

此类信息和词语搭配（即哪些单词经常一起出现）有很大关系。我们可以考虑二元概率、三元概率或者更大范围的组合，比如前后 5 个词、整个句子甚至更大范围的上下文（某些研究工作中使用近 100 个词）。对每个词所考察的文本长度称为窗口。

一种解决方法是调整词类标记技术，在标记中使用词义而不是句法类。对于这种方法，需要一个语料库，库中每个词都标记好语义。然后，可以计算一元统计概率（例如，词 w 的词义为 S 的概率）、二元统计概率、三元统计概率等。当然，建这样一个语料库需要很大的工作量，不过现在已经有人在做这种语料库了。但是，有两个因素导致直接使用标记这种方法不可行。第一，词义的数量比句法类多得多；第二，为得到合理的结果，必须用到范围更大的上下文，而不能用简单的二元或三元模型。这两个问题表明，要获得足够的训练数据，实际上是不可能的，需要另想其他方法。

基本解决思路是，计算某个词 w 的词义相对于文本中以词 w 为中心的一个窗口内的词的概率。已知以词 w 为中心的窗口大小为 n，这个窗口中的词可表示成如下形式：

$$w_1 w_2 \cdots w_{n/2} w\, w_{n/2+1} \cdots w_{n-1} \qquad (12.1)$$

我们要计算出使下式取最大值的词 w 的词义 S：

$$\mathrm{PROB}(w/S \mid w_1 w_2 \cdots w_{n/2} w\, w_{n/2+1} \cdots w_{n-1})$$

为计算这些概率，我们用贝叶斯法则改写上式，并且和前面几次一样，要做独立性假设。公式可改写为：

$$\frac{\mathrm{PROB}(w_1 \cdots w_{n-1} \mid w/S) * \mathrm{PROB}(w/S)}{\mathrm{PROB}(w_1 \cdots w_{n-1})} \qquad (12.2)$$

因为上式分母不随词义变化，所以分母可以忽略。进一步假定，每个词 w 的出现独立于窗口中的其他词，则 $\mathrm{PROB}(w_1 \cdots w_{n-1} \mid w/S)$ 近似改写成：

$$\prod_{i,n-1} \mathrm{PROB}_n(w_i \mid w/S) \qquad (12.3)$$

其中，$\mathrm{PROB}_n(w_i \mid w/S)$ 是当词 w 的词义为 S 时，词 w_1 在以词 w 为中心、大小为 n 的窗口中出现的概率。合并上述公式，最佳词义 S 就是使下式取最大值的那个词义：

$$\mathrm{PROB}(w/s) * \prod_{i,n-1} \mathrm{PROB}_n(w_i \mid w/S) \qquad (12.4)$$

由于假定各个事件的出现不相关，最终可以证明窗口越大，所需的数据就越少，因为这样从每个窗口中能收集更多的数据。给定一个语料库，通过每个词大小为 n 的窗口来收集数据，可以计算词的每个词义出现的次数，并且记录窗口中所有的词。考虑一下图 12.9 中为词“bridge”假设的信息，这里使用窗口的大小为 11，语料库中有 1 000 万个词。

	对于 bridge/ STRUCTURE1	对于 bridge DENTAL-DEV37	在任何 窗口中
teeth	1	10	300
suspension	200	1	2 000
the	5 500	180	5 000 000
dentist	2	35	900
出现总次数	5 651	194	501 500

图 12.9 “bridge”的几个意义在伪语料库中的相关数据

根据 $\text{PROB}_n(w_i \mid w/S)$ 的定义，我们可以按下式计算它的值：

$$\text{PROB}_n(w_i \mid w/S) = \frac{\text{Count}(\text{在以}w/S\text{为中心的窗口}w_i\text{出现的次数})}{\text{Count}(w/S\text{作为窗口中心的次数})}$$

给定如图 12.9 所示的数据，可得如下计算结果：

PROB_n（teeth | bridge/STRUCTUREl）$=1/5\ 651=1.77\times10^{-4}$

PROB_n（teeth | bridge/DENTAL-DEV37）$=10/194=0.052$

PROB_n（suspension | bridge/STRUCTUREl）$=200/5\ 651=0.035$

PROB_n（suspension | bridge/DENTAL-DEV37）$=1/194=5.15\times10^{-3}$

PROB_n（the | bridge/STRUCTUREl）$=5\ 500/5\ 651=0.97$

PROB_n（the | bridge/DENTAL-DEV37）$=180/194=0.93$

PROB_n（dentist | bridge/STRUCTUREl）$=2/5\ 651=3.54\times10^{-4}$

PROB_n（dentist | bridge/DENTAL-DEV37）$=35/194=0.18$

词义的上下文无关概率很容易计算出来：

PROB（bridge/STRUCTUREl）$=5\ 651/501\ 500=0.113$

PROB（bridge/DENTAL-DEV37）$=194/501\ 500=3.87\times10^{-4}$

这两个概率给出了不考虑任何上下文（也就是说，窗口大小为 1）的情况下每个词义的可能性。需要注意的是，在只包含单词“the”的窗口中，词义的概率非常接近上下文无关概率。

PROB_n（the|bridge/STRUCTUREl）×PROB（bridge/STRUCTUREl）

$=0.97\times0.113=0.109$

PROB_n（the|bridge/DENTAL-DEV37）×PROB（bridge/DENTAL-DEV37）

$=0.93\times3.87\times10^{-4}=3.6\times10^{-4}$

这表明单词“the”对两个词义几乎没有区分能力，这正是我们期望的结果，因为“the”与名词搭配太常见了。通常，功能词（function word）太过常见，因此它们对于词义排歧没有任何帮助。在本例中，像“teeth”这样的内容词（content word）才对排歧有非常大的作用。事实上，对只包含“dentist”的窗口进行概率计算，将原来的优先选择次序反了过来。

PROB_n（dentist|bridge/STRUCTUREl）×PROB（bridge/STRUCTUREl）

$=3.54\times10^{-4}\times0.113=4\times10^{-5}$

PROB$_n$（dentist|bridge/DENTAL-DEV37）× PROB（bridge/DENTAL- DEV37）
$=0.18 \times 3.87 \times 10^{-4}=6.97 \times 10^{-5}$

当然，使用更大的窗口，内容词会有更多的机会对结果产生巨大的影响。例如，分析句子“The dentist put a bridge on my teeth”（牙医在我的牙齿里放了一个牙桥）。除了“dentist”和“teeth”之外，其他单词都是常用词，它们和两个词义共现的频率差不多，因此对于每个词义的相对概率都没有什么影响。但是，词“dentist”和“teeth”出现在同一个窗口中，在它们共同作用下，导致优先选择“bridge”的不常见语义。事实上，DENTAL-DEV37 这个词义的计算结果是 3.6×10^{-6}，显然要比 STRUCTURE1 的 7.08×10^{-7} 这个结果大很多。对这些计算结果进行归一化，就能将其用于计算真正的概率。更确切地说，如果单词“bridge”只有这两个词义，那么在这个窗口中使用 DENTAL-DEV37 这个词义的概率是 $3.6 \times 10^{-6}/(3.6 \times 10^{-6}+7.08 \times 10^{-7})=0.84$。

12.4　搭配与互信息

这个领域中的许多研究工作都用到了搭配信息，用于衡量两个词出现在同一个文本窗口中的概率。计算这种概率的一种方法是分析相关性统计信息[①]（其中 n 是窗口大小）：

$$C_n(w/S,w')=\frac{\text{PROB}(w/S\text{和}w'\text{出现在同一窗口中})}{\text{PROB}(w/S\text{在窗口中})*\text{PROB}(w'\text{在窗口中})}$$

值得注意的是，这和上面只在分母中所用的计算方法不同。如果 K 是语料库中窗口的数目，那么上面每个概率值都可以用 Count（出现在窗口中的事件次数）/K 来计算。用这种计算方法替换 $C_n(w/s,w')$ 所用的每个概率值，并进行简化后，得到公式：

$$C_n(w/S,w')=\frac{K*\text{Count}(B(w/S\text{和}w'\text{在窗口共出现的次数})}{\text{Count}(w/S\text{在窗口中的次数})*\text{Count}(w'\text{在窗口中的次数})}$$

在我们的样例语料库中，K 是 10 000 000。根据图 12.9 中的数据，C_n 的计算如下所示：

C_n（bridge/STRUCTURE1，teeth）=（$10^7 \times 1$）/（$5\,651 \times 300$）=5.9

C_n（bridge/DENTAL-DEV37，teeth）=（$10^7 \times 10$）/（194×300）=171.9.

C_n（bridge/（STRUCTURE1，suspension）=（$10^7 \times 200$）/（$5\,651 \times 2\,000$）=17.7

C_n（bridge/DENTAL-DEV37，suspension）=（$10^7 \times 1$）/（$194 \times 2\,000$）=2.5

C_n（bridge/STRUCTUREl，the）=（$10^7 \times 5\,500$）/（$5\,651 \times 500\,000$）=1.94

C_n（bridge/DENTAL-DEV37，the）=（$10^7 \times 180$）/（$194 \times 500\,000$）=1.84

C_n（bridge/STRUCTUREl，dentist）=（$10^7 \times 2$）/（$5\,651 \times 900$）=3.9

C_n（bridge/DENTAL-DEV37，dentist）=（$10^7 \times 35$）/（194×900）=200

如果比值接近 1，则两个词基本上是随机共现；如果比值大于 1，则两个词的共现就不是随机事件。请注意，两个词义与“the”这个词的相关值分别是 1.94 和 1.84。这表明两个词义与“the”共现的概率比随机出现稍高一点，但“the”不能表明要优先选择哪一个，不选哪一个。

① [美]Janmes Allen. 自然语言理解[M]. 2 版. 刘群，等，译. 北京：电子工业出版社，2005：246.

为了更好地区分基于比值的统计信息，这一领域的研究工作中常常采用比值的对数，如果比值小于 1，结果将是负数。这能更直观地表示优先选择与非优先选择。

对于本节中描述的词的比值，这种衡量方法称为两个词的互信息，记为 $I_n(W_1W_2)$。

$$I_n(w_1, w_2) = \log_2 C_n(w_1, w_2)$$

以“bridge”的两个语义为例，其互信息量为：

I_3（bridge/STRIJCTUREl，teeth）=1.77

I_3（bridge/DENTAL- DEV37，teeth）=5.14

I_3（briage/STRUCTURE1，the）=0.66

需要注意的是，彼此之间无关联且随机共现的词的互信息量接近于 0。如果两个词是负相关的，即它们共现的概率比随机发生还低，那么它们的互信息量就是负数。如果用互信息量比较不同的词义，我们要把窗口中不同词的分数相加，而不是相乘，因为它们是对数值。

附　录

2011 年 8 月 18 日由西藏大学在西藏拉萨主办了“信息处理用藏文分词和词性标注标准制定相关事宜的研讨会”。北京大学俞士汶教授、国家标准化研究院基础标准化研究所陈玉忠研究员、西北民族大学多拉教授、青海师范大学才让加教授、青海民族大学等相关单位的有关专家参加了此次研讨会。与会专家对西藏大学提出的“信息处理用藏文分词和词性标注标准”进行了认真讨论，并对该规范提出了进一步修改意见。本词类标记集和分词工程规范正是根据讨论的意见修改形成的草案，仅供参考。

附录 1　信息处理用藏语词类标记集规范

The parts-of-speech and tagging set standards of Tibetan Information Processing

1　主题内容

本规范规定了藏语词类体系、词语分类的目的、词语分类的依据、词语的鉴别准则等，构建一个科学的词类体系和词性标记集，使它能够反映出藏文词汇的语法功能与分布特征。

2　适用范围

本规范适用于藏文分词标注及藏语句法自动分析、标注语料库的加工和语法信息词典建设等藏语自然语言处理领域，它解决了词类标记集的规范统一问题，具有开放性和灵活性，以便适用于不同的藏文信息处理系统。

3　规范性引用文件

以下术语引用于本规范。

4　术语和定义

4.1　词类

词类，是指依据词的句法功能原则所划分的类。

4.2　词类标注

词类标注，是指对分词文本中的每个切分单位标注上词类的过程。

4.3　藏文信息处理（Tibetan Information Processing，TIP）

利用计算机理论和计算机技术来进行藏语语言文字处理。

4.4　切分单位

本分词规范中的“分词单位”主要是词，也包括了一部分结合紧密、使用稳定的词组，在分词过程中出现的所谓的词，一般为切分单位。

5　词类标记集规范的确定原则

藏语结构的稳定性和语法系统的完整性给我们提供了足够分析的基础。藏语是属于有形态的语言，一袭印欧语中梵语的语法体系，它既有曲折性，也有黏着性的特点。本规范是以索绪尔的组合关系和聚合关系的理论、美国描写语言学的分布分析、布龙菲尔德提出的形类等作为理论依据，通过分析语言学界提出的三个分类标准，最终提出了语法功能标准为主，形态、意义标准为辅的词类分类方法。只有抓住了词的语法功能才能把握研究词类的实质，以及有效地探求和阐明词的句法成分能力、与别的词组合的语言规律。

6　切分单位的范围

基于在计算机中处理藏语真实文本的需要，本规范中的符号，既要覆盖语言学意义上的词，还要覆盖比词小的单位，如前接成分（前缀）、中接成分（中缀）、后接成分（后缀）等，以及比词更大的单位，如成语、习用语、简称、略语以及标点符号、非藏文符号等。这样才能提供藏文信息处理所需的信息。

7　标记符号的规定原则

本规范采用英文术语的字母和汉语拼音。

8　词类标记集

8.1　名词<ཁྱད་གཞི་རྗོད་པའི་མིང་།>(n)，表示人和事物的名称或时间、处所、方位等，在句中主要充当主语和宾语。

8.1.1　一般名词<ཁྱད་གཞི་རྗོད་པའི་མིང་སྤྱིར་བཏང་བ།>(nn)表示人和事物的名称。例如

ཆབ་སྲིད། སྤྱི་ཚོགས། ཅོག་ཙེ། གསེར། རྟ། མི། ས། འཕྲུལ་ཆས།

8.1.2　人名<མིའི་མིང་།> (nr)，表示人的名称的专有名词。例如

ར་སྟོད་བྱམས་པ་ཕུན་ཚོགས། ཚེ་རིང་སྟོབས་རྒྱལ། ལྕང་སྐྱ་རོལ་པའི་རྡོ་རྗེ། མདའ་དཔོན་བཀྲ་ཤིས་དར་རྒྱས། སྐྱ་ཞབས་བཀྲ་ཤིས་ཚེ་རིང་།

8.1.3　地名<ས་ཆའི་མིང་།> (ns)，表示地理区域名称的专有名词。例如

ཨེ་ཤ་ཡ། མཚོ་སྔོན། ལྷ་ས། འབར་ཁམས། ཧོ་ནོ་གཙང་པོ། ཡར་ཀླུང་གཙང་པོ།

8.1.4　国名<རྒྱལ་ཁབ་ཀྱི་མིང་།>(ng)，表示国家名称的专有名词。例如

ཀྲུང་ཧྭ་མི་དམངས་སྤྱི་མཐུན་རྒྱལ་ཁབ། འཇར་པན། ཨུ་རུ་སུ།

8.1.5　民族氏族名<རིགས་རྒྱུད་ཚོ་བའི་མིང་།>(nm)，表示民族、人种、部落、文种、语种名称的专有名词。例如

བོད་རིགས། རྒྱ་རིགས། ཧ་སག་རིགས། ཡུ་གུར་རིགས། བོད། ཡུ་གུར། བོད་མི། སོག་ཡིག རྒྱ་སྐད། བོད་ཡིག མགར་རྩེ་ཚོ་བ།

8.1.6　团体机构名<ལས་ཁུངས་ཀྱི་མིང་།>(nt)，表示团体、组织、机构名称的专有名词。例如

མཉམ་འབྲེལ་རྒྱལ་ཚོགས། བོད་ལྗོངས་སློབ་གྲྭ་ཆེན་མོ། རྒྱ་གྲམ་དམར་པོའི་ཚོགས་པ། རྒྱལ་སྤྱིའི་རིགས་སྐྱོར་ཚོགས་པ།

8.1.7　专有名词<ཆེད་བཏགས་ཀྱི་མིང་།>(nz)，表示历史的重要事件、运动，商标，少数收入词典的书名、报刊名等名称的专有名词。例如

སྟག་ལོའི་སྟེ་གཟར། འབྲི་གུང་གླིང་ལོག ར་སྟག་དོན་རྐྱེན། གོར་བོད་དམག་འཁྲུག ལྔ་བཞིའི་ལས་འགུལ།

ལྷུགས་ཕག་ལོའི་གསར་བརྗེ། དབྱིན་འགོག་དམག་འཁྲུག གཡག་མགོ་རྟགས་ཅན་གྱི་ཛ་སྦུབ་འཕྲུལ་ཆས། ཉི་མ་རྟགས་ཅན་གྱི་ཉི་སློག ཆུ་ངོགས་གཏམ་རྒྱུད། མི་ལ་རས་པའི་རྣམ་ཐར། ཉིན་རེའི་ཚགས་པར།

8.1.8 辞藻<མངོན་བརྗོད་ཀྱི་མིང་།>(kn)，表示修饰文词的典故或华丽的词语等。例如

གཉིས་འཐུང་། ས་འཛིན། བརྟན་པའི་འཁོར་ལོ། རྟ་བདུན་དབང་པོ། བསེ་རུ། དེ་ཉིད། ཐིག་ལེ།

8.1.9 数称词<གྲངས་འདྲེན།>(km)，表示数称的词。例如

རྒྱལ་བ་རིགས་ལྔ། རྣམ་ཤེས་ཚོགས་དྲུག བདེན་པ་བཞི། ཚོགས་གཉིས། དཔལ་ཡོན་གཉིས།

8.1.10 缩名词<བསྡུས་མིང་།>(nl)，表示简称的略语。例如

སྲིད་གྲོས། ངོ་དམ་རྩ་འཛིན། བྲེ་ལོག་སྲུང་ལོག མི་རྩ་འགོ་ལེན།

8.1.11 处所词<གནས་ཡུལ་གྱི་མིང་།>(cs)，表示处所。例如

ཕྱི་སོ། ནང་སོ། ཕྱི་ལོག ནང་ལོག བར་སྣང་།

8.1.12 方位词<ཕྱོགས་སྟོན་པའི་མིང་།>(ff)，表示位置的相对方向词。例如

ཤར། ལྷོ། ནུབ། བྱང་། ཐོག སྟེང་། འོག གོང་། ཞོལ། གཡས། གཡོན། རྒྱབ། མདུན། སྔུན། བཞུག གཡས་གཡོན། རྒྱབ་མདུན། སྔ་གཞུག

8.1.13 时间词<དུས་སྟོན་པའི་མིང་།>(tt)，表示时间的词。例如

དབྱར་ཁ། དགུན་ཁ། སྟོན་ཁ། དཔྱིད་ཀ ས་སྔོད། ནུབ་མོ། ཉིན་གུང་། ཕྱི་དྲོ། ཁ་སང་། དེ་རིང་། སང་ཉིན། གནངས་ཉིན། ན་ནིང་། གཞེས་ནིང་། ད་ལོ། སང་ལོ། ད་ལྟ། མ་འོངས་པ། ལོ། ཟླ། ཚེས། སྐར་མ། སྐར་ཆ།

8.1.14 动名词<བྱ་སྒྱུར་གྱི་མིང་།>(nv)，可以带名词性修饰，似乎是名词性的，但却可以与动词尾"བྱ། བྱེད། བྱས"等结合为动词的词。例如

ལྟ་སྐོར། གཙོ་སྐྱོང་། གྲོས་སྡུར། ཞི་ཁྲིད། བརྟག་དཔྱད། བཅོ་བཀུར།

8.1.15 形名词<གཞི་ཆོས་བརྗོད་པའི་མིང་།>(na)，词根单音节动词+后缀 "པོ། བོ" 时，可以带宾语的一类词。例如

དགའ་པོ། འཕྲོད་པོ། འཚམ་པོ། མཐུན་པོ། འཛོམ་པོ། ཧུར་པོ། བརྩོན་པོ། གཅེས་པོ། ཉན་པོ། བྱམས་པོ། རྒྱས་པོ། མཁས་པོ། ལན་པོ།

8.2 数词<གྲངས་ཀ་བརྗོད་པའི་མིང་།>(m)，表示数目的多少或次序。例如

8.2.1 计数<བགྲང་གྲངས།>(mj)，例如

གཅིག བཅུ། བརྒྱ། སྟོང་། ཁྲི། འབུམ། ས་ཡ། བྱེ་བ། དུང་ཕྱུར། དྲུག་ཅུ་རེ་དྲུག བརྒྱ་རྩ་བརྒྱད། ཕྱེད་དང་བརྒྱད།

8.2.2 序数<རིམ་གྲངས།>(mx)，例如

དང་པོ། གཉིས་པ། གསུམ་པ། བརྒྱ་དང་དྲུག་ཅུ་པ། སྤྱི་ལོ་ཆིག་སྟོང་དགུ་བརྒྱ་གྱ་དྲུག་པ།

8.2.3 总数<སྤྱི་གྲངས།>(mz)，例如

བཞི་བ་པོ། དྲུག་པ་མོ། བརྒྱ་ཐམ་པ་པོ།

8.2.4 概数<ཚོད་གྲངས་ཀྱི་མིང་།>(ma)，例如

འགའ། ཁ་ཤས། བཅུ་ཡས་མས། བཅུ་ལྷག གཅིག་ཙམ། དུ་མ། ཁྲི་མ་འབུམ།

8.3 量词<འཇལ་བྱེད་ཀྱི་མིང་།>(q)，表示事物的单位或动作的量。例如

8.3.1 度量词< འཇལ་གཞོར་གྱི་མིང་།>(qd)，例如

སོར། མཐོ། འདོམ། རྒྱང་གྲགས། དཔག་ཚད། ཁྲི། ཚོན། ཟིད།

8.3.2 个体量词<ཁེར་རྐྱང་གི་མིང་།>(qg)，例如

ཉག་མ། ཡ། ཀང་། ཞིག

8.3.3 种类量词<རིགས་སྤྱིའི་མིང་།>(qz)，例如

རིགས།ཚན།རིམ་པ།

8.3.4 集体量词<ཚོགས་སྤྱིའི་མིང་།>(qj)，例如

ཚོགས། ཁྲུ། ཕོན་པོ། ཆུན་པོ། སྤེབ། ཀ། ཡ།

8.3.5 倍率量词<ལྡབ་ཚད་ཀྱི་མིང་།>(ql)，例如

ལྡབ་། ཆ་ཤས་དྲུག

8.3.6 程度量词<ལན་གྲངས་ཀྱི་མིང་།>(qc)，例如

ཐེངས། ཚར། རེབ།

8.4 代词<ངེས་བཟུང་གི་མིང་།>(r)，表示人称、疑问、计量、叙述的词。例如

8.4.1 人称代词<གང་ཟག་ངེས་བཟུང་གི་མིང་།>(rr)，例如

ང། ཁྱོད། ཁྱེད། ཁོ། ཁོ་བོ། ཁོ་མོ། ང་ཚོ། ཨུ་ཚོ། ཨུ་ཅག ཁོང་ཚོ། ཁོ་བ་ཚོ། ཁྱེད་ཅག ཁྱེད་ཚོ། ངེད་ཅག བདག་ཅག

8.4.2 疑问代词< དྲི་བ་སྟོན་པའི་མིང་།>(ry)，例如

ཅི། ཇི། སུ། གང་། ནམ། ཅི་ཞིག ཅི་སྟེ། ཅི་སླད། ཅི་འདྲ། གང་ཞིག ཅིའི་ཕྱིར། ཇི་ལྟར། ནམ་ཞིག གང་འདྲ། གང་ལྟར། ཅི་ཙམ། དུ། ག་ཚོད།

8.4.3 不定代词<ངེས་མེད་ཀྱི་མིང་།>(rn)，例如

ཁ་ཅིག སོ་སོ། འགའ་ཞིག རེ་འགའ། ཅིག་ཤོས། ལ་ལ། གཞན་དག འགའ་རེ། གང་རུང་།

8.4.4 指叙代词<བརྗོད་དོན་ངེས་བཟུང་གི་མིང་།>(rz)，例如

དེ། དེ་ག དེ་ཙམ། དེ་ག་ཙམ། དེ་ཀ དེ་ཚོ། འདི་ཀ འདི་ཙམ། འདི་ཀ་ཙམ། འདི་ཚོ། ཡ་གི མ་གི ཕ་གི འདི། ཚུར་ག

8.5 动词<བྱ་བའི་མིང་།>(v)，表示动作行为的词。例如

8.5.1 不及物动词<བྱེད་མེད་ལས་ཚིག>(vi)，例如

འཁོར། འཕུར། བངས། ལངས། འཛོགས། ཆད་པ། ལྷུང་བ།

8.5.2 及物动词<བྱེད་འབྲེལ་ལས་ཚིག>(vt)，例如

བསྐུལ། སྐོར། སྐུར། བསྣངས། འཁྲོལ་བ། བསྒྲགས་པ།

8.5.3 判断词<རྣམ་གཅོད་ཀྱི་མིང་།>(up)，例如

ཡིན་རེད། མིན་མེད།

8.6 形容词<ཁྱད་ཆོས་རྗོད་པའི་མིང་།>(a)，表示人或事物的性质、质量、颜色、形状、数量、面积的词。

8.6.1　单音节形容词<སྒྲ་རྐྱང་མ་ཅན།>(ad)，例如

ཡག མཛེས། སྙན། འཇམ།

8.6.2　多音节形容词<སྒྲ་འདུས་མ་ཅན། >(as)，例如

མཛེས་པ།མཐོན་པོ།

8.7　状态词<ངང་ཚུལ་སྟོན་པའི་མིང་།>(z)，表示事物的性质、体态、声态、动态的词。例如

ཐོ་མ་སྒྲ། འཇོལ་ལོ་ལོ། ན་ར་ར། ཉིག་དིར་རེ། ཉེམས་སེ་ཉེམ། ལྷབ་ལྷབ། ལྷམ་མེ། ལྷན་ནེ། འཇམ་ཐིང་ངེ། དམར་ཁྱུག་ཁྱུག འཇམ་ཐིང་ཐིང་། ནག་གོར་གོར། ཀྲ་མ་ཀྲུ། བན་བུན། ཚ་ལམ་མེ། དམར་ནར་རེ། བརྟན་ཀྱིག་ཀྱིག འཇོལ་ལོ་ལོ།

8.8　区别词<ཁྱད་འབྱེད་ཀྱི་མིང་།>(bb)，表示事物的区别词。例如

སྤྱི་སྤྱོད། འབྲིང་རིམ། མཐོ་རིམ། མཐོ་གྲས། དམའ་གྲས། ཡག་གྲས། ལེགས་གྲས། བཟང་ཤོས། ཉུང་ཤོས། སླ་ཤོས། དཀའ་ཤོས།

8.9　副词<མི་ཟད་པའི་མིང་།>(d)，说明动作行为或状态性质等所涉及的范围、时间、程度、频率以及肯定或否定的词。例如

རབ་ཏུ། ཤིན་ཏུ། ཀུན་ཏུ། ནམ་ཡང་།

8.9.1　程度副词<དངོས་ཚད་ཀྱི་མིང་།>(dc)，例如

ཤིན་ཏུ། ཧེ། ཧ་ཅང་། ཅུང་། ཅུང་ཟད། ཅུང་ཟད་ཙམ། ཆེས། ཆེས་ཆེར། རབ་ཏུ། རྣམ་པར། ལྷག་ཏུ། ལྷག་པར། ལྷག་པར་དུ། ཁྱད་དུ། ཁྱད་པར། ཁྱད་པར་དུ། དྲག་ཏུ། ཟད་དུ། མཆོག་ཏུ། ཀུན་ཏུ། ཤོས། ཤས།

8.9.2　时频副词<དུས་ཚད་ཀྱི་མིང་།>(dp)，例如

གློ་བུར་དུ། གློ་བུར། མྱུར་དུ། རྒྱུན་དུ། མུ་མཐུད་དུ། ཡུད་ཙམ། ནམ་ཡང་། འཕྲལ་དུ། སྔར་བཞིན། ནམ་རྒྱུན། ནམ་རྒྱུན་དུ། སྐབས་རེར། ད་ལན། རྒྱུན་པར། གཏན་གྱི། གཏན་དུ། སྔར། སྔར་གྱི། སྔར་ནས། སྔར་བས། སྔར་ལས། སྔར་ལས་ཀྱང་། ལམ་སང་། ཅིག་ཅར། ཅིག་ཅར་དུ།

8.9.3　范围副词<ཁྱབ་ཚད་ཀྱི་མིང་།>(dw)，例如

ཁྱོན་ནས། མ་ལུས་པ། ཆ་ཚང་། ཡོངས་རྫོགས། ཐམས་ཅད། ཡོད་དོ་ཅོག འབའ་ཞིག ཡིན་ནོ་ཅོག རིགས་སོ་ཅོག མཉམ་དུ། མཉམ་གཅིག་ཏུ། ལྷན་དུ། ལྷན་ཅིག་ཏུ། ཆབས་ཅིག་ཏུ། ཡོངས་སུ། མཐའ་གཅིག་ཏུ། ཀུན་ལས། ཀུན་ནས།

8.9.4　情态副词<སེམས་མཚོན་གྱི་མིང་།>(dx)，例如

ཅི་ནས་ཀྱང་། ཡང་དག་པར། ངོ་མ། མངོན་སུམ་དུ། མདོར་ན། ཕལ་ཆེར། ངོ་ཐོག་ཏུ། ནན་ཏན་དུ། དོན་དམ་པར། ཇི་ལྟར་ན། དེ་ལྟར་དུ། འདི་ལྟ་སྟེ། རིམ་བཞིན་དུ། རིམ་གྱིས། ཐད་ཀར། ཞིབ་ཏུ། ཞིབ་པར། རེ་རེ་བཞིན། ལྷུག་པོར། དམ་པོར། དམ་དུ། དག་པར། ལེགས་པར། མཛེས་པར། མཐར་གྱིས། ཁད་ཀྱིས།

8.9.5　否定副词<དགག་སྒྲ།>(df)，例如

མ། མི།

8.9.6　肯定副词<ཐག་ཆོད་པའི་མིང་།>(dk)，例如

གཏན་ནས། ངེས་པར། ངེས་པར་དུ། ཡེ་ནས། ཧྲོན་ནས། ཅ་བ་ནས། ཁོ་ཐག

8.9.7 重复副词<ལད་ཟློས་ཀྱི་མིང་།>(dl)，例如

ཡང་ཡང་། ཡང་དང་ཡང་དུ། ཡང་ནས་ཡང་དུ། ཡང་སྐྱར། ད་དུང་། ད་རུང་། སླར། སླར་ཡང་།

8.9.8 关连副词<འབྲེལ་བ་སྟོན་པ།>(dg)，例如

དེ་ལྟར། ནང་ལྟར། ནང་བཞིན། དེ་བཞིན། དེ་བཞིན་དུ།

8.9.9 语气副词<ངག་གསལ་གྱི་མིང་།>(dy)，例如

གཞར་ཡང་ གཞི་ནས། ཞོར་དུ། ཡོས། སྔོས་སུ། ག་ལ། ཅ་མེད་དུ། ཅིས་ཀྱང་། ཡང་སྔོས་སུ། ལར། ཀྱང་། ཡང་། འང་། ཅི་ཡང་། ཐོག ཁར

8.9.10 疑问副词<དོགས་གཞི་སྟོན།>(dn)，例如

ཏ་ལམ། ཆ་ལམ། ཕལ་ཆེར། ཕལ་མོ་ཆེ།

8.10 助词<གསལ་བྱེད་ཀྱི་མིང་།>(u)，表示时态、语气、祈使、比喻、原因、目的、终结的词。例如

8.10.1 时态助词<དུས་གསལ་བྱེད་ཀྱི་མིང་།>(us)

བཞིན། གྱིན། ཀྱིན། ཚར། རྒྱུ། གྲབས། སྐང་། ཟིན།

8.10.2 语气助词<བརྡན་གསལ་གྱི་མིང་།>(uu)

ཡོས། ག་ལ། ཨེ། གྲང་། ཡོ། གྲག ཟེར། གམ། ངམ། དམ། ནམ། བམ། མམ། འམ། རམ། ལམ། སམ། ཏམ།

8.10.3 助动词< བྱ་མིང་རྗེས་མཐུན།>(ux)

དགོས། ཐུབ། གདའ། ཡོད།མཆིས། མངའ། མཆིས།

8.10.4 比喻助词<མཚུངས་གསལ་བྱེད་ཀྱི་མིང་།>(ub)

འདྲ། བཞིན། མཚུངས།

8.10.5 原因助词<རྒྱུ་མཚན་གསལ་བྱེད་ཀྱི་མིང་།>(uy)

བརྟེན། དབང་གིས། ཡིན་ཕྱིན། ཡིན་པར་བརྟེན།

8.10.6 目的助词<དགོས་པ་གསལ་བྱེད་ཀྱི་མིང་།>(um)

ཆེད་དུ། སླད་དུ། ཕྱིར་དུ། དོན་དུ།

8.11 格助词<རྣམ་དབྱེ།>(p)，通过一定的语法形式表示名词、代词在句中与其他动词所发生各种语义关系的虚词。例如

8.11.1 位格助词<ལ་དོན།>(la)

8.11.1.1 业格<ལས་སུ་བྱ་བ།>(gl)

པ་རོལ་ཏུ……v

8.11.1.2 为格<དགོས་ཆེད།>(lg)

སླད་དུ……v

8.11.1.3 依格<རྟེན་གནས།>(lt)

རྩ་ཐང་ན……

8.11.1.4　同格<དེ་ཉིད། >(ld)

རྣམ་པར་རྒྱལ།　　མཛེས་པར་བྱས།

8.11.1.5　时格<ཚེ་སྐབས།>(lh)

རྟག་ཏུ···

8.11.1.6　据引<གཞི་འཛིན་དོན་འདྲེན། >(ln)

སོང་ན། དེ་ལྟར་ན།

8.11.1.7　< ངོས་འཛིན>(ll)

གནའ་མི་བོད་ཀྱི་གཏམ་དཔེ་ལ།

8.11.2　具格<བྱེད་སྒྲ>(pz)

8.11.2.1　施事格<བྱེད་པོ།>(gx)

ཁྱོད་ཀྱིས····　　བླ་མ་ནས····

8.11.2.2　凭事格<བྱེད་པ།>(ps)

སྤུ་རེས····

8.11.2.3　原因格<རྒྱུ་མཚན།>(yy)

རྐྱེན་གྱིས····

8.11.2.4　事格<བྱ་བ།>(by)

ནན་ཏན་གྱིས···

8.11.3　从格<འབྱུང་ཁུངས>(pc)

ནས། ལས།

8.11.3.1　从格<འབྱུང་ཁུངས>(gj)

རྒྱ་མཚོ་ནས་ནོར་བུ··　བ་ལས་འོ་མ···　སློབ་དཔོན་ལ་བསླབ།

8.11.3.2　衔接< མཚམས་སྦྱོར། >(cn)

ལྷམ་ཕུད་ནས་བསྡད།　　···བྱས་ནས···

8.11.3.3　处所<གནས་སྟོན་པ། >(gn)

བདུད་ཡུལ་ནས་ལོ་དགུ་འགོར།

8.11.3.4　程度<ཚད་སྟོན་པ།>(dc)

ལེ་ལན་ཁུར་མཁན་ངེད་བཞི་ལས་མེད།

8.11.3.5　比较<བསྡུར་བ།>(db)

ཁྱོད་ལས་བཟང་།　རྗེ་ང་བས་དགའ་ཞིག་གང་ན་ཡོད།

8.11.4　属格助词<འབྲེལ་སྒྲ།>(gz)

ཁྱོད་ཀྱི····　　ལག་པའི····　　དོན་གྱི····

8.12　介词< སྦྲད། >（c），表示连接词、词组或句子的词。例如

8.12.1　转折介词<རྒྱན་སྡུད།>(c)

8.12.1.1 复加桥接<མཐུན་པའི་ཚིག་རྒྱན། >(jt)

ཞིག་ཀྱང་གསལ་ལ་རྗོ། མཁས་པ་ཡིན་ལ་བཙུན་པའང་ཡིན།

8.12.1.2 转折桥接<མི་མཐུན་པའི་ཚིག་རྒྱན། >(cj)

དེས་ན་སྒྲ་གཅིག་བརྗོད་ན་ཡང་། །དགག་སྒྲུབ་ནུས་པ་རྣམ་གཉིས་ཡོད།།

8.12.1.3 特殊复加<འོག་མས་གོང་མ་སྡུད་པ།>(jk)

…ཀྱིས་ཀྱང…

8.12.1.4 语义转折<དོན་འགལ།>(fh)

ཡིན་ན་ཡང་། དེ་ལྟ་མོད་ཀྱི། དེ་ལྟར་ན། འོན་ཀྱང་།

8.12.2 引述介词<ལྟག་བཅས>(c)

8.12.2.1 衔接<མཚམས་སྦྱོར་བ།>(te)

ས་བོན་བཏབ་སྟེ་སྐྱེས།

8.12.2.2 关系引连<ལྟག་མ་འདྲེན་པ།>(tl)

ཡིན་ཏེ། བཤད་དེ། བྱ་སྟེ།

8.12.3 连词<ཅིང་ཞིང་སོགས།>(c)

8.12.3.1 谓语链接<མཚམས་སྦྱོར།>(qi)

མཆོད་ཅིང་གསོལ། ཤེས་ཤིང་། ཡིན་ལ།

8.12.3.2 具指<ཚིག་གསལ།>(qs)

ཅེས་གསུངས་སོ།།

8.12.3.3 释疑<འདྲི་གཞི་སྟོན་པ།>(qn)

དགག་སྒྲུབ་རྣམ་གཞག་འཇིག་ཅེ་ན།

8.12.3.4 祈愿<སྐུལ་སྨོན།>(uq)

གྱིས། གྱུར་ཅིག བྱོས་ཤིག

8.12.4 ni 介词<ནི་སྒྲ། >(c)

8.12.4.1 所指<ངེས་བཟུང་། >(ni)

སྦྱིན་པ་ནི…

8.12.4.2 添加<ཁ་སྐོང་།>(nu)

བདེ་བླག་ཏུ་ནི་རྟོགས།

8.12.5 连词<དང་སྒྲ།>(c)

8.12.5.1 统分<འབྱེད་སྡུད།>(cd)

ས་དང་ཆུ་དང…

8.12.5.2 缘由<རྒྱུ་མཚན།>(cy)

དུ་བ་མཐོང་བ་དང…

8.12.5.3　时间<ཆོ་སྐབས།>(ct)

ནམ་ཕྱེད་ཡོལ་བ་དང་

8.12.5.4　祈使<གདམས་ངག>(cv)

…གྱིས་དང….

8.12.6　分义介词<འབྱེད་སྡུད།>(c)

8.12.6.1　分义介词<འབྱེད་སྡུད།>(gm)

དབང་དྲག་གམ་ཞི་རྒྱས་ནི་ལས་ཚོགས་སོ།།

8.12.6.2　疑问<འདྲི་གཞི།>(sm)

ཕར་ཕྱིན་རྒྱང་པའི་ལམ་གྱིས་འཚང་རྒྱ་ནུས་སམ་མི་ནུས།

8.12.7　句断介词<རྫོགས་ཚིག>(uz)

རྫོགས་སོ།།

8.12.7.1　名词格<མིང་ཙམ་བརྗོད་པ།>(ao)

བུམ་པའོ།།

8.12.8　拟声词<སྒྲ་གྲག་ཚུལ་སྟོན་པའི་མིང་།>(oo)

ལྷང་ལྷང་། ཐག་ཐག　དིར་དིར།བང་བང་། སང་སང་།　ལྷིར་ལྷིར།

8.12.9　叹词འབོད་སྒྲ།(ee)

ཀྱ་ཡེ།　ཀྱེ་མ། ཨེ་མ། ཀྱི་ཧུད། ཨ་ཙི། ཨ་ལ་ལ། ཨ་ཙ་མ། ཧོ། ཧེ།

8.12.10　前缀སྔ་རྐྱེན།（hq）

ཨ་ཞང། ཨང་དང་པོ།

8.12.11　后缀ཕྱི་རྐྱེན།（hh）

8.12.11.1　带元音{ཨ}的后接成分，共有{~པ}{~བ}{~མ}{~ཀ}{~ཁ}{~ག}{~ཆ}{~ཏ}{~སྤྱད}{~བྱེད}十个形式。

ཟམ་པ། མིད་པ། གད་པ། བསྐལ་བ། སེར་བ། ཤྭ་བ། ར་མ། ཟླ་མ། ཛ་མ། གྲངས་ཀ འཁོས་ཀ དགུན་ཁ། གཡེར་ཁ། རྒྱལ་ཁ། དང་ག སྙིང་ག ཐང་ག ལག་ཆ། རས་ཆ། སྐད་ཆ། ཞལ་ཏ། ལབ་ཏ། ཁ་ཏ། འབྲིག་སྤྱད། ཟ་སྤྱད། འབྲི་བྱེད། ཉན་བྱེད། སྟོམ་བྱེད།

8.12.11.2　带元音{ཨེ}的后接成分，共有{~ཙེ}{~ཚེ}两个形式。

དོང་ཙེ། ཙོག་ཙེ། ལབ་ཙེ། མེལ་ཚེ། ལེབ་ཚེ།

8.12.11.3　带元音{ཨོ}的后接成分，共有{~པོ}{~བོ}{~མོ}{~སོ}{~ཏོ}五个形式。

དངོས་པོ། ཆོན་པོ། ཆུ་བོ། སྤྱི་བོ། རྗེ་བོ། དགོང་མོ། རོལ་མོ། ལད་མོ། བང་སོ། ནང་སོ། འཁྱེར་སོ། དབྱུག་ཏོ། མཛུག་ཏོ། རྩལ་ཏོ།

8.12.11.4　带元音{ཨུ}的后接成分{~འུ}{~བུ}{~གུ}{~ངུ}共有四个形式。

རྟེའུ། ཁྱེའུ། མིའུ། བེའུ། རེའུ། སྤྲེའུ། རྒྱལ་བུ། གང་བུ། སྤྲིལ་བུ། འཇོར་བུ། ལུ་གུ། ཕྲུ་གུ། སྦུ་གུ། མཆེ་གུ། ཆུང་ངུ། ཐུང་ངུ་། ཉུང་ངུ་།

E. {ཅིག}{ཞིག}的后接成分，共有{~ཅིག}{~ཞིག}两个形式。

ཆབས་ཅིག ཁ་ཅིག ལྷན་ཅིག འབབ་ཞིག རེ་ཞིག

F. {སྟངས}{ཚུལ}{ལུགས}{རང་བཞིན}的后接成分。

འགྲོ་སྟངས། བཤད་སྟངས། ལྟ་ཚུལ། བསམ་ཚུལ། སྤྱི་ཚོགས་རིང་ལུགས། དགག་སྒྲུབ་རིང་ལུགས། བདེ་འཇགས་རང་བཞིན།

8.13 成语（习语、谚语）དཔེ་ཚིག།(xx)

8.14 语素（i）བསྣག་ཧྲང་གི་སྒྲ། སྒྲ་བསྣག་ཧྲང་ཡང་དོན་མེད་པའི་ཡི་གེ

8.15 标点符号（w）

8.16 汉字（ch）

8.17 英文（en）

9 词类标记集中主要词类的分布特征描述

9.1 名词

（1）一般带具格助词时作主语。

（2）一般带位格助词时作宾语。

（3）带属格助词时作定语（领属定语始终在前，而中心名词在后）。

（4）一般不受副词修饰。（ཧ་ཅང་རི་བོ×）

（5）缺乏直接充当谓词的功能。

（6）后面可以加数量词组。

（7）前面不能加否定副词མ། མི།（མི་མེ་ཏོག× མ་རྟ×）。

（8）没有时态变化。

9.2 时间词

（1）是名词中分化出来的，可以在谓语之前作状语，这是一般名词不具备的能力。

（2）通常带时间格标记。

9.3 处所词

（1）是名词中分化出来的，可以在谓语之前作状语。

（2）有部分名词兼有处所词的功能。

（3）能修饰动词。

9.4 位词

（1）是名词中分化出来的，可以在谓语之前作状语。

（2）能带依格助词与从属格助词。

（3）一般由名词与方位名词组合。

9.5 数词

（1）前面不能加否定虚词མ། མི།。

（2）经常与量词结合。

（3）不与副词组合。（ཤིན་ཏུ་ལྔ×）

（4）用在名词之后作定语。

9.6 量词

（1）经常依附数词入句而作定语。

（2）没有时态变化。

（3）前面不能加否定副词“མ། མི།”

9.7 代词

（1）句中充当它所代替的词语能力。

（2）有明显的单复数之分。

（3）疑问代词可以与行为动词、判断动词、助动词组合。

（4）可以和形容词组合。

（5）前面不能加副词与否定词“མ། མི།”

9.8 形容词

（1）一般前面可以加否定副词“མ། མི།”

（2）可以与副词组合。

（3）可直接用在名词之后作定语。

（4）形容词修饰位置有两种情况：1）N+（A）；2）A +（属格助词）+ N。

（5）可以作定语、谓语。

（6）可以用“a+མི+a”的形式提问。

（7）重叠后表示语义加强 a+p+a。

9.9 拟声词

（1）语言结构中主要功能是充当修饰语。

（2）可以重叠，其方式多为 ABAB、ABA、ABB、BBA 式。

9.10 副词

（1）只能与动词、形容词组合。

（2）句中作状语的能力。

（3）大部分词为实词和虚词的组合。

（4）部分副词是实词和介词、连词构成的。

9.11 动词

9.11.1 他动词

（1）有时态变化。

（2）通常带具格标记。

（3）能受涉事宾语。

（4）前面可以加否定副词“མ། མི།”。

9.11.2 自动词

（1）只能带间接宾语不能带直接宾语。

（2）通常情况下不带具格标记。

（3）大部分不带祈使式。

9.12 区别词

（1）从形容词中分化出来的，不能作状语。

（2）前面不能加否定副词“མ། མི།”。

（3）不能作谓语。

（4）句中有作定语的能力。

（5）只能修饰名词。

（6）通常作形容词的比较级。

9.13 状态词

（1）从形容词中分化出来的，不能作状语。

（2）前面不能加否定副词“མ། མི།”

（3）可以 ABB AA ABAB 形式重叠。

（4）不与副词组合。

9.14 时态助词

附着在动词上可以表示经历、进行、完成的语法意义。

9.15 终结词

用于句末，表示所要达到的意思完结、告一段落，句型独立，不再与后面的语句发生任何形式的结构关系。

9.16 助动词

（1）表示“愿意”、“能够”、“可能”、“必然”“比喻”等情态。

（2）表示动作的“趋向”、“状态”等意义。

（3）一般情况下作谓语。

9.17 介词

（1）在名词或名词性词组之后时起介词的作用。

（2）表示句子成分之间的句法关系。

9.18 连词

用于连接词、词组或句子，表示前后有并列、递进、转折、因果、假设等关系。

9.19 叹词

（1）通常不与其他词发生特定的关系。

（2）不能充当句子成分，有时能独立成立。

9.20 语气词

（1）大多数附加在句尾。

（2）附在句后表示质疑、疑问、命令等的作用。

9.21 断词

（1）在意义上不表示动作。

（2）在句中作谓语时，只联系主语和宾语的作用，判断主语的类别或属性。

（3）有人称的区别。

（4）作谓语时，一般主语和宾语都不加助动词。

9.22 动名词

（1）可以带具格标记。

（2）能带宾语。

（3）可以作谓语。

9.23 形名词

充任形名词根的单音动词，部分是及物的，部分是不及物的。凡单音动词是及物的，相应的形名词也是及物的，可以带宾语。

9.24　原因助词

（1）直接加在动词后面。

（2）用在谓语动词和形容词后面表示启下式的因果关系。

9.25　目的助词

（1）含有目的意义的。

（2）表示目的的状语。

（3）结构减缩时前后格标记同时可以取掉。

10. 附表：词类及标记代码的说明

附表 1　词类及标记代码的说明

序号	标记代码	汉语词类名称	藏语词类名称	词类代码的说明
1	nn	ཁྱད་གཞི་རྗོད་པའི་མིང་སྤྱིར་བཏང་བ།	一般名词	取英文名词的 noun 的第一个字母
2	tt	དུས་སྟོན་པའི་མིང་།	时间词	取英文名词的 time 时间一词的第一个字母
3	cs	གནས་ཡུལ་གྱི་མིང་།	处所词	取“处”拼音的首字母和“所”拼音的首字母并在一起
4	ff	ཕྱོགས་སྟོན་གྱི་མིང་།	方位词	取“方”拼音的首字母
5	nr	མིའི་མིང་།	人名	取英文名词的 noun 的第一个字母和“人”拼音的首字母并在一起
6	ns	ས་ཆུའི་མིང་།	地名	取英文名词的 noun 的第一个字母和英文名词的 space 的第一个字母并在一起。注：也可以是藏文 sa chu 的首字母
7	nx	ཚོ་ལོའི་མིང་།	职衔名	取英文名词的 noun 的第一个字母和“衔”拼音的首字母并在一起
8	nm	རིགས་རྒྱུད་ཚོ་བའི་མིང་།	民族氏族名	取英文名词的 noun 的第一个字母和“民”拼音的首字母并在一起
9	ng	རྒྱལ་ཁབ་ཀྱི་མིང	国名	取英文名词的 noun 的第一个字母和“国”拼音的首字母并在一起
10	nt	ལས་ཁུངས་ཀྱི་མིང་།	机构团体	取英文名词的 noun 的第一个字母和“团体”之“团”拼音的首字母并在一起
11	nz	ཆེད་བཏགས་ཀྱི་མིང་།	专用名词	取英文名词的 noun 的第一个字母和“专”拼音的首字母并在一起
12	kn	མངོན་བརྗོད།	辞藻	取英文“K”和“n”并在一起

续附表 1

序号	标记代码	汉语词类名称	藏语词类名称	词类代码的说明
13	nv	བྱ་སྒྲུད་ཀྱི་མིང་།	动名词	取英文名词的 noun 的第一个字母和英文名"verb"的第一个字母并在一起
14	km	གྲངས་འདྲེན།	数称词	取英文"K"和"m"并在一起
15	bb	ཁྱད་འབྱེད་ཀྱི་མིང་།	区别词	取汉字"区"拼音的首字母
16	nl	བསྡུས་མིང་།	缩名词	取英文名词的 noun 的第一个字母和"缩略"之"略"拼音的首字母并在一起
17	vt	བྱེད་འབྲེལ་ལས་ཚིག	及物动词	取 verb 的第一个字母和英文及物动词 transitive 的第一个字母并在一起
18	vi	བྱེད་མེད་ལས་ཚིག	不及物动词	取 verb 的第一个字母和英文不及物动词 intransitive 的第一个字母并在一起
19	up	རྣམ་གཅོད་ཀྱི་མིང་།	判断动词	取 auxiliary 的第二个字母和"判"拼音的首字母并在一起
20	na	གཞི་ཆོས་བརྗོད་པའི་མིང་།	形名词	取 noun 的第一个字母和英文名 adjectiveverb 的第一个字母并在一起
21	ad	སྒྲ་རྐྱང་མ་ཅན།	单音节形容词	取 adjectiveverb 的第一个字母和"单"拼音的首字母并在一起
22	as	སྒྲ་འདུས་མ་ཅན།	多音节形容词	取 adjectiveverb 的第一个字母和英文名"same"拼音的首字母并在一起
23	dc	དངོས་ཚད་སྟོན་པའི་མིང་།	程度副词	取 adverb 的第二个字母和"程"拼音的首字母并在一起
24	dp	དུས་ཚད་སྟོན་པའི་མིང་།	时频副词	取 adverb 的第二个字母和"频"拼音的首字母并在一起
25	dw	ཁྱོན་ཚད་སྟོན་པའི་མིང་།	范围副词	取 adverb 的第二个字母和"围"拼音的首字母并在一起
26	dx	བསམ་ཚུལ་སྟོན་པའི་མིང་།	情态副词	取 adverb 的第二个字母和"心"拼音的首字母并在一起
27	dk	ཐག་ཆོད་པའི་མིང་།	肯定副词	取 adverb 的第二个字母和"肯"拼音的首字母并在一起
28	dl	ལད་ཟློས་ཀྱི་མིང་།	重复副词	取 adverb 的第二个字母和"ལད་ཟློས"之"ལད"拉丁转写的首字母并在一起
29	dg	འབྲེལ་བ་སྟོན་པ།	关联副词	取 adverb 的第二个字母和"关"拼音的首字母并在一起
30	dy	བརྣན་གསལ་གྱི་མིང་།	语气副词	取 adverb 的第二个字母和"语"拼音的首字母并在一起

续附表 1

序号	标记代码	汉语词类名称	藏语词类名称	词类代码的说明
31	dn	དོགས་གཞི་སྟོན་པ།	疑问副词	取 adverb 的第二个字母和藏文“nam”的首字母并在一起
32	df	དགག་སྒྲ།	否定副词	取英语副词 adverb 的第二个字母和汉语“否定”之“否”的首字母
33	mj	བགྲང་གྲངས།	计数	取 numeral 的第二个字母和“计”拼音的首字母并在一起
34	mx	རིམ་གྲངས།	序数	取 numeral 的第三个字母和“序”拼音的首字母并在一起
35	mg	རགས་གྲངས།	概数	取 numeral 的第三个字母和“概”拼音的首字母并在一起
36	qd	འཇལ་གཞོར་གྱི་མིང་།	度量词	取 quantifier 的第一个字母和“度”拼音的首字母并在一起
37	qj	ཚོགས་སྤྱིའི་མིང་།	集体量词	取 quantifier 的第一个字母和“集”拼音的首字母并在一起
38	qg	ཁེར་རྐྱང་གི་མིང་།	个体量词	取 quantifier 的第一个字母和“个”拼音的首字母并在一起
39	qz	རིགས་སྤྱིའི་མིང་།	种类量词	取 quantifier 的第一个字母和“种”拼音的首字母并在一起
40	ql	ལྡབ་ཚད་ཀྱི་མིང་།	倍率量词	取 quantifier 的第一个字母和“率”拼音的首字母并在一起
41	qc	ལན་གྲངས་ཀྱི་མིང་།	程度量词	取 quantifier 的第一个字母和“程”拼音的首字母并在一起
42	rr	གང་ཟག་ངེས་བཟུང་གི་མིང་།	人称代词	取 pronoun 的第二个字母和“人”拼音的首字母并在一起
43	rz	བརྗོད་དོན་ངེས་བཟུང་གི་མིང་།	指示代词	取 pronoun 的第二个字母和“指”拼音的首字母并在一起
44	ry	དྲི་བ་སྟོན་པའི་མིང་།	疑问代词	取 pronoun 的第二个字母和“疑”拼音的首字母并在一起
45	ub	མཚུངས་པ་གསལ་བྱེད་ཀྱི་མིང་།	比喻助词	取 auxiliary 的第二个字母和“比”拼音的首字母并在一起
46	uc	གནས་པ་གསལ་བྱེད་ཀྱི་མིང་།	存在助词	取 auxiliary 的第二个字母和“存在”拼音的首字母并在一起
47	um	དགོས་པ་གསལ་བྱེད་ཀྱི་མིང་།	目的助词	取 auxiliary 的第二个字母和“目”拼音的首字母并在一起
48	ux	བྱ་མིང་རྗེས་མཐུན།	助动词	取 auxiliary 的第二个字母和“像”拼音的首字母并在一起

续附表 1

序号	标记代码	汉语词类名称	藏语词类名称	词类代码的说明
49	us	དུས་གསལ་བྱེད་ཀྱི་མིང	时态助词	取 auxiliary 的第二个字母和“时”拼音的首字母并在一起
50	uy	རྒྱུ་མཚན་གསལ་བྱེད་ཀྱི་མིང་།	原因助词	取 auxiliary 的第二个字母和“原”拼音的首字母并在一起
51	uu	ངག་གསལ་མིང་།	语气助词	取 auxiliary 的第二个字母和“语”拼音的第二个字母并在一起
52	zx	གཟུགས་ཀྱི་ངང་ཚུལ་སྟོན་པ།	形态状态词	取“状”拼音的第一个字母和“形”拼音的第一个字母并在一起
53	zs	སྒྲའི་ངང་ཚུལ་སྟོན་	声态状态词	取“状”拼音的第一个字母和“声”拼音的第一个字母并在一起
54	oo	སྒྲ་གྲག་ཚུལ་སྟོན་པའི་མིང་།	拟声词	取 onomatopoeia 的第一个字母
55	ee	འབོད་སྒྲ།	叹词	取 exclamation 的第一个字母
56	xx	དཔེ་ཆོས།	成语（习语、谚语）	取“习”的第一个字母
57	hq	སྔ་རྐྱེན།	前缀	取 head 的第一个字母和“前”拼音的第一个字母并在一起
58	hz	བར་རྐྱེན།	中缀	取 head 的第一个字母和“中”拼音的第一个字母并在一起
59	hh	ཕྱི་རྐྱེན།	后缀	取 head 的第一个字母和“后”拼音的第一个字母并在一起
60	ii	བསླག་ཅང་གི་སྒྲ།	语素	取藏文首元音“ཨི”的拉丁转写“i”字母
61	gl	ལས་སུ་བྱ་བ།	业格	取“格”拼音的第一个字母和藏文“la”的第一个字母并在一起
62	lg	དགོས་ཆེད།	为格	取藏文“la”的第一个字母和“格”拼音的第一个字母并在一起
63	lt	རྟེན་གནས།	依格	取藏文“la”的第一个字母和“rten”的第二个字母并在一起
64	ld	དེ་ཉིད།	同格	取藏文“la”的第一个字母和“de nyid”的第一个字母并在一起
65	lh	ཚེ་སྐབས།	时格	取藏文“la”的第一个字母和英文“hour”一词拼音的第一个字母并在一起
66	ln	གཞི་འཛིན་དོན་འདྲེན།	据引	取藏文“la”的第一个字母和藏文“na”的第一个字母并在一起，一般据引虚词为 na

续附表 1

序号	标记代码	汉语词类名称	藏语词类名称	词类代码的说明
67	ll	ངོས་འཛིན	引指	取藏文“la don”一词的第一个字母和引指虚词“la”的第一个字母并在一起
68	gx	བྱེད་པོ།	施事格	取汉文“格”的第一个字母和某施动者代号“x”字母并在一起
69	ps	བྱེད་པ།	凭事格	取汉文“凭事”一词拼音的第一个字母并在一起
70	yy	རྒྱུ་མཚན།	原因格	取汉文“原因”拼音的第一个字母和第二个字母并在一起
71	by	བྱ་བ།	事格	取藏文“bya”的第一个字母和第二个字母并在一起
72	gs	འབྲེལ་བ།	属格	取“格”拼音的第一个字母和“属”拼音的第一个字母并在一起
73	gj	འབྱུང་ཁུངས།	从格	取“格”拼音的第一个字母和藏语从格发音“Jiongkong”的第一个字母并在一起
74	cn	མཚམས་སྦྱོར།	衔接	取英语连词 conjunction 的首字母和最后一个字母
75	gn	གནས་སྟོན་པ།	处所	取藏语“gnas”的前两个字母
76	dd	ཚད་སྟོན་པ།	程度	取英语副词 adverb 的第二个字母和英语“deep”的首字母并在一起
77	db	བསྡུར་བ།	比较	取藏文“bsdur”的字根“d”和汉文“比较”之“比”的首字母并在一起
78	ni	ངེས་བཟུང་།	所指	取藏文所指虚词“ni”的字母
79	nu	ཁ་སྐོང་།	添加	取藏文所指虚词“ni”的首字母和藏文第二个原因“u”并在一起，因为第二个元音总是置于添加虚词之前
80	cd	འབྱེད་སྡུད།	统分	取英语连词 conjunction 的首字母和藏语连词“dang”的首字母
81	cy	རྒྱུ་མཚན།	缘由	取英语连词 conjunction 的首字母和汉语“缘由”一词的首字首字母
82	ct	ཚེ་སྐབས།	时间	取英语连词 conjunction 的首字母和英语“time”的首字母
83	cv	གདམས་ངག	祈使	取英语连词 conjunction 的首字母和英语连词“verb”的首字母
84	jt	མཐུན་པའི་ཚིག་རྒྱན།	复加桥接	取藏语桥接虚词发音“jiandu”的首字母和藏语复加桥接“mthun pa”的首字字根“t”

续附表 1

序号	标记代码	汉语词类名称	藏语词类名称	词类代码的说明
85	cj	མི་མཐུན་པའི་ཚིག་རྒྱན།	转折桥接	取英语连词 conjunction 的首字母和藏语桥接虚词发音“jiandu”的首字母并在一起
86	jk	འོག་མས་གོང་མ་སྡུད་པ།	特殊复加	取藏语桥接虚词发音“jiandu”的首字母和藏语上部之意发音“kong ma”的首字母
87	fh	དོན་འགལ།	语义转折	取汉语“否定”的首字首字母和汉语句末及“后面”一词首字首字母
88	te	མཚམས་སྦྱོར།	衔接	取藏语衔接虚词“te”
89	tl	ལྷག་མ་འདྲེན་པ།	关系引连	取藏语衔接虚词“te”的首字母和藏语“lhag ma”的首字母
90	qi	མཉམ་སྦྱོར།	谓语链接	取藏语谓语链接虚词“qing”的前两个字母
91	qs	ཚིག་གསལ།	具指	取藏语具指虚词“qes”的首尾两个字母
92	qn	འདྲི་གཞི་སྟོན་པ།	释疑	取藏语释疑虚词“qe na”两个音节的首字母
93	uq	སྐུལ་སྨོན།	祈愿	取英语助词 auxiliary 的第二个字母和藏语祈愿虚词“qig”的首字母并在一起
94	gm	འབྱེད་སྡུད།	分义	取藏语分义虚词“gam”的首尾字母
95	sm	འདྲི་གཞི།	疑问	取藏语疑问虚词“sam”的首尾字母
96	ao	མིང་ཙམ་བརྗོད་པ།	名词格	取藏语名词格“ao”
97	uz	རྫོགས་ཚིག	终结	取英语助词 auxiliary 的第二个字母和藏语终结虚词“rdzogs”的字根字母“z”并在一起
98	w	ཚིག་རྟགས།	标点符号	取北大标记集标点符号标记“w”
99	ch	རྒྱ་ཡིག	汉字	取英语“Chinese”前两个字母
100	en	དབྱིན་ཡིག	英文	取英语“English”前两个字母

附录 2　信息处理用现代藏文分词规范

Research on Tibetan Segmentation Criterion for Information Processing

1　主题内容

本规范从计算机理解的角度考虑藏语词类体系和分词的规范原则，依据藏语词汇的构词规律和特点，制定适用于计算机信息处理的藏文分词规范标准，它对藏语自然语言处理的规范化和各种藏文信息处理系统之间的兼容性具有主导作用。

2　适用范围

本规范适用于藏文信息处理各领域，其他行业和有关学科可以参考使用。

3　规范性引用文件

以下术语引用于本规范。

4　术语和定义

4.1　词（word）

词，区别事物意义的语法单位。

4.2　词组（phrase）

词组，由词和词按照一定的规律组合的比词大的语言单位。它可以是实词与实词的组合，也可以是实词和虚词的组合，用来表达词的区别意义。

4.3　藏文信息处理（Tibetan Information Processing，TIP）

藏文信息处理，利用计算机理论和计算机技术来进行藏语语言文字处理。

4.4　切分单位（Segment Unit）

切分单位，本分词规范中的“切分单位”主要是词，也包括了一部分结合紧密、使用稳定的词组，在分词过程中出现的所谓的词，一般为切分单位。

4.5　藏文分词（Tibetan Segmentation）

藏文分词，藏文分词是将连续的音节序列按照一定的规范重新组合词序列的过程。

5　切分单位的范围

基于在计算机中处理藏语真实文本的需要，本规范中的符号，既要覆盖语言学意义上的词，还要覆盖比词小的单位，如前接成分（前缀）、中接成分（中缀）、后接成分（后缀）等，以及比词更大的单位，如成语、习用语、简称、标点符号、非藏文符号等。这样才能提供藏文信息处理所需的信息。

6　规范总则

本规范以藏文信息处理为目的，根据藏文词汇的构词规律和特点，规定藏文分词原则。本规范中藏语的音节符“་”不作分词单位的标记，而“/”作为分词单位的标记。

6.1　两个音节构成的复合词一律为切分单位。

6.1.1　主谓结构<ཁྱད་གཞི་དང་ཁྱད་ཆོས་བསྡུས་པ>的复合词一律为切分单位。例如

[N+A]：ཨར་ནག/ པད་དཀར/ མི་ཆེན/ རི་རབ/ རྟ་མཆོག/ ལོ་ལེགས/ མགྲིན་བཟང/

6.1.2　数宾结构<བགྲང་བྱ་དང་གྲངས་བསྡུས་པ>的复合词一律为切分单位。例如

[N+M]：འབྱུང་བཞི/ དུག་གསུམ/ ཚོགས་གཉིས/ སྡེ་བཞི/

[A+M]：དཀར་གསུམ/ མངར་གསུམ/ བཟང་དྲུག/ ལེགས་དྲུག/

[附加+M]：ཅན་བཞི/ རྣམ་གཉིས/

[M+N]：ཆིག་ཤད/ ཉིས་ཤད/ བཞི་ཤད/

6.1.3 并列结构<དོན་གཞན་སྟོན་པར་བསྡུས་པ>的复合词一律为切分单位。例如

[A+A]：སེར་སྐྱ/ ལྗང་སེར/ ངང་སྐྱ/ དམར་ནག/ ལྗང་ནག/

[F+F]：ཤར་ལྷོ/ ལྷོ་ནུབ/ ནུབ་བྱང/

6.1.4 联合结构<འགལ་བ་བསྡུས་པ>的复合词一律为切分单位。例如

[A+A]：རིང་ཐུང/ བཟང་ངན/ དཀར་ནག / ཆེ་ཆུང/ སྦོམ་ཕྲ/ ལེགས་ཉེས/

[V+V]：སྤང་བླང/ འདུ་འབྲལ/ དར་རྒུད/ འདོར་ལེན/ འཕེལ་འགྲིབ/ བླང་དོར/

[N+N]：དགེ་སྡིག/ དཔོན་གཡོག/ ལྷ་ཀླུ/ རོང་འབྲོག/

6.1.5 偏正结构<གཞི་མཐུན་བསྡུས་པ>的复合词一律为切分单位。例如

[A+A]：མཛེས་སྡུག/ བརྟན་བརླིང/ དྲག་རྩུབ/ ཞི་དུལ/ དཀར་གསལ/ འཇམ་མཉེན/

[V+V]：བསླབ་སྦྱང/ བརྟག་དཔྱད/ ངལ་དུབ/ དར་རྒྱས/

6.1.6 动宾结构<བྱ་ལས་བསྡུས་པ>的复合词一律为切分单位。例如

[N+V]：ས་འགུལ/ ས་ཡོམ/ ཆུ་ལོག

[N+V]：ལྷ་བཟོ/ འབྲས་སྤུངས/ སྒྲོ་འདོགས/ བདུད་འཇོམས/ དྲི་ཟ/

[N+V]：མཁའ་འགྲོ/ མཁའ་ལྡིང/ ནུབ་སྐྱོད/ ལམ་འགྲོ/ ལྡེབས་བྲིས/

6.1.7 同体结构<དེ་ཉིད་བསྡུས་པ>的复合词一律为切分单位。例如

[A+V]：ལེགས་བཅོས/ མཐོར་འདེགས/ བདེན་གྲུབ/ དྲང་སྲོང/

[D+V]：ཁྱད་འཕགས/ གཏན་བདེ/ ཡོངས་འཛིན/ ཤིན་སྦྱངས/ ལྷག་མཐོང/ རབ་བྱུང/ ཕུལ་བྱུང/

[V+V]：ཁྱབ་འཇུག/ འཇིགས་བྱེད/ འཁོན་འཛིན/ གཟེངས་བསྟོད/ བསྐྱར་བཤད/

[N+V]：བདག་འཛིན/ ཉམས་མྱོང/ མཁས་རློམ/ དབང་བསྒྱུར/

[M+V]：གཅིག་གྱུར/ གཅིག་སྒྲིལ/ གཉིས་འཛིན/

6.1.8 动补结构<འདྲེན་སྒྲ་བསྡུས་པ>的复合词一律为切分单位。例如

[V+V]：ཉན་འབྲི/ འཕུར་སྐྱོད/ སྦྱངས་ཐོབ/ སྐྲག་འདར/ རྙེད་ཐོབ/ སྒོམ་སྐྱེས/ བསྒྲུབས་ཐོན/

6.1.9 依存结构<རྟེན་བརྟེན་པ་བསྡུས་པ>的复合词一律为切分单位。例如

[N+V]：མགོ་སྐྱེས/ བྲག་གནས/ མཁའ་ཉལ/

6.1.10 施动结构<བྱ་བྱེད་བསྡུས་པ>的复合词一律为切分单位。例如

[N+V]：ཀང་འཐུང/ ལྷོ་འགྲོ/ བདེན་སྟོང/ ཞི་སྐྱོང/

6.1.11 领属结构<འབྲེལ་གཞི་འབྲེལ་ཆས་བསྡུས་པ>的复合词一律为切分单位。例如

[A+N]：ལེགས་ལམ/ ཞིམ་ཟས/ ནག་ཐིག/ འཇམ་ཆར/

[N+N]：ཆམ་སྨན/ མདུན་ལམ/ ལྕག་སྒོ/ གངས་རི/

[V+N]：འགོག་ཁབ/ འབྲི་དེབ/ སློབ་ཁང/ ཐར་ལམ/

6.1.12　从属结构<འབྱུང་གཞི་འབྱུང་ཆོས་བསྡུས་པ>的复合词一律为切分单位。例如

[N+ V]：མཚོ་སྐྱེས/ སྒོང་སྐྱེས/ བྲང་སྐྱེས/ འདམ་སྐྱེས/ མངལ་སྐྱེས/

6.2　三音节构成的复合词一律为切分单位。例如

ཤཱཀྱ་ཐུབ་པ/ ལྷ་མ་ཡིན/ རྗེ་ཁབ་ལེན/ མདོ་དྲི་མེད/ འོད་དཔག་མེད/

6.3　四音节构成的复合词一律为切分单位。例如

ཟག་པ་ཀུན་ཟད/ རྒྱ་གར་ཏིག་ཏ/ ཨུ་ཡོན་ལྷན་ཁང/ དབྱང་ཉིས་ཐན་འགྱུར/ གུང་ཁྲན་རིང་ལུགས/ ཁ་ཆེའི་གུར་གུམ/

6.4　五音节构成的复合词一律为切分单位。例如

བྱ་རྒོད་ཕུང་པོའི་རི/ མི་མཇེད་འཇིག་རྟེན་ཁམས/ པོ་ཏི་ལྕགས་ལུང་མ/ སྤང་ཀོང་ཕྱག་རྒྱ་བ/

6.5　多音节构成的复合词一律为切分单位。例如

པན་ཆེན་ཨེར་ཏི་ནི་ཆོས་ཀྱི་རྒྱལ་མཚན/ རྗེ་བཙུན་བྱམས་པ་མགོན་པོ/ ཕུར་ལྕོག་བློ་བཟང་ཚུལ་ཁྲིམས་བྱམས་པ་རྒྱ་མཚོ/

6.6　三音节构成的固定词组一律为切分单位。例如

བེད་སྤྱོད་པ/ དཀར་སྤུད་པ/ འོན་བསང་པ/ ཐག་བཅད་པ/ རྒྱ་ལོངས་སྤྱོད/ སྨུག་དམར་ཡག/ རྫ་ཁྲ་ཡག/ འཕྲོང་བྲེ་སེར/ ཏ་འདོ་བ/ མཛོ་ཁྱུང་དཀར/

6.7　四音节构成的固定词组一律为切分单位。例如

ཤར་ལྷོ་ནུབ་བྱང/ དབྱར་དགུན་སྟོན་དཔྱིད/ སྐྱི་ཀ་ན་མཆི/ ཞི་རྒྱས་དབང་གྲགས/ ཆགས་གནས་འཇིག་སྟོང/ དཀར་སེར་དམར་ལྗང/ འཆད་ཉན་སྒོམ་སྒྲུབ/ ལེགས་ཉེས་བླང་དོར/ བླ་སྤྲུལ་ཡང་སྤྲུལ/ ཕ་མེས་ཡང་མེས/ མཐའ་འདུལ་ཡང་འདུལ/ ཇི་ལྟ་ཇི་སྙེད/ ཇི་མ་ཇི་བཞིན/ ཅི་འདོད་གང་འདོད/ ཅི་ནུས་ཅི་ལྕོགས/ སྙིགས་མ་ལྔ་བདོ/ ངན་པ་གཉའ་རེངས/ ངན་པ་དགུ་འཛོམས/

6.8　五音节构成的固定词组一律为切分单位。例如

གནམ་འཁོར་ལོ་རྩིབས་བརྒྱད/ ས་པད་མ་འདབ་བརྒྱབ/ དབུ་མ་བཞི་བརྒྱ་པ/ རྡོ་བསྟོད་སུམ་ཅུ་མ/ ལྷ་བསང་རྟ་ཐོག་མ/ སྟོད་མངའ་རིས་སྐོར་གསུམ/ བར་དབུས་གཙང་རུ་བཞི/ ཤར་རྡོ་རྗེ་སེམས་དཔའ/ དགུང་ཉི་ཟླ་དཀར་གསུམ/ ནུབ་སྣང་བ་མཐའ་ཡས/ བསམ་པ་ལྷུན་གྲུབ་མ/ དཔལ་ལྡན་ས་གསུམ་མ/ དགའ་ལྡན་ལྷ་བརྒྱ་མ/

6.9　六音节构成的固定词组一律为切分单位。例如

ནད་རིགས་བཞི་བརྒྱ་རྩ་བཞི/ དགག་རིགས་སྟོང་ཕྲག་བརྒྱད་ཅུ/ ཆོས་རྒྱལ་མེས་དབོན་རྣམ་གསུམ/ ཞིང་ཁམས་རབ་འབྱམས་རྒྱ་མཚོ/ ཉིབ་སྦྱོར་རིན་ཆེན་འབྱུང་གནས/ དག་ཡིག་མཁས་པ་དགའ་སྐྱེད/

6.10　能产生强的四字格一律为切分单位。例如

སྐྱ་མིན་སེར་མིན/ རེས་མངོན་རེས་ཡིབ/ རེས་མོག་རེས་གསལ/ དུས་བདེ་གནས་བདེ/ ལྷ་མིན་འདྲེ་མིན/ མི་ཡག་མི་བཙོག/

6.11　四字格成语一律为切分单位。例如

སྐྱེ་ནང་སྣང་བསྡུས/ གྲིབ་ནག་འདྲེར་མཐོང/ ངན་པ་སྦུག་འདྲིན/ ཚ་སྣ་གར་ཁྲིད/ ནམ་མཁའི་མེ་ཏོག/

ཏུས་སྤྱལ་གྱི་སྤུ/ གང་གཱའི་བྱེ་མ/ ཉུང་ཁའི་མར་མེ/ མོ་གཤམ་གྱི་བུ/ གཅིག་ཤེས་ཀུན་གྲོལ/ བརྒྱ་ཁ་གཅིག་གཅོད/ ཚུ་ངན་ལམ་ཤོར/ ཟུར་བལྟས་ལེབ་མཐོང/ ཁྲག་མཐོང་ཞེ་མེར/

6.12 习惯语<རྒྱུན་འཇགས་མིང་།>一律为切分单位。例如

ཅི་བསམ་ལྷུན་འགྲུབ/ བཀྲ་ཤིས་བདེ་ལེགས/ ཕུན་སུམ་ཚོགས་པ/ སྤྱིལ་ལད་འཁྲབ་པ/ ཞྭ་མོ་གཡོག་པ/

6.13 简称<བསྡུས་མིང་།>一律为切分单位。例如

བྲེ་ལོག་སྲུང་ལོག/ བླ་སྤྱི་ཚང་འཛོམས/ སྲིད་གྲོས/

6.14 在藏语中出现的非藏文字符，如其他语言的符号串、数理化符号、阿拉伯数字等仍保留原形。例如

=/ cm/ 12/ 3.13/ 10%/ H_2O/

6.15 藏语中的音译外来词不予切分。例如

བུདྡྷ/ དྷརྨ/ ཁོ་ཧྲེ/ ཤཀྱ་མུ་ནེ/

6.16 谓词后缀“པར་བྱ། པར་བྱེད”应予以切分。例如

གཅད་པ/ར་/བྱ/ གཅོད་པ/ར་/བྱེད/

6.17 黏着性“ས། ར། འོ། འི འང་། འམ།”应予切分，若黏着性“ར། འི། འོ།”时用还原的方法来保留词的原形。例如

ང/ས/བཤད/ གོ/འང/གོ/ ནམ་མཁ/འི་/སྤྲིན/ ནམ་མཁ/ར་/སྤྲིན་/ཡོད/ དག/འོ/时先切分黏着词然后其词补上一个འ，这时得出词的原形。

6.18 由字母与藏文音节组成的词作为切分单位。例如

ICཁྲ/ Xའོད་ཞིག/

7 规范细则

为叙述方便，本规范沿用了把词分为名词、动词、形容词、代词、数词、量词、副词、状态词、区别词、助词、格助词、连词、叹词、拟声词等大类的分类方法。

7.1 名词< ཁྱད་གཞི་རྗོད་པའི་།>

7.1.1 普通名词<ཁྱད་གཞིའི་བརྗོད་པའི་མིང་སྤྱིར་བཏང་བ།>

7.1.1.1 由名词性切分单位加单音节形容组成的双音节名词一律为切分单位。例如

དབང་ཆུང/ ལོ་ཆུང/ ན་ཆུང/ ཁ་ཆུང/ ཞིང་ཆུང/ ལམ་ཆེན/ མི་ཆེན/ དབང་ཆེན/

7.1.1.2 由名词加单音节形容组成的三音节名词一律为切分单位。例如

སྣ་བོ་ཆེ/ མི་བོ་ཆེ/ མདུང་མོ་ཆེ/ ཇ་བོ་ཆེ/ དར་མོ་ཆེ/ རྣབས་པོ་ཆེ/ ཁ་བོ་ཆེ/

7.1.1.3 由名词性切分单位加双音节形容组成的词组，应以切分。例如

ཀ་བ་/ རིང་བོ/ ཤྲི་/ སྔོན་པོ/ ཀ་ར་/ དཀར་པོ/ ཨུཏྤལ་/ སྔོན་པོ/

7.1.1.4 由名词性切分单位加专职词“པ། པོ། བ། བོ། མ། མོ།”应为切分单位。例如

སྒོམ་ཆེན་པ/ བྱ་བཏང་བ/ ཞིང་པ/ བདག་པོ/ རོང་བ/ ཐེ་བོ/ ཇ་མ/ གནས་མོ/ ཇོམ་པ་པོ/ རྒྱལ་མོ/ དྲེགས་ལྡན་མ/ རྙིང་མ་བ/ སྤྲུལ་མ་བ/ གྲངས་ཅན་པ/

7.1.1.5 由名词性切分单位加虚化和构词后缀“ཅན། ལྡན། མཁན།”应为切分单位。例如

ལག་ཤེས་ཅན/ དཔྱོད་ལྡན/ ཡོན་ཏན་ཅན/ ཟ་མཁན/ བློ་མཚོང་མཁན/

7.1.2 人名<མི་མིང་།>

7.1.2.1 姓名前凡是带“བཀུར་མིང་། གོ་མིང་། གསོལ་མིང་། དགོན་མིང་། བླ་མིང་། ལས་མིང་། ཚོ་མིང་། ཁྲིམ་མིང་། ས་མིང་། ཉེ་དུའི་མིང་།”称呼的应单独切分。例如

གོ་ཤྲི་/ཀུན་དགའ་བློ་གྲོས/ གུང་ཐང་/འཇམ་པའི་དབྱངས/ དངུལ་ཆུ་/དྷརྨ་བྷ་དྲ/ སྡེ་སྲིད་/སངས་རྒྱས་རྒྱ་མཚོ/ བཀའ་བློན་/བཀྲ་ཤིས་རྩེ་བ/ ཏུང་ཡིག་/སྨོན་ལམ/ ཞང་ཞུང་/ཆོས་དབང་གྲགས་པ/ ཙ་ནེ་/གྲགས་པ་བཤད་སྒྲུབ/ ཁིའུ་ཚང་/འཇམ་དབྱངས་སྨོན་ལམ/ མདའ་དཔོན་/བཀྲ་ཤིས་དར་རྒྱས/ སྤྱི་དཔོན/ཚེ་རིང/ སྐུ་ཞབས་/བཀྲ་ཤིས་ཚེ་རིང/ ཨ་ཁུ་/ཁྲོ་ཐུང/ ཨ་ཞང་/བཀྲ་ཤིས/

7.1.2.2 著名作者的或不易区分姓和名的笔名通常作为一个切分单位。例如

ཙོང་ཁ་པ/ འཇུ་མི་ཕམ/ བོད་མཁས་པ/ རྗེ་སྲིས་དགེ་བཤེས/ འབྲོམ་སྟོན་པ/

7.1.2.3 汉族人、外国人以及其他少数民族的译名不予切分。例如

ཨེ་དབྱིན་ས་ཐིན/ མར་ཁེ་སི/ ལུའུ་ཞུན/ པ་ཅིན/ ཚའོ་ཞོ་ཆིན/ ཏུ་ཕུ་ལི/

7.1.2.4 有些西方人的姓名中有小圆点，不予切分。例如

ཁར · མར་ཁེ་སི/

7.1.2.5 带格助词的人名一律为切分单位。例如

གཟུགས་ཀྱི་ཉི་མ/ ཀུན་ཏུ་བཟང་པོ/ ཆོས་ཀྱི་རྒྱལ་མཚན/ སྤྲང་རྩེའི་བློ་གྲོས/

7.1.3 地名<ས་ཆའི་མིང་།>

7.1.3.1 地名后凡是带“རང་སྐྱོང་ལྗོངས། ཞིང་ཆེན། ས་ཁུལ། ཁུལ། རྫོང་། ཞན། ཞང་། ཤང་། གྲོང་ཚོ། སྡེ་བ།”等先切分，再组合，但包括“རྫོང་། ཞང་། ཤང་།”等两个音节的不予切分。例如

[བོད་/རང་སྐྱོང་/ལྗོངས/] [མཚོ་སྔོན་/ཞིང་ཆེན/] [མཚོ་ལྷོ་/ཁུལ/] [ནག་ཆུ་/ས་ཁུལ/] [རྒྱ་ཚ/རྫོང་/] [སུམ་མདོ་/ཤང་/] [གོང་དཀར་/རྫོང་/] [ཕོད་མདོ་/གྲོང་ཚོ/] [རྙིས་ཚང་/སྡེ་བ/] མང་རྫོང/ སོག་རྫོང/ འབའ་རྫོང/ རྔེའུ་རྫོང/

7.1.3.2 地名后有表示地形地貌的普通名词，如“ཆུ་བོ། ཆུ། གཙང་པོ། རི། རི་བོ། གླིང་ཕྲན།”等一律为切分单位。例如

དམར་པོ་རི/ ལྕགས་པོ་རི/ འབབ་ཆུ/ མྱང་ཆུ/ མང་ཆུ/ ཧོ་ནོ་གཙང་པོ/ ཡར་ཀླུང་གཙང་པོ/ ཁུ་ནུ་རི་བོ/ གདང་ལ་རི་བོ/ ཟེ་ཕུ་ལོ་ཟེ་གླིང་ཕྲན/

7.1.3.3 地名后有表示自然区划的普通名词，如“ལམ”等，不予切分。例如

རྫོ་སེང་གེ་ལམ/ སེ་ར་ལམ/ ཉང་བྲན་ལམ/ གཙང་བྲན་ལམ/ ཀླུ་སྡིངས་ལམ/

7.1.4 国名<རྒྱལ་ཁབ་མིང་།>，国名不论长短，作为一个切分单位。例如

ཀྲུང་གོ/ འཇར་པན /ཨུ་རུ་སུ /

7.1.5 族名<རིགས་ཀྱི་མིང་།>

བོད/ རྒྱ/ སོག་པོ/ ཏ་སག/ ཡུ་གུར/ བོད་སྐད/ རྒྱ་སྐད/

7.1.5.1　专有名称后接表示民族的“རིགས”则不切分。例如

བོད་རིགས/ རྒྱ་རིགས/ དབྱི་རིགས/ ཧ་སག་རིགས/ ཡུ་གུར་རིགས/

7.1.5.2　专有名称后接表示语言的“སྐད”，表示文字的“ཡིག”，表示文学的“རྩོམ”则不切分。例如

བོད་ཡིག/ དབྱིན་ཡིག/ རྒྱ་ཡིག/ སོག་སྐད/ བོད་སྐད/ དབྱིན་སྐད/ ཨུ་རྟུ་སུའི་སྐད/ འབར་མའི་སྐད/ འབྲུག་པའི་སྐད/ བོད་རྩོམ/ རྒྱ་རྩོམ/

7.1.5.3　专有名称后接表示人种的“མི”、表示奖项的“རྟགས་མ། བྱ་དགའ”，通常不切分。例如

བོད་མི/ རྒྱ་མི/ ཧོར་མི/ ནོ་བེལ་བྱ་དགའ/ མའོ་ཏུན་རྟགས་མ/ ཧ་སག་/མི/

7.1.5.4　专有名称后接双音节的名词，如“ཡི་གེ”、“རྩོམ་རིག”、“རིག་གནས”、“སྙིང་སྟོབས”等，失去专指性，则应切分。例如

ཨོ་གླིང་/གི་/ཡི་གེ/ བོད་/ཀྱི་/རྩོམ་རིག/ རྒྱ/འི་/རྩོམ་རིག/ ནུབ་ཕྱོགས་/རིག་གནས/ ཐུབ་པའི་/སྙིང་སྟོབས/

7.1.5.5　历史上重要事件、运动等专有名称一般是短语型的，按短语型专有名称处理。例如

[སྟག་ལོ/འི་/སྡེ་གཟར/]　[འབྲི་གུང་/གླིང་ལོག/]　[ར་སྟག་/དོན་རྐྱེན/]　[གོར་བོད་/དམག་འཁྲུག/]　[ལྔ་བཞི/འི་/ལས་འགུལ/] [ལྕགས་ཕག་ལོ/འི་/གསར་བརྗེ/] [དབྱིན་/འགོག་/དམག་འཁྲུག/]

7.1.5.6　表示专指名称的商标前接“རྟགས་ཅན”、“རིགས”等，一般是短语型的，按短语型专有名称处理。例如

[གཡག་མགོ་རྟགས་ཅན་/གྱི་/ཇ་སྲུབ་འཕྲུལ་ཆས/] [ཉི་མ་རྟགས་ཅན་/གྱི་/ཉི་སྒྲོག/]

7.1.5.7　大小地名相连时应切分。例如

སེ་ར་ལམ་/སྒོ་རྟགས་/༥༨པ/

7.1.6　团体机构名<ལས་ཁུངས་ཀྱི་མིང་།>

[རྒྱ་གྲམ་/དམར་པོ/འི་/ཚོགས་པ/] [རྒྱལ་སྤྱི/འི་/རོགས་སྐྱོར་/ཚོགས་པ// [བོད་ལྗོངས་/སློབ་གྲྭ་/ཆེན་མོ/]

7.1.6.1　团体、机构、组织的专有名称若作为名词登录在分词词表时应为切分单位。

མཉམ་འབྲེལ་རྒྱལ་ཚོགས/ ཀྲུང་གུང་ཀྲུང་དབྱང/ མི་བཞི་ཤོག་ཁག/

7.1.6.2　团体、机构、组织的专有名称一般是短语型的，若较长，先切分，再组合。例如

[བོད་ལྗོངས་/དཔེ་མཛོད་ཁང/][བོད་ལྗོངས་/དགེ་འོས་/ཆེད་སྦྱོང་/སློབ་གྲྭ/]

7.1.7　辞藻<མངོན་བརྗོད།>

7.1.7.1　普通辞藻一律为切分单位。例如

བརྟན་པའི་འཁོར་ལོ/ རྟ་བདུན་དབང་པོ / ཉིན་བྱེད་བདག་པོ/ གཞི་སྟོན་སྐྱེས/

7.1.7.2　数词辞藻一律为切分单位。例如

བསེ་རུ/ ཆུ་གཏེར/ འདོན་ཡོན/ གཟུགས་ཅན/

7.1.8　处所词<ས་ཆའི་མིང་།>一律为切分单位。例如

ཕྱི་ལོག/ ནང་ལོག/ ཕྱི་སོ/ ནང་སོ/ ཉེ་འགྲམ/ མཐའ་འཁོར/

7.1.9　方位词<ཕྱོགས་སྟོན་པའི་མིང་།>

7.1.9.1 表示方位词一律为切分单位。例如

ཤར/ ལྷོ/ ནུབ/ བྱང/ སྟེང / འོག / གོང / ཞོལ/ གཡས/ གཡོན/ རྒྱབ/ མདུན/ བཞུག/ གཡས་གཡོན/

7.1.9.2 普通名词与方位名词组合的应予切分。例如

ཅོག་ཙེ་/ཐོག/ ཁང་པ/འི་/འོག/ ལྷ་ས/འི་/མདུན/

7.1.10 时间词<དུས་སྟོན་པའི་མིང་།>

7.1.10.1 历史朝代的时间词一律为切分单位。例如

སུང་རྒྱལ་རབས/ མན་རྒྱལ་རབས/ ཡོན་རྒྱལ་རབས/

7.1.10.2 季节月份的时间词一律为切分单位。例如

དབྱར་ཁ/ དགུན་ཁ/ སྟོན་ཁ/ དཔྱིད་ཀ/ ཟླ་བ་དང་པོ/ ཟླ་བ་བཅུ་གཉིས་པ/ གནམ་གང/

7.1.10.3 民俗季庆的时间词一律为切分单位。例如

ས་ག་ཟླ་བ/ ལྔ་མཆོད/ སྒྲུབ་མཆོད/ སྐར་མ་རི་ཧི/ དཔལ་ལྷའི་དུས་མཆོད/

7.1.10.4 每周的七天、一天的时辰、一般的时期等一律为切分单位。例如

གཟའ་ཉི་མ/ ས་སྔོད/ ནུབ་མོ/ ཉིན་གུང/ ཕྱི་དྲོ/ ཁ་སང/ དེ་རིང/ སང་ཉིན/ གནང་ཉིན/ ན་ནིང/ གཞིས་ནིང/ ད་ལོ/ སང་ལོ/ ད་ལྟ / མ་འོངས་པ/

7.1.10.5 “年、日、时、分、秒”分别为切分单位。例如

སྤྱི་ལོ2010/ལོ/ ཚེས་པ་/10/ སྐར་མ/ 11/ སྐར་ཆ/ 11/

7.1.11 动名词<བྱ་སྤྱོད་ཀྱི་མིང་།>

7.1.11.1 既有动词特点，又有名词特点的动名词一律为分词单位。例如

ལྟ་སྐོར/ གཙོ་སྐྱོང/ གྲོས་སྡུར/ མཛུབ་སྟོན/ རེ་སྐུག/ སྐྱེ་ཁྲིད/

7.1.11.2 动名词与动词“བྱ། བྱེད། བྱས།”组合的，应予切分。例如

ལྟ་སྐོར་/བྱས/ གྲོས་སྡུར་/བྱ/ མཛུབ་སྟོན་/བྱེད/

7.1.12 形名词<གཞི་ཆོས་རྗོད་པའི་མིང>一律为分词单位。例如

དཀའ་པོ/ འཕྲོད་པོ/ འཚམ་པོ/ མཐུན་པོ/ འཛོམ་པོ/ དུར་པོ/ བརྩོན་པོ/ གཅེས་པོ/ ཉན་པོ/ བྱམས་པོ/ རྒྱས་པོ/

7.2 动词<བྱ་བའི་མིང་།>

7.2.1 “AA”形式重叠的动词一律为切分单位。例如

འབབ་འབབ/ འཁོར་འཁོར/ འཁྱིལ་འཁྱིལ/ ལྡིང་ལྡིང/ འཁྲོལ་འཁྲོལ/

7.2.2 “ABB”形式重叠的动词，表示不同意义的三音节固定词组一律为切分单位。例如

འགྲོ་ཆོག་ཆོག/ བསམ་ཆོག་ཆོག/ ལེན་ཆོག་ཆོག/ བསྒྱུར་ཆོག་ཆོག/

7.2.3 “AA+后缀”形式重叠的动词，表示不同意义的三音节固定词组一律为切分单位。例如

དཔར་དཔར་པོ/ བཅག་བཅག་པོ/ ཕམ་ཕམ་པོ/ སོང་སོང་པོ/

7.2.4 “AABB”形式重叠的动词一律为切分单位。例如

ཀོ་ཀོ་རིག་རིག/ བལྟས་བལྟས་རིག་རིག/ བསམ་བསམ་འདོད་འདོད/

7.2.5 “A+X+A”重叠形式的动词词组应予切分。例如

བསམ་/ཞིང/་བསམ/ དཔྱད་/ཅིང་/དཔྱད/

7.2.6 动词前的否定副词一律单独切分。例如

མ་/བསྒྲུབ/ མི་/འགྲོ/ མ་/བཤད/

7.2.7 用肯定加否定的形式表示疑问的动词词组应予切分。例如

བསྒྲུབ་/ མི་/ བསྒྲུབ/ འཁོར་/ མི་/ འཁོར/

7.2.8 自动词<བྱེད་མེད་ལས་ཚིག>一律为切分单位。例如

འཁོར/ འཕུར / བབས / ལངས/ འཛོགས/ ཆད་པ/ ལྷུང་བ/

7.2.9 他动词<བྱེད་འབྲེལ་ལས་ཚིག>一律为切分单位。例如

བསྒྲུབ/ སྐོར/ སྤུར / བསླངས/ འཁྲོལ་བ/ བསྒྲགས་པ/

7.2.10 助动词<བྱ་མིང་རྗེས་མཐུན་པ།>一律为切分单位。例如

ཐུབ/ བྱུང/ སྙོང / དགོས/ མཁོ/ ཐུབ/ འཐད/ འགྲིག/ ནུས/ དཔེ/ འོས/ ཆོག / སྲིད / མོས/

7.2.11 存在动词<གནས་པ་གསལ་བྱེད་ཀྱི་མིང་།>一律为切分单位。例如

ཡོད / མངའ/ མཆིས/ འདུག/ གདའ/ བདོག/ ལྡན/ གནས/ སྣང/

7.2.12 判断词<རྣམ་གཅོད་ཀྱི་མིང་།>一律为切分单位。例如

ཡིན/ རེད/ ངེས/

7.3 形容词<ཁྱད་ཆོས་རྗོད་པའི་མིང་།>一律为分词单位。

7.3.1 “AA”形式重叠的形容词一律为切分单位。例如

དཀར་དཀར/ མོག་མོག / བཟང་བཟང/ ངན་ངན/ མཛེས་མཛེས/

7.3.2 “AA+后缀”形式重叠的动词，表示不同意义的三音节固定词组一律为切分单位。例如

ངན་ངན་པོ/ ལེགས་ལེགས་པོ/ འཁྱོག་འཁྱོག་པོ/

7.3.3 “A+X+A”重叠形式的形容词组应予切分。例如

མཛེས་/ཤིང་/མཛེས/ ཡག་/ཅིང་/ཡག/ བཟང་/ཞིང་/བཟང/

7.3.4 形容词前的否定副词一律单独切分。例如

མི་/ཡག/ མི་/དྲང/ མ་/དགའ/ མ་/སྐྱིད/

7.3.5 用肯定加否定形式表示疑问的形容词组应予切分。例如

ཡག་/མི་/ཡག མཛེས་/མི་/མཛེས/ དྲང་/མི་/དྲང/ དགའ་/མི་/དགའ/

7.3.6 两个单音节形容词并列且词性改变的，一律不予切分。例如

རིང་ཐུང/ ཡག་ཉེས/ བཟང་ངན/ བདེན་རྫུན/

7.3.7 不同颜色的单音节形容词并列且词性改变的，一律不予切分。例如

དམར་སྨུག/ སེར་སྐྱ/ ལྗང་ནག/ སྔོ་ནག/

7.3.8 “AABB”形式重叠的形容词一律为切分单位。例如

ཚ་ཚ་ཁུར་ཁུར/ བདེ་བདེ་འཚམས་འཚམ/ ཞི་ཞི་འཛམ་འཛམ/ དགའ་དགའ་སྤྲོ་སྤྲོ/

7.4 状态词<ངང་ཚུལ་གྱི་མིང་།>一律为切分单位。例如

ཞིག་སེ་ཞིག/ ཐྲུ་ལི་ལི/ ཐིབས་སེ་ཐིབ/ ཤ་ར་ར/ ཀྱལ་ལུ་ལུ/ ལྷེམས་སེ་ལྷེམ/ ལྷབ་ལྷབ/ ཙུར་ཙུར/ བན་བུན/ ཀྱུ་ཀྱུ / ཁྱིག་ཁྱིག/ ངན་ངོན/ ཧྲད་མ་ཧྲུད/ སྣན་ན་སྣན་ནེ/ རྩུབ་ཧྲུག་གེ/ ནག་ཀྱུག་ཀྱུག/ དམར་ཁྱུག་ཁྱུག/ སྔོ་ཀྱུག་ཀྱུག/ འཛམ་ཐིང་ཐིང/ ལྷིག་དིར་རེ/ ཡོར་རོ་རོ/ ཞིག་སེ་ཞིག/

7.4.1 “ABB”形式重叠的三音节状态词一律为切分单位。例如

ཐ་ར་ར/ འཛར་ར་ར/ སི་ལི་ལི/ མེ་རེ་རེ/ ཀྱུ་རུ་རུ/ འཛོལ་ལོ་ལོ/ འཛམ་ཐིང་ཐིང/

7.4.2 “ABA”形式重叠的三音节状态词一律为切分单位。例如

ལྷེམ་སེ་ལྷེམ/ ཁྲིག་སེ་ཁྲིག/ ཞིག་སེ་ཞིག/ ཤར་སེ་ཤར/

7.5 数词<གྲངས་ཀ་བརྗོད་པའི་མིང་།>

7.5.1 表示基数的数词一律为切分单位。例如

གཅིག/ བཅུ/ བརྒྱ/ ཁྲི/ འབུམ/ དུང་ཕྱུར/དྲུག་ཅུ་རེ་དྲུག/ བརྒྱ་རྩ་བརྒྱད/ ཕྱེད་དང་བརྒྱད/ ཆིག་སྟོང་བཞི་བརྒྱ/

7.5.2 表示序数词一律为切分单位。例如

ཨང་དང་པོ/ དང་པོ/ གཉིས་པ/ གསུམ་པ/ བརྒྱ་དང་དྲུག་ཅུ་པ/

7.5.3 表示总数的数词一律为切分单位。例如

བཞི་བ་པོ/ དྲུག་པ་མོ/ བརྒྱ་ཐམ་པ་པོ/

7.5.4 表示倍数的数词一律为切分单位。例如

ལྡབ་བཅུ/ བརྒྱ་སྐོར / བརྒྱ་འགྱུར/ ཉིས་སྐོར/

7.5.5 表示概数的数词一律为切分单位。例如

འགའ/ ཁ་ཤས/ བཅུ་ཡས་མས/ བཅུ་ལྷག/ གཅིག་ཙམ/ དུ་མ/

7.5.6 表示分数的数词一律为切分单位。例如

བཅུ་ཆ་གཅིག/ བཞི་ཆ་གསུམ/ བརྒྱ་ཆའི་དྲུག་ཅུ/ སྟོང་ཆའི་ལྔ/

7.6 量词<འཇལ་བྱེད་ཀྱི་མིང་།>

7.6.1 量词与数词一律切分。例如

སོར་/གང/ དཔག་ཚད་/བརྒྱ/ ཁྲུ་/དོ/ ཐེངས/གཅིག ཚར/གཉིས/ ཁྱུ/གཅིག/ ཆ/གཉིས/

7.7 代词<ངེས་བཟུང་གི་མིང་།>

7.7.1 单音节人称代词加“ཚོ”为切分单位。例如

ང་ཚོ/ ཁུ་ཚོ/ ཁོང་ཚོ/ ཁྱེད་ཚོ/

7.7.2 疑问代词与“སྙེད། སྲིད། ལྟར། བཞིན། སྐད། ཞིག སྟེ། སྣད།”组合时不予切分。例如

ཅི་སྣད/ ཅི་འདྲ/ ཅིའི་ཕྱིར/ ཇི་སྙེད/ ཇི་སྲིད/ ཇི་ལྟར/ ཇི་བཞིན/ ཇི་སྐད/ ནམ་ཞིག/ གང་འདྲ/ གང་སྙེད/ གང་ལྟར/

7.7.3 表示不定的代词一律为切分单位。例如

ཁ་ཅིག/ སོ་སོ/ འགའ་ཞིག/ རེ་འགའ/ཅིག་ཤོས/ ལ་ལ/ གཞན་དག/ འགའ་རེ/ ཚང་མ/

7.7.4 表示指示的代词一律为切分单位。例如

དེ/ དེ་ཙམ/ དེ་ག་ཙམ/ དེ་ག/ དེ་ཚོ/ འདི་ག/ འདི་ཚོ/ ཡ་གི/ མ་གི/ ཕ་གི/ འདི/ ཚུར་ག/ ག་གེ་མོ/ ཆེ་གེ་མོ/

7.7.5 表示复数的“ཚོ། དག རྣམས”应予切分。例如

སློབ་གྲོགས་/ཚོ/ མི་/རྣམས/ སློབ་གྲོགས་/དག/

7.8 区别词<ཁྱད་འབྱེད་ཀྱི་མིང་།>一律为切分单位。例如

ཕོ/ མོ/ སྤྱི་སྤྱོད/ འབྲིང་རིམ/ མཐོ་རིམ/ མཐོ་གྲས/ དམའ་གྲས/ ཡག་གྲས/ ལེགས་གྲས/ ཡག་ཤོས།

7.9 副词<མི་ཟད་པའི་མིང་།>一律为切分单位。例如

ལྷག་པར/ ཁྱད་པར་དུ/ རྒྱུན་དུ/ དལ་བུར/ མྱུར་དུ/ རྗེས་སོར/ ཕྱིས་སུ/ སྔོན་ཆད་ལ/ སླར་ཡང་/ མུ་མཐུད་དུ/ ཡོད་དོ་ཅོག/ ཁྱོན་བསྡོམས/ ཅི་ནས་ཀྱང/ ནན་ཏན་དུ/ དོན་དམ་པར/ མ/ མི/ མིན/ མེད /

7.9.1 “མ། མི། མིན། མེད།”为词的构成成分时不予作为切分单位。例如

མ་འོངས་པ/ མི་གཡོ་བ/ མི་རྟག་པ/ མ་ཉེས་པ/ མི་སྐྱིད་པ/ ཀ་མེད/ མཉམ་མེད/ གཉིས་མེད/ ལྷ་མིན/ འོག་མིན/ བཅོས་མིན/

7.10 助词<གསལ་བྱེད་ཀྱི་མིང་།>

7.10.1 表示时态的助词一律为切分单位。例如

འགྲོ་/བཞིན་/འདུག/ བསམ་/གྱིན/ སློབ་/ཀྱིན/ བྲིས་/ཚར /བྲི་/རྒྱུ/ འབྲི་/གྲབས/ འབྲི་/རྩིས་/ཡོད/

7.10.2 表示强调、质疑、疑问的语气助词一律为切分单位。例如

ལོ/ གྲག/ ཟེར/ གམ/ ངམ/ དམ/ ནམ/ བམ/ མམ/ འམ/ རམ /ལམ /སམ/ ཏམ/

7.10.3 表示祈使的助词一律为切分单位。例如

སྩོལ/ཅིག/ ཡོངས་/ཤིག/ འཇུལ་/ ཞིག/ ཁྱེར་/ཤོག/ ཤོད་/ དང་/ འབད་པ/ ར་/ གྱིས/

7.10.4 表示比喻的助词一律为切分单位。例如

འདྲ/ བཞིན/ མཚུངས/

7.10.5 表示原因的助词一律为切分单位。例如

བརྟེན/ དབང་གིས/ ཡིན་ཕྱིན/ ཡིན་པར་བརྟེན/ གཞིས/ ཕྱིར/

7.10.6 表示目的、意图的助词一律为切分单位。例如

ཆེད་དུ/ སླད་དུ/ ཕྱིར་དུ/ དོན་དུ/

7.10.7 表示意思完结的终结助词一律为切分单位。例如

བདག་/གོ/ བཟང་/ངོ/ ཡོད་/དོ/ བཏབ་/བོ / བསམ་/མོ / དགའ/འོ/ འབར་/རོ/ འབུལ་ལོ/ སོགས་/སོ/ བསྐུལ་/ཏོ/

7.11 格助词<རྣམ་དབྱེ།>一律为切分单位。例如

སུ/ ར/ རུ/ ཏུ/ ན/ ལ/ དུ/ གིས/ ཀྱིས/ གྱིས/ འིས/ ཡིས/ ནས/ ལས/ གི/ ཀྱི/ གྱི / འི / ཡི/

7.12 连词<ཚིག་ཕྲད།>一律为切分单位。例如

ཀྱང/ ཡང / འང/ ཏེ/ སྟེ / དེ /འོག/ ཐོག/ ཁར/ གཞན་ཡང/ དེ་བཞིན/ ལ/ དང/ ཅིང/ ཞིང/ ཤིང/ ཅིའོ/ ཞིའོ/ ཤིའོ/ ཅི་ན/ ཞི་ན /ཤི་ན/ ཅིས/ ཞིས/ ཤིས/ དང/ ནི/

7.13 叹词<འབོད་སྒྲ།>一律为切分单位。例如

ཨ་ཚི་ཚི/ ཨ་ཧོ/ ཀྱི་མ/ ཀྱི་ཧུད/ ཨེ་མ/ ཨེ་མ་ཧོ/ ཨ་ཧོ་ཧོ/ ཀྱེ་ཀྱེ ཨ་ཙི/

7.14 拟声词<སྒྲ་གྲག་གསལ་བྱེད་ཀྱི་མིང་།>一律为切分单位。例如

དིར་དིར/ ཐག་ཐག/ བང་བང/ སང་སང/ ཆིལ་ཆིལ/ ཟིར་ཟིར/ ཞུར་ཞུར/ ཙི་ཙི/ ལྷང་ལྷང/ ལྡིག་ལྡིག/ ཐྲིག་ཐྲིག/ ཁྲོག་ཁྲོག /

7.15　前接成分<སྔ་རྒྱན།>，藏语中前接成分只有{ཨ~}和{ཨང~}两个形式，如：前加成分+词根、或者前加成分+词根+后加成分的作为一个分词单位切分出来。例如

ཨ་མ/ ཨ་ལོང/ཨ་མདོ་བ/ ཨ་རོགས/ ཨ་རིག/ ཨང་དང་པོ /

7.16　中接成分< བར་གྱི་གསལ་བྱེད།>，放在两个词的中间后使这两个词的原义发生变化，藏语中能作中接成分的{~མ~}一个形式，则是作为切分单位。例如

ར་མ་ལུག / རོང་མ་འབྲོག/ རྟ་མ་རྟོལ/ ཁང་མ་ཆར/ རྒྱ་མ་བོད/ ས་མ་འབྲོག/

7.17　后接成分<མིང་མཐའ།>，大致可以分六种，则是作为切分单位。例如

A. 带元音{ཨ}的后接成分，计有{~པ}{~བ}{~མ}{~ཀ}{~ཁ}{~ག}{~ཆ}{~ཏ}{~སྦྱད}{~བྱེད}十个形式。例如

ཟམ་པ/ མིད་པ/ གད་པ/ སྐལ་བ/ སེར་བ/ ཤྭ་བ/ ར་མ/ ཟླ་མ/ ཛ་མ// གྲངས་ཀ/ ལས་ཀ// འཁོས་ཀ/ དཀུན་ཁ/ གཡེར་ཁ/ རྒྱལ་ཁ/ དང་ག/ སྙིང་ག/ ཐང་ག/ ལག་ཆ/ རས་ཆ/ སྐད་ཆ/ ཞལ་ཏ/ ལབ་ཏ/ ཁ་ཏ/ འབྲིག་སྦྱད/ ཟ་སྦྱད/ འབྲི་བྱེད/ ཉན་བྱེད/ སྟོམ་བྱེད/

B. 带元音{ཨེ}的后接成分，共有{~ཙེ}{~ཚེ}两个形式，则是作为切分单位。例如

ཙོང་ཙེ/ ཙོག་ཙེ/ ལབ་ཙེ/ མེལ་ཚེ/ ལེབ་ཚེ/

C. 带元音{ཨོ}的后接成分，共有{~པོ}{~བོ}{~མོ}{~སོ}{~ཏོ}{~པ་པོ}六个形式，则是分词单位。例如

དངོས་པོ/ སོག་པོ/ ཆོན་པོ/ ཆུ་བོ/ སྤྱི་བོ/ ཛོ་བོ/ དགོང་མོ/ རོལ་མོ/ ལད་མོ/ བང་སོ/ ནང་སོ/ འཁྱིར་སོ/ དབྱུག་ཏོ/ མཛུག་ཏོ/ རྡུལ་ཏོ/ རྩོམ་པ་པོ/

D. 带元音{ཨུ}的后{~འུ}{~བུ}{~གུ}{~ངུ}共有四个形式，则是作为切分单位。例如

རྟེའུ/ ཁྲིའུ/ མིའུ/ བེའུ/ རིའུ/ སྒྲེའུ/ རྒྱལ་བུ/ གང་བུ/ སྤྱིལ་བུ/ འཛོར་བུ/ ལུ་གུ/ ཕྲུ་གུ/ སྦུ་གུ/ མཆུ་གུ/ཆུང་ངུ /ཐུང་ངུ/ ཞུང་ངུ/

E. {ཅིག}{ཞིག}的后接成分，共有{~ཅིག}{~ཞིག}两个形式，则是分词单位。例如

ཆབས་ཅིག/ ཁ་ཅིག/ ལྷན་ཅིག /འབའ་ཞིག /རེ་ཞིག/

F. {སྟངས}{ཚུལ}{ལུགས}{རང་བཞིན}的后接成分，则是作为切分单位。例如

འགྲོ་སྟངས/ བཤད་སྟངས/ ལྟ་ཚུལ/ བསམ་ཚུལ/ བདེ་འཇགས་རང་བཞིན/

7.18　首饰符号<དབུ་ཁྱུད>

༄༅ /༆ /༇ /༈ / ༉/

7.19　标点符号<ཚིག་རྟགས>

/ ། / ༎ / ༎།/ ༏ / ༐ / ༒

7.20　非藏文符号<གཞན་དག>

Com/ 汉文/

参考文献

[1] [美]Janmes Allen. 自然语言理解[M]. 2版. 刘群，等，译. 北京：电子工业出版社，2005.

[2] [美]Jurafsky D，Martin J H. 自然语言处理综论[M]. 冯志伟，孙乐，译. 北京：电子工业出版社，2005.

[3] 苗夺谦，卫志化. 中文文本信息处理的原理与应用[M]. 北京：清华大学出版社，2007：203.

[4] 宗成庆. 统计自然语言处理[M]. 北京：清华大学出版社，2008.

[5] 俞士汶. 计算语言学概论[M]. 北京：商务印书馆，2004.

[6] 同济大学数学教研室. 工程数学——概率论[M]. 北京：高等教育出版社，1982.

[7] Rabiner L，Fundamentals of Speech Recognition[J]. Prentice Hall，1993.

[8] 孟庆生. 信息论[M]. 西安：西安交通大学出版社，1986.

[9] Manning C，Schütze H. Foundations of statistical natural language processing[M]. Combridge：MIT Press，1999.

[10] www.cogsci.ed.ac.uk/~chrisbr/linguists-guide-to-statistics.ps.

[11] Oakes M. Statistics for Corpus Linguistics[M]. Edinburgh：The University of Edinburgh Press, 1998.

[12] http：//icl.pku.edu.cn/icl_tr/collected_papers/chinese/collection-2/paper6.htm.

[13] http：//zh.wikipedia.org/wiki/%E5%BD%A2%E5%BC%8F%E6%96%87%E6%B3%95.

[14] 陈玉忠，李保利，俞士汶，等. 基于格助词和接续特征的书面藏文分词方案[J]. 语言文字应用，2003（1）：101-102.

[15] 中华人民共和国国家标准（GB13715）信息处理用现代汉语分词规范[S]. 北京：中国标准出版社，1992.

[16] 中国台湾“经济部‘中央’标局”标准（CNS98）中文信息处理分词规范[S]. 中国台湾计算语言学学会，1996.

[17] 郑家恒，张虎. 智能信息处理——汉语语料库加工技术及应用[M]. 北京：科学出版社，2010：28.

[18] 扎西加，珠杰. 面向信息处理的藏文分词规范研究[J].中文信息学报，2009，23（4）：113-114.

[19] 武斌. 分词词典构建[D]. 呼和浩特：内蒙古师范大学. 2010：10.

[20] 祁坤钰. 基于国际标准编码系统的藏文分词词典机制研究[J]. 西北民族大学学报：自然科学版，2010，80（4）：20-30.

[21] 陈小荷.现代汉语自动分析——Visual C++实现[M]. 北京：外国语言大学出版社，2000：71.

[22] 中文分词词典构造简述. http：//www.docin.com/p-207810229.

[23] 张培颖，李村合. 一种中文分词词典新机制——四字哈希机制[J]. 微型电脑应用，2006：10.

[24] Yi scriminativeng Xiong，Jie Zhu，Hao Huang，et al.Minimum tag error for discriminativetraining of conditional random fields[J]. Information Sciences，179（1-2）：169-179.

[25] 才智杰. 藏文自动分词系统中紧缩词的识别[J]. 中文信息学报，2009，23（1）：35-37.

[26] 林冬盛. 中文分词算法的研究与实现[D]. 西安：西北大学. 2011：11.

[27] 李丹. 基于规则与统计的汉语自动分词研究[D]. 长春：长春工业大学. 2010：9.

[28] 陈玉忠，李保利，等. 藏文自动分词系统的设计与实现[J]. 中文信息学报，2003，17（3）：65.

[29] 袁金仕.Viterbi 算法分析与实现[D].长沙：国防科学技术大学. 2004.

[30] 何克抗，徐辉，孙波. 书面汉语自动分词专家系统[J].中文信息学报，2003，5（2）.

[31] 邱哲，符滔滔，王学松. 开发自己的搜索引擎 Lucenee+Heritrix[M]. 北京：人民邮电出版社，2010.

[32] 王思力，张华平，王斌. 双数组 Trie 树算法优化及其应用研究[J]. 中文信息学报，2006，20（5）.

[33] 李庆虎，陈玉健，孙家广. 一种中文分词词典新机制—双字哈希机制[J]. 中文信息学报，2002，17（4）.

[34] 刘开瑛. 中文文本自动分词和标注[M]. 上海：商务印书馆，2000.

[35] 罗智勇，宋柔. 现代汉语通用分词系统中歧义切分的实用技术[J]. 计算机研究与发展，2006，43（6）：1122-1128.

[36] 闫引堂，周晓强. 交集型歧义字段切分方法研究[J]. 情报学报，2000，19（6）.

[37] 骆正清，陈增武，王泽兵，等. 汉语自动分词研究综述[J]. 浙江大学学报，1997，31（3）.

[38] 卢亮，张博文. 搜索引擎原理、实践与应用[M]. 北京：电子工业出版社，2007.

[39] 路斌，杨建武. 一种基于 SVM 的多层分类策略[J].计算机工程，2005，45（5）.

[40] 韩客松，王永成，陈桂林. 汉语语言的无词典分词模型系统[J].计算机应用研究，1999.

[41] 王惠，朱学锋. 现代汉语语法电子词典的收词原则[J]. 中国计算机报，1994.

[42] 俞士汶. 信息处理用现代汉语词语分类体系介绍[J]. 中国计算机报，1993：35-57.

[43] 朱学锋，王惠，张芸芸. 现代汉语语法电子词典中量词与名词的子类划分[J].中国计算机报，1994（79）.

[44] 周强，俞士汶. 一个人机互助的汉语语料库多级加工处理系统 CCMP[M]//陈力为，袁琦. 计算语言学进展与应用. 北京：清华大学出版社，1995：50-55.

[45] YU S W, LUO A R. Automatic Evaluation System MTE and the Improvement of Its Test Suite[J]. ICCC, 1996.

[46] 普林斯敦大学. WordNet 1.6. 1999.

[47] 原新加坡系统科学研究院. SenseWeb. 1996.

[48] Grinberg D, Lafferty J, Sleator D. A robust parsing algorithm for link grammars. Carnegie Mellon University Computer Science technical report CMU-CS-95-125, and Proceedings of the Fourth International Workshop on Parsing Technologies, Prague, 1995.

[49] Lafferty J, Sleator D, Temperley D. Grammatical trigrams: a probabilistic model of link grammar. Proceedings of the AAAI Conference on Probabilistic Approaches to Natural Language, 1992.

[50] 孟遥.基于最大熵的全局寻优的汉语句法分析模型和算法研究[D]. 哈尔滨：哈尔滨工业大学. 2003.

[51] 周强. 基于语料库和面向统计学的自然语言处理技术介绍[J]. 计算机科学，1995，22（4）：19-44.

[52] 高玲玲. 基于依存语法的汉语句法分析研究[D]. 青岛：中国海洋大学. 2009：4.

[53] 李向宏，等. 自然语言句法分析研究现状和发展趋势[J]. 微处理机，2003（2）：4.

[54] 林颖，史晓东，郭锋. 一种基于概率上下文无关文法的汉语句法分析[J]. 中文信息学报，2006，20（2）：1-2.

[55] 王继曾，任浩征，等. 基于统计的句法分析方法研究[J]. 计算机工程与设计，2006：1.

[56] 皮晓峰. 基于概率上下文无关语法的句法分析研究与实现[D]. 成都：电子科技大学，2005.

[57] 孟遥，李生，赵铁军，等. 四种基本统计句法分析模型在汉语句法分析中的性能比较[J]. 中文信息学报，2003，17（3）.

[58] 陈宣，孔骏，陈玉泉，等. 基于概率上下文无关文法的句法分析歧义消解新模式[J]. 计算机工程，2002，28（2）.

[59] 张浩. 基于树库统计信息的广覆盖汉语完全句法分析器的研究[D]. 北京：中国科学院计算技术研究所，2003.

[60] 王继曾，任浩征，罗恒，等. 基于统计的句法分析方法研究[J]. 计算机工程与设计 2006，27（12）.

[61] 卢俊之，陈小荷，王东波，等. 基于语法功能匹配的汉语句法分析算法[J]. 计算机工程与应用，2008，44（16）.

[62] 周强，黄昌宁. 汉语概率型上下文无关语法的自动推导[J].计算机学报，1998，21（5）.

[63] 李幸，宗成庆. 引入标点处理的层次化汉语长句句法分析方法[J]. 中文信息学报 2006，20（4）.

[64] 孙茂松，左正平，黄昌宁.汉语自动分词词典机制的研究实验[J]. 中文信息学报，2000，14(1).

[65] 孙茂松，左正平，邹嘉彦. 高频最大交集型歧义切分字段在汉语自动分词中的作用[J]. 中文信息学报，1999，13（1）.

[66] Hong I N, Lua K T. A word finding automation for Chinese sentence tokenization. ACM

Transaction of Asian Languages Processing, 2002. http：//cslp.comp.nus.edu.sg/luakt/paper/publication.html.

[67] Aho A V, Corasick M J. Handbook of theoretical computer science[J]. Cambridge: The MIT Press，1990: 273-278.

[68] 高山，张艳，徐波，等. 基于三元统计模型的汉语分词标注一体化研究[C]. 全国第五届计算语言学联合学术会议（JSCL），2001.

[69] 李建华，王晓龙. 中文人名自动识别的一种有效方法[J]. 高技术通讯，2000，10(2)：46-49.

[70] 孙茂松，黄昌宁，高海燕，等. 中文姓名的自动辨识[J]. 中文信息学报，1995（2）.

[71] 张俊盛，陈舜德，郑萦. 多语料库做法之中文姓名辨识[J]. 中文信息学报，1992（3）.

[72] 宋柔，朱宏，潘维桂，等. 基于语料库和规则库的人名识别法[M]. 北京：北京语言学院出版社，1993.

[73] 孙茂松，张维杰. 英语姓名译名的自动辨识[M]. 北京：北京语言学院出版社，1993.

[74] 张华平，刘群. 基于角色标注的中国人名自动识别研究[C]. 第七届研究生学术研讨会，2002

[75] 詹卫东. 计算语言学概论（讲义）. http：//icl.pku.edu.cn/doubtfire/Course/CL/2001_2002_2.htm

[76] 李素建. 汉语组块计算的若干研究[D]. 北京：中国科学院计算技术研究所. 2002.

[77] 孙宏林. 现代汉语非受限文本的实语块分析[D]. 北京：北京大学. 2001.

[78] 俞士汶，朱学锋，段慧明. 大规模现代汉语标注语料库的加工规范[J]. 中文信息学报，2000（6）：58-64.

[79] Charniak E. Treebank grammars. Technical Report CS-96-02[J]. Department of Computer Science，1996.

[80] Charniak E. Statistical parsing with a context-free grammar and word statistics[C]. In Proceedings of NCAI-1997：598-603.

[81] Collins M J. A new statistical parser based on bigram lexical dependencies[C]. In Proceedings of 34th Annual Meeting of the Association for Computational Linguistics，1996：184-191.

[82] Collins M J. Three generative，lexicalised models for statistical parsing[C]. In Proceedings of 35th Annual Meeting of the Association for Computational Linguistics，1996：17-23.

[83] Magerman D M. Parsing as Statistical Pattern Recognition. IBM Technical Report No. 19443，1993.

[84] 周强. 汉语句法知识的自动获取研究[C]//中文信息学会二十周年学术会议论文集. 北京，2001：156-165.

[85] 周强，黄昌宁. 汉语结构优先关系的自动获取[J]. 软件学报，1999，10（2）：149-154.

[86] Zhou Q，Ren F J，Automatic inference for Chinese probabilistic context-free grammar[C]. In Proceedings of 5th Natural Language Processing Pacific Rim Symposium，1999：73-78.

[87] 人工智能. http：//www.fjtu.com.cn/fjnu/courseware/0330/course/_source/web/lesson/char2/j5.htm#j1. 2006-9-24/ 2009-5-8（12：05）.

[88] 朱光菊，夏幼明.框架知识表示及推理的研究与实践[J].云南大学学报：自然科学版，2006，28（S1）：154.
[89] 张德政，庄洪波．基于领域本体网络模型的知识获取技术[J].计算机工程，2007，33（7）.
[90] 付炜．基于框架网络结构的专家知识表示方法研究[J]．计算机应用，2002（1）.
[91] 俞士汶，黄居仁．计算语言学前瞻[M]．北京：商务出版社，2005.
[92] 曹承志，王楠．智能技术[M]．北京：清华大学出版社，2004.
[93] 祁坤钰．信息处理用藏文自动分词研究[J]．西北民族大学学报，2006（4）：92.
[94] 李其松．格语法析句初探[J]．江西教育学院学报，1997，18（1）：43.
[95] 扎西加，索南尖措．基于藏文信息处理的词类体系研究[J]．西藏大学学报，2008（1）.
[96] 扎西加，多拉，欧珠，等．“信息处理用藏文词类及标记集规范”的理论说明[C]//第十一届全国民族语言文字信息技术研讨会论文集，2007.
[97] 陈玉忠．信息处理用藏语虚词的语法信息表述研究[C]//中国语文现代化学会2003年年度会议论文集，2003.
[98] [美]菲尔墨 C J．格辨[M]．北京：商务印书馆，2005.
[99] 多识．藏语语法探义明释[M]．兰州：甘肃人民出版社，1999.
[100] 黎千驹．论义素分析法与语义的模糊性[J]．湖南文理学院学报，2005，30（5）：103.
[101] 霍卿．义素分析法研究综述[J]．安徽文学，2011（8）：180.
[102] 岳文慧．义素及义素分析方法浅谈[J]．山西师大学报，2010（37）：84.
[103] 方文惠．国外语素分析理论和汉语语义研究[J]．中国语文通讯，1982（2）.
[104] 周绍衍．欧美语义学的某些理论与研究方法[J]．语言学动态，1978（4）.
[105] 陆俭明．现代汉语语法研究教程[M]．北京：北京大学出版社，2005：106,121.
[106] 邵敬敏，周芍．外语教学与研究[J]．外国语文（双月刊），2005，37（1）：127.
[107] 邵敬敏．“语义语法”说略[J]．暨南学报（人文科学与社会科学），2004，108（1）：101.
[108] 宋春阳．面向信息处理的现代汉语“N + N”逻辑语义研究[M]．上海：学林出版社，2005.
[109] 珍贝益西札巴．语门文法概要[M]．北京：民族出版社，2000.
[110] 萨班·贡嘎尖参．智者入门[M]．北京：民族出版社，1981.
[111] 多识．词论[J]．西北民族学院学报，1992（1）.
[112] 马进武．藏语语法明灯[M]．西宁：青海民族出版社，2003.
[113] 吉太加．现代藏文语法通论[M]．兰州：甘肃民族出版社，2000.
[114] 诺日尖措．语言学新探[M]．北京：民族出版社，2003.
[115] 本字典编写组．新编藏文字典[Z]．西宁：青海民族出版社，1989.
[116] 张怡荪．藏汉大词典[Z]．北京：民族出版社，1996.
[117] 王志敬．藏语拉萨口语语法[M]．北京：中央民族出版社，1994.
[118] 申文安，等．藏汉英语言与文化对比学习[M]．兰州：甘肃民族出版社，2005.
[119] 扎塘·将白益西坚参．新编藏文文法[M]．拉萨：西藏人民出版社，1997.
[120] 格桑居冕，格桑央京．藏语方言概论[M]．北京：民族出版社，2002.

[121] 于道泉. 藏汉对照拉萨口语[Z]. 北京：民族出版社，1983.
[122] 金鹏. 藏语简志[M]. 北京：民族出版社，1983.
[123] 皆曲周. 八大处根本注释[M]. 拉萨：西藏民族出版社，1988.
[124] 嘎玛司都. 嘎玛司都文法[M]. 西宁：青海民族出版社，1957.
[125] 陈光磊. 汉语词法论[M]. 上海：学林出版社，2004.
[126] 陈望道. 文法简论[M]. 上海：上海教育出版社，1997.
[127] 朱德熙. 语法研究和探索[M]. 北京：语文出版社，1991.
[128] [美]布龙菲尔德. 语言论中译本[M]. 北京：商务印书馆，1980.
[129] 蔡富有，郭龙生. 语言文字学常用辞典[Z]. 北京：北京教育出版社，2001.
[130] 邓戈. 藏语词汇学概论[M]. 成都：四川民族出版社，2011.